怪異の民俗学 3

河童

小松和彦［責任編集］

河出書房新社

河童　目次

I 総論 7

II 河童の起源 41

III 河童の民俗誌 329

収録論文解題

河童 解説

怪異の民俗学③

河童

総論

河童の話

折口信夫

私はふた夏、壱岐の国へ渡った。そうして此島が、凡北九州一円の河童伝説の吹きだまりになっていた事を知った。尚考えて見ると、仄かながら水の神信仰の古い姿が、生きてこの島びとの上にはたらいて居るのを覚った。其と今一つ、私はなるべく、認識不十分な他人の記録の奇事異聞を利用する前に、当時の実感を印象する自分の採訪帳を資料とする事が、民俗の学問の上に最大切な態度であると思う故に、壱岐及びその近島の伝承を中心として、この研究の概要を書く、一つの試みをもくろんだのである。

この話は、河童が、海の彼岸から来る尊い水の神の信仰に、土地土地の水の精霊の要素を交えて来たことを基礎として、綴ったのである。ただ、茲には、その方面の証明の、甚しく興味のないのを虞れて、単に既に決定した前提のようにして、書き進めたのである。

この話の中にさしこんだ河童の図は、すべて、元熊本藩の水練師範小堀平七さんの家に伝る、河童の絵巻から拝借した。

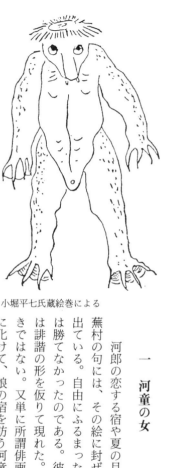

一　河童の女

河郎の恋する宿や夏の月

蕪村の句には、その絵に封ぜられたものが、極端に出ている。自由にふるまった様でも、流派の伝襲には勝てなかったのである。彼の心の土佐絵や浮世絵は誹諧の形を仮りて現れた。此句だって、唯の墨書きではない。又単に所謂俳画なるものでもない。男に化けて、娘の宿を訪う河童。水郷の夜更けの夏の月。ある種の合巻を思わせる図どりである。こうした趣向は或は、蕪村自身の創作の様に見えるかも知れぬ。

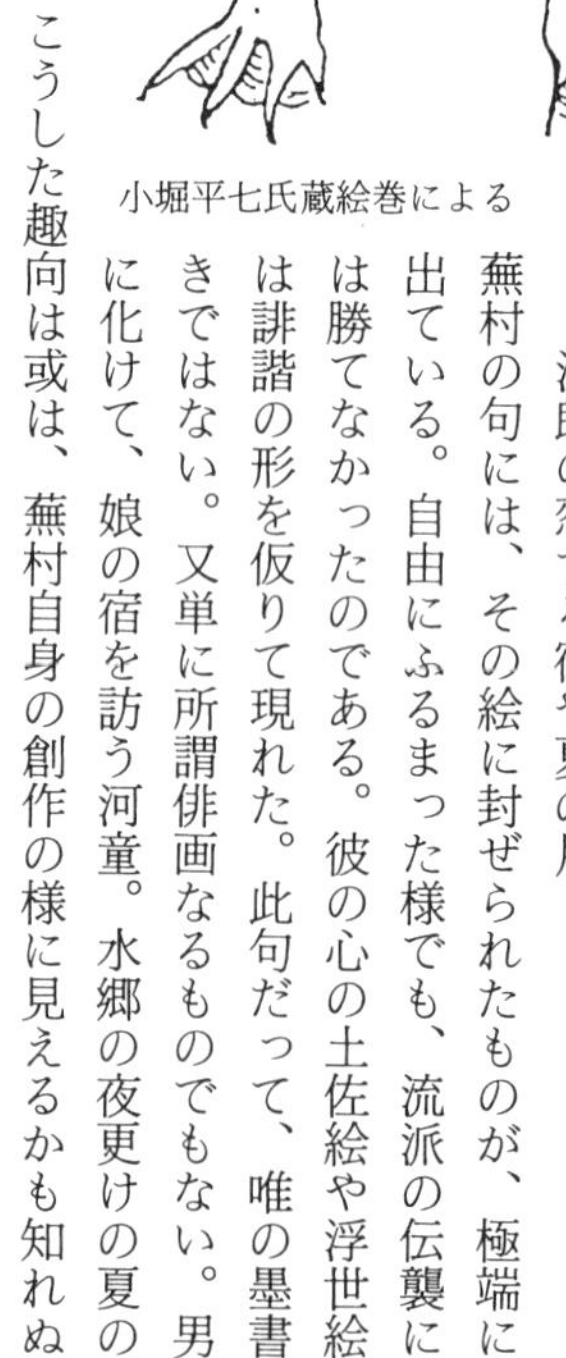

小堀平七氏蔵絵巻による

尤、近代の河童には、此点に欠けて居る伝説は多いが、以前はやっぱりあったのである。

私は、二度も壱岐の島を調べた。其結果、河を名とする処から、河童の本拠を河その他淡水のありかと思うて来た考えが、壊れて了うた。長者原（バル）と言う海を受けた高台は、があたろを使うて長者になった人の屋敷趾だと言う。其は小さな、髪ふり乱した子どもの姿だった。其が来初めてから、俄かに長者になり、家蔵は段々建て増した。があたろが歩いた処は、びしょびしょと濡れている。畳の上までも、それで上って来る。果ては、長者の女房が嫌い出して、来させない様にした。すると忽、家蔵も消えてなくなり、長者の後に立って居た屏風は、岩になって残った。此は男の子らしい。

平戸には、女のがあたろの話をしている。ある分限者の家に仕えた女、毎日来ては、毎晩帰る。何処から来るか、家処をあかさない。ある時、後を尾（ツ）けて行くと、海の波が二つに開けた。通い女はどんどん、其中へ這入って見えなくなった。女は其を悟ったかして、其後ふっつり出て来なくなったと言う。

此二つの話で見ると、毎日海から出て来る事、家の富みに関係ある事、ある家主に使われる事、主の失策を怨んで来なくなること、女姿の、子どもでないのもある事などが知れる。だが外に、通いでなく、居なりの者もあったらしい。殿川(トノカワ)屋敷と言うのは、壱州での豪家のあった処である。或代の主、外出の途中に逢うた美しい女を連れ戻って、女房とした。子までも生んだが、ある時、屋敷内の井(カワ)へ飛びこんで、海へ還って了うた。其時、椀を持ったまま駆け出したので、井の底を覗くと、椀の沈んでいるのが見えると言う。この「信田妻(シノダヅマ)」に似た日本の海の夫人の話を、あの島でも、もう知った人が、少くなって居た。此伝えで訣るのは、井の如き湧き水も、地下を通って、海に続いて居るとした、考えの見える事である。

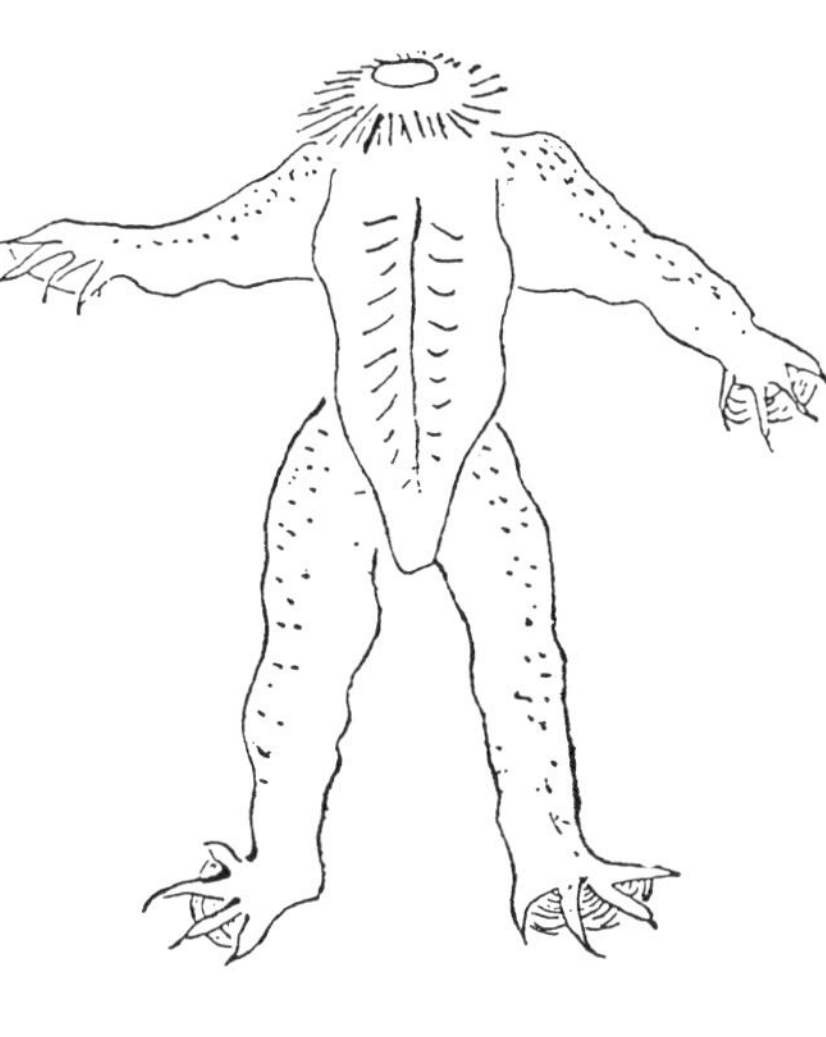

こうした物語を伴わぬ、信仰そのままの形は、日本国中に残っている。「若狭井」型の他界観である。二月堂の「水とり」は、若狭の池の水を呼び出すのだと言う。諏訪の湖(ウミ)・琵琶湖・霧島山の大汝(オオナメ)の池など、懸け離れた遠方の井や湧き水に通じていると言う。不思議なのは又竜宮へ通うていると言う、井戸・清水の多い事である。規模の大きなのは、竜宮は、瀬田の唐橋の下から行けるなど言う。だが、竜宮に通ずる水が、なぜ塩水でないのか、説いたものはない。一年の中ある時の外、使わなかった神秘の水のあった事を、別の機会に書きたいと思うている。神聖な淡水(まみず)が、

海から地下を抜けて、信仰行事の日の為に、湧き出るのだと思うていたらしいのである。海からなぜ塩気のない水が来るか、此問題は、茲には説いて居られぬ程、長い説明がいる。神聖な地域の湖・池に通じるとする信仰も、実は、此海から来る地下水の考えの変形である。

此話には、河童とは言うて居ぬ。が、井・泉から、海に行き来したもののあることは知れる。河童が、とんでもない山野・都邑の清水や井戸から、顔や姿を表した話は、どなたにも、一つや二つ聞いた気がせられるはずだと信じる。

男であれ女であれ、人の姿を仮りて、人間と通婚する伝説にも亦、其本体を水界の物としたのが多い。前の殿川屋敷のも、此側の型を河童の中へ織りこんだものらしい。

馬の足がただけの溜り水があれば、河童が住んでいると言う分布の広い諺も、地下水の信仰から、水の精霊は、何処へでも通うものと考えたのである。厠の下から手を出して、いたずらをしたものは、大抵、狸になって了うているが、猿や猫とする例も少くない。だが、厠の様式にも、歴史があった。其変化に伴うて、適当な動物が、入り替って来た。だが、考えると、やはり水溜りだったので、河童の通い路は通（トオ）っていたのである。毛だらけの手が出て、臀べたを撫でただけでは、よく考えると、何の為にしたのか知れない。示威運動と見るのが、普通であろうが、人を嫌う廃屋の妖怪には、少しとてつもない動作である。何も仰山に、厠が語義どおりの川屋で、股の間から、川水の見えた古代に溯らずとも、説くことが出来よう。だが若し、そう言う事が許されるなら、丹塗りの矢に化成して、処女の川屋の下に流れ寄って、其恥じ処に射当ったと言う、第一代の国母誕生の由来も、考え直さねばならぬ。厠の下から人をかまう目的が、単にしりこを抜くばかりでなかったのかも知れない。雪隠の下の河童の覘(ねら)うものは、しりこだまであった。何月何日、水で死ぬと予言せられた人が、厳重に水を忌んだが、思いも設けぬ水に縁ある物の為に、命を失う話の型の中に、其日雪隠に入って、河童にしりこを抜かれた話もある。厠の中を不似合として、手水鉢の中から出たことにしている例は、筑前三井郡出身の本山三男さんから報告せられた。

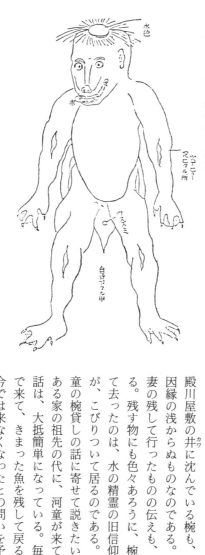

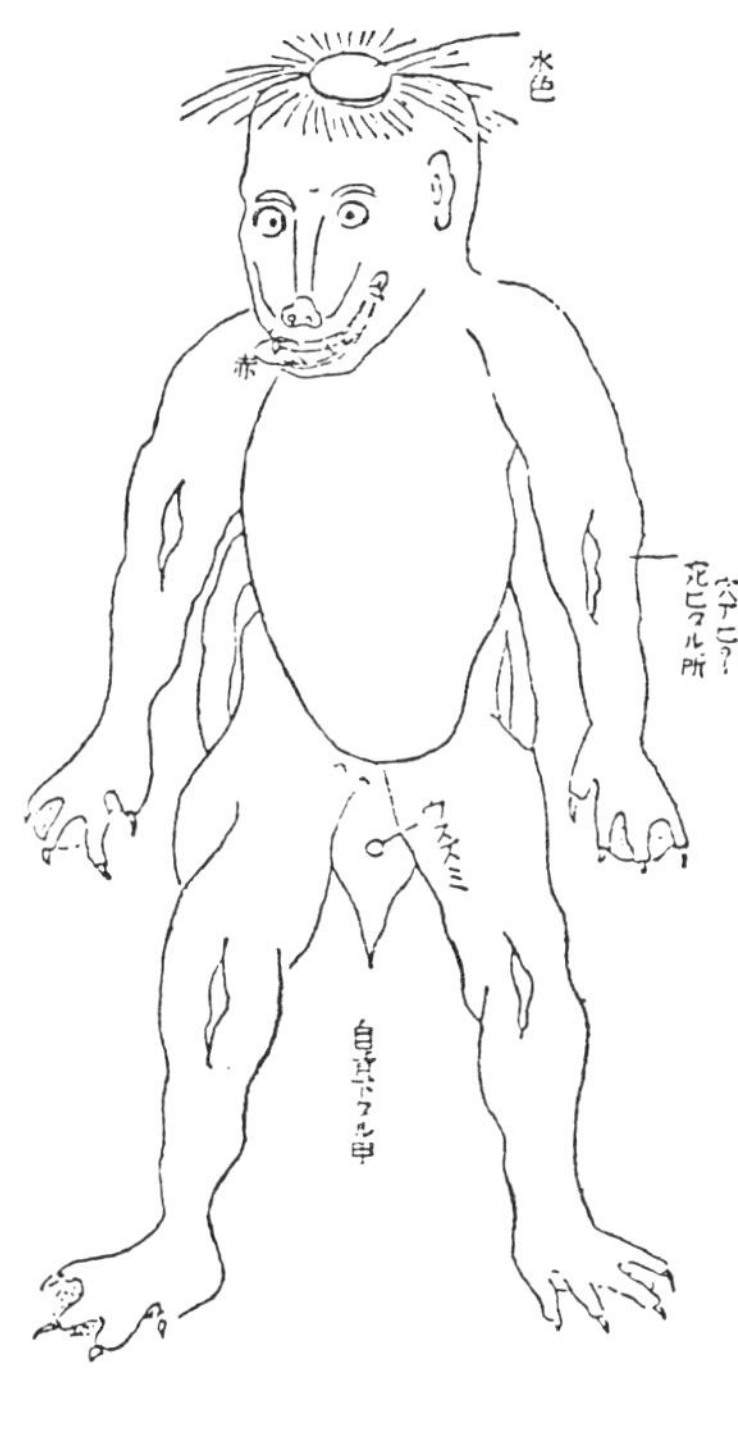

右水虎圖依想嵒乞常之以大久保忠寄所藏之本模寫之者也
維時天明四甲辰年春三月上旬
多賀常政誌之

殿川屋敷の井(カワ)に沈んでいる椀も、河童と因縁の浅からぬものなのである。他界の妻の残して行ったものの伝えも、段々ある。残す物にも色々あろうに、椀を残して去ったのは、水の精霊の旧信仰の破片が、こびりついて居るのである。此は河童の椀貸しの話に寄せて説きたい。

ある家の祖先の代に、河童が来て仕えた話は、大抵簡単になっている。毎夜忍んで来て、きまった魚を残して戻る。なぜ、今では来なくなったとの問いを予期した様に、皆結局がついている。河童の大嫌いなものを、故意に何時もの処に置いた。其を見て、恐れて魚を搬ばなくなったと

言うのだ。河童が離れて、ある家の富みが失われた形を、一部分失った事に止めているのが、魚の贄(ニエ)の来なくなった話である。家の中に懸けられる物は、魚も一つの宝(タカラ)である。異郷の者が来て、贄なり裹物(ツト)なりを献げて還る古代生活の印象が結びついて、水界から献った富みの喪失を、単に魚の贄(ニエ)を失った最低限度に止めさせたのである。農村の富みは、水の精霊の助力によるものと信じて居た為である。家の栄えの原因は、どうしても、河童から出たものとせねばならぬ。だから、河童を盛んに使うた時代のあることを説いている。河童駆使の結果は、常に悲劇に終るべきを、軽く解決したのである。昔から伝えた富み人の物語が、今ある村の大家の古事にひき直して考えられたのである。

二　河童使い

河童が、なぜ人に駆役せられる様になったか。此には、日本国中大抵、其悪行の結果だとしている。人畜を水に曳きこんだ、又、ひきこもうとしたのが、捉まった為とするのである。

最初に結論から言おう。呪術者に役(エキ)せられる精霊は、常に隙を覗うている。遂に役者(エキシャ)の油断を見て、自由な野・山・川・海に還るのである。河童の贄を持って来なくなったのも、長者の富みを亡くしたのも、皆此考

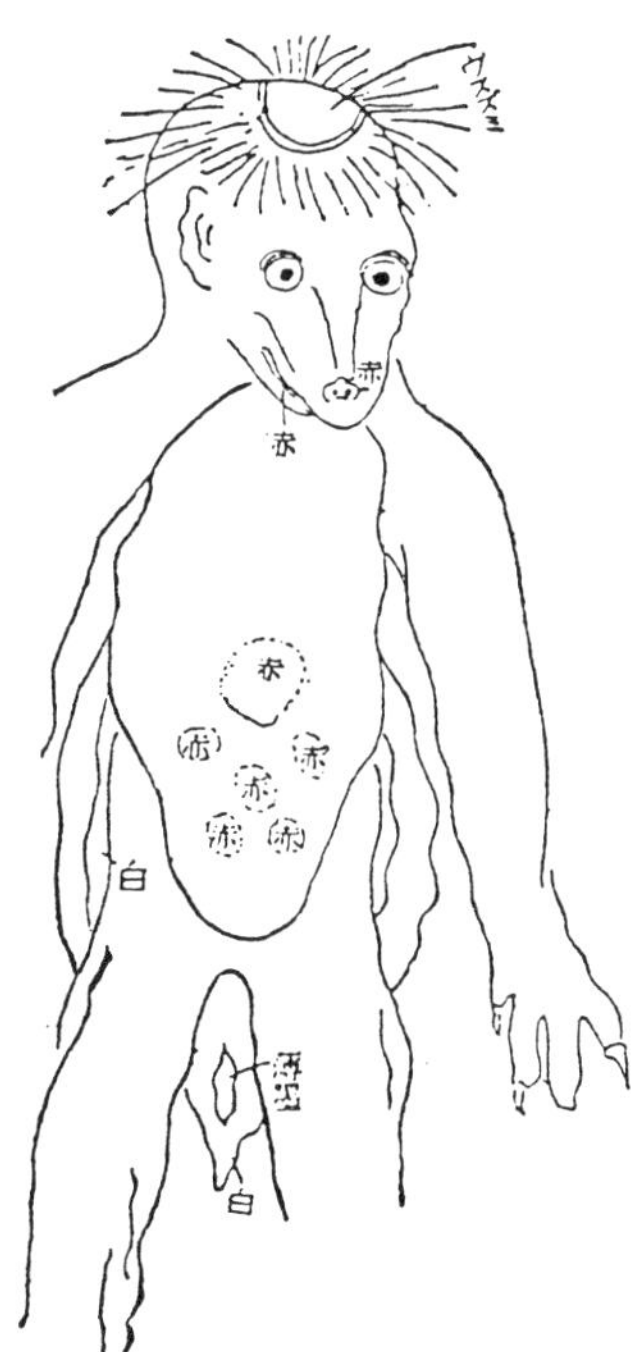

寛永年中豊後国肥田ニテ所獲水虎写真手足にふるゝ時ば其なまくさき事たとふるに物なし頭の皿図の如くに有り蛤貝のやうに皿の口むすひうらにふり底の深サ一寸位となり歯亀の歯のことし奥歯上下皆とかり歯なり背亀の甲の色堅サも亀に同し腹も亀の腹の如く也脇腹にからになる立筋有亀の襞に似たり爰を強くとり候得は働きなりかたし手足とも縮め候得とも亀の如く身の内に入申候手足の節々人に替りてうらかへしにも又前にもまかるものなり尻亀のやうに一寸四五分ほととかるあり

えに基いて居る。

役者(エキシャ)は、役霊を駆使して、呪禁(ジュゴン)・医療の不思議を示した。ある家の主に伝わる秘法に、河童から教えられたものとするのが多い訣である。河童の場合は、接骨の法を授けたと言う形が、多様に岐れたらしい。金創の妙薬に、河童の伝法を説くものが多いが、古くはやはり、手脚の骨つぎを説いたものらしい。馬術の家には、落馬したものの為の秘法の手術が行われた。その本縁を説明する唱言も、共に伝った。恐らく、相撲の家にあったものを移して、馬との関係を深めたものと思われる。河童に結びついた因縁は、後廻しにする。

人に捉えられた河童は、其村の人をとらぬと言う誓文を立てる。或は其誓文は、ひき抜かれた腕を返して貰う為にする様になっている。腕の脱け易い事も、河童

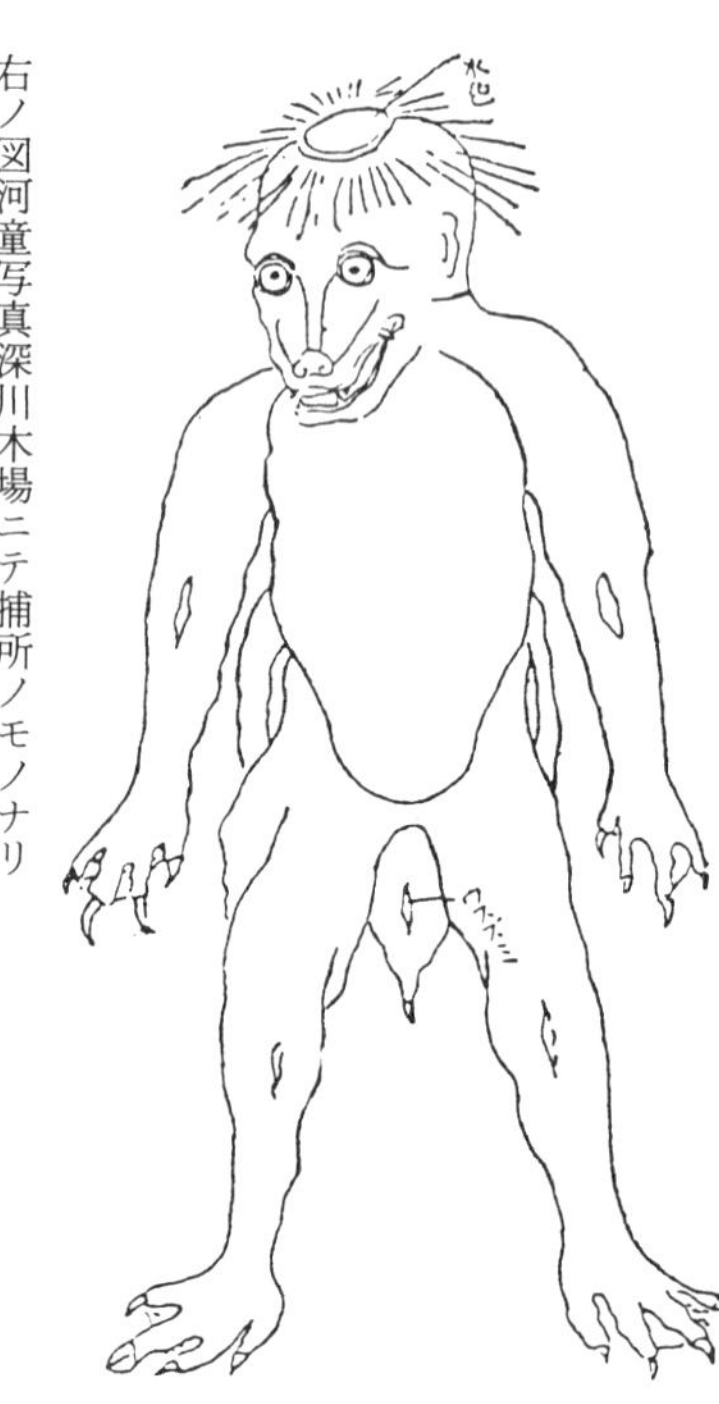

右ノ図河童写真深川木場ニテ捕所ノモノナリ
此一巻栗本瑞見以蔵本写之
文政三年六月八日夜

からひき放されぬ、重要な条件となっていた時代があったに違いない。其が後には、妖怪の腕を切り落す形になって行く。柳田先生は、此を河童考の力点として居られる。羅城門（ラショウモン）で切った鬼の腕も、其変形で、河童から鬼に移ったのだと説かれた。此鬼と同様、高い処から、地上の人をとり去ろうとする火車（カシャ）なる飛行する妖怪と、古猫の化けたのとの関係をも説かれた。

其後、南方熊楠翁は、紀州日高で、河童をかしやんぼと言う理由を、火車の聯想だ、と決定せられた。思うに、生人・死人をとり喰おうとする者を、すべてくわしやと称えた事があったらしい。火車の姿を、猫の様に描いた本もある訣である。人を殺し、墓を掘り起す狼の如きも、火車一類として、猫化け同様の話を伝えている。老女に化けて、留守を家に籠る子どもをおびき出して喰う話は、日本にもある。又、今昔物語以来、幾変形を経た弥三郎という猟師の母が、狼の心になって、息子を出先の山で待ち伏せて喰おうとして、却て切られた越後の話などが其である。そう言う人喰いの妖怪の災いを除く必要は、特に、葬式・墓掘りの際にあった。坊さんの知識から、火車なる語の出た順序は考えられる。江戸中期までの色町に行われたくわしやなる語は、用法がいろいろある。よび茶屋の女房を言う事もあり、おき屋の廻しの女を斥(サ)しても居る。くわしやを遣り手とも言うているが、後にはくわしやよりも、やりてが行われた。そうして、中年女を聯想したくわしやも、やりてと替ると、婆と合点する程になった。くわしやの字は、花車を宛てているが、実は火車であろう。人を捉えて、引きこむ様からの名であろう。おき屋から出て、よび屋を構えたのをも、やはりくわしやと呼んだのであろう。芝居に入って「花車形」といわれたのは、唯の女形のふけ役の総名であった。

手の抜ける水妖は、あいぬの間にもあった。みんつちと言う。形は違うが、河童に当るものである。金田一京助先生は、手の抜け易い事を、草人形(クサヒトガタ)の変化(ヘンゲ)であるからだ、と説明して居られた。藁人形などの手は、皆心(シン)は、竹や木である。草を絡んだ一本の棒を両手としている。其で引けば、両方一時に抜けて来るとも言われた。みんつちの語自身が和人(シャモ)のものである様に、恐らくは此信仰にも、和人の民俗を含んで居ると思う。

草人形が、河童になった話は、壱岐にもある。あまんしやぐめは、人の村の幸福を咒うて、善神と争うて居た。土木に関しての伝えの多い、此島の善神の名は、忘れられたのであろう。九州本土の左甚五郎とも言うべき、竹田の番匠の名を誤用している。ばんじようとあまんしやぐめが約束した。入り江を横ぎって、対岸へ橋を架けるのに、若し一番鶏の鳴くまでに出来たら、島人を皆喰うてもよい、と言うのである。三千体の藁人形を作って、此に呪法をかけて、人として、工事にかかった。鶏も鳴かぬ中に、出来あがりそうになったのを見たばんじようは、鶏のときをつくる真似を、陰に居てした。あまんしやぐめは、工事を止めて「搔(ケイ)曲放擲(マゲウッチョ)け」と叫んだ。其跡が「げいまぎ崎」と言われている。又三千の人形に、千体は海へ、千体は川へ、千体は山へ行け、と言うて放した。此が皆、があたろになった。だから、海・川・山に行き亘って、馬の足形ほどの水があれば、其処にがあたろが居る。若し人の方の力が強ければ、相撲とりながら、其手を引き抜く事も出来る。藁人形の変化だからと言うのである。

両手が一時に抜けたとは言わぬが、あいぬのみんつちに似過ぎる程似ている。夏祓えに、人間の邪悪を負わせて流した人形（ヒトガタ）が、水界に生（ショウ）を受けて居るとの考えである。中にも、田の祓えには、草人形を送って、海・川へ流す。夏の祓え祭りと、河童と草人形との間に、通じるもののあるのは、尤である。而も、河童に関係浅からぬ相撲に、骨を脱（ハズ）して負ける者の多い処から、愈河童と草人形との聯想が深まって来た、と思われる。

古代の相撲は、腕を挫き、肋骨や腰骨を蹶折る、と言った方法さえあった様である。中古以後、秋の相撲節（スモウノセチ）に、左方の力士は葵花、右方は瓠（ヒサゴ）花を頭へ挿して出た。瓠は水に縁ある物だから、水の神所属の標らしく、そうして見ると、葵は其に対立する神の一類を示すものであろう。必しも加茂とも考えられぬが、威力ある神なのであろう。瓠花も、瓢も、他の瓜で代用が出来た。だが、なぜ後世渡来の胡瓜をば、水の精霊の好むものと考えたのだろう。恰好は、稍瓠の小形なものに似て、横に割った截り口が、丸紋らしい形を顕している。祇園守りの紋所だと言う地方が広い。瓜の中に神紋らしいものの現れて居り、ひねるとなかごが脱けて了う。「祇園祭り過ぎて胡瓜を喰うな。中に蛇がいる」との言い習しも、いまだに、各地に残っている。祇園は異風を好んだ神である。此神の為にはこうした新渡の瓜を択ぶ風が起った為とも考えられる。瓜に顔を書いて流す風もあった。胡瓜に目鼻を書くと、いぼいぼの出た恐しい顔になる。この怖い顔した異国の瓜を、他界から邪悪を携えて来た神の形代として流し送る。こうした考えから、夏祓えの川祭りに、胡瓜が交渉を持つ様になったのであろう。其が次第に、水の神への供養と言う様に、思われて行ったのではないか。其で、河童の好物を胡瓜とする考えが、導かれて来たと思われる。

三　河童の馬曳き

馬も牛も、人と同じ屋根の下に起き臥ししていた。田舎では、今も牛部屋、廏を分けないで居るのが多い。こうした人間の感情を稍理解する畜類に対しては、やはり一種の祓えの必要を感じ出したのである。二月頃に、多くは午の日だが、縁日の日どりに従うて、外の日にする事もある。牛馬を曳いて、山詣りをする。此は御事始めの日から初まる田の行事の為に、田に使う畜類に、山籠りをさせる風の変化したものである。牛の方にまず行われた事が、馬にも及んだらしい。後には馬の用途が広まって、馬の山詣りが殖えて来、午の日を、春祭りの縁日とする社寺を択ぶ様にもなった。

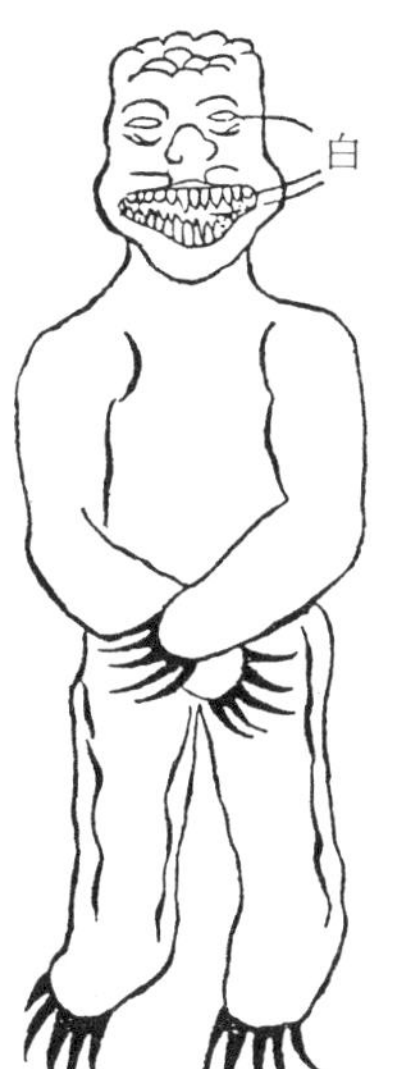

全身薄墨ヌリ

田植えが過ぎると、牛には休養の時が来る。馬には、其がない。牛の仔が生れると、其足形を濡れ紙にとって、入り口の上に貼る。既に祓えのすんだ、牛ばかりいる標である。悪霊の入り来て、犴を犯す事を避けたのである。牛は、水に縁の濃やかな獣である。土用丑の日を以て、形式にでも、水に浸らねばならなかった。淵や滝壺の主に、牛の説かれている処もかなりにある。

馬にも、やはり川入りの日があった。其為に、馬も亦、水神と交渉を持つ様になった。尾張津島祭りも、一部分は、馬の禊ぎを含んで居る。この社の神人が、廏の護符を配り歩いたのは、多くの馬に代った、神馬の禊ぎの利益に与らせようとするのである。馬は、津島の神馬である。馬の口綱をとって居るのは、猿である。神人であることもある。猿を描いたのは、津島以外の形式が、這入って居るのである。此は、大津東町に処を移した穴太の猿部屋の信仰である。日吉山王の神猿が、神馬の口添いとなって、神の伴をすると考えた為である。神馬に禊ぎをさせるのも、此猿である。この猿の居る処には、神馬に障りがない。其にあやからせようと言うのが、馬曳き猿の護符であった。今も、途上で逢う事である。馬の腹掛けに、大津東町と染め出したのをつけて居る。其馬の、猿部屋の守護を受け、日吉の神馬の禊ぎに与ったものとの標である。

昔は、日本の国中、陸地に於いては、馬ほどの強さを思わせるものはなかった。其が一歩、河に踏み入ると、水に没して居る小さな水妖の為に、引きこまれる事があると考えた。水を頂くが為に強い河童の力を、以前からある頭の皿に結びつけた。其処にある水をふりこぼされると、河童の力はなくなると言う様にも、合理化して考えられる様になったのである。

日吉の使わしめの猿は、水の良否をよく見分ける。湖水近くおりて居て、水を見て居る。そして、最浄い水の到るのを待って、神に告げて、神の禊ぎをとり行う。こうした信仰から、悪い水や、水の中に邪悪の潜んで居る事をも、よく悟るとせられた。此考えから、屋敷の水を讃めるのを中心にした、庭のことほぎには、猿が出て来る様になった。其から拡って、屋敷・建て物の祝福や、屋敷に入り来る邪悪・疫癘退散の為にも、猿を舞わせる風を生じた。

馬の脊に跨った神を観じたのは、何時頃からか、細かな事は知れぬが、古代日本では、神の畜類に乗る事は考えなかった。馬が尊貴の乗り物とせられて後も、そう馬に乗る事を許された神はなかった。人乗りはじめて、此を神に及す様になったのである。宮廷から、馬を進められる様になると、其神の資格は、高くなったのである。祝詞にも、白き馬を寄せられる文句の見えて居り、絵馬を捧げる風の、わりに早くから行われたのは、外に理由はあるが、此方面からも、説かねばならぬ。平安朝以後、低い神々は、心から馬を羨望して居た。馬に乗った人が通ると、脚を止めたり、乗りてをふり落したりさせた。唯後世風に考えると、乗りうちしたのを咎める様に見えるのである。おなじ下座の神と考えられる様になった水の神なども、馬を欲しがって居た。其で、水に近よる馬を取ろうとすると言う風に、推し当てに、神・精霊の心を考えた。此が、河童の馬を引きこもうとして、失敗した話の種である。そうして、人間に駆使せられる河伯と結びつけて、命乞いに誓文し、贄を献り、秘法を知らせると言った説明をつけたのである。

えんこ・えんこうは、猿猴から出たと言う考えは、誰しも信じ易い考えなるが為に、当分動す事は出来そうもない。だが、何の為にわざわざさるを避けて、耳遠い音を択んだのか、私には判断がつかない。或は井（カワ）子（ゴ）・かごなど言う類例から推すと、「井（イ）の子（コ）」から出たものが、聯想で、猿猴其まま「えんこう」とも発音したのかも知れない。

若し又、えんこうを猿猴に違いないとすれば、水を守る神猿を、やがて水の精霊と見て、猿即河童として、水界に多くいる方をえんこうと言い別けたともとれる。

馬曳き猿を、河童の変形とする事は、猿とえんこうと、関係は説明はついても、まだまだ出来ない。唯、此護符を貼って、馬の災厄を除くことの出来るものとした原因だけは、わかったと思う。馬術の家の伝えとても、やはり猿曳きや、馬曳き猿の信仰を述べた神人等のものと岐れる元は、一つであったであろう。

四　椀貸し淵

大和の水木直箭さんの作った柳田先生の著作目録の中にも、一つの重要な項目になっているものに「椀貸し塚」がある。私一己にとっては、非常な衝動を受けた研究である。今は、先生の論理の他の一面に、こうした考え方もなり立ちそうだ、と言う点だけを述べて、重複を避けたいと思う。

椀貸し伝説の中には、河童を言わないものも多い。だが此は、塚の内部に、湧き水のある様な場処に移した話が、後には、唯の塚にまで、推し及したものと思う。私は、やはり水辺の洞穴や、淵などの地下水の通い路と考えられる処を言う方が、元の形に近いのではないかと思う。

膳椀何人前と書いた紙を、塚なり、洞なり、淵なりへ投げこんで置くと、其翌日は、必註文どおりの木具の数を揃えて、穴の口や、岩の上などに出してあった。或時、借りた数だけ返さなかった事があって以来、貸してくれなくなった、と言う結末が必ずついている。此椀の貸し主は、誰とも言わぬ伝えが多い。中にはっきりしているのは、竜宮といい、河童・狐を言うものである。狐ででもなければ、そんな不思議は顕されないと考えたのは、水に縁のない山野の塚には、時々狐の出入りするのを見かけることのある為である。

今もあることだが、昔ほど激しかった。一年に一度、数年に一度の客ぶるまいの為に、何十人前かの木具を揃えて蔵して居る家が多かった。中には、一代一度など言うのさえ、上流社会にはあったものである。此話の、そう近代出来でない様子から見ても、小まえ百姓などが、木具の膳椀で、客をする夢も見なかった頃にも既にあったらしいことは、鑑定がつく。其では、その前の漆塗りの木具のなかった時代には、此話はなかったかと言うと、其頃相応な客席の食器を考えていた事も考えられる。だが、其から溯ると、此が伝説でなく、生活そのものであった時代に行き当る。

平安朝以後の公家生活には、時々行われる大饗などが大事件であった。高官が昇進すると、一階上の上官を正客（尊者という）として、大規模な饗宴を催したものである。其夕方、尊者来臨の方式がやかましかった。宴席の様子が又、不思議なものであった。まるで、神祭りの夜に、神を迎える家の心持ちが充ちていた。私は、日本の宴会は、都が農村であった時代から、大した変化もなくひき続いたもので、すべては、神の来る夜の儀式を、くり返していたものと信じている。

饗宴用の食器に違いない朱器（盃）・台盤（膳）を、何よりも大切な重宝としたのは、藤原家であった。大きな藤原一族の族長たる氏の上の資格は、此食器の所在によって定まったのである。宮廷における三神器の意義に近い宝だったのである。此は、藤原良房の代に作られたものだと言う。私は、其時を食器の歴史に革命があって、古い物を改修した時だと考えて居る。何にしても、食器にそうした意義の生じたのは、氏の上の条件として必行うべき饗宴があったことを暗示しているからである。

あるじと言う語は、饗応の義から出て、饗応の当事者に及んだのである。家長の資格は、客ぶるまいを催す責任の負担から出ている。饗宴は、家族生活の第一義だった。神聖な食器の保存に注意を払う風は、時代が遷っても、変らなかった。唯食器にも、推移があった。どうしても、伝来の物の代りに、近代のを用いねばならぬ様になって行った。其誘因としては、壊れたり、紛失したりする事と、伝統的な器具を持たぬ新しい家が、後から後から興って来た事である。

客の数は、信仰の上から固定したものが多かった。だから時代が変っても、多くは常に一定していた。一椀一皿が不足しても、完全な客ぶるまいは出来ない。食器の数を完備する事に苦労した印象は、新しい器を採用する様になっても残っていた。椀貸し穴の、椀を貸さなくなった原因を、木具の紛失で説いたのも、此印象が去り難かった為であろう。宴席に並んだ膳椀の数を見ても、一目に其家の富みが思われる。此栄えは、農村経済の支配者なる水の神の加護によって得たものである。木具の古びを見ても、此家の長い歴史が思われる。何処に蔵ってあるとも、家族さえ知らぬ木具類が、時あって忽然として、とり出されて来る。そうした事実をくり返し見て居る中に、椀貸しの考えは起って来る。水の神から与えられた家の富み、其一部としては、数多い膳椀。水の神から乞い受けた物と言う風に考える外はない。此が、稀に出現する様を見た迄は、事実であり、古代式の生活をくり返した農村全体の経験の堆積であり、疑問の歴史でもあった。

こういう経験が、記憶の底に沁み入って、幾代かを経る。すると、そうした農村の大家の、富みの標となる財貨（タカラ）を、挿話にして、逆に、其家の富みの原因を物語る話に纏っていた。廉々（カドカド）は旧い伝説の型に嵌った説明で、現実を空想化している。膳椀の忽然と出て来る理由を、時をきめて、水の精霊から借り出すと考えた事実に即した想像と、逆に精霊の助力を受けた者に考え易い最後の破綻の聯想とが、同時に動いて来る。そうして其中間に、器具紛失・損傷の古い記憶が蘇って来て、伝説らしい形が整う。すると又、紛失とするよりも、神・精霊を欺く人間の猾智の型で説明する合理欲が、此話を、一層平凡な伝説の形に、整頓して了ったのである。

　金の網かゝれとてしも波の月（信章）
　河童の生けどり秋を悲しむ（同）
　うそ噺聞けばそなたは荻の声（桃青）
　地獄のゆふべさうもあらうか（章）
　飛ぶ蛍水は却つて燃え上り（青）
　熊手鳶宮勢多の長橋（章）

釣瓶とり竜宮までも探すらむ（青）
亀は忽下女と現れ（章）
（江戸両吟集）

河童の聯想が尚きれないで、四句隔てた勢多の長橋に刺戟せられて復活している。釣瓶とりの句も其だ。亀の下女も其だ。ただ河童の下女を逃げただけである。私どもから言わせればやっぱり打ち越しである。

五　頭の皿

水の神が、膳椀ばかり貸してくれた理由は、わかったとしても、どこかやはり落ちつかぬ処がある。客ぶるまいの木具を貸す事になった隠れた原因は、二つあげて置きたい。饗応を受けに来る正客は、水の神自身だったらしいこと、河童の皿の、なぜ問題になるのかという事の説明である。農村の饗宴に臨む者は、色々な形に変化はしていても、正しい姿に直して見れば、常に、水の神及び、其一類であった。尠くとも、ある時代まで、そう考えて迎えもし、招かれても来たのである。勿論水の精霊等は、人の仮りに扮装したものである。其が何時か、唯の人の姿で出て来る様になる。一方、又近代では、苗を束ねた人形や、役のすんだ案山子（カカシ）を正客とする程神を空想化している処もある。水の神の為のふるまいと言う事を忘れて後も、何だか、水の神に関聯した行事の様に思う心は残っている。其が、膳椀の貸してに、水の神を定めた理由である。話は逆に聞えるであろうが、此が伝説上には、正しい推理なのである。

頭の皿を言う前に、まず椀貸しとの関係の結論を述べて置く。河童とまで落ちぶれない神の昔から、皿を頂いていると言う伝えがあって、其で、水の神がそう言う器具を持って居る、との考えが導かれたのだろう。膳椀は、水中に何処にあるか、其とも河童の皿の中の、無尽蔵の宝と共に這入っているのか、此は後に説く。ともかく、河童の皿は、昔からああした小型の物と考えていたか。此も亦、問題である。河童は、水の神であり、又其眷属とも考えられる。其ほど、或時は霊威を発揮し、ある時はふえありいの様な、群衆して悪戯をする。或は、海の神の分霊が、水のある処に居るものとして、無数の河童を考えたのかも知れない。近代の河童から見れば、そう説かねばならぬ様である。でも私は、別の考えを持っている。

河童を通して見ると、わが国の水の神の概念は、古くから乱れていた。遠い海から来る善神であるのか、土地の精霊なのか、区劃が甚朧げである。神と、其に反抗する精霊とは、明らかに分れている。にも拘らず、神の所作を精霊の上に移し、精霊であったものを、何時の時にか、神として扱うている。河童なども、元、神であったのに、精霊として村々の民を苦しめるだけの者になった。精霊ながら神の要素を落しきらず、農民の媚び仕える者には、幸運を与える力を持っていると言った、過渡期の姿をも残している地方もある。

河童の皿は、富みの貯蔵所であると言う考えの上に、生命力の匿し場の信仰を加えている様である。水を盛る為の皿ではなく、皿の信仰のあった処へ、水を司る力の源としての水を盛る様になって来たのである。だから、生命力の匿し場の信仰は、二重になる。だから私は、皿の水は後に加ったもので、皿の方を古いものと見ている。

皿が小さくてもよい様に思うのは、水の方を考えるからである。土地によっては、頭の皿は、芥子坊主の頂の剃った痕と一つにしている様である。又其処の骨が、自ら凹んでいるとするものもある。或は、皿は髪の毛の中に隠れているとも言う。大体は、此位の漠然とした考え方である。

北九州の西海に面した地方は、河童の信仰の、今も最明らかな処である。皿がちゃんと載っていると言う処が多い。唯、其皿について、仰向いていいるとするのと、頭の頂に伏せられていると言うのと、上下二枚の皿が合さって蓋物の様になっている、と説くものとがある。第三のは、水のこぼれを防ぐつもりの物らしく、おもしろいが、一番新しい形だと思う。頭の皿と言えば、仰向けか、うつ向きかは、誰にも問題にならない程、わかりきった時代の説明省略のままの形を、ひき継いだ後の代には、早く皿の据え様を、思い浮べる事が出来なくなったのであろう。其でこう、色々に説く様になったのである。私は恐らく、皿は伏せられて居たのであろうと思う。其も、今まで考えて来た様な、小さな物に限るまいと思う。もっと大きな物であったかも知れぬ、と思う。

こうした皿を、子どもの時から嫁入る迄、被き通した姫の物語がある。「鉢かづき姫」の草子である。此に、鉢とあるのは、深々と顔まで、掩うて居たからである。おなじ荒唐無稽でも、多少合理的にと言うので、皿より鉢の方を択んだ伝えを、書き留めたのであろう。其程大きくなくとも、不思議の力が、其皿の下に、物を容れさせたのである。鉢と言い、皿と言うても、大した違いはないのである。鉢かづき姫が、御湯殿に勤めて、貴い男に逢い初めるくだりは、禊ぎの役を勤めた、古代の水の神女の俤がある。が、湯殿に仕えるだけでは、此以外の物語にもある様だ。唯湯殿で男にあう点が特殊である。慶応義塾生高瀬源一さんが、鉢かづきの入水して流されて行く処が、殊に水の縁の深い事を示しているのではないかと問うた。鉢かづきの鉢がこわれると、財宝が堆く(うずたか)出て、めでたく解決がつく。こうして見ると、此姫の物語も、やはり、水の神の姿を持っている。

水の神は、頭に皿を伏せて頂いている。其下には、数々の宝が匿されている、と考えたのである。皿が拡張すれば、笠になる。水の精霊なる田の神の神像の、多く笠を着ているのも、こうした理由を、多少含んでいるかも知れぬ。大阪で育った私どもの幼時は、まだこんな遊戯唄が残っていた。

　頭の皿は、いつさら、むさら。
　なゝさら、やさら。こゝのさら、とさら。
とさらの上へ灸(ヤイト)を据えて、

熱や　悲しや　金仏（カナボトケ）けい。けいや。
…………………

何の意味をも失うてはいるが、皿を数えるらしい文句である。皿数えの文句としては、「嬉遊笑覧」に引いた、土佐の「ぜゞがこう」の文句が、暗示に富んでいる。

向河原（ムカイカワラ）で、土器焼（カワラヤケ）ば（ヤキハ？）
いつさら、むさら、なゝさら、やさら。
やさら目に遅れて、づでんどつさり。
其こそ　鬼よ。
簑着て　笠着て来るものが鬼よ。

此唄を謡いながら、順番に手の甲を打つ。唄の最後に、手の甲を打たれた者が、鬼になる。こういう風に書いて、此が世間の皿数えの化け物の諺の出処だろう、とおもしろい着眼を示している。

皿数えの唄に似たものは、古くは、今昔物語にもある。女房が夫を捨てて、白鳥となって去る時、書き残した歌、

あさもよひ　紀の川ゆすり行く水の　いつさや　むさや。いるさや　むさや

下の句は、何とも訣らぬだけに、童謡か、民謡らしく思われる。だが「いつさや　むさや」は、「いつさらむさら」と関係がありそうに思う。皿数え唄が、五皿六皿から始まるらしいのを考え合せると、殊にそう思われる。時代の新古によって、類似民俗の前後をきめるのは、とりわけ民謡の場合、危険である。だがこの唄では、今昔に俤を残したものの方が古くて、皿数えの方が、其系統から変化したもの、と思うてよい様である。皿数えの唄一個が因で、果して皿数えの妖怪を考え出したであろうか。少々もの足らぬ感じがする。

尊敬する喜多村氏の為に、其仮説を育てて見たい。
「いつさや　むさや」時代には、大体皿の聯想のなかったもの、と見てよかろう。そうすれば、皿数えの妖怪にも、交渉のあるはずがない。さやがさらとなり、いつが五（イツ）、むが六（ム）の義だ、と解せられると、「なゝさら　やさら」と、形の展開して行くのは、直（スグ）であろう。皿数えの形が整うと、物数えの妖怪の聯想が起る。壱岐本居（モトイ）の河童の話に、門に出して干してあった網の目を、勘定しているものがあるので、網に伏せて見ると、があたろであったと言う。何の為に目をよんだかは、説明する人はなかったが、妖怪には、目の多いものを恐れる習性があるという事は、全国的に考えているから、此をよみ尽せば、もう何でもなく、其家に入ることが出来る、と考えたものと見たのだろう。物よみの妖怪に入れてよいものとしては、歌・経文をくり返し読んだ、髑髏の話などもある。

物数への怪が、ここ迄進んで来ると、皿数えの唄と、相互作用で変化して行く。皿数えに最適したものは、河童である。此に結びつけて、井戸の中から、皿を数える声が聞えるなどと言い出したのであると思う。いずれ、田舎に起った怪談であろうが、段々河童離れして、若い女の切りこまれた古井の話が、到る処に拡った。河童が、若い女に替る理由はある。水の神の贄として、早処女（サオトメ）が田の中へ生き埋めになった物語、及び其が形式化して「一（イチ）の早処女」を、泥田の中に深く転ばす行事がある。又、水に関聯した土木事業には、女の生贄を献った、という伝えが多い。此は実は、生贄ではなかった。水の神の嫁と言うた形で、択ばれた処女が仕えに行った民俗を、拗れさせたのである。田や海河の生贄となった、処女の伝説が這入りこんで来ると、切りこまれたのは、若い女。皿を数える原因は、一枚を破るか、紛失したからだと説く。皿を破ったからして、必しも、くり返しくり返し皿数えをするわけもない。数とりをせねばならぬ理由は、元の河童にあったのを、唯引きついだに留っている。

平戸には又、こんな伝えもあった。ある大きな土屋敷に、下女が居た。皿を始末させたら、一枚とり落して破った。主人が刀を抜いて切りつけると、女は走って海へ飛びこんだ。其姿を見れば、河童であったという。此話は、皿を落すのが、女河童であって、其から直に、若い女に転化した、ときめて了う事の出来ない乏しい例だが、形は単純である。子供の頭の頂を丸く剃り、芥子坊主にするのは、水の神の氏子なる事を示して、とられぬ様にするのである。同様にがっそ或はおかっぱと言う垂髪も、河童の形である。此方は、頂を剃らない。皿の隠れて居る類の形と見たのであろう。

鬼事遊びの中には、子供専門の鬼を、中心にしている事が多い。かくれんぼうなども、隠れん坊ではないかも知れぬ。薩・隅・日の三国に共通したかごと似た形に、かぐれと言う河童の方言がある。其以前、もっと広く行われた時分、「かくれん坊」の語根となったのではないか。

目隠しを言うめなしちご・めなしどちなども、目なし子鬼の義であろう。どちはみずちの系統の語であり、ちごも、河童或は河童の好物しりこだまを意味する、福岡辺の方言である。河童の外にも、ももんが・がごじ・子とろ・めかこうなど言うのがいる。

六　河童の正体

世間に言うとおり、一口に河童として、混雑を避けて来たが、所謂河童(カワワロ)と謂うた姿の河太郎・河童の姿を、標準と見做しておいた。だが其外に、河童と言うに不適当な姿をしたものがあるのである。

あんなに、馬の護符を出す津島神社の四方、かなり広い範囲に亘って、河童は居ない。みずち一類の語が、用いられている。大抵、鼈を言うようである。飛び離れた処々にも、この語を使う地方で著しい事は、みずし・みんつち・めどち・どちなど言うが、大抵水の主(ヌシ)の積りで、村人は畏がっている。殆、人間の祈願など聞き分ける能力のあるものではない。近づく人をとり殺すと言う、河童の一性情を備えて居るばかりで、大抵その正体は、空想している場合が多い。だからみずちは、必しも、一定した動物を言わない様である。みずち信仰の最高位にある、山城久世の水主（ミズシ）神社の事を考えて見たい。元来地方地方に、自然に生じたと見るよりも、此社の信仰の、宣布せられた事を考える方が、正しいらしい。だが今では、みずちには、祠のある物すら尠い。みずちの中にも含まれている鼉の類は、又、どんがめ・どんがす・がめなど謂う別の語で、はっきり区別して示されている。

みずてんぐ・みずてんなどは、土佐に盛んに用いられ、又今も盛んに活躍しているとせられている。正体は、河童と天狗との間を行く様なもので、嘴の尖っている為に、こう言う名がある。相撲を人に強い、負ければ水に引きこむと言う。みずちよりは、稍人間に近いものである。此語、河童の多い北九州にも、曾って行われて水天狗の字を音読する様にもなった。ある大家では、封国の水の神を、江戸屋敷の屋敷神としていたのを公開した。其後、久しくはやり神となった。昔の誓文を固く守って、水に由る災いは勿論、其以外にも、信仰者には利益を下す、と言われている。

ひょうすべは、九州南部にまだ行われている。此も形は、甚、漠としている。河童の様でもあり、鳥の様でもある。此も、水主神と同じく、其信仰を、宣伝伝播した時代があったのである。私の観察するところでは、奈良の都よりも古く、穴師神人が、幾群ともなく流離宣教した。その大和穴師兵主神の末である。播州・江州に大きな足だまりを持って居た。北は奥州から、西は九国の果てまで、殆、日本全国に亘ったらしい布教の痕は、後世ひどく退転して、わけもわからぬ物になって了うたのである。

河童の話

柳田國男

年をとった者の特権は、こんなに勉強しておっても、死ぬまでに知らずにいることがこんなに多いということを言っても、生意気に聞えない、人に笑われぬことである。私などは言わず語らずのうちに、ごくつまらぬ問題から出発して、大きなものが潜んでいるような方面に向ってゆくのが、聞く人の興味にもなり都合もいいので、いつでもそういう方法をとってきたのであるが、今日の話だけはその型にあてはまると思う。

大正三年に私は『山島民譚集』という本を出している。それには河童駒引といって、河童が馬を引っ張って行き損ない、捕まって詫状を書き、これからは決して人を捕らないという話が全国にある、それは何故だろうということを書いたのだが、あまり早く書いたものだから、それからこのかた知っていれば書いたと思うことが幾つもあり、あの時はこれほど大きな問題になるとも思っていなかった。今度私が稲の問題を、日本の歴史の始まりに引きつけて研究してみようという気持になってから、それにもやっぱり河童の問題が関聯しているものだから、それでもう一度話しておこうという気になったのである。

東京あたりでよく聞く「おかっぱ」というのが河童からきたということは、今はちょうど忘れられようとしている。河童というものは、単に毛が頭から垂れているだけではない。真中にお皿がある。そしてその皿に毛の剃ったところがあって、私なども子供の時にそれをやられたが、大きくなったら引きあげて髷にしよう、もしくは髱にしようという毛を、だんだん長くするつもりで垂らして、あれで毛を養なっておくのである。初めのうちは二つ三つの子供は、まるでお皿のようなものをくっつけるだけに見える。ちかごろ家の子供などを見ていると、真中はつむじで、全部垂れていてもやっぱりおかっぱといっている。つまり早や、おかっぱという言葉が内容で変遷しているのである。

この言葉は西の方にはない。私の郷里の方ではオケシという。芥子坊主のケシである。これには蛇の目といって、頭の真中を丸く剃った。子供の頃にはその蛇の目を剃られるのが実に嫌で、痛かった。よほど気嫌(ママ)のいい時を見はからって、ほうびの約束をしないとやらない。またそんなことをする必要もないという考えの人が多くなったが、私は唐傘の蛇の目を知る以前に、自分の頭で蛇の目という言葉を経験しているのである。

われわれの問題にしている河童と人間との最も大きな交渉は、中世に入っては頭の髪の毛の問題なのである。ところが注意しなければならぬことは、河童という言葉の意味も定かにはわからず、河童という言葉で水の中にいていたずらする小童をいう地方も狭いのである。恐らくは箱根以東といってよくはないかと思う。東日本でも探すとまだいろいろの言葉があって、みんな共通の意味を持っている。

先ず私どもの郷里、姫路から少し入ったところの市川という川の流れあたりではガタロ、京大阪も多分ガタロで、つまり上方言葉なのである。字に書くと河太郎と書く。太郎は男の子ということであるから、やはり河童（かわわっぱ）と同じ心持で作った言葉である。東でも伊勢湾に流れ込んでいる川筋に住んでいる河童は河小僧と呼んでいる。これはいよいよ新らしくてわかりやすい。天竜川の流域は信州に入るまで、ほとんど全体を通じてカハランべという。

まだ沢山例があるのだが、それを一つずついっていると時間ばかりかかって同じことだから、入用なだけを話すと、中国から瀬戸内海周辺のかなり広い区域ではカハコという。コウゴと聞えるところもあるが、多くはカハコといっている。ただ一つ特例となってエンコという言葉が入り込んでいる。これは意味がわからないものだから、後々の人は淵猴などと書いているが、これは一種の猿、手長猿というか、一方の手を縮めると一方の手が極端に長くなる特徴を持っている。

このエンコという言葉のおこなわれている区域は案外広く、土佐にもあるし山陰の方も出雲伯耆あたりにだんだんある。カハコとエンコは入りまじっていて、大体カハコの方が主だがエンコしか知らない村が幾らもある。九州では一番多いのはガハラッパで、これは鹿児島の突端まで来ている。そして鹿児島の突端だけに一つの違った言葉がある。ミッツドンもしくはミヅシンというのである。ミッツドンが何のことだかわからないのだが、大体に九州は河童の害を恐れることが東北よりももっと烈しいから、名をいわぬことにしている一例である。名を聞かれてはいけないから、川の殿とか旅の人とか色んな隠語がある、その一例である。

後になって初めてわかったのは、ミッツドンはミヅチなのである。今では虬と書くので、支那の知識を持っている人たちは蛇の類だろうと思っているが、字義からいっても水という言葉に、霊物とか何とかいう意味のチという字がついているだけなのだから、水の霊ということに外ならない。それをガラッパの別名または隠し名として、ミッツドンといっているのである。

これがそこだけならば、間違っているとか勝手にさかしらにくっつけたのだろうということになるのだが、全国の端々にあたってみると同じ例がある。一つは能登半島で、ここではカッパに近い言葉を持っておりながら、ミヅシンという言葉を使い、水の神様だから水神というのだと解しているが、能登の東海岸の方の広い区域にわたって、あの害のかなりひどいところでは、ミヅシンという言葉がやはり同じに使われている。ミヅシンとミッツドンという言葉が、これだけでも一通りはわかるので、これは比較研究というものはどこまでも濃厚にやらなければならない、誠にいい例なのである。

東北に行くと河童で通用するが、別にメンツチ・ミンツチという言葉がある。南部地方でも岩木川の流域でもメドチといっている。メドチに捕られた話をだんだん聞いてみると、メドチが並んで歩いているという。メドチというのは何だと聞いてみると、何だか知らぬが蛇みたいなもので水の中に隠れていて子供をとっつかまえて殺す、引き込むものだという。つまりメドチ・ミヅシン・ミッツドンという三つの言葉は、幸なることには国の端と端にあって、私どもの方言周圏論を証拠だてるように、かつてはこれをミヅチといっておったという証拠になるのである。

アイヌの中にやはりミンツチという言葉があって川よりは大きな池にいる。おそらくは津軽か南部から習った、アイヌ固有のものではないと思う。人によるとあまり名前が変っているものだから、むしろ青森側の人がアイヌのミンツチを採用したといいたがるのだが、こういう精神的の言葉は、アイヌの方が採ったと見ていいのだろうと思う。どこまでそれが下っているか。例えば盛岡の辺とか日本海側でいうと秋田の附近とかまで下っているかいないかが、これから先の調査の目的なのである。

これだけだとアイヌのミンツチは別じゃないかという人が出てくるに違いないが、そうはいわせないわけがある。ミンツチ若しくはガハラッパの一番大きな特徴は、肩胛骨が一本につながっていて、一方を縮めると幾らでもこちらの方が伸びる、中で自由になっているという説明を、九州でもアイヌでもやっている。これには起原伝説があって共通点がある。

それはある時、飛驒の匠が非常に大きな建築をするのに人足が足りない。藁で人間をこしらえたが手を作るのが面倒くさいから一本の棒を通して手にした。ところがいよいよ建築がすんでから、はなはだ不用意な話だが、お前たちは水の中に入って何かそこらにあるものを取って食えといって放してしまった。これと同じ話をアイヌがしている。アイヌは神様がといっている。神様が戦をしなければならぬ時に人間が足りなかったので、草人形を作って一本の棒を通して両手にした。用が済んだ時に、水の中に入ってそこらにあるものを食べろといった。そこらにあるものという中には子供も入っている。それでいまだにいたずらをするんだということになっている。河童の腕の話がそれから来たという想像説は、かなり後のものには違いないが、よく考えた考えで偶然に一致するかも知れぬが、少なくともガラッパ地域にもそれから北の方のアイヌの中にも同じ伝説が残っている。

私などの今の考えでは、東北だけが疑問になっているが、江戸の河童という言葉を採用する以前にいたのかいなかったのか。あるいはカッパという言葉の方が最初で、そういう化物を見るようになったのか。若しくは前からいたものの名をとりかえて、こういう風なことをつけたのかということが問題になるのである。面白いのは東京あたりの河童は灰色で、年寄りのような膚をしている。ところが東北の方の河童は赤いのである。この赤いということは、東北地方の怪物は山の神が多く、山の神は昔から赤いものとなっているので、あるいは山の神の赤さから類推して、河童も幻には赤く見えるようなのがあったのか。または赤いということが、何かあの地方の固有性で、それが同じ言葉であっても意味が違うことを証明する材料になるのか。いずれにしても北の方は大体において赤い膚をしている。

河童が助けてもらった恩返しに生魚を届けた、骨つぎの妙薬を持ってきたという話は数限りもなくあるが、天竜川の流域とその附近の川筋では、年に一度だけ水の中の竜宮からお使いが来る。椀貸淵の伝説と同じくお椀を貸すだけでなく、時には金まで貸してその家が富裕であることを保証してくれる。蓼だけは食わせてくれるなと固くいっていたのに、つい御馳走の中に入れて出したら、それを食べるや否やお使いが跳び上って駆け出し、出てきた淵の中に入ってしまい、それきり来なくなってその家は衰えたという話である。

つまり或る村の中でめぼしい家が河童と交捗（ママ）を持っている。水の中から或る幸福を持ってくるというのが約束であったのを、たった一つの条件を守らなかったために永遠の破綻になった。そのお使いをするのがたいてい小僧なのである。子供を使いにして人間と交通していたのが、或る人の不注意から絶えたという話ならば、古い昔からの神話に共通な一つのモチーフだと思う。もとは水の中の神様との間に連絡があって、人間の幸福の或る程度までは維持されていたのだけれども、その話がどこまで成長してゆくかを、色んな方面から考えているのである。

私などの一番重要にしていることの一つは、河童と相撲をとるということである。負けてやってる内はきゃっきゃっと喜んで面白そうに遊んでいるが、ひどく投げたりすると機嫌が悪くなったり、しまいには患いを起したりする。その河童が帰った後は気違いみたいになってしまう。ちょうど物憑きの状態になるのである。けれどもそれ以外に、時々出あって仲よく河童と相撲をとっている家がある。これは相撲の歴史に関係するもので、なかなか簡単な問題ではないが、手がかりにはなると思う。

その手がかりの一つは、人間と相撲をとろうといってきたものがまだいろいろある。土佐ではシバテン、柴天狗という名前で、挙動はほとんど河童なのだが、ほかの河童のように水の中に入ってからいたずらするのでなく、河原へ出てきて相撲をとっては、相手を精神異常状態にしてしまうのである。これが水の中の奴だけにあるうちは、まださほどにも思わなかったが、相撲とろうといってやってくるのにもう一つ、東北だけは山男というのがある。大人（おおひと）という。大人は非常に相撲が好きで、お前はいい男だなどといって少し彼等に愛せられたらたまらない。いつでも相撲の相手をしなければならない。別に必らず負けなければというようなお世辞はいらないが、負けたり勝ったりしているうちに、お前の家は何処だ、餅を食わせるかなどといって餅を食いにくる。それとつきあい始めると、一ぺんの分量が多いものだからすぐに財産が左前になってしまう。

これと河童の相撲とるというものとの間には関係がある。そしてとにかく人間が交捗（ママ）を待つばかりでなく、彼等の力を認めるということが、幾らかずつ彼等から厚意を貰う一つの原因になっている。誰でもが近づくことはできないが、或る条件を具備した人だけは接近する。そして契約にさえそむかなければ、たいてい家の利益になる、富を持ってくるというやりかたである。これは家の先祖は別として、他所から入ってくる神様の一つの特徴であった。家との間にコントラクト（約束）がある。それこそテスタメント（神約）がある。

相撲などは今ではわからなくなって、二人ともチャンピオンで、二人で勝負して神様には何も交捗（ママ）がないが、元は一人相撲というのが多かった。日本で一人相撲という祭の儀式をやっているのは、伊予の大三島とかその他少ししかないが、見たところ相手の神様は見えないのだから、土俵の上に上って裸の奴が一人で動いているうちに負けてしまう。

太平洋の島のことを書いた書物の中に、これから神様になるという人間のなりかけの話があるが、やっぱり山の中に入って組打ちをしているような形を、いつまでも際限なくするのがある。他所から俗物が見ると人間が一人だけでやっているのだが、事実はもう一つ眼に見えない相手役があって、その相手と仲よく遊んでいるのである。そうしている内にその人間が神憑きになって一種のプリースト（祭司）になるという段階である。

こういうのを見ると、現在の状態だけではまだいえぬが、そういう力を持っている者が自ら出てきて人間に交捗（ママ）を求めるというのは、元は悪意ではなかった。むしろ或る恩恵を施そうと思ってやってきたけれども、人間がだんだん進歩してしまうものだから、しまいには欺いて逃げようとする者があったり、初めの約束は非常にいい約束をしておきながら後になってから飽きて逃げたりする者があるために、だんだん怖いものに考えて妖怪になったのである。

日本のお化けなども一つ一つ説明することは困難だが、われわれが今日妖怪と称しているものは、かつて満幅の信頼を以て信仰せられておったものが、第二の信仰が入ってきたために人が冷淡にする。冷淡にされるとそのままふいと何処かへ行ってしまうだけの思い切りもなくて、時々出てきては交捗を持つ。河童の如きは人間の古代信仰のだんだん衰えてくる道筋を、ところどころに目じるしを立てて知らせてくれる、いわば一つの厚意ある証拠物なのである。

（未完─録音要旨筆記）

II

河童の起源

座敷童子

千葉徳爾

一

旧家にはザシキワラシと云ふ神の住みたまふ家少なからず。此神は多くは十二三ばかりの童児なり。折々人に姿を見することあり。（中略）此神の宿りたまふ家は富貴自在なりと云ふことなり。

岩手県遠野地方の伝承記録、「遠野物語」にはこう説明されている。この信仰については佐々木喜善氏が「奥州のザシキワラシの話」にその全貌をまとめられ、続いて追加資料を発表されて（人類学雑誌三九巻四・五・六号、東北文化研究一巻五号）、最も熱心に研究を進められた。その後柳田（桃太郎の誕生、一九三三）、折口（旅と伝説七巻一号）などの諸氏が言及されたが、新らしい資料の追加は殆どみられず、この伝承も消失したかと思われた。ところがそれから二十年近くたって西前清氏が岩手県九戸郡のザシキワラシ資料を報告されたので（民間伝承一二巻五・六号）、その信仰がかなり根強いものであることを知ったのである。その後、北上地方を通過してこの伝承が今なお一般的に残ることがいよいよ明らかになった。しかし、青年層にはこれを知らぬ者も多くなって来たので、現在までのこの伝承についての知識を整理して、急速にこの信仰についての研究関心を高める必要を感ずる。

私が主として説明を試みたのは、この信仰の基くところと、何故この地方のみに濃厚な伝承を留めているかである。この点については、最上孝敬氏の論考「家の盛衰」（民間伝承一四巻九号）に啓発されるところが多かった。

ザシキワラシの伝承に附随して研究されるべき多くの興味ある話題については、単にその方向のみを注意することにとどめ、更に稿を改めて論じたいと思う。(注)

注 たとえば隠れ里に行ってもらって来た品物が、富の根原となるという話などがその一つである。

二

こういっては失礼であるが、この研究を最も熱意をもって進められた佐々木氏などは、事例を追加しようとするあまりに、今から考えるとザシキワラシの本質から遠いものまで、資料として集積報告しておられたところがあるように見受けられる。

ザシキワラシの数多い呼びかた、ザシキボッコ、クラワラシ、クラボッコ、ノタバリコ、ウスツキコなどが、すべて童児を意味することから、それが童形のものと考えられていたことが確かである。また、これが居ると家が豊かで、それが居なくなると家が衰えるということも欠くことのできぬ性格である。憑物とちがって、一定の家系に永久的に附属しないこと、その家屋に居ていたずらなどはしても、決して「たたり」といった種類の行為をしないことなども注意してよい。

以上の要素をそなえず、単に屋内に住む精霊（ホソテ、ナガテと呼ばれるもの）、そうしたものが示すと考えられる現象（足音、泣声、物が動くなど）だけのものは、一応他の系統からの要素が混在し、或いは変質したことを疑ってよかろう。

いま佐々木氏が集められた約一五〇の資料を、その要素からいくつかに分類してみよう。ここに取扱う資料の存在範囲は岩手県及びそれに隣接する青森、秋田、宮城の各県で、その大部分は岩手県のうちでも北上山地の内部に存在している。このような分布が、採集者佐々木氏の見聞範囲に応じて厚薄があり、実際の分布密度は異るという考えも成立つのであるが、ザシキワラシが民俗学界の話題となって既に三十年以上をすぎても、他の地域からの報告に接しない点からみれば、佐々木氏の資料分布によって、この伝承の範囲と密度とを推定することは、著しい不都合を来すものではあるまい。

㈠最も多いのは、ザシキワラシの居る座敷に寝ると安眠できない。枕返しをしたり、寝床に入って来たり、押しつけたりする。室から押出したりもする。しかし、姿はみえない。このような行為をされるから、逆にザシキワラシが居るのだろうと推定されているものも少なくないようである。

㈡室に寝る者と角力をとったり、足音をさせ、足跡を残す。姿は顔赤く髪を垂れた童子、または色白く愛らしい小坊主の形である。赤い帽子の女児という話もあって、すべて五六才(ママ)から十二三の子供であることは一致する。人数は一人が多いが二人以上のものもあり、男女がそろっているのは夫婦だともいう。こうした姿をみせるものは豪富を誇る旧家などが多く、これにも枕返しや押しつけるなどいたずらすること前の如くである。

㈢侍、成女、僧侶など子供でないもの。これにはいたずらの話は伴なわず、家の衰亡や不吉な事件に際して出現するものが少くない。その点で多少「たたり」といった感覚がある。

㈣泣声、経をよむ声、ささやき、馬の鳴輪の音などをさせ、または品物が屋内で動きまわるなどの現象。

これは他の妖怪談や不思議にもつながり、多くは家没落の前兆で、富貴のしるしではないことが注意される。

㈤細長い手が出現するもの。ホソテ、ナガテなどといって、別に吉凶貧富譚を伴なわない。

以上に含まれないものもあるが、具体的な話はこれらのいずれかに含まれ、ザシキワラシの本質的な部分はその㈠㈡によって示されていると思われる。㈢以下は類例も少なく妖怪譚の要素が強いので、別個に取扱った方が適当である。㈠㈡のうち、前者はワラシの姿をみないので、㈡の事例を知っていてはじめてザシキワラシの業といえる現象であるから、その退化として説明できよう。

三

姿の有無に拘わらず、座敷に寝る者を安眠させず、枕返しをし、床の中に入り、押しつけ、押出すなどは、およそこの地方でザシキワラシの特性のように云われている。寝ているときに、このような感覚を受ける場合は、他の地方では「もの」に憑かれる時に語られており、それには生理的原因があるらしい。例えば就床前に胃が満ちていたり、調子のよくないときがそれである。しかし、このような理由以外に、既に忘れられた潜在意識も作用しているのではあるまいか。

ザシキワラシの出現する室は、一本の柱に敷居が四方から集まっているという（佐々木、奥州のザシキワラシの話）。こういう建築は古い家によくみられ、遠野地方では茶の間と座敷との間の柱がそれである。これに接して神棚もしくは仏壇があることも稀でない。「遠野物語」でも、

部落には必ず一戸の旧家ありて、オクナイサマと云ふ神を祀る。其家をば大同と云ふ。此神の像は桑の木を削りて顔を描き、四角なる布の真中に穴を明け、之を上より通して衣裳とす。正月の十五日には小

字中の人々この家に集まり来たりて之を祭る。又オシラサマと云ふ神あり。此神の像も亦同じやうにして造り設け、これも正月の十五日に里人集まりて之を祭る。其式には白粉を神像の顔に塗ることあり。大同の家には必ず畳一帖の室あり。此部屋にて夜寝る者はいつも不思議に遭ふ。枕を反すなどは常のことなり。或は誰かに抱き起され、又は室より突き出さるることもあり。凡そ静かに眠ることを許さぬなり。

とある。即ち必らずしもザシキワラシでなくても、枕返しや押しつけをするのであって、その他例えば北上川中流部の江刺郡、胆沢郡などの黒仏またはマイリノホトケという仏像らしい画をまつる家でも枕返しをするといい（田中喜多美氏調査）、宮城県本吉郡大島村要害の村上家では、不動らしいものを祀ってある室で寝ると枕返しをされる（柳田國男氏調査）、新潟県東蒲原郡東川村黒谷の清野家の不動像をまつった室に寝るとさわがしくて眠れない（最上孝敬氏調査）。長野県北安曇郡北小谷村寺下の酒屋でも不動様をまつる室は枕返しがあり、同村大網のゴテンという家も稲荷を祀る室には枕返しがある（小池直太郎、小谷口碑集）。

これらの例にみるように、その室で安眠できないのは、そこに神仏が祀ってあるために、その慎しみを守らずこの室で寝た者がうなされるという潜在意識がもたれているのかと思われる。

例えば佐賀県藤津郡鹿島町旧城内の民家八畳の間に寝ると、夜半過ぎに何物かが蒲団の上から押しつける。こうしたことは蒲団の敷方によるのだとこの地方ではいうそうである（民族と歴史八巻一号）。鹿児島県肝属郡百引村山之口家では氏神をまつるオモテの畳一枚だけには女が入ってはならない（桜田勝徳氏調査）。長野県北安曇郡小谷地方で、もと年神棚の前に荒ごもを敷き（年神棚は多くオエに飾る）、年男だけがそこに寝たというのも、神をまつった室では普通の者は寝てはならなかったことを意味する（北安曇郷土誌第三）。遠野地方でザシキワラシの出て押しつけるのは、座敷の床の間から畳一帖おいて寝床をとらなかった場合という話を往々に耳にする（佐々木、奥州のザシキワラシの話）。このように室の中でも特定の場所に寝床を敷くことが、押しつけられたり、枕返しにあったりする原因であるのは、そこが神聖なところであったことが潜在意識として働らいているからではなかろうか。伝承が忘れられても、ザシキワラシの出現する室は、この家にとって神聖な場所であったためであることはまちがいない。ただそれはオシラサマやオクナイサマでも同じことをするので、ザシキワラシのみがこのような行為の主体ではない。従って、このような行為のみから、ザシキワラシをオクナイサマ、オシラサマ、或いはマイリノホトケなどと同じものから出たと論ずることは早計である。両者が共に旧家についているための混同と考えるべき点が多いようである。例えば下閉伊郡織笠村のタツコノキという家のザシキワラシはオクナイサマの化身で、庭の干物をとり入れたり、農事の手伝いをしたという。これは後に言う竜宮小僧の話と似ていて注意すべきことであるが、ただオシラサマやオクナイサマは厳重な物忌みを要求し、特定の祭日と祭る人をもち、これをまつる家の者にも遠慮なく罰を与える。そこで物とがめをしたり、口やかましい人のことを、オシラサマとかカーノキジンジョ（桑の木人形）というあだ名で呼ぶほどだから、これらがないザシキワラシとやはり異なる気持で考えられることが多いのである。ザシキワラシが物とがめをするという例は、宮城県登米郡に一例知られているのみで、これも純粋のワラシでなく、獣のような姿だというから、半妖怪的な意識でみられているのである。九戸郡大川目村の小倉家のザシキワラシは、旧正月十六日に着物をぬぎかえるのを常としたが、これはオシラサマ、またはオクナイサマと混同したものと思われる。オシラサマは通常二体またはその倍数であるが、二戸郡浄法寺町野田の小八の家のオシラは三体で、その一つは小児の姿である（遠野物語増補版）。もとオシラとザシキワラシとは別のものであったことを語るものではあるまいか。

「遠野物語増補版」には附馬牛村の下窪の家といううちで、神棚の下にザシキワラシがおった話をのせている。土淵村の庄之助殿という家のワラシも人にみつかって神棚の下にかくれたし、遠野六日町の松田という家のワラシも仏壇の前に居た。これらの話からザシキワラシの居る場所としてこのようなところが考えられていたことはわかる。しかし、気仙郡日頃市村上台の新沼家のように、或朝老婆が仏壇をあけると、赤面のワラシが居て、「おら、こんな家がやんたから、下の家さ行ぐ」といって出て行き、それから家が衰えた、この種の話から想像される祖霊との関係については、ザシキワラシが往々にして小さな足跡を残すという点で、三河の豊川流域、即ち後に記すザシキコゾウの伝承をもつ地方では、盆の十四日に仏壇の前に、膳に白砂を盛って供えておくと、小さな子供の足跡がつく（早川孝太郎、三州横山話）という話以外に類例を求め得ない。

四

ザシキワラシが童形にしてその存在が家の富貴繁昌をもたらす精霊とすれば、名は異なっても日本のフォクロアに類例の求められない存在ではない。「紫波郡昔話集」にのせられた福の神ヨゲナイなどが、最も近い場所の一例といえる。

昔、南昌山（岩手県紫波郡煙山村）に門松迎えに行くと、笊淵に鴨が一羽浮いていた。門松を投げつけると鴨も門松も沈んでしまう。すると淵からアネサマが出て来て門松の礼を云い、自分の家にまねく。そして家で門松の礼に何か与えると云うから、ヨゲナイを欲しいといえと教えてくれる。行くと立派な座敷でもてなされ、ヨゲナイというみたくないカブクレワラシをもらう。それを家のでこに隠しておくと、よくかせいでくれるので、キシネビツに米があふれ、財布の銭がいつもあるようになった。夫が朝晩にでこに入って、にかっと笑って出てくるのをみた女房が、でこに入ってさがすと、みたくないワラシが居ったので箒で追出したところ、家は前のように貧しくなってしまった。

この話に出てくる笊淵は、幣掛滝の上にあり、この滝では毎年正月八日、初山入りに山神をまつる幣掛が行なわれる聖地の一つである。「江刺郡昔話」のウントク、「雪国の春」に採集されたヒョウトクも、共にみにくい童子であって、その出現の理由と富貴の根源であることとは、ヨゲナイと同様であった。さらに津軽の海岸部でも、竜宮に門松を奉って白がぶけの子供を得たために、遂に長者になった話が伝えられているし（つがるむがしこ集第一）花を水中に投じて得た竜宮童子は新潟県見付にも語られている（南蒲原郡昔話集）。更に同じモティーフをもつ伝承は、遠くはなれて熊本県玉名郡南関町に、ハナタレ小僧様の話として伝えられていた。

貧しい爺が薪を淵に投込むと、水中から美しい女性が小さな子供を抱いて現われ、竜神のおくりものといってハナタレ小僧様という名のその子供を爺に与える。爺の願いはすべてハナタレ小僧様が鼻をならすとかなえられ、爺は長者になった。ハナタレ小僧様には日に三度海老のなますを供えねばならなかったが、長者になるとそれが面倒になって、遂にハナタレ小僧様に竜宮にかえってもらった。すると鼻をならす音と共に家倉残らず消えて昔のあばらやに帰ってしまった。（旅と伝説二巻七号）。

このハナタレ小僧様も爺の家では神棚の傍に居らせ申したということだが、それがただの昔話で、人々が信じて語った話ではなかろうというならば、一定の土地に結びついた伝説の形で伝えられた壱岐の長者原の禿童の話をあげてみよう。これは天明の頃の壱岐の学者吉野秀政翁の採録にかかるものである。

壱岐の東海岸葦辺村の長者原に長者の墓と伝えるものがある。昔、ここに貧しい夫婦があり、信仰厚く毎年竜宮に門松年縄を奉るといって海に投じていた。ある年の暮に例年の通り門松を献じたところ、深夜に呼び起す者があり、竜宮の使といって夫婦をつれて行く。途中で使は、竜宮で何か賜わるというから、禿童（はぎわら）を望めと教えてくれる。果して竜宮でもてなされた後、何か望めといわれ、はぎわらをこう。その子供をつれ帰って頭をなで、願い事を云うとみんな望み通りになって夫婦は長者になり、年も若返った。

ところがはぎわらは草履をはかずに、雨降りにもそのまま土足で室に上る。また夫婦の関係をいましめるので、妻はこれをきらい、夫にすすめてはぎわらをを追返えす。すると忽ち家倉は消えて夫婦はもとのあばらやに、老人の姿となって坐っていた。間もなく二人とも老いて死んだのがこの墓だという（山口麻太郎、壱岐島昔話集）。

昔話として今もこの島に行なわれているのは、ややちがった形で（同上）老人夫婦が正月の飾柴を町に売りに行く。売れないので海に投込むと、海中から乙姫様が現れて、竜宮にまねいた上、土産に亀の子をくれる。それに一日小豆五合を与えると金をひり出す。隣の金持の爺婆がそれを借り、一升の小豆を与えると金を出さず糞をひったので殺してしまった。貧しい夫婦がそれを埋めると墓の上に蜜柑の木が生え、黄金の実がなった。

島原半島では富んだ姉と貧しい妹の話で、小豆を食わせるのは黒猫であるだけが異っている（旅と伝説二巻一〇号）。同じモティーフは鹿児島県の甑島や喜界島、さらに沖縄の本島で小犬といい、石垣島では山羊となるだけで、ほとんど変っていない。しかし、水の神の贈物が童子であるという話は西日本では、最初の二つだけであとはまだみつけられていないのである。[注] おそらくは童子という形が古い話方で、それが童話化するにつれて、犬や猫や亀といった動物にとりかえられて来たのではあるまいか。壱岐の例がそれであるし、柳田氏が推定されたように海神小童の形が動かすべからざる形であったものが、後に信仰が薄らぐにつれてその部分が話者の創意にゆだねられるようになったのであろう。

注　これらの水神から贈られる幸運の動機が、どこでも正月のめでたい木を水に奉ったためであるらしいことは、すでに柳田先生が「海神宮考」に指摘された。やはりもと欠くべからざるモティーフではなかったかと思われ、沖永良部島の例でここに山の神が登場することは注意される。

五

竜宮もしくは水神のおくりものとしての童子ならば、天竜川の流域にも数多い話が伝えられている。静岡県引佐郡鎮玉村のクルメキ淵から出て来た童児は、竜宮小僧といわれて、村の家々の田植の手伝いをしたり、夏のにわか雨にはすぐ出て来て干しものを片づけてくれた（引佐郡志）。長野県下伊那郡大下条村川田では、大家(おおええ)という家の後にある一坪ほどの井戸のような池から、カハランベが出て来て、田植の手伝いをしたり、膳椀鋤鍬の類を貸してくれたり、進んでは竈の火をも焚いてくれた（岩崎清美、伊那の伝説）。愛知県北設楽郡富山村市原の田辺家でも、屋敷の下の青淵について同じような話が伝えられる。ここから出て来た小僧は来客の時には必らずアメノウオを二尾ずつとってくれた。農業の手伝もしてくれるし、平日は竈の上もしくは釜の蓋の上に居て食事をしたとも伝え、その食事につかった御器は、欠けているが今も尚残っている。欠けた一方はこの家の親類の豊根村下黒川の荒川家にあるが、ここではこれを河童が竜宮から持って来てくれたのだといっている点は注意してよい。同郡振草村小林の大谷地という家もスミドン淵という淵に臨み、ここから出たカハランベが田植の手伝いをし、また膳椀の入用なときは貸してくれた。(注)

このように竜宮もしくは水底から出て来る小僧があるばかりでなく、屋内に居る童形の霊の話が、かすかながら伝わっているのは興味がある。八名郡山吉田村新戸の豊田家も、もと酒屋で、栄えている時には裏の小川の権現淵で臼をつく音がしていたが、女がここで月のものの汚れを洗いに行くと、淵の岸に十才(ママ)位の美しい童児が居って水中に入ってしまった。女は驚いて家に帰りさまざまに祈ったが、この時から臼をつく音が止み、淵は浅くなって家がかたむいてしまった。今から一〇〇年ばかりも前にあったことという（三州横山話）。北設楽郡本郷村のキンシという酒屋にはザシキコゾウという十才位（ママ）の子供がいた。旧家だったがそれが出なくなってから衰え、今はなくなっている。南設楽郡長篠町の神田（じんでん）という家でも百数十年前にザシキコゾウという者がいたが、いろりの鍵に紡錘を打ちあててからきらって居なくなった。静岡県周智郡水窪町山住の山住家でも枕返しをするマクラコゾウが出る室があり、門谷のオヤカタという家でもザシキコゾウが出るという話である（旅と伝説七巻一号）。しかし、最後の例などは、座頭を殺したたたりなどといって、妖怪変化に近いものと考えられているのは衰退期にあるものとみてよい。

古いところでは、府中の今川氏に代々真範という僧の霊が憑いていて、同家に凶事がある時は必らず姿を見せると伝えられたことも考え合せてよい。それが代々の主人だけにしかみえないというなども（駿国雑志）、ザシキワラシがその家の主人もしくは家人だけにしかみえないという例があちこちにあるのと比較される。江戸本所二丁目の梅原宗得家に居たというクラワラシも（十方庵遊歴雑記）、或いは徳川氏と共に三河か遠江の山の中からついて来たものではなかったろうか。

しかし、竜宮から来た子供の話が関東にもなかったわけではない。栃木県佐野市には俵藤太秀郷が竜宮からもらって来た童子、竜太、竜次の二人の子孫という家があり、水の神の使者だから水に手足をひたしても冷くないといって紙すきを家業としていた。そして家伝のひび薬を売っていたというのは、後にふれる河童相伝の医薬と考え合せるべきことなのである。

このように、昔話でも伝説でも、または家々で信ずる自家の神話にしても、家を富貴にし、それが出現しなくなると家が衰え或いは災をまねくという童児は、すべて水底から来たとされている。若しザシキワラシが同じモティーフの伝承とするなら、北上地方のどこかに必らずその水中出現を伝えるものがある筈である。そして、それが古い形であると推定できるのではなかろうか。

注 この地方の淵には、河童と共に必らずといってよいほど、椀を貸した話が伝えられ、その一つがこれだというものを持ち伝える旧家も少なくない。この点は詳しく別に述べるつもりであるが、椀というものが、やはり水の神の恩寵を象徴するものであったらしい事がうかがわれる。更に田植を手伝い、水を引いてくれたという類の話は、地蔵、観音、阿弥陀などの仏像に関して全国的に語られる話となっている。岩手県でも「遠野物語増補版」をはじめとして火事を消し止めてくれたり田植に働らいてくれた木像や絵像の話は各地に存する。中世の物語にある矢取地蔵の話が、坂上田村麿の東征時のこととして伝えられているもののあることからも、岩手県あたりのこの伝承の素地が古いものであることは推測される。しかし、とにかく像を信仰の当体とするのは、幻に神の姿をえがくことのできなくなってからの、一つ新らしい信仰形式のように思われる。

遠州七不思議の一つ、遠州灘の海鳴りをおこすものは浪小僧という海の精霊と考えられ、海の音が高まると雨が降る。その理由は鎮玉村のクルメキ淵に雨を降らせるために投げ込んだ木偶が、海に流れ入って浪小僧になったからだと浜松近傍では伝えるそうである（土のいろ四巻一号）。これも海神少童の一変形であろうか。

六

一般にザシキワラシが居るとか、家が衰えてワラシが他の家に移ったということはよくいうことであるが、元来これがどこからやって来たかを説くものは少ない。岩手県では上閉伊郡大槌町に、猿が山から下りて来て家の守神となった話があるが、これをザシキワラシと呼んでいるか否かは明らかでない。土淵村の阿部家のザシキワラシはフチサルというものだといわれるが、淵猿は河童の一名である。

綾織村日影の佐吉殿という家のザシキワラシは、傍の猿が石川の佐吉殿の淵という淵から出た河童であるといい、よく角力をとった。同じ金沢村でもカジヤ、大長谷という二軒の家で伝えられているザシキワラシの由来はやはり河から出て来たという。家の仕事も手伝ったというのは天竜川流域の話に近い。栗橋村栗林の小笠原氏の本家ヨコイチという家のワラシは、後に他に移ったがやはり川から出て来た。

山田町の東海林家のワラシは海から上ったカッパだといい、普代村黒崎のニイヤと呼ばれる金子家のワラシは、この屋敷に湧く清水から出たカッパが家に上ったのだと説明している。この地方では海中に河童をみる人々が居るので、三才（ママ）位の子供の顔をして体中に毛の生えたものが海の底におったのを見た人がある。河童か人魚かといっているが、それだから潜る時には是非ふなばたを高く叩くものだとされている（海村生活の研究）。とにかくまだこうした海の小童を、幻にえがき得る人々の住んでいることはわかるので、水中の童形のものがすべてカッパという言葉で総括されているらしいことがわかる。特定の家のザシキワラシでなくとも、一般にそれが河童であるという伝承は小本川流域の岩泉町や大川村で明らかに認められている。青森県五戸町附近でもザシキワラシは頭に皿コのせたわらしだといい、顔が赤く、河童と同形のものと考えている。

鱒沢村上鱒沢にはコスズという屋号の家があり、ザシキワラシが居た。家の傍に清水（すず）があって、片目の目高が住むといい、恐らく普代村のニイヤや、綾織村の佐吉殿の淵のように、この清水からワラシが出て来たのであろう。信濃の大下条村の大家で庭の池からカハランベが出て来たという伝えが思い合される。このコスズの家では毎朝座敷に膳を供えた。遠野町の高室という家でも、以前は小豆飯をたいて膳立てをして座敷に供えたそうである。ザシキワラシは小豆を好むということは、北上山地一般にいわれていることで、河童が小豆飯を好むという各地の伝承や、島原半島で竜宮からもらった黒猫、壱岐島では黄金をひり出す亀などに、いずれも小豆を食わせたことも、偶然の一致ではないようである。

前に述べた栗橋村のヨコイチのザシキワラシになった河童は、はじめ馬にいたずらしてこらしめられ、その詫のしるしに家に上って守り神となったといい、その詫証文が伝わっていた。紫波郡佐比内村のザシキワラシも、赤顔で猿に似ており、物をなげつけたり廏の馬をときはなしたりしたというのも河童駒引に近い。

胆沢郡姉体村阿久戸には小河原家十二戸が集っているが、その本家は北上川の最下河段丘の端にあって、もとは家の下に川跡の沼があった。その沼に住む河童がこの家に遊びに来ては、台所に上って飯を食べたり野菜をとったりした。五才（ママ）位の髪を垂れた子供の姿であったという。やがて沼が浅くなって他に移住せねばならぬこととなり、河童が夢枕に立って、これまでの礼を述べて別れを告げると共に薬の調合法を教えてくれた。神経痛の薬で、長男の死譲りとして秘伝である。代価はとらない。河童を現在でも井戸の傍に祀って沼御前様といい、月の八日に塩断ちをして食物を供える。栃木県佐野の竜太竜次の子孫が家伝のひび薬を売り、佐賀では渋江久太夫が河童よけの呪文を教えて医術を業としたのも、すべて水の神の恩寵を受けた報いであったといえる。ヨコイチの詫証文や小河原家の薬などは、水の精霊が家の守神から馬を引込み腕を切られるような有害なものへ移ってゆく過渡期の第一段階を示しているといえる。そして、こうした旧家がどこでも、屢々河の淵、泉の傍に居を占めている点にも注意する必要がある。

　猿ガ石川に沿う多くの旧家で、家の子供が淵の主のたたりで育たぬとか、河童が娘のところに通って来て河童の子が生まれたとか伝えるのは、やはり家と水の神との縁を語る神話の零落した姿であろう。橋野川、閉伊川に沿っても、家の娘が淵の主の妻になったという話は二、三に止まらない。有名なのは茂市村腹帯のハラタイ淵の主で、既に三つの家がこの淵の代々の主と婚姻を結んだと伝えている。例えば釜石の板沢家では、娘がこの淵の主に嫁入りして、毎年一度帰って来るといい、その日玄関に水をたたえたたらいを置き、新らしい草履をそろえておくと、翌朝必らず草履が濡れているのを、娘の帰ったしるしとしていた（佐々木喜善、農民俚譚）。更に上流の川井村でも、長者の娘が淵の中で機を織っているのを、その家の奉公人が落した斧をとりに入って発見した話がある。この類話は小本川の流に沿っても岩泉町に語られており、それぞれ昔話のモティーフが、土地の旧家の淵や泉に臨むものと結びついて根をおろしたものである。

馬淵川にそっては、河童（メドツ）が旧家の事跡に関して淵ごとといってよいほどに語られている。或は馬を引き込もうとして捕えられ、詫証文や薬を残し、或は角力をとるなど、さまざまのいたずらをする点はザシキワラシとも似ている。やはり淵ごとに特定の家がその神を奉じて住んでいたためではなかろうか（柳田国男、盆過ぎメドチ談、奥南新報）。

腹帯淵にはまた、水神の文使いの話も結びついているが、同じ形は遠野郷の物見山の沼についても伝えられている。遠野の町の池ノ端という屋号の孫四郎という人、物見山の沼の主から大阪の姉神のところまで手紙をたのまれて往復し、その礼に使っても尽きぬ銭百文と、米一粒を一日に入れて一回転すれば、金の粒一つを挽出す臼とをもらった。そして長者になったが、その妻が「おれもホマツをすべえ」と思って、沢山の米を入れてがらがらと挽き廻したために、神棚から臼がころび落ちて庭の水溜りに入って消え失せてしまった（佐々木喜善、聴耳草紙）。この臼が転び入った池は、明治二十三年の遠野大火の時に埋ってしまったというが、池ノ端の屋号はこのためにできたものであろう。「老媼夜譚」には同じモティーフの話が沼宮内にあったこととして黄金を生む小犬の形で語られており、気仙郡（聴耳草紙）、胆沢郡（森口多里、黄金の馬）でも黄金を挽出す臼の同じモティーフで採集され、この地方にひろく分布しているらしい。

七

竜宮に門松や薪を奉ってその礼に小童をもらって家が栄えたというモティーフと、水の神の手紙をもって往復した礼として黄金の挽臼や尽きぬ銭をもらって富んだという語りかたとの関係をたずねる上に、参考となるのは、吉里吉里浜の善平長者の話である。吉里吉里の善平は貧しい正直者であったが、秋田の黒沼から大阪の赤沼へ、水神に手紙の使を頼まれて往復し、そのお礼として取れども尽きぬ銭さしをもらった。それによって奥州東浜で一あって二なしといわれる長者となったが、昔を忘れず毎年秋田の黒沼にお礼参りをした。その方法は餅米一斗を餅につき、戸板にのせて沼に浮べると、ひとりでに水上を走って沼の真中に行き、餅は沈んで戸板だけがもどるのであった。[注] 近代の主人がそれを怠ったため、忽ち貧しくなり、今は礎石ばかりが残っている（聴耳草紙）。善平については別に牛方山姥のモティーフをもつ致富譚も語られている（佐々木喜善、老媼夜譚）。彼は前川善兵衛といい、大槌浜から北上川流域への物資の運搬を引受け、関西貿易によって享保の頃まで豪富を誇った実在の人物である。宝暦四年南部藩の財政窮乏により七千両の御用金を課せられたが、当時盛岡の豪商百六十二人に対する課金合計五千両あまりだったというから、善平長者の富は群をぬいていた。しかし、流石の長者もこのため破産没落し、大迫通り御用金反対一揆が発生したほどであった（森嘉兵衛、旧南部藩に於ける百姓一揆の研究）。森嘉兵衛氏はザシキワラシは長者の富に対する庶民のうらやみの気持が自ら形成した幻のように考えられているが（岩手日報、昭和二六年六月）、これほどの善平長者にもザシキワラシが居ったことは伝えられていない。

ただこの一例ならばあった話が消え失せたとも考えられるが、私がこれまでに知り得た限りでは、北上地方の代表的豪家と考えられる地頭の家には、ザシキワラシが居た、または居るという家が極めて少ない。最近まであったこの種の家で、ザシキワラシの噂が知られているのは、東磐井郡松川村岩ノ下の鈴木家、九戸郡大野村の晴山家、同じく侍浜村の久慈家などにすぎない。地頭として有名な、下閉伊郡豊間根村の豊間根家、同岩泉町の中村家、八重樫家、安家村の玉沢家、普代村の大村家、熊谷家、九戸郡葛巻村の三浦家、江刈村の村木家、山形村の小笠原家、二戸郡姉帯村の駒木家、浄法寺町の小田島家、荒沢村の斎藤家、気仙郡世田米村の紺野家、三戸郡長苗代村の馬渡家、階上村の正部家など、すべてザシキワラシの存在を伝えられていないのである。

この中には豊間根家や村木家のように、かなり古い成立と伝えられるものもあるが、三浦家、小田島家、大村家、中村家などのように、地頭として大きくなったのが天明、寛政ころより後のものが少なくない。古い家ならば富の由来も伝えを失なうことが考えられるが、百五十年から二百年足らずの昔に成立した豪家が、全くこうした伝承をもたないのは、より古い伝承が他方に存在することを考えると、はじめからザシキワラシをもたなかったとする方が正しかろう。

土淵村山口の孫左衛門長者はザシキワラシをもっていたが、その没落に先立ってワラシは泣きながら気仙郡日頃市村の稲子沢の長者のところに移った。この稲子沢の長者鈴木氏は、日向から元和二年に移住して、元禄の初めに鉱山によって長者となったらしく、今は没落したがオーヤと呼ばれ、伝承の上では水沢町の豪家と縁組をしたりして、豪華な生活ぶりを誇っていた（森口多里、町の民俗）。同郡猪川村の八幡屋という家にもワラシが居たが、この家の成立も稲子沢とほぼ同時で（岩崎浅之助、気仙年代表）、やはり古いものといえる。青森県上北郡野辺地町では、正徳の頃に船長者だった田中清左衛門家にザシキワラシが出たと伝えるが、今この家は亡びてしまった。

この地方の地頭はオイエまたはオーヤと呼ばれ、名子をもつものであるが、現在地頭でなくてもオーヤと呼ばれる家は、記憶に残っていない程の以前に豪富を誇ったことがあるとみられる。そのような家に、ザシキワラシが居る、または居ったという例なら、下閉伊郡岩泉町乙茂、九戸郡山根村上戸鎖、気仙郡日頃市村上台、下閉伊郡小友村高屋敷などのものがあげられる。また、前述の地頭でありながらザシキワラシをもたぬ家は、近世酒造業や質屋、鉱山師などを営んで急激に大きくなったものが多いのであるが、そのような家は北上山地の内部にあるものが大部分で、山地縁辺の東磐井郡の千廏町、八鉢村、上閉伊郡で遠野町、紫波郡佐比内村など、比較的早くから商品経済が入っていたと思われる土地では（遠野古事記、封内土産考）、酒屋にもザシキワラシの話が結びついている。

このことは、遠野地方でも（奥州のザシキワラシの話）、九戸郡でも（民間伝承一二巻五、六号）、ザシキワラシは旧家でしかも繁昌する家に出るもので、成上りの家にはどんなに豪家でも出ないのだといっていることが、単なる噂でなく、かなり根拠のある伝承であることを示すのである。

佐々木氏が昭和初期までに調査発表された約一三〇のザシキワラシの居る家のうち、氏名が明らかなもの約八〇について、当時の町村勢要覧を編集した「岩手県下之町村」（高橋嘉太郎、大正一四年発行、但、内容は大正五—一三年）と対照して調べた。当時、村の物持は村会議員か区長のような職をもつのが普通だったと思われるが、約八十のうち十七ばかりがそうした公職をもつだけだから、他の約六十は財産がそれほどない家とみられる。つまり、ザシキワラシの居る家の富の程度は県内指折りというほど大きくなく、せいぜい近郷の物持として評判される程の家にすぎない。

近世中期以後に急激に富を増加した豪家は、いろいろの事情から、ザシキワラシを水の神から与えられるような神に愛される性格をそなえているとはみなされぬことが多かった。江刺郡、胆沢郡地方でもモゲンといわれるのは一代分限であるが、呪咀や法術といった正道ならぬもので富を積んだ家のことで、かなり多くきく話である。モゲンは関西で無間筋といい、無間の鐘をついて得た富ゆえに、来世は地獄におちると評判される。北上地方の富豪の多くが関西出身の商人で、その蓄財法もかなり冷酷な手段のあったことが、このような噂の発生の源になっているのであろう。

前に述べた上閉伊郡土淵村山口の孫左衛門長者は没落の前に狐を飼って富を得ようとした話をもつ。九戸郡山形村の豪家清水家でも盛岡から迎えた嫁が持参したという狐の像をまつり、毎月八日マメシトギをあげていた。（大間知篤三氏調査）。狐が富を与えてくれるという信仰はこの地方では比較的新らしく入ってきた文化らしく、特に小さいイヅナという狐を使って他人の秘密を知り、または貨財をひそかに盗むといった方法で、一代に分限となるという話は北上山地北部、八戸、鹿角などにひろがっている。二、三の昔話集にみられる盗人人形の話（遠野物語、聴耳草紙、黄金の馬、平野実、すねこたんぱこ）も、越中地方のヒンナ神（民間伝承一三巻一二号）と同じく、イヅナ系統の憑物による富の形成を意味している。従ってザシキワラシは富豪の成立には結びつかず、その衰亡にあたって出現するに止まることが多くなった（民間伝承一二巻五、六号）。

注　「大槌町郷土資料」によると、土地の沼の水神から手紙をことづけられたことになっている。そしてこの水神の祭り方は、遠江の桜が池、甲斐の川浦の釜などの供物の方法と一致する点でも注意してよい。また水神の文使いが必ず関西方面との連絡をしたことを説くのも注目される。このような財宝獲得が、関西交易との関係と連想して考えられたことを示すであろう。

八

「奥州のザシキワラシの話」（大正九年）で、さまざまの要素の混在する伝承を一括して居られた佐々木氏は、大正十三年の「人類学雑誌」の報告では、主としてザシキワラシが女性であるものに注意されたが、昭和四年の「東北文化研究」には河童との類似に関心を向けて居られた。氏の二十年の成果からのこの方向は、私の、ザシキワラシが海神小童信仰の残留であろうという推定を裏づけるものと考える。

そこで改めて佐々木氏の集められた資料、およびその後の材料のうちで、分析に堪え得る特定の場所と結びついたものを、伝承の内容とその地域とによって分類してみた。それが第一表である。はじめに注意したように、この分布がそのまま伝承の実際の分布密度を示すといえないにしても、北上山地を中心とした、ほぼ正規分布に近い形を示すことは認めてよい。

第一表をさらに北上川沿岸及び気仙地方の比較的早くから商品作物を栽培して交換経済に入った地域(A)、近世中期に交換経済が流入した北上山地の東部及び南部地域(B)、近世末期に至っても自給経済的組織を残していた北上山地北部及び北郡地方(C)にわけて、伝承例数の百分率を検定してみると、A地域におけるザシキワラシの由来を説く伝承の欠除には、明らかに数量的に他地域と意味ある喰いちがいが認められる。C地域もこの伝承を欠くが、十五例しかないので有意な喰いちがいか否かはこれだけからはいいきれない。

このことは、ザシキワラシの伝承が完形のモティーフとしてその出自までを説くものとすれば、北上川平地や気仙地方ではそれが脱落していることを示したものといえる。また北上山地北部で、伝承例数が絶対的に乏しいことは、やはり統計的に意味あることとして注目される。

自給中心の経済社会では、人の労働力が最も重要な資本であり、ウントクやヨゲナイ、或いは天竜川沿岸のカハランベのように、何くれとなくよくかせぐことが、家の蓄積を豊富ならしめる最大の要件であった。交換価値のみで使用価値の乏しい黄金を生む小犬や挽臼などは、この生活段階では農民にとっては物遠い空想にすぎなかったであろう。そして、こうした社会の農耕技術段階では、稲作については最も重要なものとして灌漑水利の問題があった。井戸や用水路以前の、天水、湧水依存の耕作では、初期の村落は泉により、淵にのぞんで居をかまえた者が有利である。この地方の神主家、別当家である家(それは本家もしくは旧家であることが多い）の居屋敷は泉にのぞむ高燥地を占めるのが普通とされる（田中喜多美、民俗学五巻一二号）。村の旧家、草分が水の神の恩徳を感じ、家の歴史をそれと結びつけるのは自然であろう。

つまり、初期のこの地方住民の間には水の神からおくられた小童の存在を以て、自らの家の富と古さとを誇る者が多かったのである。その栄えて長者と称せられる者も、単に労力と食物の貯えが豊富だというだけで、生活ぶりには常人と大したちがいはなかった。つまりは部落の物持、近郷の財産家の域を出なかったので、そうした家々は徐々に変遷する社会経済の波に洗われつつも今日に及んでいるものが少なくないわけである。しかし、享保以前から交通路がひらけ、商品作物栽培や手工業が入りこんで、新らしい文化に接しやすかった北上川平地などでは、ザシキワラシもその影響を受け、赤顔垂髪、河童に近い姿から、フェアリイのように色白く愛らしい小童の姿に美化して想像されるようになり、その水神との関係が忘れられたのではなかろうか。そして衰滅する旧家が多くなるとそれと関連して次第に怪物といった感覚が強められてもくる。即ち信仰は零落したといえる。

一方、明治十年代の北上地方の事情を記すことの最も詳細な「岩手県管轄地誌」の記述でみても、九戸郡及び下閉伊郡の山間部には、稲作の殆どできぬ村が少なくない。牛馬を放牧して子を産ませ、稗粟を山畑に作って主食とし、麻と藍とで衣料を自給する生活が一般で、商品生産としては旧藩が近世中期に専売制とした酒、塩、鉄等が、いわゆる地頭の手によって生産販売されている。森嘉兵衛氏が屢々報告されているように、この地域は海産物のみは早くから関西商人の手によって他国に輸出されたが、他の生産は著しくおくれ、気候不良のため凶作頻繁で、近世中期から次第に商品経済がこの地域にも入って来たが、その資本集中は一部の豪農が専売権によって独占した。貧窮で自給生産のみに頼っていた者は、凶作時は食料を得るために富家に耕地山林から家屋家族の労力までも質入して隷農化し、一般的な自給経済地域に近世的な資本家の形をとる長者が成立ったのである。(注) この種の富豪は天明、寛政ころから急速に成長し、しかもその財力は主として金銀貨幣といった交換価値資本である。これにはザシキワラシのような古い経済段階での存在は結びつきにくかった。そこで、黄金を挽き出す臼や、尽きぬ銭さしが説かれねばならなくなる。特に最近まで米作が困難で、畑作や牧畜を主な収入源とした北上山地北部地域では、水の神の恩恵とは結びつきにくい。このような急速な富の成立と消失とのくりかえされる地域では、やはり江刺、胆沢地方のようなイヅナ信仰やモゲンの噂などが結びつきがちである。八戸を中心としてイヅナ狐の勢力が今なお強烈な一因はここにあるのではなかろうか。

北上山地南部では、ザシキワラシの存在をひそかに誇り、他の者も羨望に似た尊敬をもつ例が少なくないが、北上山地北部や鹿角地方では、これを妖怪に近い不気味な感じで語っているのも信仰の零落過程にあることを語る。そうした周縁部をはなれて、伝承の濃厚な山地内部の農村には、比較的まとまったモティーフが保存され、信仰されている。これは生活条件として、それに適した自給中心の稲作経営農耕組織の古い型が、全国で最も近頃まで残っていたからであるといえる。遠くは対馬、肥前半島、或いは島根県などの河童の威力が今もって盛んな地方、さては三河から信遠の山間部などのカハランべの話の多い地域などが、いずれも近代まで灌漑水利の不便な地方で、湧水や河水天水の恩恵を特に感じさせられるような土地が多かったことも併せ考えらるべきことである。そのうちでも北上の地方が最もおそくまで前代の労働組織と経済生活とのあとを残していたことが、全国でも特にこうした水神小童説話を、信仰の形で保存しえた部分となった大きな理由だと思われる。

再びいうなら、ザシキワラシの出自を説く例が、一例を除いてはことごとく水中から来たといい、その分布は最も古い生活様式の残存した猿ガ石川、小本川にそう地域である。それが八例をかぞえることは、これを以て一群の伝承の共通なモティーフとして認めるに足るに充分だと信ずる。しかも、その間に伝播とは考えられぬ距離と話しかたのちがいがあるならば、北上山地こそ、海神小童信仰の残塁として推定するに充分であろう。

注　この地方の経済的変遷については、森嘉兵衛氏の論考に依るところが多い。なお別にやや詳しく述べるつもりである。（千葉徳爾　家の盛衰に関する民間伝承を通じてみた北上地方の経済的変遷　地理学評論　二五巻九号）

第1表　ザシキワラシ伝承の地域別分類

地域		ザシキワラシ伝承の内容					横計
		水中出現を説くもの	童子の姿をみせるもの	成人の姿をみせるもの	足音、足跡、押つけなど	押つけ、枕返しなど	
A	気仙・江刺 胆沢・磐井		10		3	1	14
A	和賀・稗貫 盛岡・岩手		18	2	1	1	22
B	上閉伊	6	17	4	12	9	48
B	下閉伊	3	2		4	10	19
C	下北・上北 八戸・三戸		7				7
C	二戸・九戸		3		2	3	8
縦計		9	57	6	22	24	118

河童が火を乞う昔話

野村純一

一

物語の世界には散佚物語があった。それと同じように、昔話の世界にも散佚してしまったいくつかの昔話があったことかと思われる。現に報告され、知られている昔話だけが、この国に語られていたもののすべてではなかったであろう。物語は記載文芸であるが故に、たとえその作品自体が失せ散じようとも、原題やあらかたの筋だけは、他の作品などから瞥見し得る機会がまま残されていることもあった。しかしこれに対して、昔話は元来が口頭で伝承されてきたものである。ひとたび忘却の波に攫われてしまったが最後、余程の僥倖にでも恵まれぬ限り、再びその消息を質したり、失われた伝承系列に復したりするのには、厄介な手続きが要求されるのであった。

もちろん、単に伝承の杜絶、断絶とはいっても、それぞれの場合そこに内在した原因は複雑であったに違いない。ましてや、伝承の杜絶を招来したすべての責が、当面の継承者達にのみ負わされて然るべきものであるとは、とても考えにくい。たまたま不適任な後継者にばかり囲繞されていたといったような、万に一つの不運は別である。大局的にみて、少くとも忘却されて行くとか、伝承契機を失うとする事実の根底には当然、伝承体自身の根源的生命力の枯渇、もしくは、伝承場面の質的変遷に伴う適性の喪失などといった状況が考えられよう。しかしどうあろうとも、結局それらは伝承体そのものの衰弱を意味し、また実際の場面では伝承されるべき必然性の欠如となって、ここに昔話伝承は確実にひとつの終焉を迎えるのである。こうした趨勢の中にあって、ごく近い時期まで間違いなく語り伝えられていながら、しかもなお消滅の危機に瀕していた昔話があった。

〝河童が火を乞う〟というまったく特異な主題を有する話がそれである。さきに述べた如くに、この話はいち早く昭和十一年十月号の雑誌『昔話研究』（第二巻第六号）に熊本県飽託郡城山村からの報告があった。しかし、不幸にもその後は杳として類型話種の追加報告がなされなかったのである。したがって、孤立したままに客観的評価が得られず、独立した話としては久しく認められなかった。昔話としての資格を得られなかったのである。ところが昭和三十五年に石川純一郎氏の手によって、福島県南会津郡檜枝岐村にも、同一話種とみられる話が「河童火やろう」として語られているとの報告がなされた。実に二十三年の空白期間と、想像を超えた遠隔の地からの類話報告である。重出立証法、比較研究法を基本的な方法とする私共にとって、この一篇の昔話報告はまことに貴重な例であり、決定的な意味合を添加してくれたのであった。ここにおいて改めて私は、伝承の持つ強靭な生命力に刮目する一方、調査の手を待ち切れぬままに消滅して行こうとする昔話の存在をも察知した。そして希望的な観測のもとにではあるが、併せて同一話種の伝承をも予想してみたのである。しかし、現実の問題として比較対照に耐える資料はあくまでも右の二例に限られていた。相互の傍証資料としてはいうまでもなく最少の単位であり、不安はなお完全に払拭しきれないのが正直なところであった。

二

そうこうしている中に、やがて、昔話と年中行事の採訪を重ねている宮城県玉造郡鳴子町鬼首にも、同じ種類の話が伝えられているのを知った。いま、鬼首周辺における口承文芸の諸層についてはどれをとっても伝承度が確実で、いくたりもの信頼すべき語り手に恵まれている。そういった事象のみを強調してそこでの在りようの一切を割愛するが、この土地での〝河童が火を乞う〟話は、次のようなものである。

むかし。あるんまがだ（馬方）が、小雨の降る晩、馬引っ張って、婆（ば）が沢の処ば通るど、いぎなり、あど（後）から、

「すりけろっ（尻呉ろ）」

って、声かげるわらす（童）えだけど。馬方、「火ぃ、けろっ」って聞いで、

「わらすぁ、火ぃけろって、なじえしたごん（事）だ」

どて、たいまづのあがす（灯）翳して見れば、笠も被らね、わらすらけど。よくよぐ見るど、かわらっぱ（河童）らけど。

「かわらっぱ、火ぃなの、なにするや」

って、もう一本のたいまづさ火移して

「けでやる、けでやる」

って、投げでやったれば

「火なの、えらね、えらね」

って、ふぢ（淵）さ潜ってってたけどさ。
それで、夜ん間歩ぐ時にや、魔除げなる火ぃ持って歩ぐもんだど。この馬方、たいまづ持ってえだがら、馬、取られねがったんだどさ。

語り手は、岩入（がにゅう）の高橋みゆき氏（明治十七年生）。岩入の高橋家は鬼首最古の家柄を誇る。十八代目の現戸主、幸悦氏によると初代高橋文前長種は九州の出身であるという。後、出羽国から花立峠を経てようやく鬼首に落ち着いた。当初は、くず屋敷と称する一種の隠居屋敷であったと伝えている。老媼みゆき女は「昼むかしは嫁御（ねずみ）に小便引っかけられるから語らん」と、語りの禁忌を固守する古風な伝承者である。しかしこの話の語り口は結句の脱落からもいえるように、土地に定着しようとする趣向が強く働いている。河童駒引の伝説風に語られているといえよう。したがって、話の伝承経路や話自体にまつわる効用を聴き出すには、やや遅きに失したかの感が深い。ただ、ありがたいことに、保呂内に住む姪の高橋あや子氏や、峠の一統、高橋文子氏などの優れた継承者達が健在なので、調査を続ける中にはやがて明らかになる点も出てこよう。

次に、山形県最上郡最上町本城にも、同じ話の伝えられているのが、佐藤義則の丹念な調査によって判明した。最上町は旧、羽前小国郷である。前出、高橋家の祖先が往来したと伝える要衝花立峠を隔てて、鬼首とは相対峙する恰好の位置にある。隣接する互いの土地に、渇望すること久しいこの種の類型が伝えられていたのはやはり単なる偶然とは考え難いのだが、現段階で双方の有機的な関係を云々するには、極め手になる資料に欠けている。佐藤の報告によると[1]、最上町での〝河童が火を乞う〟話は、次の如くである。

トント昔。あるどごのドンドンビキ（水車小屋）で、ず（爺）様一人、米搗番しったけど。ある春先の乾いだ夜ん間、戸のくず（口）で、

「爺様、爺様。すりけろ（尻くれろ）」

って、わらす（童）の声したけど。爺様、焚ぎ尻（焚木の燃えさし）くれろって、聞ぎ違えで

「なに馬鹿こぐや、このはしゃいだ日に、がぎ（子供）さ、火ぃなのくれられるもんでねえ」

って、ごしゃいで（怒って）さが（叫）んだど。

ほんでも気ぃ直して、これぁ火こ無ぐして、親だ（達）がら、ごしゃがって、火種こ貰い来たわらすらば、むっこさえどこ（可哀想に思って）爺様、焚ぎ尻一本たが（持）って、戸開げで見だらば、かわわらす（河童）らけど。

「かわわらすぁ、火ぃ貰って何とする。ほがえ、ほ（欲）すえなら、くれでやる。くれでやる」

って、焚き尻ば突出すど

「えらね、えらね」

って、川さ、すず（沈）んでったけどわ。

ほれがら、かわわらすぁ、えだずら（悪戯）すねぐなったずごん（事）だど。

どんびん・さんすけ、ほーらの貝。

語り手は、最上町本城裏小路の小林サキ氏（明治二十年十二月二十日生。昭和四十二年二月十九日歿）。佐藤義則はこの話をばもう一人、隣家の高嶋寅蔵氏（昭和三十五年、七十歳歿）からも聴いている。サキ女には昭和三十八年に、寅蔵氏には三十二年に語ってもらっていた。当時は素姓の定かでない話として判断に苦しみ、かの労作『小国郷のトント昔コ』[2]には収載しなかったのが実状であるという。

最上町での場合、語り手が共に歿くなられたのはまことに残念だが、同一伝承圏内からの類話が発見されている点は大層心強い。つまり、本城を中心としての伝承、伝播の様態は向後の調査にもかなりの期待を寄

せ得るのである。その上、ここでの語り口は鬼首の例に比較して語りの姿勢が余程整っている。昔話としての保存状態が良好なのである。殊に語り口はいうまでもなく、場面の設定や筋の展開などに、檜枝岐の話とは共通する要素がすこぶる多い。その意味で比較対照する際の資料的価値も充分に備えているのである。

かくして〝河童が火を乞う昔話〟は、熊本県飽託郡、福島県南会津郡からの報告に続いて、ここに新たに二つの話例を示すようになった。加えてこの間に雑誌『民俗』[3]（第十巻）には、話の破損度が著しいためにか、昔話としてよりは、むしろ世間話風に記述されてではあるが、神奈川県津久井郡からの報告もあったのである。これとても決して見逃すわけにはいかぬ事例であった。少しずつではあるが資料は集まってきており、見通しは必ずしも暗くない。そうはいうものの、早急にいまここに知られている数話をもって、ひとつ範疇の話として包括し、過去における昔話伝承の系列に積極的に参加させるのには、なお慎重であらねばならない。絶対数は依然、不足しているのであり、個々の話の伝承経路も不明である。ただ、ここに至ってたしかに言えるのは、ともかくも長い間、陽の目を見ずにきたこの種の話にも、一応はその存在を主張し得る時機が到来したのではないかということである。そして、これだけは紛れもない事実なのである。

三

ところで、〝河童が火を乞う〟とするこの短い昔話に、私が頑ななまでに執着してきたのは、消滅しようとするものへの単なる愛惜の念からなのではない。もちろん、滅びの姿を如実に示すものへの性急な興味は否定し切れないが、それにも増して心惹かれるのは、ここでは河童が一途に火を求めるとする不思議な主題を有する点にあった。

河童を主人公としたものでは、いうまでもなく、水際に差掛った人に相撲を挑み、これを水中に屠ろうとしたり、手に余る駒の処理を誤って、詫状を書いたり、秘伝の妙薬を授けたりした話が知られている。また一方、同じ水の精霊としての資格をもつもので、果敢に人間に働き掛けてきた例には賢淵系の話がある。水中から姿を現わした蜘蛛が、それこそ〝引かそう〟とばかりに岸に憩う人に糸を掛けはじめた話である。これらの話では、直接目的とした対象が簡明であり、具体的かつ即物的でさえあった。昔話に限らず、口承文芸ではいったいに端的な内容とそれに伴う直截な結末とが欠かせない魅力であり伝承の根源力にもなっているのである。これに対して〝河童が火を乞う〟話の場合は、その結末がきわめて曖昧な収め方をしているのみならず、主題そのものがいかにも象徴的である。抽象的ともいえる。もともと水の精霊である筈の河童が、人の元にまで火種を貰い受けに来るという真意が今日になってはいささか解しにくい。いうなれば水と火という極端に対蹠的な性格を持つ両者の交渉を媒介しようとする、水の精霊の行動に理解が届かないのである。不可解であると共に、尋常な感覚では容易に納得し難い心意をも充分に予想するのである。そうした状況のままに、あえて推測を試みるならば、それはごく常識的な範囲を出ないのであるが、この話はやはり水神と火との係りを象徴、表出して訴えているのではないか、ということなのである。

水の精霊である河童に、火との係りを求めるとは、いかにも唐突のようであるが、これを裏付ける資料にはまったく心当りのないわけではなかった。河童の伝承を博捜された柳田國男翁の『山島民譚集』には「戯レニ榾ノ火ヲ最後ノ者ノ掌ニ載セタルニ、声ヲ放チテ走リ去リ」とか「西国ニテ川ニ火トボリ芥ナドヲ焼クガ如キアリ（中略）之ヲ川ワラワノ仕業ナリト云フ」とか「不知火モ亦河童ノ力ニ出ヅトスルナリ」[4]の例が収められている。わけても「声ヲ放チテ走リ去」るのは〝河童が火を乞う〟昔話の終末部とほとんど場面を共有しているようではないか。江戸時代の伝説集『珍説昔葉那し』[5]の「九州山童の事」にも「冬には山にありて山童と成り、夏には河に住む」河童に害を働くと「私宅の内へ火出などして種々災害を起せり」とする記事がみえる。さらに注意したいのは筑紫に流離された菅公には、「ヒヤウスヘニ約束セシヲ忘ルナヨ川立チ男我モ菅原」の歌にまつわる特異な伝承のあったことである。[6] 雷神・荒ぶる火の神としての信仰を喧伝されている菅原氏に、併せて水神制圧の力があったとする伝えは疎かにはできない。設楽氏も河童鎮圧に力ある家柄であるがこれも元は菅原氏であるというのだから、同家の威力の程が窺えよう。すなわちそこには、火に力あるものは水にも力を示す。つまり、火を司るものは同時に水をも司る。水をよく管掌するものにして、はじめて火をも管理する資格がある。こういった論理が流れていたのではなかったろうか。それはまた、菅原氏に天象、わけても雷雨を支配し、田の水と稲妻とを制禦するという田の神天神の信仰と無縁ではなかった筈である。いずれにしても、河童に関与する話の中には、間違いなく、火との関連を説く伝承があったのである。〝河童が火を乞う〟昔話も、そうした伝承の系譜に連るものか、もしくは、同一信仰として語られてきた。そう考えられるのである。

繰り返して不明を述べるようになるが、この昔話の要諦は相変らずで定かでない。数少ない資料のままに早急な見通しをたてるのは避けるべきであろうが、結局、この話は、川の精霊に神聖な火を届ける特別な日。いわば、水神に火を祀るが如きハレの日の印象を残すのか、はたまたそれとは逆に、零落した水神が神格を表徴すべく、神聖な火種を貰い受けに来たとみる。そのいずれかに落ち着くのではあるまいか。それにしても、河童はいさ知らず、常民の生活にあっては絶やした火種を貰い歩くというのは、もっとも恥ずべき行為であった。取り返しのつかない家刀自の失態であり、それは直接、家全体の管理にも言及されるほどの性質のものであった。事実、火種は求め難い時代が長かったのである。このときにやや気になるのは「大歳の客」など、客人神の来臨を説く昔話に、火種を失った嫁が思案に余って、戸外に佇むという語り口のあることである。客人神の来臨と火種を得ることとに何等かの繋がりを感じさせて、注意を惹くのであった。この短い昔話の場合にも、異郷から訪れてくるものは、あたかもその出自の正しさを教唆するかのようにして、夜の闇にまぎれてやってくる。しかも、その童形のものの勇を鼓した呼び掛けの言葉には、逼迫した状況を想わせる緊張感が溢れていることであった。

そこに私は、ひとたびは語りの場から失墜したものが、客人神もしくはその先導者に姿を窶して、火種を求めにくる。すなわち、この河童にはそうしたあわれにも愛しいものの象徴としての姿を想定してみるのである。そして、河童はここでもまた、敗北の伝承を語るのには、最も適応しいモノとしての使命を忠実に果たしているのであった。

注

(1)「最上地方民俗」会報第六号（最上民俗の会）

(2)昭和四十一年二月一日刊行。後『羽前小国昔話集』(『全国昔話資料集成』1)

(3)中村亮雄「津久井の河童と川天狗」後、『神奈川県昔話集』第一冊（昭和四十二年刊）に収録。小島瓔禮編『武相昔話集』(『全国昔話資料集成』35)六九頁〜七二頁参照。

(4)「河童駒引」の項。

(5)別称『野翁ものがたり』天理図書館蔵の写本による。

(6)「河童駒引」『山島民譚集』の項。

建築儀礼と人形
――河童起源譚と大工の女人犠牲譚をめぐって――

神野善治

はじめに

本論の目的は「大工と人形」にかかわる二つの説話の比較検討を通して、建築儀礼に伴う人形の役割について論じることである。

まず二つの説話のひとつは、「大工を助けた藁人形」とか「藁人形の建てたお宮」あるいは「河童の起源譚」として知られる説話であり、各地の有名社寺などにちなんだ伝説になっている場合の多い話である。もうひとつは、上棟式の由来譚、あるいはその式の飾り物などのいわれを説く話で、「大工の女房」や「大工の娘」の犠牲譚となっている説話である。従来、二つの説話は、別々に扱われてきたが、その構造や要素の対応を検討すると両者は非常に密接な関係にあることがわかってきた。これらが本来ひとつの話ではなかったか、ひとつと言わないまでも、同じ主旨に出た話であった可能性を示し、このことによって、家屋に関わる霊魂の問題に及んでみたい。

一　屋根裏の藁人形

本題に入る前に筆者がこの問題にとりくむ発端となった、ひとつの見聞から紹介しよう。それは、昭和五十三年に埼玉県桶川市の旧家から古い藁人形が発見されたという知らせを受け、さっそく訪ねてみたことに始まる。[(1)]

問題の人形は同市川田谷の町田四平氏宅の母屋が改築のため解体された際、屋根裏より発見された（次ページ写真参照）。

人形は高さ五十七センチメートル、頭と胴と長い両腕とから成り、裾は広がって足は形づくられておらず、頭には髷を結い、腕は肘の辺りで曲り、両手には五本の指が作られているというものである。真黒に煤けているので材料は何であるか不明確だが、おそらく稲藁ではないかと思われた。顔には目鼻などの表現はなく、衣や持物もなく、また釘などが刺さっていた様子もない。

この人形は昭和初期に母屋の屋根替え（マルブキ）が行われた時に一度発見されている。しかし、すでにその当時、この人形の正体はわからず、おそらく家を守って下さる人形だろうということで、もとどおり屋根裏にもどされ、それがこの度、再度五十数年ぶりに発見されたというわけである。これがいったいどのような性格の人形なのかが、その時から課題になった。

すでにその頃、筆者は人形を用いる信仰・行事に関心を持って各地を訪ね、とくに東北地方では、村境の大人形や鹿島送り・虫送り・病送りなどの人形行事を百か所ほども実際にみることができていたが、この桶川の例のような人形を、それまでの知識では位置付けができなかったのである。[(2)]

残念なことに、この家にはこの人形についての伝承は残っていなかった。建物は明治五〜六年の建造というから、人形は建築時点か、その後、昭和初期までの間に入れられたことになる。つまり今回の発見より四、五十年前から百年余り前までの間に入れられたことは間違いない。しかし、建築当時三十代だった当主（天保十四年頃の生まれ）が、昭和初期の人形発見の時に健在で、この人形をいつ、どういうわけで入れたのかまったく知らないと語ったという。(3) 人形の様子から、いわゆる呪咀の人形でないと当時も考えたようであるが、上記の条件から考えると建築時点で何らかの目的で入れられたものと考えるのが一番可能性が高いように思う。すると大工や屋根葺きの職人によるか、いずれかの宗教家の関与によって祀り込まれたものではないか。言いかえれば、建築儀礼としてこのような人形を祀ることがあったのではないかと考えた。しかし、この例にはこれを積極的に証明できる事実は伝えられていない。とすればこのような儀礼が、周辺地域や他地域には認められないかという問題意識を持ったのである。

屋根裏から出てきた藁人形（埼玉県桶川）

結論を先に述べると、大工や屋根葺きが、建築に際し、人形を作って祀ったり、人形に類するものを儀礼に用いたという実際の例が、わずかながら各地に確認できたのである。しかもこれらの儀礼が伝えられていない地域にも、大工と人形の密接な関係を物語る説話が広く各地に認められた。それが先述の二つの説話である。

二　藁人形の建てたお宮

そこで、まず、「大工を助けた人形」とか「藁人形の建てたお宮」などと称される一連の説話について検討を加えてみたい。

筆者の住む静岡県沼津市にもこの種の話が伝えられている。旧愛鷹村の柳沢という所に赤野(あけの)観音と呼ばれるお堂があり、本尊は行基作と伝えられる十一面観音を祀っていて、現在の本堂は江戸時代半ばごろに再建されたものと言われている。このお堂に次のような伝説がある。昔、日光の東照宮に眠り猫を奉納して国に帰る途中の左甚五郎が、この地を通ったところ、村人に乞われて、この観音堂を再建することになったという。ところが祭りの日が迫っていたので、甚五郎は村人たちに藁人形をたくさん作らせて、これに息をかけて働かせ、三日三晩で遂に造営してしまったというのである。できあがったのが「あけ方」であったので、その後、このお堂を「あけの観音」と呼ぶようになったという話である。(4)

同様の話が静岡県東部では東伊豆町の白田という所に伝わっていて、ここではこの村の旧家の話になっている。この家は「オオヤ」と呼ばれた実在の家で、虹梁だけでも二十間、ウダツ柱は三〜四人でかかえるほどもあってチョーナ削り。この柱を削ってもち帰ると火伏せになると言ってもらって帰る人もあった。囲炉裏は一辺が六〜七尺もあり、ニワ（土間）で舟を造ったこともあるという大きな家だったという。この家の主は金指筑後守(かなさしちくごのかみ)という人で、建物は飛驒の甚五郎が棟梁をして建てたという。ところが棟梁のほかには誰も職人はいなくて、甚五郎は幣束を切って人形をたくさんこさえて、それを使って建てさせたのだという。話者の古老はこの家のことはよく覚えており、韮山(にらやま)の代官所よりも大きい建物だったが、大正時代に火事で焼けてしまったと語っている。(5)

同じ白田の話として鈴木暹氏の『伊豆昔話集』に採録された話では、村のごん兵衛さんの家の話になっており、「竹田の万丈」という有名な大工が建てたという。小さい藁人形を作って建てたという内容に、さらにこの人形が近所の火事からこの家を守ったという話が重なっている。[6]

これらの話では、飛驒の匠（または左甚五郎）や竹田番匠などといった有名な大工が、建築に際し、人形を作って手伝わせたということになっているが、人形はその役目を果たしたあとどう処遇されたかについては語られていない。ところが、この話の類例として、大工を助けた人形が、のちに河童になるという河童起源譚が広く語られているのである。

この例についてはすでに石川純一郎氏が『河童の世界』で扱われているが、[7]その後の資料を含めて整理したのが表一である。筆者の確かめ得た資料は量的にも限られ、片寄りもあることと思うが、ここに集成した資料から見る限り、概して西日本に広く分布する伝承であることがわかる。そして多くは寺社の建立縁起として語られている。単に、「ある寺」とか「ある神社」とする所もあるが、岡山の吉備津神社、広島の厳島神社、出雲の杵築神社などや、青森の櫛引八幡宮、是川や相内の観音堂、鳥取の関金町の地蔵院などの名がみられ、社寺以外にも大名の邸宅や大阪城という例もあり、単に家を建てる時としている例もある。一例だけだが橋の建設に関する壱岐の例も注目される。

主人公は前述のように左甚五郎や竹田番匠の例が多い。「たつたの番匠」「たかたん番匠」も竹田番匠の変形だろう。他に単に「ある大工」とする例もあるが、行基や加藤清正や神様、神の申し子が登場して人形を作る例もみられる。

なぜ人形を作ったかという点では、人夫が足りないとする例が多い。期日が迫り時間が充分なくて人手が足りないとする場合もある。

表一　大工を助けた人形（河童起源譚*）資料　（＊欄は河童起源のモチーフの有無）

	伝承地	主人公	建造物	（人形）	（人形の働き）	処分	＊	
1	北海道日高郡（アイヌ）	神様	×	艾の人形	疱瘡神とたたかう。	湖水へ	○	今あるミンツチはこれがはじまりという。
2	青森県八戸市櫛引	左甚五郎	櫛引八幡宮	（来迎柱）	（短く切った柱、ヌキをとおしたまま）	川へすてる	○	「人の尻でも食っていろ」と川へすてる。
	〃〃〃是川	左甚五郎	是川清水寺観音堂 櫛引八幡社	（木片）	大工と化し堂をつくる。三つを一夜のうちにたてた。	×	×	消える。夜あけとともに消えた。
3	〃三戸郡南部町相内	左甚五郎	相内の観音堂					
4	静岡県沼津市柳沢	左甚五郎	赤野観音堂	藁人形	造営を手伝う。	×	×	
5	〃賀茂郡東伊豆町白田	竹田の万丈	権兵衛家	藁人形	近所の火事より家を守る。	×	×	
5′	〃〃〃〃	飛驒の甚五郎	金指筑後守の家	御幣の人形	建造を手伝う。	×	×	
6	〃浜松市	（人々）	秋葉神社	藁人形	仕事をさせる。	川へ	×	豊作をねがい、天気を教えろとたのみ流す。
7	〃引佐郡（久留女木）	行基	×	藁人形	田植えの手伝い。	川へ	波小僧	風雨災害を知らせろと告げて流す。
8	奈良県（県内）	左甚五郎	某地の仏閣	人形	大工の手伝い。	川へ	○	
9	大阪府岸和田市	行基	久米田池	土の人形	池の造営を手伝う。			人形だから肋骨が一本たりないという。
10	岡山県御津郡	ある大工	神社（吉備津神社という）	藁人形	大工と同一の姿で働く。	谷に落ちる	×	
11	広島県神石郡豊松村	武田番匠	―	カンナクズの人形	狩野芳玄の相手をさせる。		×	名人どうしが互いにいっぱい食わせる話。
12	島根県隠岐郡西郷町加茂	左甚五郎	出雲杵築大社	人形	―	池にころがる	○	「尻でもくえ」と作りかけの人形のようなものを池にころがす。
13	鳥取県東伯郡関金町	竹田番匠	地蔵院	（かんなくず）	人の姿になり造営を手伝う。		×	どこへともなく消える。

14	大分県直入郡玉来	竹田番匠	真宗の寺	ヘラの木の人形	大工の弟子として働く。	川へ流す	○	人形にもどし川に流す。赤淵は河童の本拠となる。
15	〃　大野郡緒方町	加藤清正	大阪城	人形	人夫代りに使う。	山と川へ	○	捨て場なく、山に千人、川に千人すてた。
16	佐賀県杵島郡橘村潮見	内匠頭の某	春日神宮	九十九の人形	童の形に化し造営を助ける。	川へ	○	
17	長崎県下県郡厳原町上槻	竹田番匠	家	藁人形	(家をたてたあと残ったワラで作る)	川へ	○	「人にとっつけ」と川へ投げる。
18	〃　壱岐郡	たつたの番匠(竹田番匠)	橋	三千の藁人形	あまんしゃぐめと橋の渡し合い。働かせる。	山・川・海へ	○	「しりこでも喰うていよ」と。川へいったのがガアタロになる。
19	熊本県天草郡手野村	左甚五郎	大名の邸宅	多くの藁人形	期間なく加勢させる。	川へ	○	「人間の尻を食らえ」といい川へ捨てる。
20	〃　〃　一町田村	左甚五郎	ある寺	人形	期日せまり人形が代りに造る。	川へ	○	「人間の尻をとれ」とすてる。
21	〃　〃　浦村	たかたん番匠	ある城	たくさんの人形	手伝わせる。		○	「人の尻どんとってちくらえ」と言いわたす。それから川に住む。
22	〃　〃　久玉村	左甚五郎	厳島神社	藁人形	人手足りず人形に加勢させる。	海へ	○	「人間のジゴ(腸)をとって食え」と頭を打って追う。
23	〃　〃　御所浦村	左甚五郎	家	藁人形	——	地にうめた	○	「人の尻でもくらえ」と怠け者の弟子を海へ、人形は地に埋めた。
24	鹿児島県芦北郡日奈久町	殿様	神社	藁人形	人夫足りないので人形を作り使う。	川へ	○	「人の尻でも食え」と追払う。
25	〃　出水郡東町小島	神の申し子	家	藁ぼて人形	家作りを手伝わせる。	海へ	○	「人間の尻をとって食え」と頭を叩いて流す。
26	〃　〃　長島町平尾南	たかたん番匠	寺	カンナクズの人形	人夫足りないので人形を作り使う。		○	「尻をとって食え」と小槌で頭を叩く。
27	〃　大島郡瀬戸内町嘉入	大工の棟梁	家	二千の藁人形	畳六十帖敷の家一日で作る。	海、山へ	○	海に千匹、山に千匹を放す。ケンムンと化す。

表一（出典）
①『郷土研究』一—一二、②〜③川合勇太郎『ふるさとの伝説』、④筆者調査、⑤鈴木暹『伊豆昔話集』、⑤筆者調査、⑥『静岡県伝説昔話集』、⑦『民間伝承』一六—八、『遠江国風土記伝』、⑧『定本柳田国男集』第四巻、⑨若尾五雄『河童の荒魂』（『近畿民俗』五六）⑩『岡山県御津郡昔話集』（『日本昔話大成』7・11）、今村勝彦「備前の昔話」（『旅と伝説』昭和七年八月号）、⑪「採訪記録ひろしまの民話」第二集（野村純一先生教示）、⑫『日本昔話通観』島根、⑬『因幡伯耆の伝説』、⑭『あしなか』、⑮『緒方町の民俗』、⑯『郷土研究』二巻七号（『北肥戦志』を引用）、⑰『日本昔話通観』長崎・熊本・宮崎、⑱『日本民俗誌大系』九州、⑲・⑳・㉑『天草島民俗誌』、㉒『熊本県民俗事典』、㉓『天草島民俗誌』（『日本民俗誌大系』二、所収）、㉔『熊本県民俗事典』、㉕・㉖『日本昔話通観』長崎・熊本・宮崎、㉗『加計呂麻の民俗』（以上のうち、②〜③、⑥、⑭、⑲〜㉔、㉗を石川純一郎氏が、『河童の世界』でとりあげている）。

人形は藁人形とする例が多いが、かんなくずの人形という例もいくらか見られる。困難な仕事を大工の作った人形が助力して遂に完成させるが、仕事が終わると人形は用済みということで川や海に捨てられる。池や谷にという場合もある。

すると捨てられた人形が大工に向かって、これからどうやって暮らしたらよいかという問う例が多い。これに対して大工は「人の尻でも食っていろ」「人間の尻を食らえ」と言い渡す。おまけに槌で頭を叩くという話が加わっている例がいくつもある。捨てられた人形はやがて河童となり、人の尻をとって（つまり人を水難にあわせるという災いをもたらし）、槌で叩かれたところが頭のお皿になったのだとか、藁人形が河童になったので手がぬけるのだと言ったりしているのである。

以上の話は、建築に際し大工が人形を作り手伝わせたという内容を持っている。実際にロボットのようなものを作ったと考えることはできないから、ここでいう人形が、いったい何を示しているのかが問題になる。これを現実的・技術史的にとらえて、車地などの建築機材と考えたり、労働力としての被差別民（河原者・童（わらわ））を象徴するという若尾五雄氏の興味深い説がある。[(8)] しかし、筆者はこの説話を素直に受けとり、大工が実際に藁人形などを作ることがあり、そのことを説明しているのではないかと考えている。言いかえると、建築儀礼として大工が人形を作り、祀ることがあって、それがとだえたあとも、その印象が説話の中に生きつづけているのだと考えるのである。

三　棟上げの雛

建築に際して大工が実際に藁人形を作るようなことがあったのだろうか、という疑問に対して、まず思い浮かぶのは、東北地方の一部で今も建築儀礼として大工が棟上げの折に祀る雛のことである。「棟上雛」とか、それを入れるお雛箱などの名で知られているが、山形・福島・宮城の三県から比較的多くの例が報告されている。そして青森・岩手・秋田の三県にも類例が確認できたので、一応東北六県に広く伝えられてきた習俗ではないかと考えられるものである（表二参照）。

棟上げの時の飾物の中に人形がある例をはじめに報告したのは、昭和十六年の『民間伝承』四巻二号の能田多代子氏の報文だろう。これによると青森県三戸郡五戸町近在では、棟上げに「弓矢、白扇、神酒、塩、五穀（籾、大豆、小豆、蕎麦、稗の五種）、櫛、かもじ、人形又は女の衣装と帯。笊、鏡、針竹、萱三把、ハリナワ、ゴンボナワ各三把づつ」などが供えられるという。ここではさまざまな飾り物のひとつに人形があるということが示されている程度で具体的なことが解らないが、「人形又は女の衣装と帯」とする点は注目される。なお、この例は筆者が把握している青森県での唯一の事例である。

その後、ほとんど注目されず、昭和四十八年になって、同じ『民間伝承』の三七巻二号に片倉信光氏が「お七夜雛・関所雛・棟上雛」と題して宮城県白石地方のさまざまな雛の一つとして、やや詳しく紹介され、明治三十三、四年頃の建てた家から出てきた「お雛箱」について記している。この箱には「天照皇大神宮・八幡大神・春日大神」と三行に書き、中に男女の紙雛・角形の鏡・かもじ（毛髪）・櫛・かみそり・鋏などが入っていた。片倉氏は続けて、この棟上雛の由来譚を紹介し、また現在も市内の荒物屋で売っていること、それが船霊様としても利用されていることを紹介し類似性を指摘されている。

筆者もたまたま同じころ白石を訪れた際に菅野新一氏から棟上雛の話を伺い、市内の荒物屋で紙箱入りの飾り物のセットを買い求めていた。

最近になって報告はやや増して、宮城県から福島県にかけての類例は『東北民俗資料集』㈢などでとりあげられ、山形県の例は小野芳次郎氏の『山形県の民家』で扱われている。これによると山形県庄内地方では仮柱の上方に貫をつけ、この上部に箱形の宮をつけ、その中に男女二体の「ちょんびな様」を祀る。建前の時はその貫を新築の棟に立てるとし、このような人形を伴う建前は、村山地方、庄内と最上地方に広く見られるが置賜地方ではあまり聞かないとされ、各地の例を紹介している。

筆者は庄内地方で三例に出会うことができた。ひとつは鶴岡市内の例で、致道博物館の民家移築工事に携わっていた棟梁[9]の家に祀られていた「チョンビナ様」である。これは鶴岡市内での建前に用いられたもので、男女一対の立雛（頭は土製、紙の胴に布の衣を張りつけたもの）、鏡、櫛、鋏、小刀、かもじ、麻、扇が木製の祠（二十三×十三×三十一センチメートル）に納められていた。建前に際し棟の上の仮柱に矢車とともに飾り、式が終わると柱とともに棟梁が持ち帰るのだという。この風は鶴岡市内で現在も行われており、人形と鏡などの品々は五色の吹流しとともにセットで売られている。

この棟梁の出身地である同県西田川郡温海町小名部でも同様の雛を用いた。建築に先立ち、敷地に仮柱を立てる。長さ十尺か十二尺（古く正式にやった家は二十尺）あって、この上にチョンビナ様の入ったお宮をつけ、その下に矢羽を打ち付けた。建前まで立てておくので建築の邪魔にならない所に立て、お宮にはガラスを張ったこともある。中に入れるものは前記のものと同じだが、古くは錦の布袋に五穀を入れたもの。矢

表二　棟上げの人形資料

	所在地	人形	祀り方	由来譚	出典
1	青森県三戸郡五戸町近在	人形または女の衣装と帯		○	『民間伝承』四―二
2	岩手県東磐井郡大東町	人形（男女）	宮をつくりその中へ。	○	『旧中川村の民俗』
3	〃　遠野市内	人形（男女）	宮をつくりその中に入れ棟束につける。		神野調査
4	秋田県秋田市豊岩	人形（男女）串姉子串婿子	チョメナカザリといい、飾木に。	○	『秋田の大工職人』
5	〃　北秋田郡上小阿仁村	（扇三本で顔をつくる）			『上小阿仁の民俗』
6	宮城県柴田郡	人形（女）娘	オヒナバコに（オビナ添える人もあり）。	○	『東北民俗資料集』三
7	〃　〃　川崎町小野	人形	オヒナバコに。		『日本の民俗』4、宮城
8	〃　角田市	人形	ヒナバコに。	○	『東北民俗資料集』三
9	〃　桃生郡矢本町鷹巣	人形（男女）			『日本船だま考』
10	〃　牡鹿郡江ノ島	？（女神）	宮に入れ中柱の天井裏梁上へあげる。		『東北民俗資料集』一
11	〃　仙台市付近	？	オヒナバコに。		『日本の民俗』4、宮城
12	〃　白石市内	人形（男女）	棟に箱に入れて。	○	『民間伝承』三七―二及び神野
13	山形県東田川郡朝日村下名川	人形（男女）	弓柱の上につけた厨子にまつる。		『日本の民俗』6、山形
14	〃　〃　大網	人形（男女）チョンビナ様	仮柱の上の貫に、宮に入れて。		『山形県の民家』
15	〃　〃　田麦俣	人形（女）長兵衛雛	宮に入れて。		〃
16	〃　三川町横山	人形	仮柱の上の貫にお宮に入れて。	○	〃
17	〃　立川町清川	人形（男？）大工の神	（宮に入れて大工宅の床の間で）。		神野調査
18	〃　西村山郡西川町月山沢	人形	棟中央に尺棒立てボンデンに結び飾る。		『月山山麓（月山沢他）の民俗』
19	〃　〃　温海町小名部	人形（男女）チョンビナ様	宮に入れ仮柱の上に、棟上後は大工宅。	○	神野調査
20	〃　新庄市本合海	人形			『山形県の民俗資料』
21	〃　鶴岡市内	人形（男女）チョンビナ様	宮に入れ仮柱の上に、棟上後は大工。	○	神野調査
22	福島県双葉郡浪江町津島	×（男性器）		○	『東北民俗資料集』三
23	〃　相馬市	人形（女）	屋根に上げる。		〃
24	〃　相馬郡新地町	人形	主人と棟梁があげる。		〃

羽は豪華にやる家は二本を×字に組み、五色の吹流しをつける。柱には「家運長久　壱之宝柱」と墨書し、柱の下には俵を立てかけ、杉皮で覆って縄を三か所、七五三にかけて縛る。矢は鬼門に向けてとりつけたものという。この飾りは建前に際して棟の上に上げられ、式が終わって棟梁の家に持ち帰られるというのは先の例と同じである。

これを聞いて、かつて訪ねた同県東田川郡立川町清川の例が思い出された。この村の塞の神の人形行事を見た折に当番の家の一軒がたまたま大工職[10]で、この床の間に先のチョンビナ様に類似した祠が祀られていたものである。中には紙雛一体、鏡二枚、髪の毛、小刀一本と「祈　彦狭和命　手置帆屓命」の木札が二枚入っており、祠の前には半紙を巻き水引きを結んだ曲尺が立てかけられ、祠のわきには同様に水引きを結んだ定尺（サオ）が立てられていた。そして小さなお供え餅があげられていたのである。この家では「大工の神様」として祀っているという話で、棟上げの儀礼との関係は明らかではなかったが、おそらく前述の「チョンビナ様」と同類で、かつて棟上げに用いられ、大工の家に持ち帰られ、祀られるようになったものではないかと思う。

山形県の「チョンビナ様」にも由来譚が伝わっている。先述の鶴岡市の棟梁は次のように語る。

昔、大工が柱を短く切ってしまった。どうしたものかと迷っていたら、女房が「枡形」を組んだらよいと教えた。それでうまくいったが、女から教わったのは恥だと女房の首を落とした。そうしたら首が北の方へ飛んでいった。それで棟上げにはヤバネを北の方に向けてつがえ、チョンビナ様を飾り、女の物を供えるようになったのだと。

この話に大へんよく似た話は先述の宮城県白石でも聞かれ、宮城や福島の「お雛箱」の由来としても語られている。

岩手県では東磐井郡大東町の例が東洋大学民俗研究会の『旧中川村の民俗』に報告されている。これによると、

「上棟式には五色の旗、幣束、弓矢、矢車、棟札を飾り、その他宮を作り、その中に男女の人形と女の化粧道具、扇、紅、おしろい、手鏡、くしを入れた。これは大工が作った」という。宮城県などの例とほとんどかわりなく、この由来として、飛驒の匠頭が扇だるきの作り方を女房に教わり、これを殺した。それで二人の人形を飾るようになったという話と、左甚五郎が柱を短く切ったところ恋している女が人柱になり、その女の人形を飾ると伝える話も残っているという。

岩手県の既知の事例はこれのみであったが、遠野市での日本民俗学会年会に参加の折に、この地にも棟上げに人形を木製のお宮に入れて祀っていることを知った。市内綾織町日影の建築中の民家でちょうど棟上げの矢車を屋根から降している所に出会ったのである。(11) 棟上げの矢車は、三寸角十二尺（昔は十三尺）の柱に二本の矢羽を×字にとり付けたもので、ベニヤ板に鶴亀の絵を描いたものである。これに五色の幟をかけ、柱の上部に人形などの入った箱をつける。人形は男女のコケシ人形で、他に鏡、櫛、なかさし、紅(盃)、白粉、扇、祝詞の刷物が入っている。

棟上雛「チョンビナ様」（山形県鶴岡市）

これらは施主が町の玩具店でセットを買い求め、矢車は看板屋などに注文して描いてもらう。棟上げ後（翌日〜三日後）に「ヤオロシ」をし、柱は棟梁が持ち帰り、矢車はたたんで棟木にしばり、人形の入った宮は棟束に打ちつける。この家も矢車を降した翌日訪ねるとすでにこの宮が打ちつけられていた。この人形のセットを販売する玩具店[12]の話では、棟上げにこれを用いるのは遠野市内では一般的な習慣であり、花巻寄りの上閉伊郡宮森方面では人形は用いず、代わりにオカメ・ヒョットコの面を矢車の柱に飾るが、次第に遠野と同じく人形を用いるようになりつつあるという。

なお遠野市在住の宮大工の話では、かつてこの棟上げの人形は、大工がありあわせの木片で作ったキボッコを用いたという（及川福松氏、明治四十年生）。

また、大東町（旧中川村）では大工が柱にうめ込んだ人形や、柱に縛っておいた藁人形が座敷童子となって姿を見せるという話が伝わっているが、これなども大工が棟上げに祀る人形と深い関係があると考えられる。岩手県内での建築儀礼に伴う人形の分布はもっと確認できるに違いないと思う。

秋田県では、建築儀礼に伴う人形として明確なのはわずかに一例わかっているだけである。秋田市豊岩の大工棟梁佐々木藤吉郎氏の書き残した『秋田の大工職人』の中で紹介されている「チョメナ飾り」がそれである。「棟上式祭壇の後に矢立を飾り、弓の弦に赤白の布を用い、矢を鬼門に向け悪魔を払い、祭壇下の建物の中央に福門に向けて、チョメナ飾りをした」といい、「飾木は二寸角、高さ六尺のものを、地杭に結束、中に三尺のタルキを打付け、上部に車扇、扇の右に『串姉コ』、左に『串婿コ』を並べ」たものである。写真によると人形は男女の押絵雛のようなもので、串が付いているのでそのような名で呼ばれたのかと思われる。人形の後に水平に付けられたタルキに矢立や算盤・櫛やその他のものが吊り下げられている。「チョメナは大正年間、大工の手間二円の時、一揃え五円ぐらいだった」とも記されている。現在、同地では残念ながらかなり以前からチョメナ飾りはみられなくなったとのことで、昭和二年頃、秋田県由利地方の建築工事から持ち帰ったことがあるという話が残っている程度で詳しいことはすでにわからなくなっている。[13]「チョメナ」という呼称は山形県の「チョンビナ」と関係があるものだろう。この「チョメナ」の由来が次のように語られていた。

飛驒の匠、二代目墨縄という名工が棟上げをひかえて柱の短いことを知り苦悶する。それを知った娘おみつが柱の上下に木枕を足せばよいと、いわゆる肘木の名案を教えた。このことを知られるのをおそれ、名誉がつぶれると思い娘を殺す。すると突風が吹き棟上げができなくなった。そこで娘の怨念を供養するために、この飾りをしたというのである。人形の男女二体を飾るのは夫婦に見立てたもので、「チョメナは夫婦の仮祝言を表わし」娘の怨念をはらして供養するものだとしている。[14]

秋田県ではこのほかに類例と思えるのは、北秋田郡上小阿仁村で、棟上げの飾りに扇三枚をまるくして飾るのを「顔をつくる」と表現している例である。[15]棟上げの飾り自体が一種のヒトガタと考えられていたのだろうかと思う。埼玉県南部でヒグシあるいはヒゴシと呼ばれているのも幣串のことだろうと思われるが、戸田市下戸田では「ヒゴシは女性を形どる」ものだという見方をしている。[16]「棟上げの雛」の表には入れなかったが、京都市上京区の千本釈迦堂（大報恩寺）で頒けている上棟式用の御幣（写真参照）にはおかめの面が付けられており、これも岩手県宮森の例などと合わせて考えると、やはり一種のヒトガタと見ることができる。ここにも由来譚があり、このお堂を建てたという大工とその妻の「おかめ」の話になっていて、夫に「ます組」の知恵を授け自害したという妻を祀った「おかめ塚」が境内にあり、建築業者を中心に信仰を集めている。近年、塚とは別に「おかめ」の大座像まで造られたが、「おかめ」は棟上げの飾りの面の方が話の出発点であっただろう。

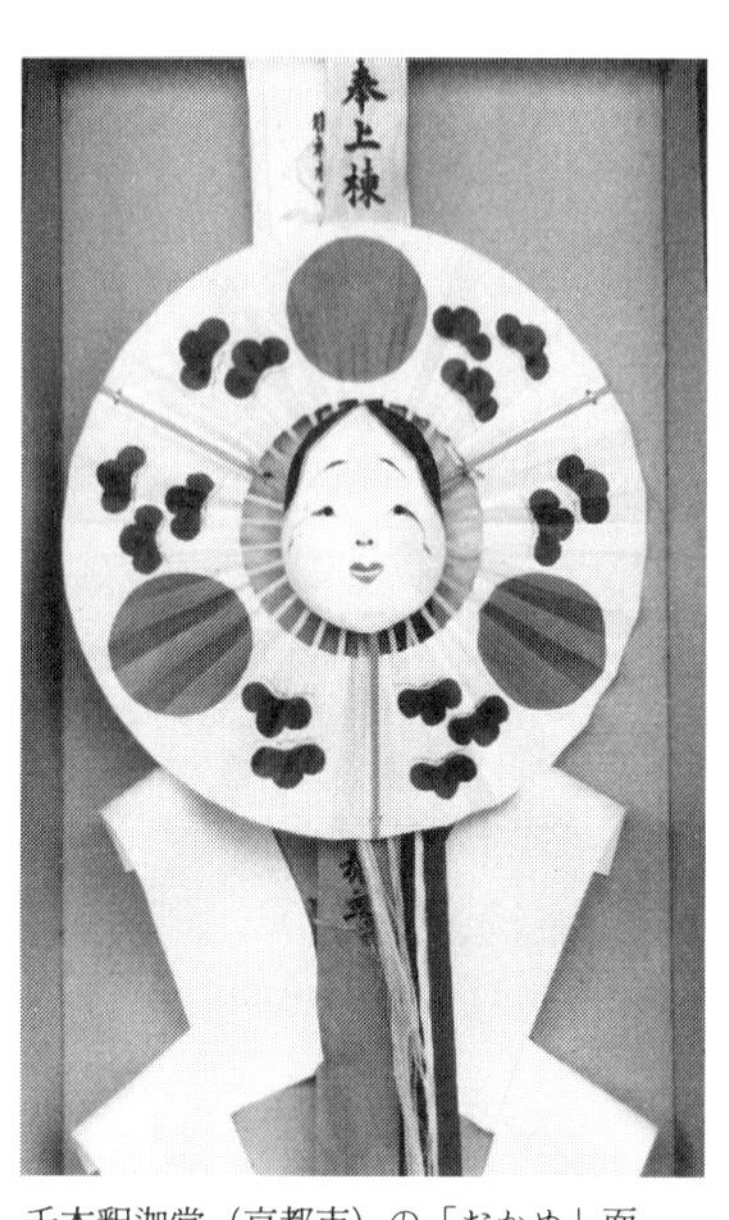

千本釈迦堂（京都市）の「おかめ」面

御幣に面を付けることにより、これが全体として女人の姿を模したもの、言いかえれば、女人の霊の形代として機能していたことは、想像に難くない。

東北地方に残る棟上げの雛（人形）の習俗は、千本釈迦堂の例にみるような別の形で、関西地方などにも行われていたと言えそうである。

四　大工の女人犠牲譚

東北の棟上げ雛（お雛箱）の例は、大工が実際に建築に際して人形を祀る儀礼があることを教えてくれた。そしてその由来を説く、大工の女房（娘）の犠牲譚が伴っていた。ところが、この話は必ずしも大工の人形を説明するばかりではなく、棟上げの祝い自体の由来を説いたり、その折のさまざまな飾りもののいわれを説明する話として広く伝えられているのである。

たとえば、静岡県田方郡戸田村一色では次のように伝えている。

――昔、匠が普請したさに。そしたら建前の時にね、一本、柱を短く切った。それで大工さんは非常にショックを受けてね。うんと悩んでいたんだ。それを女房が傍で見てね。どういうことかと言ったら、ヤア実はこういうことで柱を一本切りそこねてしまった。それで女房が、それじゃあっていうでね。今のクツ石ね。今でも柱の下にはかせるでしょ。こういう風にしれって女房が教えたの。そいで棟梁はね。ここで女房に聞いたって言われたじゃ一世一代の名残りになるからって、刀で女房の首をちょんぎったそうだ。口封じに。そしたらその女房の首が北東の方へ飛んだ。それがために鬼門って言って、上棟式には女房にあやまるっていうか、女房の供養のために、女の道具の一切、鏡とか、カモジとか、紅とか扇子とかの女のものを今もなお祀るんだという話だ（田丸平蔵氏、大正二年生）。

静岡県賀茂郡東伊豆町稲取では、ある棟梁が神社を建てる時に、そのゴヘイ柱を間違えて短く切り困っていると、女房がクミモノのことを教え、この工夫でお宮はなんとか建ったが、棟梁が女子供にモノを教わったことが知れるといけないと、女房を殺してしまう。その後、供養のために上棟式に櫛・鏡・口紅・かもじなどをあげると伝える（梅原貞夫氏、昭和三年生、大工）。

静岡県西部でも同様の話が伝わっており、浜松市西山町の宮大工は、飛驒の匠の話として伝え、柱を短く切った失敗を、女房が教えた「斗」の工夫できりぬけるが、この女房を殺し、供養に棟上げの時に、ボンデン・ノサをかかげ、女のかもじ・櫛・鏡などを祀るようになったと語っている（三嶽一郎氏、明治四十一年生）。

以上の静岡県の例は、いずれも、先述のような人形とは関係なく、上棟式の飾りものに女の諸道具をあげるいわれを説いている。

この説話については、すでに昭和三十三年に井之口章次氏が『女性と経験』二巻六号に「家と女性――建築儀礼の問題から――」という題で、六例を取り上げて論じておられる。その後、各地の民俗誌等に報告された類例をまとめてみた結果を表三に示した。まだまだ各地に多くの例があると思うが、この説話は民俗誌の中では「住」の項目で拾われないと、無視されがちな位置にあった。これまでの例を見ると、東日本に濃厚に分布している。

表三　大工の女人犠牲譚資料

	伝承地	主人公	建造物	助力者	困難	助力方法（アイデア）	犠牲	祟り	（棟上げの由来譚）
1	青森県（八戸市）八戸町	日本大工の元祖	家	娘	柱を短く切る。	糸操のケタをはさむ。	○		女の道具・髪を飾る由来。
2	岩手県東磐井郡大東町	飛騨の匠	―	妻	扇だるき	作り方教える。	○		人形を飾る由来。
	〃　〃　〃	左甚五郎	―	恋人	柱を短く切る。		人柱になる		女の人形を飾る。
	〃　〃　〃	大工	神社	娘	柱を短く切る。	木を薄く切りはさむ。	○		女の所持品を飾る。
3	秋田県秋田市豊岩	飛騨の匠二代目墨縄	―	娘・おみつ	柱を短く切る。	木枕（肘木）	○	○	チョメナ飾り・串姉コ・串婿コのいわれ。
4	〃　山本郡二ツ井町田代	飛騨の匠	―	娘	柱を短く切る。	継ぎ方を教える。	○		女の髪道具などを供える由来。
5	〃　大館市十二所字別所	飛騨の内匠頭	殿様の御殿	娘	柱を短く切る。		○		女の持物を供える由来。
6	宮城県仙台市宮町	大工	神社	娘	柱を短く切る。	ます組	○		ひな箱の由来。
7	〃　柴田郡	左甚五郎（飛騨の匠）	神社の門	娘	柱を短く切る。	ます形	○	△	おひな箱の由来。
8	〃　角田市	飛騨の匠	―	娘・かるこ	雨漏り	屋根の勾配	○	○	ひな箱の由来。
9	〃　伊具郡筆甫村（丸森町）	日本一の大工	神様のお堂	娘	柱を短く切る。	ます組	○	○	機織道具・化粧道具を供える由来。
10	〃　白石市	飛騨の工匠	ある大建築	娘	柱を短く切る。	ます形	○	○	娘の人形を納める由来。
11	〃　栗原郡金成町小迫	飛騨の甚五郎	神社	娘	柱(来迎柱)を短く切る。	ます組	○		ムナマツリの由来。
12	山形県西田川郡温海町小名部	大工	―	妻	柱を短く切る。	ます形	○	△	チョンビナ様・上棟式由来。
13	山形県東田川郡三川町横山	棟梁政右衛門	―	娘	柱を短く切る。	化粧石	○	○	弓矢・化粧箱の由来。
14	〃　上山市	大工	観音（堂）	妻	柱(御拝柱)を短く切る。		○	○	建前の飾りものの由来。

15	福島県双葉郡浪江町津島	大工の棟梁	―	娘	屋根の形のつくり方	足を三角にし教える。	○		化粧道具をあげる由来（男女両性器形あげることあり）。
16	〃 須賀川市大栗狸森	大工の棟梁	神社	娘	柱（ゴハイ）を短く切る。	ます形	○		化粧道具など入れる由来。
17	〃 耶麻郡高郷村	大工	―	妻	柱を短く切る。	ます形	○		女子の道具を飾る由来。
	〃 〃 〃	女の棟梁	―	―	男装が知れる。	―	自殺		
18	〃 いわき市旧鹿島村	棟梁	―	娘	柱を短く切る。				女の髪などを祀る由来。
19	新潟県東蒲原郡上川村	飛騨匠守	―	妻	屋根の妻の作り方	扇を逆にして教える。	○		化粧道具を供える由来。
20	〃 西頸城郡名立町	左甚五郎	宮か寺	妻	柱を短く切る。	角材を入れる。			青梅造りの由来。
21	群馬県新田郡藪塚本町	腕のよい棟梁	―	妻			○	○	女の持物を飾る由来（竜柱あり）。
22	〃 前橋市東大室	大工	神社	妻・おりゅう	柱を短く切る。	梁・虹梁	○		竜柱に女の物を供える由来。
23	〃 〃 下大島	左甚五郎	難しい建物	妻			○		女の道具を供える由来。
24	〃 〃 亀泉町	大工	―	妻	束柱	おさ束の上に杼を立ててみせる。	○	○	竜柱に機織道具・髪つける。
25	〃 山田郡大間々町浅原	大工	鳥居	妻・おりゅう			○	○	竜柱の由来。
26	〃 利根郡水上町藤原	飛騨の匠	―	妻	柱を短く切る。	肘木	○		弓矢・髪などをつける由来。
27	〃 〃 利根村砂川	飛騨の匠	京の本願寺	妻	柱を短く切る。	ます	○		イノイチ柱（竜柱）に女の物を飾る由来。
28	群馬県伊勢崎市三和町	上手でない大工	神社	（妻）			（○）		竜柱に女の物を供える由来。
29	〃 佐波郡玉村町下新田	棟梁	―	妻	柱（後拝の柱）を短く切る。	沓石を据える。	○		竜柱に女の持物をたむける由来。
30	〃 太田市牛沢	棟梁	―	妻	柱を短く切る。	柱の下に石を入れる。	○		竜柱に女の持物を飾る由来。

	伝承地	主人公	建造物	助力者	困難	助力方法(アイデア)	犠牲	祟り	(棟上げの由来譚)
31	〃 邑楽郡大泉町坂田	大工	―	娘・おりゅう	柱を短く切る。	下駄をはかせる。	○	○	竜柱の由来(女の持物を供える)。
	〃 〃 〃	名棟梁	―	妻	柱を短く切る。	下駄をはかせる。	○		女の髪の道具を供える。
32	〃 吾妻郡高山村	棟梁	―	妻	柱を短く切る。	ます形	病死		竜柱の由来(女の物供える)。
33	栃木県小山市	棟梁	―	妻	柱を短く切る。	ヒジキ	○		女の髪、化粧道具を飾る由来。
34	〃 上都賀郡粟野町	大工の棟梁	―	妻	柱を短く切る。	ます形	○	○	女の化粧道具・弓矢の由来。
35	埼玉県桶川市川田谷	大工	―	妻	柱(長者柱)を短く切る。	ます組	○		女の化粧道具を飾る由来。
36	〃 浦和市	有名な棟梁	―	妻	上棟式の納め方。	↑	○		ヒグシに女の物を飾る由来。
37	〃 〃 大門	左甚五郎	―	妻	柱を短く切る。	ヒグシ	／		ヒグシの由来(女の化粧道具など)。
38	〃 戸田市下戸田	大工	殿様の家	妻	柱(門柱)を短く切る。	下に箱形の木を入れる。	○	○	ヒゴシの由来(ヒゴシは女性を形どる)。
39	〃 入間郡三芳町	棟梁	―	妻	柱を短く切る。		○		女の髪・櫛・鏡などを飾る。
40	茨城県(土浦地方)	大工	神社	娘	柱(見付の柱)を短く切る。	袴をはかせる。	○		髪の道具を供える由来。
41	千葉県(県内)	棟梁	―	妻	柱(後拝の柱)を短く切る。	屑石をはかせる。	○		女の道具一切を供える由来。
42	〃 長生郡長柄町金谷	宮大工	―	妻	柱を短く切る。	あて木の飾り。	○		五色の旗先に櫛などを飾る由来。
43	〃 我孫子市根戸新田	棟梁	―	妻	柱を短く切る。	ます形・肘木	○		女の化粧道具・弓を飾る由来。
44	〃 君津市俵田		白山神社	妻	柱を短く切る。	肘木	○		

45	〃 君津郡袖ケ浦町	漁師徳兵衛	―	妻	（帆柱）	帆を教える。	／		船神様（女の道具・髪・人形）の由来。
46	東京都青梅市	棟梁	―	妻		欠点を教える。	／		女の髪道具を飾る由来。
47	神奈川県津久井郡藤野町	大工	―	妻	柱を短く切る。	クシ形（ます形）	○		女の道具を飾る由来。
48	〃 川崎市稲田	棟梁	―	妻	柱を短く切る。	ほおずえ（ママ）の形（ます組）	自殺		（女房の霊が柱に移り家を守る）
49	山梨県（県内）	飛驒の工匠左甚五郎	寺	妻	柱を短く切る。	ます組	○		
50	〃 南都留郡秋山村寺下	江戸一番の棟梁	―	妻	柱を短く切る。	枡造り	○		女の道具を飾る由来。
51	〃 〃 道志村	唐より渡来の名工	法隆寺山門	娘・おりゅう	柱を短く切る。	櫛形の敷石	○		竜伏せの由来。
52	〃 南巨摩郡増穂町	聖徳太子オテイシ様	―	妻	柱を短く切る。	ハカマをはかせる。	／		神さんの柱に袴をはかせる由来。
53	静岡県御殿場市上小林	宮大工	（神社）	妻	柱を短く切る。	ます	○		女の道具を飾る由来。
54	〃 沼津市静浦口野	船大工	船	妻	柱を短く切る。	下に石を入れる。	／		船霊様に女の髪を神体とする由来。
55	〃 〃 内浦三津	大工	―	妻	柱を短く切る。	クシガタ（ます組）	／		女の化粧道具を飾る由来。
56	静岡県田方郡戸田村一色	大工（匠）	―	妻	柱を短く切る。	沓石をはかせる。	○		女の道具をまつる由来。
57	〃 浜松市西山町	飛驒の匠	―	妻	柱を短く切る。	斗（ます）	○		女の道具をまつる由来。
58	〃 賀茂郡東伊豆町稲取	棟梁	神社	妻	柱（ゴヘイ柱）を短く切る。	クミモノ（斗栱）	○		櫛・鏡・口紅などをあげる。
59	滋賀県甲賀郡信楽町	えらい大工	神社	妻	柱を短く切る。	下に支えを入れる。	○		妻の命日として寅・午・亥の日に棟上げしない。
60	和歌山県日高郡南部川村	大工	家	娘	柱を短く切る。	上に足し木をする。	○		オカメ・カナビキなど女の物を供える由来。

	伝承地	主人公	建造物	助力者	困難	助力方法（アイデア）	犠牲	祟り	（棟上げの由来譚）
61	京都市上京区	長井飛驒守高次	千本釈迦堂	妻・おかめ	柱を短く切る。	ます組	自殺		おかめ塚の由来（御幣・おかめ面を飾る）。
62	鳥取県八頭郡若桜町吉川	大工	—	妻・三隣亡	柱を短く切る。	ます組	○	○	三隣亡の由来。
63	長崎県下県郡厳原町阿連	名高い大工	—	妻	柱を短く切る。	ます組	○		ホタケサマの由来。
64	〃　〃　豊玉町仁位	左甚五郎	家						ホタケサマの由来。
65	〃　〃　美津島町	タケタノバンジョウ	家	妻・おたけ	家が締まらぬ。	角栓（楔）	○		ホタケサンの由来。
66	〃　上県郡上県町志多留	大工	家	妻・ほたけ	柱を短く切る。	柱を継ぎたす。	○		ホタケサマの由来。
67	〃　（対馬）	タケ丹波掾	—	妻・おたけ	家がゆるんでしまらぬ。	角栓をさす。	○		ホタケ神の由来。

表三（出典）

①『民間伝承』三―四、②『旧中川村の民俗』、③『秋田の大工職人』、④『四十三年度民俗採訪』、⑤斉藤寿胤『メメズのうた』復刊二号、⑥『陸前の伝説』、⑦～⑧『東北民俗資料集』三、⑨『女性と経験』二―六、⑩『民間伝承』三七の二及び筆者調査、⑪『伝承文化』第七号、⑫筆者調査、⑬『ふるさとの伝説東田川郡』、⑭『佐藤家の昔話』、⑮『東北民俗資料集』六、⑯『大栗・狸森の民俗』、⑰『五十一年度民俗採訪』、⑱『いわき市史・民俗』及び『いわき市鹿島地方の民俗』、⑲『西川の民俗』、⑳『五十三年度民俗採訪』、㉑『藪塚本町の民俗』、㉒～㉓『前橋市城南地区の民俗』、㉔『群馬県史・資料編』27、㉕『大間々町の民俗』、㉖『女性と経験』二―六、㉗『日本の民俗』10、群馬、㉘『三和町の民俗』、㉙～㉚（㉔と同じ）、㉛『大泉町誌・上巻』、㉜『高山村の民俗』、㉝『小山市史』、㉞『粕尾の民俗』、㉟筆者調査、㊱『浦和市史民俗編』、㊲『浦和市史調査報告』第九集、㊳『下戸田の民俗』、㊴『埼玉県入間郡東部地区の民俗―衣食住―』、㊵『郷土研究』二―九、㊶『民間伝承』四―三、㊷『長柄町の民俗』、㊸『房総の伝説』、㊹『千葉の伝説』、㊺『ふるさと千葉県の民話』、㊻『青梅市の民俗』、㊼～㊽『神奈川県史5　民俗』、㊾『続甲斐昔話集』、㊿『甲州秋山の民俗』、(51)『道志七里』、(52)筆者調査、(53)『富士東麓の民俗』、(54)～(58)筆者調査、(59)『伝統と現代』昭四六年六月、(60)『南部川の民俗』、(61)『民俗建築』32及び『大報恩寺千本釈迦堂おかめ塚由来』、(62)『女性と経験』二―六、(63)『対馬西岸阿連・志多留の民俗』、(64)『日本民間信仰論』、(65)『美津島町誌』、(66)（(63)に同じ）、(67)『旅と伝説』一〇―一二（以上のうち⑨、㉖、㊶、㊾、(51)、(62)は井之口章次氏「家と女性――建築儀礼の問題から――」でとりあげられたもの）。

前述のとおり上棟式の飾りの由来を説明するものが主で、その内容を細かくとらえて、化粧道具を入れる理由とか、女の髪を入れる理由として語られる場合もある。また上棟式に立てるヒゴシとかヒグシと呼ばれる柱や、竜柱の由来譚とする所もあるが、結局この柱に女の持物を飾るので、その由来を語るものと同じことになるだろう。若干異なるのは、棟上げをする日どりについての説明譚になっていたり竜伏せと呼ばれる建築儀礼の説明譚として語られていたりする例と、対馬のホタケ様（ホタケ神）の由来譚となっている場合である。しかし、いずれも説話としてはひとつのものである。なお船神様の由来譚として、あるいは船霊様に女の髪を入れる理由として語られる例も注目される。

　ここではその一つ一つを検討する余裕がないので、全体的に概要をとらえておきたい。

　まず話の主人公は、単に大工とか、ある棟梁とする例もあるが、とくに腕のいい、名棟梁といったり、飛驒の匠、飛驒の匠守、飛驒の甚五郎あるいは左甚五郎とする所が各地に見られる。唐より渡来の名工とする山梨県道志村の例は、飛驒の匠にかかわる別の伝説にも類似しており、京都の千本釈迦堂の話では大工の名は長井飛驒守高次、秋田市の例では飛驒の匠二代目墨縄といって、それぞれ飛驒の匠ではあるが、甚五郎ではない例もあることを教えている。青森県八戸のタイシサマ、山梨県増穂町のオテイシサンのごとく、聖徳太子を思わせる例は大工の祖神信仰と重なり合って有り得べき変形である。対馬にはホタケ様という家の神様の由来譚として、同様の話が伝わっていて、主人公としては、「ある大工」、「左甚五郎」と並んで「タケ丹波掾（たんばのじょう）」という名が見える。これも前述の河童起源譚に登場する「竹田番匠」の変形に違いない。

　以上が主人公の大工についての各地の状況である。いずれにしても、これが優秀な大工であることが強調される点が大切だろう。

　次に大工が陥る困難であるが、ほとんどの例が、大切な柱を短く切りそこねるという話になっている。その柱をとくに来迎柱、後拝の柱、長者柱、門の柱という風に指定している例もある。また例は少ないが、屋根の作り方や、家のゆるみ、雨漏りの防ぎ方などで困るという例もある。

とにかく、弘法も筆の誤り、名棟梁としては考えもつかない失敗をし、困難を極めていることがここで強調される。

そこで、大工を助ける役として女人が登場する。これは妻の場合と娘の場合とがあるが、いずれにしても女性であることが重要だ。この女人に名のある例があり、「おみつ」、「おたけ」、「かるこ」、「おかめ」などがあり、群馬県と山梨県に例のある「おりゅう」の名は、竜柱や竜伏せの儀礼と関連づけて語られている。この「おりゅう」の名は、歌舞伎にもなっている説話「三十三間堂棟由来」に登場する「柳の精」の化身で木挽（大工）の女房となる「お柳」にも共通する名であり、説話の中での役割も、ここで問題にしている大工の女人犠牲譚の場合と非常によく似ている。

さて、この女人が、困難に出遭った大工に与える助力の内容に注目してみよう。短く切りそこねた柱に対して、柱の上に、いわゆる枡形とか枡組あるいは斗栱（斗と栱）と呼ばれる組物を入れるアイデアを授ける例が多い。他には梁・虹梁・束柱をのせたり、沓石（屑石・化粧石）・袴などを柱の下に入れたり、角柱を差し込んだという例もある。

こうした女房や娘の知恵によって大工は困難を切りぬけ、むしろその工夫によって称賛される。ところがこれが女の知恵によって助けられたことが知れるのを恐れて、この女人を殺してしまうという犠牲譚になっているものがほとんどである。中には病にたおれるとか、自殺するという例もある。この女人犠牲のモチーフを伴わない例もあるが、調査者の聞き落としはともかくとして、伝承者の間に、そんな理不尽な、残酷な話があってよいものかというような判断が入って削られることもあったのではないかと想像する。しかし、このモチーフこそ、この説話の中心になるところと考えられるのである。そして、最後に、この死んだ女人の霊が祟って、その後の建築に支障をきたすという内容が続くのが、この説話の完結した構成ではないかと思われる。

たとえば、その後の建前の度に祟りがあったという例（㉕、㉛）や、その亡霊がまをなすと説明したり（㉛）、大工が女房の亡霊に悩まされる（⑭、㉑）という。さらに具体的に、家を建てても、どこかに必ずまちがいができる（⑧、㉔）、何を建てても倒れる（62）、突風が吹き棟上げができない（③）という支障がある場合、そして遂には、棟上げのたびに幽霊が出る、化け物が出る（⑨、㉞）、亡霊になった妻があらわれたり、首が飛んできたり（⑬）して仕事ができなくなるのである。

助力をしてくれた女人をあえて殺してしまうこの説話の持つ意味は、結果としてこの最後の部分に集約されているのではないかと思われる。

五　二説話の比較

	女人犠牲譚	河童起源譚
主人公	大工	大工
困難	柱を短くきりそこねる	日数や人夫が足りない
助力者	女房（娘）	人形
しうち	殺す	捨てる
祟り	建築に支障	人の尻子をとる

ここでこの稿の目的である二つの説話の比較に及んでみたい。

まず第一の説話。飛騨の匠や左甚五郎あるいは竹田番匠などといった腕の立つ大工が、寺や宮などの大事な建物を請け負う。ところが工期もせまり、人夫も足りないといった困難な条件に出遭う。この大工は人形を作ってこれに手伝わせる。この助力により工事は無事完成するが、完成してしまうと、人形は頭を叩かれ、川に捨てられ、それが河童になって人の尻をとるようになったという話である。

一方、第二の説話。飛騨の匠や左甚五郎あるいは竹田番匠などといった腕の立つ大工が、こともあろうに大事な建物の大事な柱を短く切りそこねた。この困難に大工の女房（娘）が知恵を授ける。この助力により工事は無事完成するが、女房（娘）に助けられては大工の恥と、その女人は殺されてしまい、それが亡霊となってその後の建築を妨げるようになった。それで必ず棟上げにはその女人を祀るようになったという話である。

こうして二つの説話を比較すると、両方の基本的な構造は次のように一致する。

①腕のいい大工が建築に際し困難な事態に出遭う。

②これを助力するものがある。

③建築は無事完成するが、大工はその助力者を殺すか、見捨てる。

④以後、その祟りがある。

これをそれぞれの要素について対比すると前ページの表のようになるだろう。

こうしてみると、大工の助力をする女人と人形とは、話の構造の中で同等の位置付けで語られていることがわかる。大工の仕事を助け、しかし捨てられ、そのことによって祟るために大工がその後も祀ることになった霊。大工の女房（娘）や人形は、その祀られる対象を具体化したものだったと言えまいか。

大工の女人犠牲譚の方は建築儀礼の説明譚であることは事実である。しかも儀礼に祀られる人形が現存し、その説明譚ともなっている。一方、河童起源譚（大工を助けた藁人形の話）の方は、建築儀礼の説明譚としては、機能してはいないようであるが、その構造が前者と一致し、要素にも共通した対応が認められるから、同じ主旨を伝える説話とみなされる。したがってこの背景に建築儀礼があると考えうるという結論に達するのである。つまり大工が儀礼として人形を作ったことが、この説話の背後にあることを伝えており、その意図をも暗示していると言えるのではないか。

では、そこで大工が人形を作ったのは何のためであったのか。それは、建築儀礼で（とくに棟上げに）祀られるべき神霊のためであることは、まず間違いない。その神霊の性格をとらえるためには、まさに先述の大工の女人犠牲譚をもう一度検討しなければなるまい。

六　家屋空間と霊魂

大工が妻や娘を殺す話（大工の女人犠牲譚）の内容と問題点については、先述の井之口章次氏の論考が、すでに整理を行っているので、ここから議論を進めさせていただこうと思う。その論旨を筆者なりに要約してみる。

①この話では、建築儀礼とその由来が語られている。
②この話の伝播者は大工だろう。
③建築儀礼の道具立て（とくに棟上げにおける機道具・化粧道具などの女の持ち物）は全国的なものである。
④こうした建築儀礼の道具立てが先にあって、この話は後から行事の解説の形で結びついてきたものである。
⑤女人が犠牲になるこの話からただちに人身御供を連想するのは適切ではない。
⑥儀礼の道具立てに女性にかかわるものがあるのは、元来、棟上げの祭りが女性によって行われていたことを示す。そしてその女性はその家の主婦だった。この古い感覚が伝承・記憶されていたからこそ、この話が由来譚として結びついたのだ。

およそ以上が骨子だろう。このうち①から⑤までは、その後の事例を検討しても、大筋で異論のないところだろう。ただ①では建築儀礼以外に九州対馬のホタケ神の由来譚のような例が出てきたことは先にも示したとおりである。②では、同じ大工でも、話の内容にあるような高等な建築技術を持ち伝えてきた宮大工の系譜とこの話の伝承がより密接ではないかと考えられる。またなかには船大工にも類似した話を伝える例があったのが興味深い。

③は、筆者の要約に限定していえば、ほぼこのように考えてよいと思われるが、厳密には建築儀礼の道具立ての内容の全国的な傾向は必ずしも明らかになってはいない。そしてこの説話が具体的にどの道具立ての由来を語っているかは、いろいろ変化がみられたのである。儀礼の道具立てが先行し、この説話はその解説の形で結びついたという見方は賛成だが、儀礼の本来の意図が失われて後に結びついたのだという風には筆者は考えない。儀礼の道具立てが、儀礼の意図を具体的に示すために用いられるのと並行して、この説話も建築儀礼、とくに棟上げ祝いの主旨を象徴的に物語っているに違いないと考えるのである。ここでは棟上げ（そしてこれを中心とする建築儀礼全体）の主旨が問われなくてはならない。そのことをこの説話はわれわれに暗示しているのではないか。「棟上げの祝は、新しい家を造り始めるに当って、神を祀り、神の加護を得ようとする、厳粛な祭り」であるという解釈はそのとおりだろうと考えるが、問題はそこで祀られる神の性格が問われるべきだということである。人々が家を建てる時に祀らなくてはならなかった対象をどのようにとらえていたか。本来の意図をあからさまに表現するのではなく、その意図を巧みに織り込んでつくられたのが、儀礼とその道具立てを解説した説話ではなかったか。

そう考えると、この説話にある女人犠牲のモチーフは正面から検討しなくてはならない。「暗い話の印象」こそ重要ではないか。確かにこれをただちに人身御供・人柱伝説などに結びつけて考えることに筆者も賛成できない。昔、大工が本当に女房や娘を殺した事件があったかどうかという穿鑿は無用である。しかし、女人の犠牲のモチーフ、そしてその亡霊の祟りを語る部分は、この説話の本質に関わることではないかと思う。

そこで最後の⑥に示したような、この説話から、棟上げの本来の祭祀者が女性（しかもその家の主婦）であったのではないかという説を批判しておきたい。この考え方は、機織淵の伝説における女人の役割についての柳田国男氏の解釈や、船霊信仰の祭祀にフナダマササギと呼ばれる女子が関与することと供物に女の髪や化粧道具がかかわることから、船霊も本来は女性が祀ったものとする考え方などが連想される。しかし、供物に女性にかかわる要素があるということだけを根拠に、かつては女性が祭祀者だったとすることには論理に飛躍がある。少なくともこの解釈に至るまでに、建築儀礼における女性祭祀の具体的な役割の例を示さなくてはならないのではないか。しかし従来、上棟式などにおける女性の役割など、ほとんど問題にされてこなかった。供物や飾り物に女性にかかわるものが重視されているということは、事実である。しかし、これは「女性が祀る」ことの証拠というよりも、「女性を祀る」ことを示すと考えた方がわかりよい。この説話は、男性の大工が女性の女房や娘を祀った話になっており、棟上げには女性が祭祀をしたというよりも、女性が祀られたことを語っているのである。このように、説話の内容を素直にうけとってみることがまず重要ではないだろうか。

では、なぜ女性が祀られなくてはならなかったのか。しかもその女性は殺されているのである。結論を急ぐと、棟上げの儀礼の目的が、このような非常に祟りやすい、恐ろしい霊魂ではなかったかと考える。この祭祀対象の恐ろしさを強調するがために、あえて、これを殺された女人のイメージとして設定したのがこの説話ではなかったかと思うのである。新しい家を建てるということは、新たな空間を人間が設定することである。ここに人が住もうとするのだけれども、このうつろな場所に、人間よりも先に入り込もうとする霊魂（またはある種の精霊）がいると考えたのに違いない。それは人間にとって歓迎せざるべき性質のものであった。そのようなものの存在を信じたからこそ、棟上げ直後とか屋根葺き直後にその空間をカラのままで置くことを避けて、家の主人が（あるいは夫婦が）莚でも敷いて仮に一泊するとか、そうできなければ蓑笠だけでも吊るしておくなどのフキゴモリの習慣が各地にみられるのである。

棟上げはこのような霊魂をあつく鎮め祀り、これを逆に家屋の守護神とみなして祀りあげる儀礼ではなかったか。そう考えると棟上げに飾られる幣串や仮柱はそのような霊魂の依り代であるといえるし、そこに祀られる人形も、それをより具体的に形に示したものだと解釈できる。仮柱・幣串は、棟上げが終わると棟梁送りと称して棟梁とともに、新しい家からは送り出される。これはあたかも虫送りや病送りなどの神送りを思わせるものである。人形も棟梁の家へ持ち去られる場合もあるが、棟にまつり込められる場合もある。ここに鎮め祀られていれば、他の邪悪な霊魂の侵入を防ぐことができると考えられたのだろう。これが静かにおさまっていてくれればよいが、夜になって出て来たりするというのが、座敷童子と意識される場合があったり、この霊魂が去ることでその家の盛衰が左右されたりすると考えられる場合もあったのだろう。死者の霊魂が四十九日の間屋根棟に留まるとか、屋根の上から瓦などをはいで棟の中に魂呼ばいをするとか、伊勢詣りの間は屋根替えをしないということなどは、屋根という空間と霊魂との関係で、再検討したい点である。さらに建築儀礼における地祭り・石据え・木魂送り等の意味、造船儀礼における山の神おろしの意義も合わせて論じなくてはならない課題だ。

さて、このように二つの説話を建築にかかわる霊魂の問題としてとらえてみると、実は、ほかにも大へん緊密な類縁関係にあると思われる説話が浮かびあがってくる。ここではその題目だけを示しておこう。

（一）大工と人形（河童起源譚）
（二）大工と女人（大工の女人犠牲譚）
（三）大工と柳の精・木魂（三十三間堂棟由来）
（四）大工と天邪鬼（橋杭岩の由来）

（五）大工と鬼六（大工と橋）

これらの説話を一つ一つ比較すると、お互いに実によくからまった関係にあることがわかって来る。そして大工との対応関係（相手役）で登場する人形・女人・柳の精・木魂・天邪鬼・鬼六などの性格を通して、建築にかかわる霊魂のとらえ方がより明確になってくると考えられるのである。

結びにかえて——屋根葺きの人形——

屋根葺きの祝いに人形を作る例が神奈川県内にあることを知った。[17] そのひとつは田中宣一氏の報告によるもので「足柄下郡箱根町宮城野では、屋根の葺きかえの時、男女二体の等身大の人形を作って（男の人形には大根で、女の人形には人参で作った性器をつける）、入口に吊り下げ、その下で餅を搗く。その餅は立杵で搗くが、その時に次のような唄を歌う」とその詞章を紹介されている。短い報文ではあるが、筆者としては建築儀礼にかかわる人形の存在を追究していた折に、この事例に出会えたことは幸運だった。しかもこの例は大工ではなく、屋根葺き職人にかかわる伝承の例があった可能性を示唆している。

さっそく宮城野を訪ねてみた。この報告より十年余を経過しており、当時の話者はすでに故人となられ、確認作業はできないかと危ぶまれた。しかし幸い次のようなことを覚えておられた方に出会えた。[18]

「カヤ葺きの屋根の時代には、葺き終わったあとの祝いに人形を作ったことがある。自分が子供の自分（十歳ころ、明治末年）に見たのが最後だった。新築の家に屋根を葺いた時にだけ作ったもののようで、その後、普通の屋根替えはたびたびあったが、人形は作らなかった。人形は屋根に使うカヤで作る。丈はカヤの寸法だから一メートル余り、胴の太さは四十センチくらいか。手足は作るが、カヤの束を組合せただけの簡単なもので、屋根屋さんが屋根葺き用のハサミできざんで形を整える程度のものだった。顔も特別に表現しない。

ただ男女のしるしが、男は大根、女は人参で作って差し込んであった。屋根が葺き終わる頃には人形もできあがっていて、これを家の入口の軒に外を向けて並べて吊り下げた。そしてその下で『ションガナイ節』をうたいながら餅を搗いた。搗き終えると『ヤヅクリ唄』をうたい、餅を食べて祝った。また里芋のデンガクも食べたが、餅とデンガクは棟上げにも食べた。人形は手のとどくほどの高さに吊ってあったから、男女を向かい合わせにくっつけたりして騒いだが、それは意味があってやっていたのか、必ずそうすることになっていたのか、子供の頃の記憶なので解らない。人形をそのあとどうするのかも知らない。屋根葺きの職人は、御殿場（印野など）や山中湖の忍村（忍野）からおもに来ていた。親方が二、三人の職人を連れてきて、あとの労力はムラの人が出て手伝った」。

以上であるが、不明だった人形の素材や形状、作り手のことなどが明らかになった。男女の人形に交接のような動作をさせることがあったらしいことは注目される。しかし儀礼として必ず行われるべき行為だったかどうかは話者も言うとおり判断し兼ねるが、男女の性器をあえて人形に表現している心意とはひとつのものと考えてよい。

ともかく、屋根葺きの儀礼に人形が伴う実例が出てきたこと、しかも、東北の棟上げの雛とは違って、カヤを素材にした人形であったことも注目に値する。このような人形もあったのである。

埼玉県桶川市で発見された屋根裏の藁人形の性格は、未だ明確にはできないが、以上のようなことから、建築儀礼にかかわる人形であった可能性は示せたと思う[19]。

注

（1）栃原嗣雄氏（埼玉）教示。地元では坂巻紀氏ら市教育委員会の方々、町田家の皆さんのご協力を得て調査できた。

（2）拙稿「わら人形を訪ねて——人形道祖神試論——」（『あるくみるきく』一四四号）昭和五十四年、同「小正月の人形」（『日本常民文化研究所調査報告1』所収）昭和五十三年、同「人形の葬式」（『西郊民俗』第八三号所収）昭和五十三年、同「人形送り」（『講座日本の民俗・年中行事』所収）昭和五十三年。

（3）話者、町田ぎんさん（明治二十八年生）、ぎんさんが嫁に来た当時（二十歳）に、七十二歳だった亀吉翁の話。なお、人形は母屋の座敷の部分の吊天井の裏に置かれていた。

（4）柳沢、杉浦緋水氏による（昭和五十七年六月調べ）。

（5）白田、横山照蔵氏（明治三十九年生）による。山本和一氏（明治三十七年生）も類似した話を覚えておられた（昭和五十七年三月調べ）。

（6）鈴木暹『伊豆昔話集』、昭和五十四年、岩崎美術社、なお、この例にある「竹田の万丈」は後述の例にもあるとおり「竹田番匠」のことに違いない。ただしこの例は今のところその東端の例である。竹田は九州大分県の竹田のことらしい。またこの大工のことは古くから有名だったようで、静岡県内では田遊びの詞章の家ほめの部分などに、飛騨の匠とともに登場する。

（7）石川純一郎『河童の世界』昭和四十九年、時事通信社。

（8）若尾五雄「河童の荒魂」（『近畿民俗』五六）昭和四十七年。

（9）鶴岡市苗津、剣持猛雄氏、昭和五十六年九月訪。

（10）清川、斎藤耕治氏宅（屋号伝兵衛）、ちなみにこの床の間には山神の掛軸がかけられていた。昭和五十二年一月三日訪。

（11）遠野市綾織町日影字新里、西風館拳（ならいだてちから）氏宅。昭和五十七年九月十三、四日訪。

（12）遠野市中町、鶴屋玩具店。幟は別にして一セット二千円余。人形は神奈川県箱根製、その他は名古屋製という。

（13）秋田市豊岩豊巻字大目沢、佐々木逸也氏（大工職・藤吉郎孫）、昭和五十七年一月。

（14）未婚のまま亡くなった青年の仮祝言をあげ供養する例は、山形県山寺の「ムカサリ絵馬」や人形に類例がある。

（15）東洋大学民俗研究会『上小阿仁の民俗』昭和五十五年。

（16）戸田市史編さん室『下戸田の民俗』昭和五十五年。

（17）小川直之氏より田中宣一氏の論文「宮城野のやねづくり唄」（『民俗』七七号、昭和四十五年八月）について教示を得、田中氏からは宮城野の伝承者について教示をいただいた。また茅ケ崎の平野文明氏からは、茅ケ崎市小和田で、かつて屋根に藁人形を入れたという話を聞いたことがあるという教示が得られた。

(18) 宮城野、勝俣信保氏(明治三十四年生)。以下の話とは別に、棟上げの時に、宮城野ではワラ縄で男根形をつくり、大黒柱の上(屋根裏)に縛りつける風があったといい、勝俣氏宅にも黒く煤けたものが現存している。長さ約三十センチメートル。縄を玉に巻いて添えてある。

(19) その後、滋賀県近江八幡市の旧商家の棟から、文化十二年銘の祈念文と紙の人形・幣などの入った箱が発見されたことを文化庁の木下忠氏より教示を得、また京都府久世郡久御山町の寺院の庫裏の屋根裏から等身大の藁人形一体が見つかったことを赤田光男氏より教示を得た。詳細の報告されるのが心待ちされる。今後このような例が追加されることが期待される。

付記

本稿は筆者が日本民俗学会に初めて発表した論考です。問題にした二説話のうち「大工の女人犠牲譚」は、大工の職能と結びつき、具体的な建築儀礼と人形などの道具立ての説明譚であることが特徴で、その主旨に大工の信仰が「反映」していることが議論のポイントです。一方、「大工を助けた藁人形(河童起源譚)」も特にすぐれた社寺など建築物の由来譚として語られており、モチーフとしては神格化された大工と人形の関わりが注目されます。ふたつのよく似た説話の「構成要素」を素朴に比較して、「構造」も「要素」も対応するので同じ主旨に出た説話だと単純に決めつけた辺りが、「構造主義」の学徒から厳しく批判されました。ただ、これらの説話を集成して議論の俎上にのせたこと、説話のモチーフに儀礼内容とその道具立ての影響が見られることを具体的に指摘したことは、「単純な反映論」だと批判されたとしても、問題提起の意義は失われていないと思っています。また本稿は「河童起源譚」を扱ったことで、しばしば諸氏の「河童論」の中で引用されましたが、本稿自体は「河童」を「河童論」の文脈では論じていません。ここで示せたのは「河童」像を見るための一視点にすぎないと考えています。民俗伝承の多様性は本質的に一元的には論じられないものだと認識しています。

妖怪の交響楽（シンフォニー）——奄美・加計呂麻島における妖怪譚の構造分析試論——

川田牧人

一　はじめに

奄美地方にはケンムンと呼ばれる妖怪がしばしば民譚に登場する。人が得体の知れない怪異現象に遭遇するとそれがケンムンの仕業として語られ、ケンムンに関するさまざまな伝承（以下ケンムン譚と記述する）は、奄美地方で現在でも頻繁に聞かれる代表的な妖怪譚である。ケンムン譚は、奄美地方の怪異観全体に関わっているといっても過言ではない。

ケンムンとは、体中毛むくじゃらで、頭が皿のように禿げており、ガジマルやオホギなどの樹木に住み、いつもそれらの木の枝に膝を立ててすわっている、等々の外見的諸特徴をもって語られる妖怪である。その能力的特徴をも加えると、ケンムンは河童によく似た妖怪であることがわかる。たとえば恵原義盛は、ケンムンが河童に似ている点として〝①頭に水を湛える皿があり、その水を無くすると力が抜けて神通力を失うということ、②人を水中に引き込んで尻っこを取るということ、③人に逢うと相撲を挑んでくること〟(1)をあげている。これに対してケンムンが河童と異なっているのは〝①河童は水中に居るのが常態で、陸に上るのは特別の場合であるのに対しケンムンはガジマル（榕樹）などの樹上や岩の上など、とにかく陸上に居るのが常態で、水に入るのは稀であること。②河童は背面が鱗で覆われているか、亀の甲羅の様であるかであるに対し、ケンムンは全身が猿のように毛で覆われていることになっている[2]〟などの点である。

このようなケンムンの特徴は、ケンムン譚の二つの分析視点のひとつを喚起させる。それはケンムンの諸特徴に河童との相同性を見出して山の神に通ずる、といった系譜論で捉えようとする立場である。膨大な奄美の民俗学、文化人類学の研究史においてケンムンを主題としたものは極めて少ないが、その数少ない先行研究にはこの視点を持ち込んだものが多い。たとえば金久正の一つ目小僧系統説[3]、田畑英勝のマブリ（霊魂）起源説[4]、小野重朗の山の神変遷説[5]などは代表的である。

これに対し、ひとつの民俗社会内での完結した説明によってケンムン譚を捉えようとする視点が考えられる。この視点は、ケンムン譚の形式性は何に起因するのか、という問題から引き出されるものである。一見現象追随的で無規則のように語られるケンムン譚は、その生成過程において何らかの論理構造が働いてはいないだろうか。そのような論理構造が想定できるとすれば、それは奄美地方における他の文化事象とどのような関係があるのだろうか。このような問題を明らかにするために本論で展開するのは、個々のケンムン譚の集積から明らかになるその構造と、それが奄美民俗文化の諸事象と密接に関連している様相である。

このような目的を達成するため、本論はケンムン譚だけの記述、分析にはとどまらない。むしろ先ず述べられるのは生業活動や神観念、動物をめぐる民俗などであり、これらの中に見出される相補的対立二項がケンムン譚というひとつの文化事象に並列的に構造化される様相を次に述べてゆき、最終的にはケンムン譚の論理構造に奄美民俗文化の諸事象が総合的に内包されるコスモロジカルな論拠について試論を展開させてゆ

くことにする。(6)

二　ケンムン譚の民俗的背景

1　海と山に生きる人々

奄美・加計呂麻島の人々の生活は、海から山に至るあらゆる環境条件を背景として展開される。一年の生業活動、あるいは年中行事のサイクルにおいて海と山は交互にそれらの舞台となる。さらにそれらの総体を考えるならば、海と山の相補的対立は人々の生活に内在化され、刻印づけられていると言い得る。

先ず生業活動であるが、加計呂麻の主な生業は農業である。しかし平坦地が少ないため、この地方の耕地は山にまで及んでいる。さらに農閑期の夏期には海での漁業も行なわれ、一年を通してみると、加計呂麻の人々は彼らをとりまくあらゆる環境条件を生活の中にとりこみ、それを利用していることがわかる。

このことは先ず、耕地の名称に現れる。山中の樹木を切り倒して周囲から火をかけて作った焼畑はアラチバテへと呼ばれる。これが二〜三年経ったものはフルバテへと呼ばれる。これより集落に近く丘陵や狭間の地形を利用した畑は、その土地の形状や作物を付けて〇〇バテへと呼ばれる。たとえば傾斜地を利用して段々畑となった所はヒリャバテへであり、サトウキビを植える畑はウギバテへである。また少ない平坦地は水田として利用される場合が多いが、家の裏庭や浜の近くなどに作られる畑はアタリと呼ばれている。(7)

これらの耕地の名称の相違は、その耕作物や耕作時期の相違に対応しており、年間の生業活動を時間軸に沿って述べることによって加計呂麻島の人々の海から山にわたる生活が一層明らかになろう。

先ず旧暦二月から四月頃まではあらゆる作物の植えつけの時期である。サトウキビの収穫、製糖の作業にひきつづいて山のウギバテへではキビウエが行なわれる。株出しの場合、刈りとりの際、下葉を落とすシビハガシをしておくと旧三月中旬頃から新芽が出るが、新キビの場合はタネキビに根を出させておき、掘りおこした畑にキビウエグイという棒で穴をあけて植えていった。一般にキビの生長は新キビの場合に二〜四本であるのに対し、株出しの場合は三〜五本と効率がよい。

しかし同一の畑でサトウキビを連作し続けることは収量の低下を招くので、品種による差はあるが、二〜四年経つと次の一年は他の作物（主にサツマイモ）を植える。この輪作をケーテウエという。したがってこの時期にはウギバテへにおいて、新キビ植え、株出し、ケーテウエの三つの作業が並行して行なわれることになる。

ケーテウエでない本来のカラバテへのサツマイモの植えつけもこの時期に行なわれる。山中の畑でもサトウキビは風に倒されやすいので、カラバテへが多い。これは、ケーテウエの畑でイモのツルを四十〜五十センチ位伸ばし、それを移すという作業である。またサトイモは、植えつけの時期としては正月前と製糖後とがあるが、後者の方が味がよいので、やはりこの時期に植えつけられることが多い。

以上の労働が同時並行的に行なわれ、さらに後述する黒糖製造がこれらの労働の直前に行なわれるため、正月明けから三月頃までは山での農業は多忙をきわめる。このためこの期間はヤドリッグァと呼ばれる山の掘立小屋で生活し、時折シマ（部落）におりて来てはその日のうちに再び山にもどる、といった生活をする人が多い。この時期は、労働における「山の時期」と言えよう。

山での生活が終わった旧三月頃から六月末までは主に水田耕作の時期である。前年の旧十月頃に種オロシしておいたものを植えるのが旧三月初旬であり、台風が来る前の旧六月中に稲刈りが行なわれる。部落全体が刈り終わると餅を作って祝った。

夏期はサトウキビやイモ類の伸長期であり、畑に入る必要がない。海の生活たる漁業が行なわれるのは、

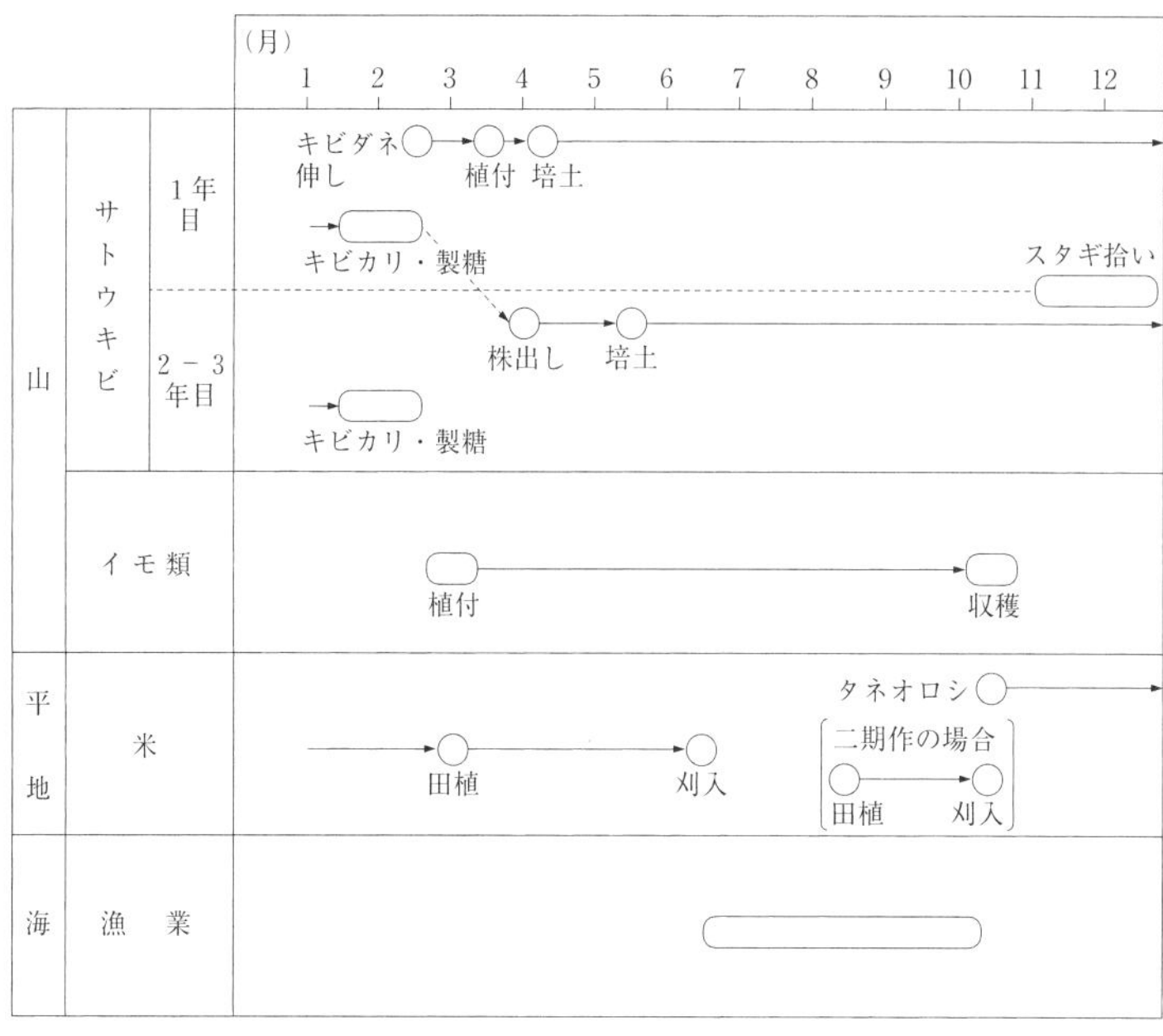

表1　加計呂麻の生業サイクル

この農閑期である。個人的な漁は年間を通じて可能だが、組合を結成しての部落ぐるみの漁業は夏期のみである。漁法には網によるものと一本釣りによるものがあったが、どちらも漁業組合を主体としたものであった。前者の場合、網を共同で所有するオヤミ漁、クスクアミ漁、モロ漁、などが行なわれていた。後者の場合はオヤカタといわれる船主の船を組合が借りてカツオ漁をするのが代表的である。このカツオ漁の漁獲は多く、部落によってはひと夏で二万匹は獲れた。このためカツオ製造（カツオぶし加工）も多忙をきわめ、漁に出ない人でも製造小屋につめるので、夏期には海に関係した労働で稼ぐことになるわけである。前述「山の時期」に対して、労働における「海の時期」と称し得るのが夏期である。

旧十、十一月になるとイモ類の収穫が行なわれ、生活は再び山を中心としたものになる。特に正月前のスタギ拾い（薪拾い）において、この傾向は強まってゆく。

年が明けて小正月が過ぎると、年間最大の労働である黒糖製造が行なわれる。ウギタオシ（刈りとり）の後、製糖小屋に運び圧搾する。かつては畜力による圧搾で、馬は牛の約四倍（一日働かして百五十斤）の労働量なので重宝された。圧搾したサトウ汁は容積五〜六斗のスタナベで三時間半煮つめて固形化する。一回につき二十五〜三十斤の黒糖ができる。二反の畑から約千五百斤程の生産があるので、製糖小屋に寝泊りしてのこの作業が約一ヶ月続く。その後出荷が終わると旧二月の植えつけ期となっている。したがって前述のように、ほとんどの農家では連続して山で暮らすことになるわけである。

これらの年間の生業活動を表一のように整理すると、ある季節の主要な生業の場が明確になる。つまり旧暦十一月から四月初旬にかけては山に労働が集中するのに対し、六月半ばから九月までは労働は海を中心としている。生業活動における海と山はそれぞれ特定の季節に集中的に出現し、海と山とを往復する人々の年間の生活のリズムを作り出している。

この生活のリズム（海と山との往還）と年中行事との対応関係には興味深いものがある。ここでは個々の儀礼の詳述は紙数の都合上できないが、年中行事もやはり一定のリズムを持っており、それが生業活動のリズムと呼応して、海と山という相補的対立を人々の生活に内在化させている様相が理解できる。

先ず、加計呂麻の主要な年中行事は表二のように整理できる。個々の儀礼には海もしくは山を指向する行為が見られ[8]、それは最下欄に示した。たとえばカミムカエやカミオホリは海の彼方からやって来るリュウグウノカミに対する祭りであり、サンガツサンチやウマネアソビ、ゴガツゴンチには実際浜に下りる。一方、アラホバナ以後の神祭りはオボツノカミに対する祭りであり、クガツクンチにはオボツ山に詣でる。このように各儀礼には、観念や行動から海もしくは山に対する指向性が読みとれるわけである。また年中行事には

行事名	月日（旧）	参加者（単位）	内容の概略	指向
正月	一月一日～一月十五日	主に家	ヤーマワリ、サクムケー、三日スク、五日スク、ホンドコノゾキ、小正月	一
カミムカエ	二月初壬の日	神役	浜にあるトネヤでリュウグウノカミを迎える	海
サンガツサンチ	三月三日	家族	ユリとヨモギを軒にさす。浜におりて一日あそぶ	海
ウマネアソビ	四月初午の日	家族	ハマオリ、ムシカラシ。家で火をたいてはいけない	海
カミオホリ	四月初壬の日	神役	トネヤから浜へ、リュウグウノカミを送り出す	海
ゴガツゴンチ	五月五日	家族	ショウブとモモを軒に出す。浜におりて一日あそぶ	海
ウチキヘイ	六月初戊の日	家族	実りかけた稲を三本刈ってきて、軒にさす。ウチキヘイウバンを食す	一
アラホバナ オホンメ	六月初戊（壬） その後の庚（甲）	神役	山に近いアシャゲで稲を七本とって、オボツノカミに供える	山
ミナクチ	七月初壬の日	神役 村人	アシャゲに作物を持ちより収穫、感謝、その後、浜へ出て水浴び	山
盆	七月十三日～七月十五日	家族 親族	ボンムカエ、カゲゼン、オクリボン、ムルクイワイ（長寿祈願）	（山）
豊年祭	八月十五日	村	部落祭（収穫感謝）	一
アラセチ	八月初丙の日	村	火の神の祭り。八月踊りのはじめ	一
シバサシ	アラセチから七日目	親族 村	ススキを軒にさし、先祖供養。八月踊りのおわり	（山）
ドンガトモチ	シバサシ後の初甲子 ドンガから八日め	親族	どちらかの日に改葬	（山）
クガツクンチ	九月九日	村	オボツ山に登って部落の神のマツリ	山
タネオロシ	十月壬の日	家族	タネオロシウバンを食す	一
カネサル	十月庚申	村	山の神が下りてくる日、動物供養	山
フユンメ	十一月初庚の日	神役	山に近いアシャゲで、サトイモをオボツノカミに供える	山

表2　加計呂麻の主な年中行事一覧

死者、先祖儀礼を内容としてもつものもあり（盆、シバサシ、トモチ、ドンガ）、これらは一義的にはゴショ（他界）指向とも言えるが、たとえば墓所をヤマと称することなどから山中他界が想定でき、これらの儀礼を準山指向と捉えることが可能である。

年中行事をこのようにまとめると、次のような特徴があることがわかる。

(1)冬～春期の儀礼は家族・親族を単位としており、かつ海を指向したものが多い。

(2)夏～秋期の儀礼は村全体を単位としており、かつ山を指向したものが多い。

(3)年間を通してみると、冬～

春期の儀礼は海を指向しているのに対し夏〜秋期の儀礼は山を指向しており、これは一年の生業の場のパターンを逆立させたものである。

これらの特徴は、どのような根拠にもとづいているのだろうか。先ず冬から春の儀礼群の浜に下りるという行為が問題になるが、たとえばウマネアソビは〝ムシカラシ（虫枯し）の日であるといって、田や畑の害虫を獲り、川や海に持っていって流してもいた(9)〟といったことを考えあわせると、その農耕儀礼性が顕著になる。これらの儀礼は、稲の生育過程においてその生育の障壁となるものを除去するためのものである。これが海を指向するということは海が農耕の利益をもたらしてくれる本源と考えられていたからであり、また、農耕の利益が家の繁栄の範囲に終始するが故に儀礼は家族・親族の単位にとどまる。この儀礼群において社会はあくまでも個人主義的な様相を見せる。

しかしこのことは冬から春にかけて各家が農耕に勤しみ、特に製糖のため山中の小屋に散らばって生活しているためさしたる障害もないが、夏になり部落に集合して生活するようになると明らかに障害となる。これは共同労働を旨とする漁業活動において特に問題となるはずである。そこで、各家が個人主義的な関心に基づいて分離の方向に向かおうとする傾向を軌道修正し、部落を統合へ向かわせようとするのが夏から秋にかけて行なわれる儀礼群であると考えることができる。そしてその際、すそ野から頂へ一点に向かってつき上げている山、それも部落で一番高く天に向かっている山は部落の統合を想起させるに適合しているのである。

したがって年間の儀礼における指向性のサイクルは、生業活動と深く結びついていると言うことができる。冬から春の、山を中心とした農耕では個人による利益の追求がなされるため、儀礼は専らその成功を祈願するものとして機能し、そのような個人主義的繁栄を海に求めるものとなる。全く逆に、夏から秋の、海を舞台とした漁業においては部落全体が協力せねばならず、儀礼は部落の中心、統合を象徴する山を指向する。そして一年を通してみると、生業と儀礼は互いに逆立像を提示し、海と山という相補的対立を人々の生活に内在化させているのである。

2　畏れられる神と迎えられる神

加計呂麻島の人々は前述した多様な生活環境に応じた神々を想定して信仰生活を営んでいるが、その最も強い関心はやはり水平方向と垂直方向（海と山）に向けられている。先ず部落をとりまく山で最も高い山はオボツ山と呼ばれ、オボツノカミがいる所とされている。日常の生活においては、オボツ山から木を切り出したり薪を拾ったりすることはもちろん、立ち入ることさえ禁じられていた。一方海に対しては、リュウグウノカミの去来の指標となるような目立った岬や岩をタチガミと呼んで神聖視する。与路島にはカミオホリの時、神役たちが下りていってその上で踊るクモデという岩があり、そこを汚すと直ちに祟りがあると言われている。このように神は海と山に想定されていて、海の彼方には他界が想定されていて水平方向に現れる神は来訪神となるが、山はそれ自体が他界であると言うより他界との接点であり、そこに垂直方向に現れる神は現世と他界を往来する必要がないので、滞在神となって部落を守護する。(10)

自然景観に意味付与された聖地と並んで、人為的に造られた聖所も重要である。加計呂麻の聖所で最も代表的なのは、アシャゲとトネヤである。共にノロ神役の神祭の祭場であるが、その数については部落ごとの変差が激しく、一部落にアシャゲとトネヤが一つずつの場合、アシャゲ二つにトネヤが一つの場合、アシャゲ一つのみの場合、と多様である。(11)またどの祭場でどの神祭が行なわれるかも部落ごとに異なる。たとえば筆者が調査した嘉入部落は調査時にも神祭が行なわれていたが、アシャゲは浜近くと山のふもとの計二つ、トネヤは浜のアシャゲの近くにあるもの一つで、そのうちトネヤにおいてカミムカエ、カミオホリの二つの儀礼が行なわれ、アラホバナ、オホンメ、ミナクチ、フユンメの四つは山のアシャゲで行なわれていた。このような聖所の使いわけの他、前者の儀礼には魚の干物とショウチュウが供えられるのに対し、後者の儀礼にはミシャク[12]を供え干物は用いてはならない、などの供物の相違からも、海・山二方向への神の想定はきわめて明確である。

これらの神祭には、神々に対する態度や論理が現れる。以下に嘉入の神祭を述べながら、これらの観念が表出する様相をみてみよう。

嘉入のトネヤは浜近くに一つだけあり、戸口はアタリが出入りするもの、それ以外の参加者が出入りするもの、リュウグウノカミが出入りするもの[13]、の三つに区別されている。内部にはカマドを形どったものと神棚があり、それぞれヒニャハミガナシ、カミサマと呼ばれている。神祭の参加者はグジヌシ、イガミ、ハンニャガミ、アタリ、ウタハベニンジョであり、この他アラホバナ以下四回の神祭には隣の須子茂部落からノロガミを呼ぶ。アタリは部落の女性が二名ずつ一年間つとめる輪番制であり、ウタハベニンジョは六十五才以上の女性が参加する一種の年齢集団である。他の神役は母系的に継承する世襲制である。

カミムカエの儀礼としては、参加者が揃ったところでイガミがヒニャハミガナシに、グジヌシがカミサマに、それぞれ線香をあげて祈る。次に両者が場所を交替して同様に祈る。それが済むとリュウグウノカミが入って来るとされる戸口近くに膳を据え、全員で持ちよったごちそうを飲食する。以前は浜まで行ってリュウグウノカミをお供してくるものであったという。これに対しカミオホリは、儀礼の設定はカミムカエと同じであるが、現在でも浜まで行ってアダハ(ススキ)を振り、神を送り出す。

カミムカエとカミオホリが同一の神(リュウグウノカミ)に対する儀礼としてセットになっていることか

ら、互いに相反する神観念が浮かび上がって来る。カミムカエ儀礼では神の力を好ましいものとして迎え入れ、部落の繁栄を祈る。しかし一年中部落にその力が在ることは強大すぎるため危険なことである。カミオホリの際用いられるスキには「分離する」という象徴的機能が見られるが[14]、それを用いて神と人間を分離するのは、危険の蔓延を回避するためである。神の力は〝幸福は与えてくれるのだが、畏しいから早く去って貰いたい[15]〟ものなのだ。神に対する相反する観念とは、神を畏れ遠ざけようとする観念と、神を好ましいものとして迎え入れようとする観念である。

神の力は人間より強大であるため、その力からなるべくのがれ憚かろうとする時、加計呂麻の人々は「カミサマにマケルので」と説明する。これは神に人間の生命が吸いこまれてしまうようなことであるという。このような説明原理に基づいた儀礼行動が、リュウグウノカミに対してはカミオホリであることは既述した。一方のオボツノカミに対しては、オボツ山に対する日常の禁忌にもこの観念はみられるが、最も顕著に現れる儀礼はカネサルであろう。山からオボツノカミが網を使いに海へ降りてくると言われるこの日には、夕方には山から帰って夜は出歩いてはいけないとされる。またアタリが動物（ウシやブタ）を殺してその肉を各戸に配り、骨は部落の入り口につるした。ここにはオボツノカミを畏れ、それとの遭遇や部落への侵入を避ける観念があらわれている。このように神の強大な威力を畏れ憚かる観念は水平方向にも垂直方向にも見出される。これを仮に畏憚の観念と呼ぶことにする。

この畏憚の観念の対極にあって神に対する基本的な観念を成すもう一方に、仮に招迎と呼ぶ観念をあげることができる。これは神の持つ威力を望ましいものと考え、それを積極的にとり込もうとする観念である。リュウグウノカミに対する招迎の観念はカミムカエ儀礼に明確である。オボツノカミに対しては、アラホバナ、オホンメ、ミナクチ、フユンメの四つの神祭儀礼にこの観念がみられる。これら四つの儀礼には農作物が供物として供えられ、豊穣祈願や収穫感謝の意味がこめられている。また〝クン　カニュ　ヌ　ブラク　サカエラチ　タボレ（この嘉入の部落を栄えさせて下さい）〟と祈願することなどからも、招迎の観念は明らかであろう。

このように畏憚／招迎の相反する神観念が水平表象にも垂直表象にも見られる。この相反する神観念は次のような伝承にも明らかである。〝私のウッシュ（祖父）がカネサンの神にあった。……黒いカミギャナシ（神）が袖の広い着物を着けていた。……槍を持っている神が殺そうとしたが、白い衣をつけていた神が殺そうとしたが、白い衣をつけていた神がギス（人間）をかくして助けてやった。[16]〟加計呂麻島の対岸にある蘇刈部落ではこの話は、青い神と赤い神として語られている。[17] 考えるにこれはそれぞれの色自体に意味があるのではなく、黒／白または青／赤といった色のセットに顕著な対比を用いての、神の性格に相反するものが認められるということの表現方法であろう。色彩対比を借用しての神の性格の二分化とは、すなわち、畏憚の観念と招迎の観念の併存である。

3　動物をめぐる恩益と害悪

加計呂麻の人々の生活は自然や神々との交渉と同様に、動物との交渉にも濃密なものがある。ここに動物と言うのは野生種も家畜種も含むが、[18] 調査では個々の方名や俗信を明らかにし、その結果鳥綱と爬虫類へビ亜目にはほぼ種に一対一対応の形で方名が与えられており、またそれらについての俗信や民俗知識が卓越していることが確認できた。以下ではそのうち家畜とハブに関する事例について述べることにする。

一般的な家畜は先ずワー（ブタ）で、各家で少なくとも一頭は飼うものとされていた。ワーが身近であるというのは、ワンスイ（ブタ小屋）が屋敷内に設けられる点と人と同じものを食べる点から説明されている。

ワーは正月前には殺し、正月儀礼食に欠かせないものとなる。これを正月ワーと言う。ワーは殺して食べるために飼っているわけで、一頭しか飼わない家では一年以上同じブタを飼育することはない。これはワーが他の家畜と異なっている最も顕著な点である。これと対照的なのがウマである。ウマは製糖用のみ、つまり一年のうち約一ヶ月利用されるだけで、残りの期間は農耕に利用されることもない。このような非効率にかかわらずウマが重宝されることは、サトウキビの圧搾の際最もよく働く動物であり、ウマの借り代として黒糖を百斤製糖するにつき十三斤を持ち主に納めるとり決めがなされていたことからも察することができる。従って各家で一頭ずつ持っているわけでもなく、また食用になるということもなかった。ウシも重要な製糖の際の動力源であったが、その効率はウマの四分の一と言われ、よって製糖期以外の農耕期にも使用された。ウシ小屋は堆肥を入れたい耕地に転々と移動させることができるよう、可動式の簡素なつくりである。一般の農家で飼うのはメスであり、オスは種付用に部落で一頭しか飼わない。この種ウシは種付料を管理費として部落全体で養われるものであった。最後にヒンジャと呼ばれるヤギは自給の食用か商品として、五〜六頭から多い家では十二〜十三頭飼う家もあった。食用の場合、ワーのように定期につぶして食べるのではなく、クスリモノといって病気をして体が弱くなった時や冬場、寒さの上に製糖の激務に疲れた体をいやすために、四軒で集まって四本の足を一本ずつ分配して食べた。

以上が主な家畜の飼育法と利用の実際である。ウマとウシは動力として、ワーとヒンジャは食用である。このうちワーは塩づけにしておくと正月前に殺しても五月頃まではもつが、ヒンジャは一回で食べきってしまうので臨時の食用である。動力にせよ食用にせよ、人間の生活の実用面に恩益を与えていることは確かである。しかし家畜動物は実用面においてのみ恩益をもたらすものではない。それはこれらの家畜が儀礼食となる際の意味づけによって理解することができる。

儀礼に用いられる家畜動物はウシ、ワー、ヒンジャであり、種によって用いられる儀礼が異なる。まずウシはシマガタメと言って部落に火災が起こったり流行病がはやったりした時、部落で一頭殺して全員で食べた。先述のカネサルの際に殺されるのもウシであったとする報告もある。[20]しかし現在、カネサルに殺す家畜としてより多く聞かれたのはワーであった。これらの儀礼は小野重朗の言う防災儀礼[21]にあたり、供犠動物は災厄から防ぐという恩益を人間にもたらす。

ヒンジャはマブリワハシ儀礼に用いられる。これは人が死んで七日めに行なうもので、ユタの口寄せがその儀礼の中心をなす。この口寄せと並行して庭ではヒンジャが調理される。まず若い者が三人位でヒンジャを連れてきて、ススキでその頭をなでてからナタなどで打って殺す。それを浜へ持っていって丸焼きにする。帰りがけに石を三つ拾ってきて、それで庭に簡素なかまどを作り、次にそこで細かく切った肉を煮る。煮えたらグイ（竹串）に抜き、「テイッタ、テイッタ」（一本ずつだよ）と言いながら、集まった人々に配る。この儀礼は、人の死後七日めの忌明けにあたり忌中という儀礼的時間との境界にあたる。それ故に死霊が現世に接近する時でもあるので、それを再びゴショに立ち戻らせるためには〝死者の魂が旅する同じ路[22]〟を示さねばならず、それにヤギが供せられると言える。マブリワハシ儀礼における供犠動物は、現世と他界の秩序を維持もしくは回復するのに貢献しているのである。

このように家畜が特定の儀礼の儀礼食となり、儀礼的に恩益をもたらす場合もあるが、日常生活においては劣位におかれている。つまり家畜小屋の問題である。広く南島には東方聖視観が優越しているといわれるが、その実態は各部落が東西に開けているか南北に開けているか、また山と海の方位などによって多様である。したがって家畜小屋は必ずしも家屋の東側に建てることが禁じられているわけではない。家畜小屋はヤーノタヨリ（その家の都合）によって適宜に建てられるが、これにはその家の床の間の方角と深く関連したものがあると考えられる。人が床の間に面する時の視線の延長上に家畜小屋を建てることは、さらにその先にある神の世界への障壁となる。したがって家畜小屋は、床の間と同じ方位に建てられることはないのである。[23]このことから家畜動物は、神々に交わろうとする人間にとって、むしろそれを分断しようとする害悪を及ぼす存在と考えられていることがわかる。

家畜動物の第三象限に象徴的関係をもつ動物、すなわち実用面では害悪視されるが儀礼的には恩益視される動物の代表はハブである。ハブの管状の牙から出される血液神経毒の毒性は極めて高く、かまれ所が悪ければ即死すると言われている。特に人々の生活が山野に分け入って行なわれるものである点を想起すると、実生活におけるハブの害悪は看過することができない。このことはハブの出現や生態、撃退法などに関する豊富な知識を生み出す根拠となっている。たとえばハブは体が伸びている時は安全だが体をS字型に曲げている時は攻撃体勢であるということ、ハブは多湿な暗所に生息し光に弱いので夏の夜は必ず懐中電灯を持って歩くこと、などは長年の観察から生まれた知識である。またハブは一度のがすと三千里の彼方まで逃げるとか、ハブを殺すと四つ辻に埋めるといった俗信も、ハブの脅威を物語るものである。実際には、ハブを殺す方法よりもハブを避ける知識の方が重要となり、これにはたとえば、ハブは硫黄に弱いので匂いの似た卵の殻を家の四隅におく、山に入って仕事をする前には清めの塩を撒く、夜道を歩く時には少し歩くごとに十の印を地面に記す、などが聞かれる。

ハブよけの観念が最も鮮明に表出するのは、毎月初巳の日に行なわれるミニアスビである。この日はハブよけのため、畑仕事を休んで半日または全日家で過ごす。また「キューヤミニドヤ　ハリツキョチャ　イカンドヤ」などと言いあって、針仕事をすること、紬を織ることなどから髪をくしけずることまで、ハブを連想させる長いものに触れることも禁じられる。完全にハブから遠ざかった時間を類感呪術的に演出することで、ハブにあたらないようにする儀礼である。このような民俗を成り立たせているのは、ハブに対する害悪視の観念にほかならない。

ところが過剰の害悪は恩益に転換する。唯一人間の生死を左右する存在というハブの地位が象徴的意味づけをも逆立させ、生きながらにして神々と交信するという特別の位置におくのである。ハブに出会うことはモノシラセと言われ、その出現には何か意味のあるものだと考えられている。たとえばノロの継承を自覚したり、ユタの成巫の契機となったりするのはハブの出現である。一日に三回も四回もハブを見かけたり実際かまれたりすると、その人はユタなどに判断してもらい、特定の神を拝みはじめる。たとえば〝一九歳の時父が畠でハブにかまれた事があった。今考えると神の知らせであったと思っている[24]〟といった経緯である。

このような状況においてハブが神の使いと解釈されるのはなぜだろうか。それは、ハブの出現によって人は生命の不安定性を見るからである。ある女性は一日に何度もハブを見た時、自分がいつ死んでもおかしくないと思ったという。そこに神の世界が提示されると、それはひとつの救済への道、生命の無常を超克する方途となる。日常生活において祈禱という方法を用いて人間が神に語りかけることはできても、神が人間に語りかけることはできない。ハブは、人間と神との交信を相互作用とする契機をもたらすものであり、その点でハブは尊重されるものとなる。たとえばハブに対して「通っていらっしゃる」、「拝んだ」といった尊敬語を用いたり[25]、かつては〝庭先にハブを見かけたとき、今みたいにすぐに用心棒をふりあげて撲殺するのでなし、大声で人を呼ばわるのでなし、一心に「トートガナシ、トートガナシ……」と口のうちで唱え、ハブが姿を消すのを祈[26]〟ったという。このようなハブの尊重観念の中にも、神との交信を可能にするという恩益をもたらす側面があらわれている。

以上見てきたように、加計呂麻の動物観には種ごとに固定したものはみられず、特定の状況ごとに多様である。そしてその意味付与の状況は、家畜動物とハブではほぼ逆立した図式を提示していることがわかる。ただしこのような多義的な動物観の極性といったものを考えるならば、それは恩益と害悪という両極に集中して現出するという傾向を指摘することができる。

三　ケンムンの構造

1　語られる諸情報

ここではケンムン譚の構造分析を通して、その中に前述した加計呂麻島の民俗の事象が統一的に内在化している様相を述べることにする。ここで分析の対象とするケンムン譚とは、部落内や近隣部落の人がケンムンに出会ったとする具体的な伝承として、人々が集まると自由に話されるものである。また、人間の側におこった異常を解釈する原理としてケンムンと呼ばれる妖怪に言及する、一定の形式をもった伝承であるとも言える。

それではケンムンとはどのような妖怪であろうか。ケンムンの風貌・活動については報告も多いが[27]、それらを総合すると、ケンムンの一般的性格として次の諸点があげられる。㈠背格好は人間の子供位で、㈡全身は毛におおわれており、㈢頭は皿のように禿げ水が湛えられており、㈣力が強く相撲を好み、㈤いつもはガジマルやオホギに住んでいて、㈥すわると膝が頭より高くなる。これらの一般的性格にさらに話に応じて怪異な出来事が付与されて、ケンムン譚が語られることになる。このようなケンムンの諸性格は共同体の成員に共通して承認されており、共通のケンムン像を想起させる、という効果をもっている。人が話を聞いて、あのケンムンならそういうこともあるだろうと信じ、また他人に話すことのできる基盤を、ケンムン像は提供するのである[28]。

しかもこういったケンムン像のコード化は、ほかならぬケンムン譚によってなされるという点は注目に価する。つまり、上述のケンムンの一般的性格は、ケンムン譚が語られた際その話を肯定的に受容する材料とはなり得ても、それ自体ではひとつの話になるには至らない。たとえば、前述の㈣の性格の場合、決して「ケンムンは相撲が好きだ」とだけ語られるのではない。㈣の性格が語られる典型的なケンムン譚は、次のようなものである。

事例一：根瀬部に三助という青年がいました。大正三年のことですが、ある日のこと、朝の早い人が有面の畑に出掛ける途中、ヤマギワ道から下の浜を見おろしたところ、浜の山裾に人が横たわっているのです。驚いて坂を降りて見ると三助がぐうぐう寝ているので、起こして事情を聞いたら、ケンモンと相撲を取って疲れ切って寝てしまったというのです。……三助の言うには、昨夜十時過ぎまで小金久で友達と遊び、帰りに浜に出て、浜伝いに帰ろうとしたところ、川尻の方で子供が五六人遊んでいるので、子供が夜遊びしてけしからん、早く帰るように言おうと考えて近づいて行ったのです。すると子供と思ったのはケンモングワ達であり、彼等は、相撲を取って遊んでいたのでしたが、三助が来たので三助にいどんで来たのです。三助も相撲は好きな道、よしきたとばかり、彼等を相手に相撲を取っているうち疲れ切って、もう動くのも嫌になりそのままそこに寝込んでしまったというのでした。(29)

この話が七十年以上を経て伝承されてきたのには二つの理由が考えられる。ひとつはケンムンの諸特性が、この話を得心させる効果として用いられていることである。三助が寝こんでしまう程ケンムンは相撲好きである、ということが聞き手に承認されているからこそ、この話は信じられ語り継がれてきたのである。この事例ではさらに、三助がケンムンを子供と間違える件で、前述の性格㈠にあたるケンムンの背格好を想起させ、聞き手を納得させる。前述のケンムンの一般的諸性格は、このような話の積み重ねから抽出されてきたものであり、伝承自体以外には、ケンムンの情報を得るものはない。

さて事例一がケンムンの一般的性格を抽出できるだけの長い伝承性を持ち、人々の記憶にとどまってきたのには、もうひとつの理由が考えられる。それは、話の中に因果関係が示されて完結する、という点である。事例一の場合、ケンムンと出会った状況、ケンムンとの交渉が語られ、三助が朝まで浜で寝ていた、という話の結果が説明される形となっている。相撲好きというケンムンの性格は、ケンムンとの交渉の中で効果的に示されているため、人々の記憶により鮮明にとどまりやすいのである。

このように、ある形式を持ったケンムン譚からケンムン像を形成し増幅させる、ということが加計呂麻の民俗的思考の中で行なわれてきたとすれば、我々はこのケンムン譚の形式に沿って情報を読み解いてゆくことによって、民俗概念におけるケンムン像、さらにはケンムンを生み出す民俗的思考の構造といったものにまで達することができるはずである。そこで、ケンムン譚に語られる諸情報を整理しながら以下に明らかにしてみよう[30]。

先ずケンムン出現の状況描写からは、ケンムンの出現時間と出現場所という情報が読みとれる。そのうちケンムンが夜に出現するものと捉えられていたことはまず間違いない。

事例二：先輩が藻を干して焼いているとき、小さい子供が向こうからやってきた。火のそばにすわったので、明かりでケンムンだとわかった。それで斧を取って追いやろうとしたが、ケンムンに気づかれて斧の取り合いになった。ケンムンの腕の骨は親指位に細かったので、この骨を折ろうとしたが、なかなか力が強く、負けそうになった。そこにその人の友人が来て、両手で膝をたたいて鶏がはばたく真似をした。するとケンムンは、夜が明けたと思って逃げていった。

この事例では、ケンムンは日が昇ると消えてしまうということを利用して難をのがれることが語られている。このようにケンムンの出現時間は夜と決まっており、これだけではケンムン譚には多様性は見られない。それに対してケンムンの出現場所は、ケンムン譚の多様性を生み出すひとつの要因となる。ケンムンは山の中から海辺に至る、加計呂麻の生活相のあらゆる局面、特に辺境地帯に出現するからである。

事例三：知名瀬に行次郎という人が居ました。よく有免の浜まで投網に来るのでした。現在の知根小学校の下の川尻で、恰も海が沸騰しているみたいなほどに魚が海面を盛り上げていました。十月の月が皎々と照り、汐は干いていました。足音を忍ばせて汀に行き、魚の渦は手の届くばかりまで近づき、狙いを定めて投げました。魚籠には納まらないだろうと思いつつ網を手繰り寄せて見ると、どうでしょう、小魚一匹掛かっていなかったのです。行次郎は、ハハーあいつだったかーと呟いてさっさと引きあげたというのです。そんな夜は不漁に決まっていることを知っているからです。(31)

事例四：ケンムンを連れて漁に行くと大漁になる。しかし漁が終わってもついて来るので、そんな時は、「ウレミッタホ（ほらタコだ）！」と言いながらシッデ（後手）で投げる真似をすると逃げていってしまう。そのあと後ろをふり向かないようにして帰るとよい。

事例三と四は海辺にケンムンが現れた例であるが、もう一方の出現場所、山に現れるとするケンムン譚も数多く見られる。たとえば奄美地方の民俗誌の古典的存在である『南島雑話』には、次のような記述がある。

事例五：水蝹（カワタロ、山ワロ）　好て相撲（すもう）をとる。適々（たまたま）其形をみる人すくなし。且（かつ）て人にあだをなさず。却（かえ）って樵夫（きこり）に随（したがい）、木を負て加勢すと云。必ず人家をみれば逃去。(32)

これは幕末の記述であるが、しかし時代が下がるにつれ、このようにケンムンを好意的に評価するものは少なくなる。ケンムンはむしろあだをなすもの、害を及ぼすものとして語られるようになる。筆者の調査においては、山に現れるケンムンは、恐ろしいものとしてのイメージが強く、避けるべき対象として語られるケンムン譚が多く得られた。

事例六：昔は山の畑の近くにある小屋で年中過ごす人も多かったがS氏もその一人だった。ある夜、彼はシマに用を足しに来て、遅くなってからヒリャにもどった。途中、小川があり、そこにさしかかろうとした時、後ろから「オマチ」という声がかかった。彼がふり返ると蓑を着たような黒いものが立っていた。彼は「ジューガイウグチ」と叫んで、オジの家に逃げていった。その後彼は、ケンムンに出会ったのだからいつ死ぬかわからない、といって墓石と棺を作ったそうである。

結局S氏は長生きしたそうであるが、ケンムンに出会うと高熱を出したりさらには死んだりすると言われており、そういった性格が知られていたために、彼をして墓石や棺を作らしめたのである。

事例六で注目したいもう一点は、ケンムンに出会った時、呪文を唱えて逃げた、という部分である。「ジューガイウグチ」とは字義通りには「父が言った通りだ」という意味だが、妖怪に出会った時の呪文である。他には「ギスヤコトシラヌ　ダリウスガ、カミナルハ　オガンデ　ウーシャオロ。マヨナムンナルハ　キチハルロ」（人間は、神のことは何も知らないが、神だったら拝んであげましょう。化け物だったら切ってはらいましょう）と唱えて、草履を逆さにして頭の上に乗せる、という呪術も伝えられている。このような呪文や呪術を用いて積極的にケンムンからのがれようとするのは、事例四の場合とは対照的である。ケンムンを積極的に招迎しようとする場合、口笛を吹く、「相棒、相棒」と呼びかける、など特定の作法も伝えられている。これらからケンムン譚における第二の情報、すなわちケンムンに対する人間の対応の方法が読みとれる。

さて第三の情報は、これまでの事例でも結末部に語られていた利害、つまりケンムンに出会った人間は得をしたか損をしたか、という情報である。先述した通り、ケンムンに出会って恩益を受ける事例もあれば逆に害悪を被る事例もあり、この点でもケンムンは相反する二つの性格を帯びていると言えよう。

ただここで興味深いのは、ケンムンの利害による性格づけは前述の畏憚的あるいは招迎的な人間の側の対応とは無関係に語られる、ということである。換言すれば、ケンムンを積極的に招き迎えて害悪を被る場合もあれば、畏れ避けようとしたのに恩益を得る場合もある、ということである。以下に示すように、同じような状況で話が進行しても、その結末部分が全く逆になる、というケンムン譚もある。

事例七：その家は、野菜などを作るには便利の良い所だったが、そこまで行く道が悪かった。その家の後に水溜りがあって、そこの娘は暑い時にはすぐそれに入って浴びた。ところがまだ十才にもならぬ娘なのに、おなかが大きくなった。不思議なことじゃねーといっているうちに、お産をした。ところが生まれた子がケンムンによく似ていた。ていねいに育ててみると、猫か何かみたいに、家の周囲を廻っていた。その家に野菜がいくら出来ても不便なので買いに行かなかったのであるが、女たちはその赤子を見たいから遠方からでも野菜を買いに来た。それで家計がよくなったそうだ。(33)

事例八：オジの奥さんの妹が山に入っていた時、ケンムンに迷わされて妊娠した。それで生まれた赤子はケンムンの子供で、頭が丸く、手も足も真黒で手足の指は長かった。いつもヨダレをたらしていたが、たいへん力が強く、山へ行ってたき木を投げたり、モチを容易にひっくり返したりした。その家は笠利村で一番の分限者で金貸しなどもしていたが、そのケンムンの子供が五才ぐらいで死んでしまってから、たちまちのうちにナガレタ（落ちぶれてしまった）。

事例七と八は共に異常な出産を題材としているが、事例七では貧乏な家が裕福になり、事例八では分限者だったものが没落する。事例八の結末は〝ケンムンの子供〟の死後のことであるが、ケンムンと一定の距離を保ちながらもその子供を養育して、その子供の死因は家の者とは無関係であったという点で、事例七の状況と同じであり、両者の結末が話の過程に引きずられたものとは考えられない。つまり、この二つのケンムン譚は、その結末の部分だけ差しかえが可能なのである。そして第三の情報を読みとるという点からみるならば、事例七は恩益を受けた事例、事例八は害悪を被る事例であることは言うまでもない。

以上検討してきたように、ケンムン譚には三つの大きな情報が語り込まれている。その三つとは、㈠ケンムンの出現場所（海か山か）、㈡人間側の、ケンムンへの対応の方法（畏憚するか招迎するか）、㈢ケンムンと出会ったことの結果（恩益を得るか害悪を被るか）、である。これら三つの要素は、互いに独立してケンムン譚の三つの側面を成し、その形成を規定しているのである。

2　ケンムン譚の構造分析

先の考察から、ケンムン譚には一定の要素が織りこまれている、ということが次第に明らかになってきた。今それらの要素について、出現場所を要素α、対応の方法を要素β、結果を要素γとすると、これらの要素は必ず、

$\alpha \rightarrow \beta \rightarrow \gamma$

という順序で語られる。これはケンムン譚の線的な構造を規定している形式ではあるが、それは語られる順序という以上の意味は持たないのであって、各要素には他を決定する強弱関係は見られない。要素βは要素αの前に語られるものではないし、要素γは要素βの前に語られるものではない、という点でこの継起序列は不動のものであろう。しかし、要素αで語られた内容が要素βで語られる内容を、また要素βで語られた内容が要素γで語られる内容を、それぞれ規定するわけではない。α、β、γの各要素は互いに独立して選択肢を用意し、各要素の選択内容の如何にかかわらず話が進行し、その組み合わせによってさまざまなケンムン譚が生成されるのである。

そこで、上述のケンムン譚が三つの要素の内容を選択して生成する点について検討し、各「可変項」を捉えなおしてみよう。それによって、ケンムンをとりまく意味の世界が明らかになってくるであろう。

このケンムン譚の生成の過程の検討は、三重の二者択一的質問を考えればよい。先ず要素αにおいて「ケンムンに海で出会ったか否か」で二種に大別される。次に要素βにおいて「ケンムンを畏憚したか否か」によって、要素αでの分類にかかわらずケンムン譚が篩にかけられ、さらに同様に要素γでの「ケンムンが恩益をもたらしたか否か」によっても分類される。この成分分析にも似た過程を通して、ケンムン譚は各要素で＋（プラス）もしくは－（マイナス）の二つに分類されるので、全体として合計八つのタイプに分類されることになる。これらのタイプを記号a～hを付して、その内容を以下に順次述べていくことにする。

先ずタイプaは、海で出会ったケンムンを畏れ憚かり、その後恩益を得た、というものである。このタイプのケンムン譚としては、先述の事例三と同じ場所で投網をした者の、次のような話が伝えられている。

事例九：……前話行次郎と丁度同じ場所で、同じように魚の群が沸いているので網を投げ、手繰って浜に引き寄せてみたところ、何百匹とも知れず鼠（ねずみ）が掛かっていたのです。恵喜は、さてはと思ったけれども、人にもの言う如く「おまえたちを助けてやるから、このアンメンワンドの畑に害をするなよ」といって網から放してやりました。（ワンドは一連の山に囲まれている区域のこと。）それからというもの有免の田畑に鼠害はないといわれます。実はその当時有免は恵喜の領地であったとのことです。そしてその鼠にみえたのは実はケンムンであったと信じられて伝わっている話です。(34)

タイプbは、海で出会ったケンムンを畏憚し、かつ害悪を被った、というものである。事例九と同じ状況であるが結局不漁にして帰ったという結末で終わっている事例三が、このタイプにあてはまる。水中でケンムンにブッカンジ（尻子玉）を抜かれる話も、このタイプに属するものである。

タイプcは、場所はやはり海であるが、ケンムンを招き、恩益を得た、というものである。これは漁にケンムンを利用する、という事例四に代表される。事例四にはなかったが、実際には先述のケンムンを呼び招く諸々の作法が語り込まれることになる。

海で出会ったケンムンを招き迎え、害悪を被った、とするものがタイプdであるが、このタイプに属するケンムン譚はあまりない。強いて言うなら事例一にあたろうが、これは相撲をとっていたケンムンを子供と間違えて近づいた、という消極的な招迎である。また、ケンムンを連れていって大漁になっても、獲れた魚の目は抜かれている、という話はしばしば聞かれるが、魚の目が抜かれていることが害悪であるかどうかは判然としない。

タイプeからhは、山でケンムンと遭遇するものである。そのうちケンムンを遠ざけ、恩益を得るというのがタイプeである。事例七は家が裕福になっている点で恩益を受けているが、少女の妊娠のいきさつに畏憚を予想させるだけで直接語られていない上に、水溜りで水浴びしたことが妊娠の原因とされており、ケンムンの水界性は否めない。そこで、より典型的な例をあげてみる。

事例十：サトウ小屋に泊まっているとケンムンが来て火にあたった。ケンムンが「お前は何が一番怖いか」と聞くので「金が怖い」と答えた。ケンムンに聞くと「タコが怖い」と答えた。毎日のようにケンムンが来てうるさいので、ある日タコを投げつけると驚いて逃げ帰った。そして翌日、金をどっさり置いていった。

類似した例が場所を海岸の塩たき小屋に移して語られるものもあり[35]、その場所はタイプaとなる。

タイプfは、山に現れたケンムンを畏憚し、害悪を被るというものであり、このタイプのケンムン譚は比較的多く聞かれる。

事例十一：勝浦のウフサクというところで、梅雨のころ、パルプ材を切っていると、膝がしらが頭の上まで伸び、体は真っ赤な色をした、眼のキルキルと光る、裸になって座っているケンムンを見た。その男は恐くて、仕事はそのままうっちゃって、家へ走って帰った。その後、ダイネッ（高熱）を出して、寝こんでしまったという。[36]

事例十二：与路の北に畑をもっている人がいた。製糖時期、昼間部落に来て夜十時頃、畑の小屋にもどろうと部落を出た。すると山道で、ケンムンが後になり先になりついてきた。その人は怖くてまともには見られなかった。しかしその後、一年もしないうちに死んでしまった。

このように、ケンムンを見ると高熱を出したり死亡したりするという話が多く、事例六でS氏が墓石や棺を作ったのも、彼がかねてより聞いていたケンムン譚がこのタイプに属するものが多かったことを示している。

タイプgは、山でケンムンを招迎し、恩益を得る、というものである。現在ではこのタイプは報告例も見あたらず、また筆者の調査においても聞き得なかった。しかし、事例五の『南島雑話』の記述は、このタイプのケンムン譚が存在し得ることを予想させる。

そして最後のタイプhに属するケンムン譚では、山でケンムンに積極的に遭遇し、害悪を被ったことが語られる。

事例十三：……二人は酒の勢いもあり、かねてその界隈がケンムン原と聞かされていた所にさしかかった際、「オーイ音に聞えた大島一のケンムン原、こちらは天下の藤井哲哉様だ、百匹千匹束で来い御相手仕る」などと叫んだというのです。弟の信夫は「余計なこと言うな」と注意したりしたが兄の哲哉は一向かまわず、悪態をついているうち二人は道を間違えたらしくとんでもない山中に這入っており、提灯の灯も消えたので手さぐりで歩いていると、身体が宙に支えられるような感じがし、後はわからなくなったが、意識を取り戻したときには二人共数十丈の断崖から投げ飛ばされて、岩の間の白砂に倒れていたというのです。[37]

事例十四：ケンムンが山を渡る時は、嶺づたいに火をともしていくのが見える。父が製糖している時、このケンムン火を見かけた。黙っていればよかったのだが、仲間に「ウレウレ、ケンムンガウッドー。ケンムンミリー」（ほらほら、ケンムンがいるぞ。ケンムンを見ろよ）と叫んだ。すると翌日、圧搾機をひかせる馬の目が見えなくなり、仕事ができなくなった。そこでユタに祈禱してもらって治した。

この事例の他にも、ケンムンに相撲を挑んだら、最初は勝っても仲間を数百数千と呼んで来るので、最後には負かされてしまう、といった話はよく聞かれる。

以上、ケンムン譚の三つの要素からケンムン譚の類型化を行なってきた。α、β、γの各要素は二通りの内容が選択される可能性をもち、その組み合わせにより、

$$2 \times 2 \times 2 = 8$$

の、合計八タイプのケンムン譚が存在することが明らかになった。

ここからaからhまでの各タイプがα、β、γを三次元の方向に持つ立方体の各頂点に現れる、図1のような構造モデルを描くことができる。これによるとケンムン譚を語る人は、相補的対立を示す対立項のどちらかを選択することをα、β、γの座標軸で計三回行なうことによって、立方体の頂点つまり一定のタイプのケンムン譚を得ることができる、という様相を理解することができる。ケンムン譚はこのように、三重の二項対立を基本とした三次元構造をもっているのであり、これはケンムン譚の意味論的構造と呼ぶことができよう。また、ケンムン譚自体の構造と同時に、それを生み出す過程をも示し得るので、ケンムン譚の論理

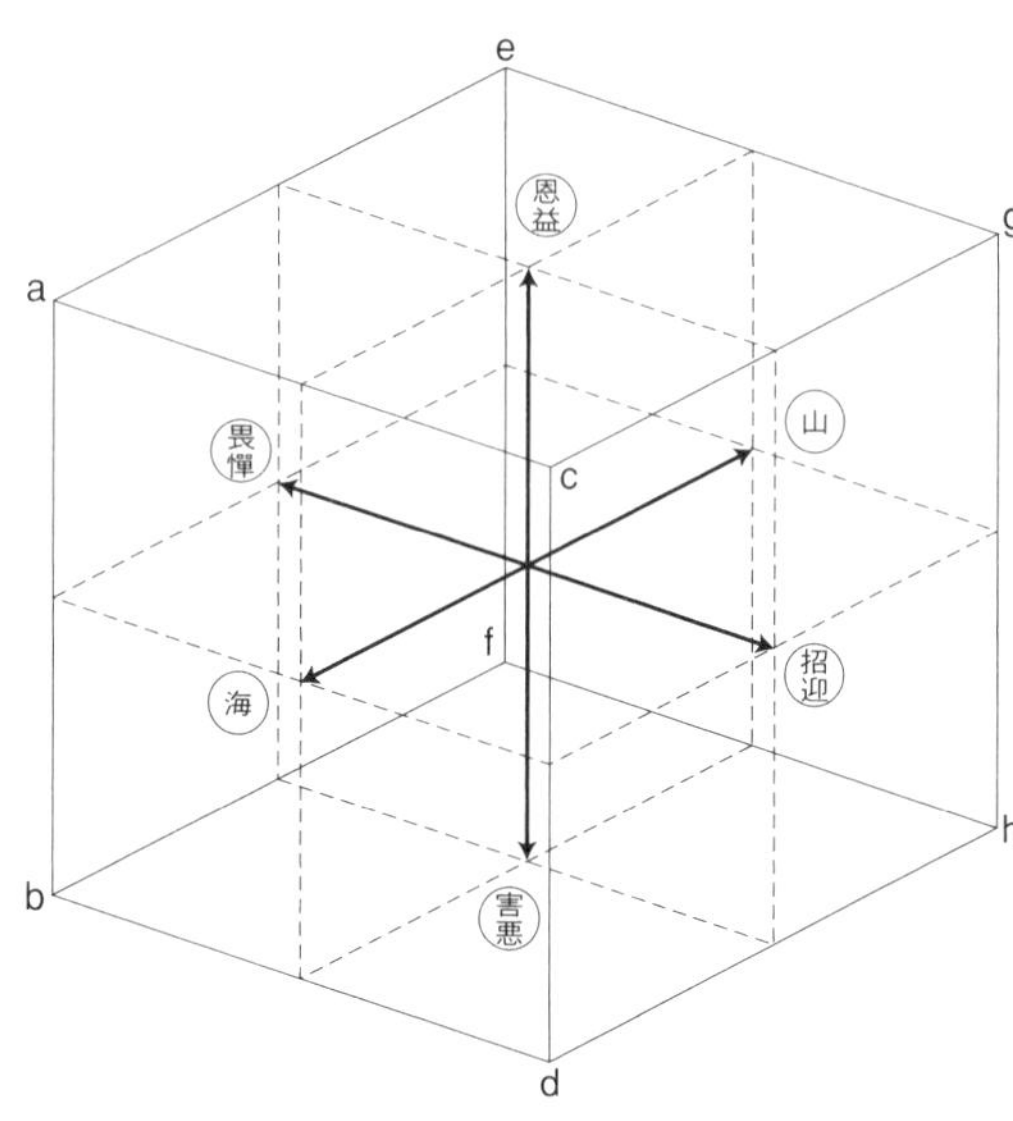

図1　ケンムン譚の立方体構造モデル

構造とも言えよう。

さてそれでは、ケンムン譚の立方体構造に示されているこの論理構造は、何を背景としているのだろうか。既に半ば明らかなように、立方体構造モデルを成している三次元の座標軸における二項対立は、先に述べた加計呂麻島の民俗文化の諸側面にあらわれるものなのである。すなわち、要素αにおける海と山の相補的対立は「二―1」で述べた生業と儀礼における人間の生活、要素βにおける畏憚と招迎の相補的対立は「二―2」で述べた神々に対する両義的な観念、要素γにおける恩益と害悪の相補的対立は「二―3」で述べた動物にまつわる実質的・象徴的価値観、にそれぞれ対応している。ここに、ケンムン譚の民俗的背景として、人間の経済活動と儀礼活動、神観念、動物観、の三者が浮かび上がってくるのである。それぞれは、海―山、畏憚―招迎、恩益―害悪という互いに独立した基本構造をもっており、それが三重に組み合うことによってケンムン譚の三次元の二項対立構造を形成している。個々のケンムン譚を集積して捉えられるケンムンの全体像は、したがって、加計呂麻のさまざまな文化事象を一身に体現し、それらが整合性をもって構造化されているのである。

四　精神世界の縮図としてのケンムン

先の分析で得られた構造モデル（図一）は、ケンムン譚というひとつの文化事象の中に、経済活動や儀礼的生活、神観念、動物観といった、さまざまな文化事象が示された。したがって、ケンムン譚から奄美・加計呂麻島の民俗文化の諸事象の総合的連関性を明らかにするという本論文の目的は、この構造モデルの完成によって、一応達成された。

しかし果たしてここで論考を終わらせてしまってよいのだろうか。小松和彦の言うように〝構造分析は昔話理解の道具、一つのプロセスにすぎない。昔話の構造分析を介して姿を現わしてくる民俗社会の諸関係の有様こそが、私たちの真に問うべき課題なのである[38]〟。先までの構造論的分析で得られたモデルをもって本論文ははじめてケンムン譚を通して奄美民俗社会を真正面に見据える視座を得た、というべきであり、意味論的構造分析から民俗社会論へという段階にこそ主眼が注がれなければならない。そこで、ケンムン譚を介して描かれる加計呂麻の民俗社会像を多少なりとも明らかにすることによって、骨組みだけのケンムン譚の構造を、豊かに肉づけしてみよう。

先ずケンムン譚の立方体構造モデルをもう一度見てみよう。このモデルはα、β、γの三次元の座標軸より成っており、これらの座標軸は、α軸はケンムン出現場所、β軸は人間の側の対応、γ軸はケンムンと出会った結果、を語るケンムン譚の構成要素をそれぞれ示し、さらに、α軸の海—山の二項対置は人間の生活に、β軸の畏憚—招迎の二項対置は神観念に、γ軸の恩益—害悪の二項対置は動物観に、それぞれ対応するのであった。これはつまり、ケンムン譚は要素αにおいては人間、要素βにおいては神、要素γにおいては動物、のそれぞれに言及することを意味する。人間、神、動物という三者が同時に語り込まれ、互いに絡みあった果てに、妖怪のイメージが結像しているのである。要するにケンムンは、人間、神、動物のいずれにも重なるようなイメージを持っているのである。

ケンムンは人語を解するという点で、人間に近いものとみなされている。それ故に、人間とケンムンを峻別することが必要となる。人に対して「ヌシヌシ」と呼びかけること、膝を立ててすわること（ケンムンイリィ）などは、いずれもケンムンの所作であるが故に禁止されている。この禁忌は特に、子供の養育過程で重要視される。そしてまた、ケンムン起源譚には元は人間であったとするものもある。[39] これらはすべて、ケンムンと人間のカテゴリーが近接していることの証左である。しかし元来は人間であっても、ケンムンは動物のような形状をもって語られる。全身毛に覆われて木の枝にすわっている、と語られるケンムンは、加計呂麻島に生息しないサルの存在の肩がわりをしているかのようである。『南島雑話』におけるケンムンの記述は、動物の一項目に数えられているほどである。[40] さらに、ケンムンは〝ハグレ〟の神様であると語る場合もあり、神としての認識も重ね合わせられている。旧十月のカネサルに網を使いに来るのはケンムンであるという伝承は、山の神がしばしばケンムンと考えられていることを示すものである。

このように妖怪ケンムンは、人間、神、動物という三つの大きなカテゴリーが重なり合ったことによってイメージ化されている。したがってケンムン譚は、この三者が織りなす民俗社会のある状況をその背景に持つ、と言うことができる。それではそのある状況とは、どのようなものであろうか。

先ず動物は、人間の生活にとって不可欠である側面を持っている。これは、加計呂麻における主要な商品となる黒糖生産が畜力に依っていたという点では実質的側面である。この側面においては、馬を飼育していない家は総製糖量の十三パーセントの借料を支払って馬を借りる、といった負担を生み出す。それが行なわれない場合でも、個人の蓄財に貢献するという点で、動物は個人には恩益をもたらすが、社会には不均衡をもたらすものである。

動物のこの立場を逆転させるものは、動物の不可欠性の象徴的側面であり、神のカテゴリーの介入である。動物性は神性にとって、排除され蔑まれるものとして捉えられる。家畜小屋が加計呂麻の方位観において神を拝む床の間の方向には作られないことや、神が通るとされる道には家畜を近づけてはいけないとされることは、この事実をよく示している。つまり、動物は人間と神とを分離させる象徴的能力を持っている。このことはアラセチ儀礼にも顕著に現れる。この日与路では、隣近所が数軒ずつハチガツマグミという組を作り、その組ごとにヤギを殺してその肉を分ける。ヤギの供出は輪番制という平等原理によっている。これにより部落の紐帯を確認できるわけである。換言すれば、個人の恩益をもたらすもの（動物）を排除して、社会の統合をもたらすもの（神）を迎え入れるのである。

ところが、こうした神や動物に対する意味づけは固定していない。むしろ人間、神、動物の三つのカテゴリーに対する意味づけや価値観が常に流動的で、容易に変移するものであるところに、加計呂麻の民俗社会の特質が見え隠れしているように思われる。具象にもどって言うならば、先の事例では三つのカテゴリーは、神が人間の上にあり人間の下に動物があるという関係を示すことになる。しかしこの階層的関係が崩れてしまうのが、旧十月のカネサル儀礼である。この儀礼においては、山の神を畏怖し、それを部落内に入れないために牛や豚を殺して部落の全員が食べ、その骨を部落の入口に下げておくのであった。ある村人によると、カネサルの「カネ」は「鉄」の意味で、牛や豚の肉を食べて鉄のように強くなる儀礼だという。カネサルはカノエサル（庚申）の省略形であってこの村人の解釈は誤解であるのかもしれないが、いみじくもこの儀礼の真髄をついているという点ではまさに当を得た誤解だと言える。この儀礼のコンテキストでは、神は遠ざけられるものであり、神を遠ざけるために動物の持つ神からの分離能力が重んじられるのである。

このような人間、神、動物の三者の複雑な関係は、人々がハブに抱く観念にも反映されている。ハブは危険な動物である。特に農耕、それも山の中まで切り開いて畑にする加計呂麻の人々は、常にハブにあたる危険を冒している。そのため毎月ミニアスビといったハブよけの儀礼が行われる。この限りにおいて、ハブは人間に害悪をもたらすものとして人間と鋭く対立している。

しかしハブは方名でマジムンと呼ばれるように、単に動物としてだけではなく、「ムン」＝妖魔なるものとしても捉えられており、したがってそこには何らかの象徴的価値が認められ、さまざまな俗信を生む根拠にもなっている。しかもこのハブの象徴的価値は正の価値と負の価値の両面を流動的に変移するものである。

ハブの象徴的価値の負の側面については、イジッチュの習俗にもその一端が現れている。旧六月アラホバナの時、ミキャミシャクを神に供える。これはアラホバナの三日前にミシャクを作って当日に開くのであるが、ハブにかまれた者がいる場合、その者はこのミシャクを作った時から浜に小屋を作ってそこで生活し、ミシャクを開くまで部落に入ってはならない。この、一時的に部落から隔離される人のことをイジッチュというのである。このような習俗においてハブは、神との交流である神聖な儀礼的時間に不浄をもたらすものとして人間の前に立ち現われる。またミニアスビも、ハブを避けるために俗なる労働を禁じて儀礼的時間を作り出していると考えることができる。これらの事例で示されているのは、神のカテゴリーと動物のカテゴリーの相反、対立である。

それに対しハブの正的象徴的価値は、ハブを神の使いとみる観念に代表される。ハブの尊称語や敬語表現は、この観念に基づいたものと思われる。先述したこれらの事例は、ハブという動物のカテゴリーに属するものが神のカテゴリーと並立・連合し、人間を信仰の世界に目覚めさせる。

特定の神を拝んだ人間は、応々にしてハブの出現を予感できるようになるという。与路でイガミサマを拝むある女性は、夜明け頃「今日畑へいったらコワムシ（ハブ）がいるので注意しなさい。でもそれを打ってはいけませんよ」という神の声を聞くのだそうである。そして畑へ出てみると実際ハブがいる。しかし彼女は、神を拝む者としてハブを尊重しなければならないことはわかっているが、人間の敵であるハブを見のがすわけにはいかないので、ハブを打つなという神の言いつけに背いたら両手が上がらなくなることを知りつつも、一人の人間としてハブを打つのであるという。これはこれまで述べてきた人間と神、動物の三者の複雑な関係が、一人の女性神役の心の葛藤となって表現された、非常に示唆深い事例だと言えよう。

以上、人間・神・動物という三つのカテゴリーの関係性に着目して、民俗誌的事実の再検討を行なってきた。その結果、三者はそれぞれのカテゴリーの二つの極、つまり人間にあっては海と山、神にあっては畏憚と招迎、動物にあっては恩益と害悪の間を行ったり来たりしながら、そのうち二者が結合して残るひとつのカテゴリーに対立したり、あるいは三者があたかも三ツ巴のような関係に立ったりして、その状況ごとに変移する意味づけを与えられてきた、ということがわかってきた。これはあるいは逆に、三つのカテゴリーの二極対置は、それぞれ他の二つのカテゴリーとの関係のあり方によって、二極のどちらに位置するか、をその場その場で決定しているのだと言えるかもしれない。三者の意味づけが相対的に変移する様相は、馬淵東一が変移的双分観（shifting dualism）と呼んだ、南島に全般的にみられる世界観、象徴的認識の方式に通ずるところがあると思われる。それによると〝並置ないし組合せのこれら諸種の対（つい）は更にまた、互いにさまざまに組合わされるが、それは必ずしも一貫した仕方においてではない(41)〟。人間・神・動物それぞれのカテゴリーにおける二極の対立項が固定しておらず、状況ごとの三者の関係により決定される、という三者の様相は、この変移的双分観的なものの見方に基づいている、と考えることができる。

人間、神、動物のこのような関係は、加計呂麻社会の経験的事実に基づいている。すなわち加計呂麻民俗社会の非人間世界との交流を考えるならば、人間は神に絶対的に依拠することができずしばしば動物を逃避口として神との関係を調停する半面、動物を完全に従属させることもできず神の力を借りてそれを制御することもあるのだ。したがって、神を人間の上位カテゴリーに、動物を人間の下位カテゴリーに、といったような三つのカテゴリーの安易な階層化はできない。むしろ、これら三者は同等に結合も相反もする、併存的で均質な関係にあるのだ。

このような民俗社会のあり様を背景として語られるケンムン譚からは、したがって、加計呂麻民俗社会における人間・神・動物の併存関係を読みとることができる。このような関係の観念が文化的通念としてあるがために、ケンムン譚はα、β、γの三つの座標軸の上に対置された対立項を自由に組み合わせることによって、八つのタイプのすべてが語られ得、受容されるのである。

ここまで考察を進めてくれば、立方体モデルに関して今まで不問に付してきたより根本的な問題についても解答を得ることができる。すなわち、何故立方体を構成する三次元の座標軸は人間生活と神観念、動物観であるのか。それらに見出された相補的対立がケンムン譚に内在化されているのは、単なる偶然ではないのかという危惧が図一のようなモデルにはついてまわる。

これは、ケンムンというものが妖怪という創造力の最もかき立てられる存在である、という大前提に立ち返って考えてみる必要がある。人間は何故妖怪的存在を、人間と神と動物の間に創造するのであろうか。もちろん、ケンムンは人間と神と動物の三つのカテゴリーの曖昧な中間的存在であるが故に「潜在的創造能力」[42]を持っており、そこには妖怪的存在という創造の産物が介在する可能性が生じるのだと言うことはできる。しかし問題は、これら三つのカテゴリーが設定されることにこそあるのではないか。カテゴリーの中間領域だけが問題になるのであれば、三つのカテゴリーは別のものでもよいのだ。

それは、以上に試みてきた考察に解答が現れていると思われる。人間と神と動物の三つのカテゴリーは、近づいたり離れたりしながら、抜き差しならぬ併存関係を保ってきたが故に、中間領域を生ぜしめるだけのぶつかり合いや連合が見られるのであり、またそれ故に、三者の中間的存在として創造されたケンムンは、その存在に信憑性があり、長い伝承に耐え得るだけの民俗的背景を持っていたのである。そのことを考えれば、図一において三次元の座標軸に人間・神・動物の三つの世界が現れることは、決して単なる偶然ではないのである。

以上、ケンムン譚の論理構造が、加計呂麻の人間と神と動物が織りなす民俗社会の均質な宇宙観に立脚していることを明らかにしてきた。それにより、ケンムンという妖怪的存在に、その三者が競合したり連合したりしている状況がこめられている、ということがわかった。加計呂麻の人々は神や動物との交渉を絶っては生活していくことが(その実質的側面にせよ観念的側面にせよ)できないのであり、それらを均質的に自分たちの生活にとりこむことによって精神世界を形成しているのである。ケンムン譚は、そういった精神世界の解釈を表現したものであるといえる。このような意味を与えられているケンムンは、加計呂麻民俗社会の精神世界を我々に垣間見せてくれるという点で、そういった精神世界の縮図なのである。

五　むすび

本論で述べてきたようにケンムンに関する妖怪譚は、その構造を明らかにすることによって、加計呂麻民俗社会の宇宙論的諸関係に密接に連関した相貌が理解できた。そこで達した構造は〝雑多な要素からなり、かつたくさんあるとはいってもやはり限度のある材料を用いて自分の考えを表現する〟[43]。しかしケンムン譚の立方体構造は、そのような「具体の論理」であるばかりではない。〝美しく感動的であると判断された旋律的な楽句とは、その断面が実在する一過程のそれと……同類(ホモロジック)であるように思われ、同時に、実生活上で突き当たり、しばしばその次元で挫折してしまうような障害と同類の障害を、自らに固有の次元で、容易に解決する術を心得ているような楽句である(44)〟。このレヴィ＝ストロースの音楽に対する卓越した見解は、ケンムン譚にもあてはまる。人間、神、動物の各パートはそれぞれのメロディを奏でながら、民俗社会の総体としてひとつのハーモニーを織りあげてゆくのだ。そして現実生活での障壁を互いに補い、遂には完全な和声的調和の上に、理念としての均質なコスモロジーを描き出してゆく。それは壮大な交響楽であった。

構造分析の利点が現実のもしくは観念的な諸関係のより深い有様を明らかにしてゆくことにある以上、民俗誌的記述とモデルとの距離はできる限り縮めていかなければならない。したがって本論後半部では、ケンムン譚の構造すなわち加計呂麻の怪異観が人間・神・動物の均等な関係の内に根拠づけられていることを、民俗誌に立ち戻って述べようとした。しかし筆者の力量不足の故に、この試みは以下の点で未だ不十分であることを認めなければならない。

先ず本論では、民俗社会の状況を明らかにするといいながら、現実の社会については触れられず、民俗社会全体の持つ規範の部分が明らかになっているに過ぎない。たとえば、ある部落の中のどのような社会的・経済的階層の者がどのタイプのケンムン譚を多く語るか、といった問題がある。ケンムン譚は人間・神・動物の三つのカテゴリーについては均質な様相をあらわすものであるが、上記のような問題を深めることによって、人間社会のさまざまな不均衡や不整合が明らかになってくるかもしれない。そうすると現実に各個人が運用する論理構造モデルは、図一のような立方体をいびつに変形させたものとなるはずである。

また、ケンムン譚の生成の原因はある個人に起こった事件なのだが、それが一旦その個人の所属する共同体に共有のものとなり、それが再び各個人にケンムンのイメージや恐怖感といったものになって下降してゆく。この個人↓社会↓個人という機構は、今後考えてゆくべき課題である。本論で展開したのはこの機構の第二段階、つまり一共同体に共有されたケンムン像、怪異観なわけであるが、その前後の個人が関与する部分は手つかずじまいだった。しかしこの部分にこそ、現実の経験の主体としての個人、その個人のさらなる集合体としての民俗社会を真正面から捉える鍵があるのではなかろうか。

このような問題は、資料の精緻な蓄積をなすことによって解決されるはずのものである。本論はこの民俗社会を真正面から捉える視座を得るための、ほんの一里塚、(「交響楽」と銘うったにもかかわらず)序曲にすぎないのである。

注

(1) 恵原：一九八四、一六頁
(2) 同右、一六頁
(3) 金久：一九七八
(4) 田畑：一九七三
(5) 小野：一九七七
(6) 本論で用いる資料は、奄美・加計呂麻島を中心とした一九八四〜一九八五年の約十二週間のフィールド調査によるものである。この島は大島南端部、請島、与路島と併せて、行政的には鹿児島県大島郡瀬戸内町に属している。
(7) 大井・恵原：一九八〇
(8) 見られないのは正月とアラセチ(小野重朗が季節儀礼と呼ぶもの、小野：一九八二)、ウチキヘイと豊年祭とタネオロシ(農耕の豊穣を指向したもの)である。
(9) 瀬戸内町：一九七七、二四二頁
(10) 水平／垂直、来訪／滞在の二分法はそれぞれ岡正雄(一九五八)、クライナー・ヨーゼフ(一九七七)から借りている。

(11)伊藤：一九八〇

(12)米をつぶして発酵させたミシャクは、九月九日オボツ山に登って供えるものである。つまり海産物を供えるのは海、ミシャクを供えるのは山、にそれぞれ傾倒した儀礼であることがわかる。

(13)これは海に面している。

(14)吉田：一九八二

(15)折口：一九七二、五八頁

(16)瀬戸内町：前掲、五〇四頁

(17)登山：一九八三

(18)現地調査では両生綱十三種、爬虫綱二十種、鳥綱二五種、哺乳綱十四種の他、家畜四種の計七六種の動物を扱った(木場：一九五六、五八、五九、六〇、森田：一九七五)

(19)かつては種付料として、クァーワー(小豚)一頭というのが相場であった。

(20)小野：一九七〇

(21)小野：一九八二

(22)リーチ：一九八一、一六七頁

(23)筆者が調査した嘉入の十八軒の家では、床の間の方位は北十四軒、東三軒、西一軒であり、一方家畜小屋の方位は東六軒、西五軒、南五軒、北二軒であった。このうち床の間と家畜小屋が同じ方位に建てられている例はない。

(24)山下：一九七七、一二〇頁

(25)瀬戸内町：前掲

(26)中村：一九七一、二六頁

(27)平山(編)：一九六九、下野：一九六九、恵原：一九八四、石川：一九八五など。

(28)この点について山下欣一は〝ケンムンの話には、その大部分の話は伝聞が多いのにもかかわらず、個人の体験として話される話が一番人々の共感を得るのである。言うならば、ケンムンに対する共通な認識が島の人々の心のなかにあり、これが、それぞれの体験を通じて確認された話がケンムンの話になり、話されることになるのである〃（山下：一九七九、八七頁）と述べ、奄美民間説話の「真実の話」への傾斜の傾向を指摘している。

(29) 恵原：前掲、八三頁
(30) 事例に特に註のないものは、筆者のきき書きによるものである。
(31) 恵原：前掲、五六頁
(32) 名越：一九八四、四一〜四二頁
(33) 下野：前掲、五八頁
(34) 恵原：前掲、五六頁
(35) 田畑：前掲、三九頁
(36) 瀬戸内町：前掲
(37) 恵原：前掲、五七頁
(38) 小松：一九八四、二八六頁
(39) ケンムン起源譚のひとつに、もとネブサワという独身の男であったとするものがある。彼は友人を殺しその妻に求婚するが、妻は夫の死因を知り、両手でかかえられる位の木で家を建てたら結婚しようとネブサワを山へ連れてゆく。そして彼が木を両手でかかえた時その両手を木に打ちつけて亡夫の仇を討つ。残されたネブサワの前に神が現われ、助けてやるかわりに全身毛だらけの格好にし、それがケンムンになった、と語られている（恵原：前掲、二三〜二五頁）。ケンムンは元は犯罪者だったという点でもこの起源譚は興味深い。
(40) 『南島雑話』のケンムンに関する記述の前後は、猫、犬、豚、治利毛奴、水蝹（ケンモン）、家羊、反鼻蛇（ハブ）……となっている。
(41) 馬淵：一九七四、四五二頁
(42) ダグラス：一九八五
(43) レヴィ＝ストロース：一九七六、二二頁
(44) レヴィ＝ストロース：一九八五、一五四頁

引用文献・参考文献

ダグラス、M：一九八五『汚穢と禁忌』（塚本訳、思潮社）
恵原義盛：一九八四『奄美のケンモン』（海風社）
平山輝雄（編）：一九六九『薩南諸島の総合的研究』（明治書院）
石川純一郎：一九八五『新版・河童の世界』（時事通信社）
伊藤幹治：一九八〇『沖縄の宗教人類学』（弘文堂）
鹿児島民俗学会（編）：一九六九「加計呂麻の民俗」『民俗研究』四
〃　（編）：一九七〇『奄美の島かけろまの民俗』（第一法規）
金久正：一九七八『増補・奄美に生きる日本古代文化』（ぺりかん社）
木場一夫：一九五六、五八、五九、六〇『奄美群島の爬虫・両棲相』Ⅰ～Ⅳ『熊本大学教育学部紀要』4、6、7、8
小松和彦：一九八四「昔話と社会」野村（編）『日本昔話研究集成3、昔話と民俗』（名著出版）
リーチ、E：一九八一『文化とコミュニケーション』（青木・宮坂訳、紀伊國屋書店）
レヴィ＝ストロース、C：一九七六『野性の思考』（大橋訳、みすず書房）
〃　：一九八五「ラヴェルのボレロ」『現代思想』十三―四（笠羽訳、青土社）
馬淵東一：一九七四「琉球世界観の再構成を目指して」『馬淵東一著作集』3（社会思想社）
森田忠義：一九七五「奄美瀬戸内町の陸域の動物相」『南日本文化』8
名越左源太：一九八四『南島雑話』（平凡社）
中村喬次：一九七一「ハブに関する民俗学的考察」『奄美郷土研究会報』12
岡正雄：一九五八「日本文化の基礎構造」『日本民俗学大系』2（平凡社）
小野重朗：一九七〇「肉と餅との連続―供犠儀礼について―」『日本民俗学』71
〃　：一九七七『神々の原郷―南島の基層分文化―』（法政大学出版局）
〃　：一九八二『奄美民俗文化の研究』（法政大学出版局）
大井浩太郎・恵原義盛：一九八〇『沖縄・奄美の生業1、農林業』（明玄書房）

折口信夫：一九七二『折口信夫全集』1（中央公論社）
瀬戸内町（町誌編集委員会編）：一九七七『瀬戸内町誌・民俗編』（瀬戸内町）
下野敏見：一九六九「口承文芸」鹿児島民俗学会（編）：一九六九収集
住谷一彦、クライナー・ヨーゼフ：一九七七『南西諸島の神観念』（未来社）
田畑英勝：一九七三「奄美の妖怪について」『琉大史学』5
登山修：一九八三『瀬戸内町の昔話』（同朋社）
山下欣一：一九七七『奄美のシャーマニズム』（弘文堂）
〃　：一九七九『奄美説話の研究』（法政大学出版局）
吉田禎吾：一九八二「コスモロジーに関する象徴論的覚書」「東京大学教養学部教養学科紀要」15

河童の荒魂（抄）

若尾五雄

はじめに

河童については、柳田先生が山島民譚集に於いて、河童駒引を発表せられた関係からかあまりその後、全般的な発表がない。ただ石田英一郎先生が、世界的視野から、柳田先生の河童駒引を論じて、柳田先生の河童駒引とは、あたかも、雨乞のために、吉野の丹正川上雨師神社に馬を献じたのと同様な関係で、水神に駒を献じた名残りであると云う説に賛同したのが、その後の河童の話の最大なものの様に思われる。

しかしながら、実際柳田先生の河童駒引を読んでみると、単に水神に馬を献じた話だけでは説明のつかない問題が沢山ある。また、石田先生の世界的な視野から見たこの問題も、馬に先行して牛の話があったとか、ニッケやポセイドンの話は非常に興味をひくが、これらだけで日本の河童の話が全部理解されるわけでもない。日本の河童の話には種々な要素が混入していて、河童という漢字だけでは説明がつかないものが沢山ある。

尻子玉を抜く

私達が子供の頃、水遊びに行く時、親達は、あそこの淵には、河童が居て、泳いでいると尻子玉を抜くから、絶対にあそこへは行ってはならぬという場所が、どこの川にもよくあった。

この尻子玉を抜くということは、何を云うのであろうか。尻子玉は肛門の蓋とも云われるものだが、抜かれるということについての説明が、今迄されていないが、おそらく、この抜くと云われるのは土左衛門になった時、肛門がぽっかりとあいて、あたかも蓋がなくなった様になっているのを云うのだと思う。人間の生きている間は、肛門の括約筋は必ずしまっていて、それをキクダラ（菊皿？）とも云われる様に、肛門を中心に菊の花の様に放射線状に筋があるもので、括約筋は死ぬるとぐったりとゆるみ、その放射筋はなくなり、ぽっかり穴があいてしまうものなので、尻子玉が抜かれているというのはこのことであろう。こうした現象は、実は溺死した子供のみに起るのではなく、死んだ人の肛門は、みなそうなっているものである。ただ普通の死人の場合には、誰も、医者のほかには、死の兆候としての肛門のあいていることなどは見るものもないから、そのことを知らないだけのことである。ところが、溺死と云う変死の場合は死体が、裸であることと、生きるか、死ぬかを、素人が見分けなければならない時である。だから、川近くの素人も長い間の経験から、肛門の括約筋がゆるんでいる、つまり尻子玉が抜かれた様になっている時は、もう息をふきかえすことがないと云う死の兆候であることを知っていて、「ああ尻子玉が抜かれている」、と死んだことを確認するわけである。それが尻子玉を抜かれたという言葉の起きた原因であろう。

そんなことなら、「あそこへ行くと死ぬぞ」と云えばいいのに、こんな変った云い方を何故するかといえば、子供にとって、死という言葉は、どういう意味か、具体性がなく、分りにくい、それに反して、子供の体の一部についている尻子が、取られると云う具体的な表現は、自己の体という子供にとって分りやすく、大切な一部が、取られるという恐怖感のほうが強い。また友達が尻子玉を抜かれて哀れな姿になっているのを、見聞きもしているので、分かりやすいので、親がこの言葉を使うものだと思われる。

うずまくみず（淵）

では、親が行ってはならぬという所は、どんな所かと云うに、川が曲っているために、水が淀んでいる所、つまり、淵と云われる所である。

国々によって、こうした所は、蛇巻、曲淵、釜淵、河曲、河勾、河輪、猿淵、河童淵、河駒、河熊、巻戸、巻淵など色々の名がついていて、中には、河曲、河勾、などとなると、里の名にさえもなっているものもある。

漢字の解明によると「淵とは両岸の間に水がグルグルと廻わっている所」とある。その字の通り、こうした所は、表面は碧潭と呼ばれる様に、青々とした水が淀んで、静かな姿をしているのだが、内部では、大きく渦が捲いている所で、大水にでもなると、かくれていた渦は、水面にも現らわれて、恐ろしい姿を示現する。

かく、淵のある所は、世に云う外面如菩薩、内心如夜叉の姿を如実に示す所で、こうした淀んだ所が、なぜ渦を捲くかと云うに、川上から直進して来た水は、まず正面の岩につきあたり、そこから左右に分かれて、逆流をはじめ、後続の直進して来る水勢と再び会い交叉して廻転をはじめる。これが渦巻を起す原因である。物理学の教えに従えば、流体は、水にせよ、空気にせよ、流体が交叉すると、そこに回転運動、つまり渦巻が起る。空気の場合には、台風とか、ツムジ風、あるいは結風などと云われるが、水の場合には、渦、渦巻、つるまき、まいぎり、ぐず、まいまい、まきめ、ぎじぎじ、ぎり、ぎんぎり、まき、まつこみ、だえろまき、などの言葉として語られている。

こうした所で、泳いだ人々の話によると、自分の泳ごうとする方向へ、いくらもがいても、体は動かず、足を取られ、搦みつかれ、手を取られて、誰か相手がいて角力をとっている時の様な幻覚にさえる落入(ママ)ると云う。

かく、淵の状態を調べてみると、河童とは、実は、この淵に巻く渦そのものを云うのではあるまいかという疑問が起って来る。

換言すれば、渦巻は河童の荒魂で、河童は渦巻の和魂ではないかということである。

河童の皿

そうだとすれば、河童の体の特徴や、河童の行動などに、渦巻らしいものがある筈である。

河童の定義には「常には水中に住み、形は四、五才の童子の如く、面、虎に似て、くちばし尖り、身に鱗甲あり、毛髪は短く且つ少なく、頭上に凹みありて、少量の水を容れ、その水の存する間は陸上にても力強く、他の動物を引入れて血を吸う」というのが通例だが、色々の変形のものもある。ただし、この中で、頭の凹は、一番大切で、これがないと河童とは云えないという程重要な河童の特長とされている。この凹みを皿と云う。だから、この皿は、河童の魂とも云うべき部分である。従って、この皿が渦巻に関係があれば、河童は渦巻の和魂、渦巻は河童の荒魂、だという有力な根拠となる。

皿というものは、今日では、陶器の浅い器となっているが、漢字解明辞典によると、盂や盤も皿の意味である。つまり、椀や鉢、手水鉢も皿なのである。ところで、こうした皿のような土器は、ロクロを回転させ、粘土を中空にすることによって、造られるものであることは、誰もが今日知っている。

柳田先生は、この土器を造ることについて、その著、蝸牛考に詳細に論じておられて、その中で、次のことが述べられている。「蓋し、ロクロというものの使用をまだ知らなかった時代の人が、器(ウツワ)をツブラにする術は渦巻より他には無かった。即ちツブラというのは単に蝸牛の貝の如く円い物というだけでは無く、同時に又粘土の太い緒をぐるぐると巻き上げること、恰かもかの虫の貝の構造の如くにしなければならなかったのである。ツボという語がもとツブラという語と一つであったことは、現に地中から出て来る一片の壺のかけを、検査して見ただけでもわかることである……」、また問題のサラ(皿)と云う国語については次のように述べておられる。「蛇のトグロを私達の故郷では、普通には、蛇のコシキと謂って居り、壱岐の島ではコーラキと謂って居る。豊前の小倉ではサラを巻くと謂い、越中でも富山近在ではサラになると謂う外に、一方頭の髪の旋毛もサラというた。他の地方では河童だけにしかサラという語は使わなくなったが、サラも元はやはり毛の渦を巻いた部分のことであった。皿もコシキも共に其製法が元は円座などと同一であったことが、此等の名称の共通なる原因と見るの外は無いのである。淵の渦巻をサラという例は、何処かにあったように記憶するが、今はまだ思い出すことが出来ない、奥州の弘前などでは、のち之をツブラと謂って居るのである。」(蝸牛考、単純から複雑へ)

渦の実体

この様に、柳田先生は、サラを説明しているがもう一つ、これではサラの説明が分りにくいし、渦巻がサラであることも分りにくいので、蛇足を加えて見よう。

今日、渦巻を表現する場合には、その絵は渦巻線香の形で描かれるが、これは渦巻の水平面の表現であって、渦巻の実態を十分に示していない。渦巻の実態を知ろうとすれば、手近なものとしては、電気洗濯機を空廻りさせるとよく分る。その渦巻は上の方が広く、水は争って絡み合いつつ吸いこまれ、軒瓦によくある巴型を呈し、漸次吸いこまれるに従い、先細りの洞を形成し、下方では少し屈曲して、底が見えなくなっているものである。塑像的に表現すれば、法螺貝の捲いている形であり、また、これを手で造るとすれば、濡れ手拭をしぼりにしぼれば此の形となる。此等の法螺貝にせよ、しぼられた手拭いにせよ、その理（すじ）は、渦巻と同様に偏旋回であるから、交叉したところが出来て、蛇のトグロと同様な形をと。

つまり、このサラと云われるものは、一方に於いて偏旋回を示しつつ、一方には中空を生ずるもの。ツムジは偏旋回が著明で、中空の方が余りハッキリしないものだが、逆に中空の方が強調されると、虚言（サラ）と云い、中空を示す方言が出来る（長野県上田）。

おそらく、国語で渦をウズとするのも、中空の方が強調されて表現された結果であろう。臼、虚、と同一の様に考えられその為、ウズと云うのではあるまいか、渦は中空にして、偏旋回のものである。河童の皿と云うのは、まさに、頭上の凹みであって、此の意味のサラに当たる。ただし、これは、偏旋回した水で形成されるものであるから、水がなければ、形成されない皿である。だから、河童の話には、その皿の水がなくなると、力がなくなるとか、あるいは、河童の手紙は水の中でないと読めぬなどとも云われ、更に、碧潭の如きところの河童では、水中に於いて旋回が行なわれているだけで見えないので、豊前北部地方の如く、「河童は、海月の如く、または白魚の如く、水中にあっては、透明にして形を見る能はず」などという話も出て来る。

井戸の皿

宮本常一博士は、戦時中、橿原神宮に於ける労働奉仕の時に、伊勢から来た奉仕員と共に神宮拡張工事中古井戸に突き当った。そうして、その古井戸から皿が出た時、伊勢の奉仕員が、「ここの井戸にも皿が入れてある。」と云い、伊勢地方では井戸にその眼として、皿を入れることを習俗とするという話を聞いたと日本民俗学大系で述べている。

河童は井戸にもいるとは通説である。恐らくこの井戸の皿も河童に関係があるのではなかろうか、同博士によると、大和地方では椀を入れ、和泉の山手では銅鏡を入れるという。だから一概には云えないが、有名な番長皿屋敷のお菊の話も、所詮は、皿と井戸の問題であって、本質的には井戸と皿とには何かがありそうである。

河童は尻抜（いどぬき）とも云い、キクダラ（菊皿？）・キクザ（菊座？）と云えば、肛門のあの菊型の括約筋のこと。キクにはククル（括る）の意味がある。かく、番長皿屋敷の話には河童の要素が十分に備わっている。番も渦の様に交代の意味を持っている。

しかも、井戸はぐるぐると湧水が偏旋回をしつつ、中空を造るところの渦巻となって示現するものである。此れが眼であり、サラであろう。井戸に皿を入れるのは、此の眼の示現の恒常ならんことを切願する意味か、または、この湧水が皿であったことが忘れられて、井戸には皿があるべきだという信仰から皿を置いたのではあるまいか。

さて、井戸の椀の場合だが、河の淵でも渦が巻いている淵を御器洗いなどと呼ぶ。たとえば、岐阜県大野郡の猿丸には、大きな淵が川にあって、天気の良い日には河童が出て、御器を洗うと云うているが、これは淵の底が赤岩でその上に出来る渦巻をかく呼ぶのである。かく、和泉の井戸の鏡の場合はとも角、井戸の皿と云い、御器、つまり椀と云い、河童がこうした事に関係づけられて語るのも、河童そのものが、渦巻で皿や椀型に示現するからである。

陸にあがった河童

だが、これで、渦巻は河童の荒魂、河童は渦巻の和魂、だと結論づけてよろこんでばかりおれぬ。なぜならば、陸と云う河童にとっては、その頭の皿の水が、乾いてしまい、生きてはおれそうもない奈良の地にも河童の話があるからである。

「昔橘諸兄の孫、兵部大輔島田丸、春日神宮造営の命を拝した折、内匠頭某という者九十九の人形を作り、匠道の秘密を以て加持するに、忽ちかの人形に、火たより風寄りて童の形に化し、或時は水底に入り或時は山上に到り、神力を播し精力を励まし召使われける間、思いの外大営の功早く成就す、よってかの人形を川中に捨てけるに、動くこと尚前の如く、人馬家畜を侵して甚だ世の禍となる。此事遥かに叡聞あって、其時の奉行人なれば、兵部大輔島田丸、急ぎかの化人の禍を鎮め申すべしと詔を下さるる。乃ち其趣を河中水辺に触れまわしかば、其後は河伯の禍なかりけり。是よりしてかの河伯を兵主部（ひょうすべ）と名付く。主は兵部という心なるべし。それより兵主部を橘氏の眷属とは申す也。」（北肥戦志）

柳田先生は、この話を、その著、桃太郎の誕生でとりあげ、この人形と云うのは、河太郎のことだと云い、もう一つの人形の話の出て来る遠江国引佐郡久留女木村の次の話もならべて述べられ、「これ等の話は、取り止めのない空想の話ではない。」としている。

そのもう一つの昔話と云うのは、

「古老曰く、昔行基菩薩、諸国を行化して古郷に帰る。老婆に問うて曰う。汝応（まさ）に衣を洗うべきや。答えて曰う。今まさに田の苗を植えんとす、故に衣を洗うの暇無しと。菩薩いえらく、我将に汝に代りて田の苗を植えんと、藁の偶人を造って田毎に之を置く。偶人忽ちに田を植え去って水口より川に流れ、反転して此処に止まる。故に久留女木と謂ふなりと。」（遠江国風土記）

柳田先生がこれ等は空想のようだが、そうでもないとしたのは、同じ由来談が、ミヅチの古名と共に、既に年久しくアイヌの間にも知られて居り、内地の方でも、河太郎はもとは人形であった故に、左右の腕が一本の棒の様に抜け通って居るのだと謂うところは少なくない、という点からである。

土木工事と人形

これに似た話を折口先生も、「河童の話」の中に述べている。それは壱岐国の話だが、

「番匠とあまんしゃぐめが約束した。入り江を横ぎって、対岸へ橋を架けるのに、若し一番鶏の鳴くまでに出来たら、島人を皆喰うてもよい、と言うのである。三千体の藁人形を作って、此に呪法をかけて、人として、工事にかかった。鶏も鳴かぬ中に、出来あがりそうになったのを見た番匠は、鶏のときをつくる真似を、陰に居てした。あまんしゃぐめは、工事を止めて『搔曲放擲け』と叫んだ。其跡が『げいまぎ崎』と言われて居る。又三千の人形に、千体は海へ、千体は川へ、千体は山へ行け、と言うて放した。此が皆、ガアタロになった。だから、海、川、山に行き亘って、馬の足形ほどの水があれば、其処にガアタロが居る。若し人の方の力が強ければ、相撲をとりながら、其手を引き抜く事も出来る。藁人形の変化だからと言うのである」。

これは、春日神宮造営の話の方に関係がある話だが、もう一つの行基の話の方に似た話を自分は知っている。それは、自分の住む泉州岸和田市にある久米田池を掘った時の話である。

「行基は久米田池を掘るにあたって、摂津の昆陽池から持って来た人形に、息をふっかけるとたちまち人間になって、池を造ることに大働きをした。その人形は土で作ってあった、と云われている。人形だから、肋骨が一本足りないと云われている。」

春日神宮と云い、壱岐国の話と云い、行基のこれらの話と云い、いずれも、これらの話は土木工事の話である。

人形と道具

従って、はじめは、この中に出て来る人形というのは、人間のことではなく、人間の如く働く、土木工事に使う道具のことではないかと思った。道具というものは、人間にかわって、人間だけで働くことに比べると数倍、数十倍の働きをするものである。例え鍬一つでも人間の手に比べたら数倍の働きがある。まして土木工事に使う車地(しゃち)などになると、数百倍の働きをする。だから、神宮造営などの様に巨木をつり上げることなどになると、どうしても、例の車地が必要になって来る。そんなわけで、物でありながら人間と同様の機能のあるものとして、人形を考えれば、まさにこの話は興味のある話である。

又、行基も土木工事をさかんに行なった坊さんであって神宮造営の様に大工事の施行者である。従って、池・溝を造るために色々の道具を持っていたに相違ない。つまり、この場合の人形(偶人)も何か、道具を使ったのではあるまいか。あるいは、人間を使うにしても、その使い方に特殊な方法があり、それをこの久留女木の田植の場合に応用したのではあるまいか。例えば、水車を使って田植に協力したとか、あるいは、結（ユイ）、の方法を教えて、田植を早くすませたのではないか、神宮造営の車地と云い、田植の水車と云い、これらは、円形の道具であって、水車などは竜車と云われる様に、いずれも、河童は渦巻だと考える自説によくあてはまる道具つまり人形である。車地は、その腕木と云われるものは河童の如く左右に通り抜けているし、水車の心棒も同様に左に引けば右はちぢまり、右を引けば左がちぢまるという風に、これを手と考えれば左右通り抜けである。

又、行基の人間の使用方法の発明を、結（ユイ）だとすれば、結は、互に手を貸し合うことで、その方言も、

「労働交換」、いー、えー・かたみ、かため、かたより、かたりあい、かてーり、せがえ、てがえ、てがえし（てがえ）、てがわり、てぼくろ、てま、てまがえ、てまがわり（てまがえ）、てんごり、ひっきゃけ、ゆい、ゆいがわせ（ゆい）、おきもり、とつき、ゆいこ。

などがあり、この中には、テガワリは、テガワラ（越中）という河童の方言にも近い方言であり、テガエシと云えば、河童が手を返してもらうこととも通ずるし、結というものは、その手が通通（相殺）になっていること、つまり、左右通り抜けである。

かく、結は、手を継ぎあって協力することでもあり、通通のことであるから、河童の特性である角力の様に組合うこと、左右の手が通通であることなど河童と云われる方法としては、うってつけの話である。従って、これらのことが、これらの話のことではなかったかと考えたのであった。

注　円型は、円目などを云うから、九十九

人格の無視

しかしながら、これらの伝説をつぶさに読んで見ると、人形は、どうやら、人のことらしい。人間なのに、人と云わず、人形だと云われることがあったことは、人非人という言葉もあるとおり、人間でありながら、人間扱いにしない人、つまり奴隷のことである。日本では奴隷とは云わず、これは童を持って表現している。この春日神宮造営の話でも、匠道の秘術をつくして、人形を童にかえたとある。

昔から、河童は大工の弟子だと云う話があり、こうした土木建築工事には、その技術者の許に、手足となって働く人がいることは、今日でも、トビ、テツダイ、人夫、などとよばれている人がある。昔は、こうした人は、人間なみに取扱わなかった。つまり、童とか、奴、などと云うていたのである。これがどうやら河童であり河太郎であり、カタロウであるらしい。

天竜川流域の話

それはともかく、何故こうした人格を無視されたものが河童なのか、愛知県設楽郡の辺では、童（ワッハ）が河童のことなのであるから、童と河童が同一視されたものであろう。又、前述の行基が偶人に田を植えさせた久留女木には次の話もある。

遠江国の引佐郡誌によると、この郡鎮玉村には、久留女木の大淵という淵があって、昔竜宮から小僧が出て来たという話が残っているそうである。此の小僧は村の家々を巡って農事の忙しい頃には田植などの手伝いをして助け、夏の頃、俄雨の降る頃には直ぐに出て来て干し物を片付けてくれる。土地の者の大仕合わせであったので、行く先々でも悦んで御馳走をした。ただ蓼汁だけは決して食わせてくれるなど、常々固く頼んで居たにも拘らず、或日或家でつい忘れてそれを出したために、竜宮小僧はその蓼汁を食べて死んでしまった。村の中シゲという字の奥に、大きな榎木があってそこに此小僧を埋めたと言い伝えて居る。榎の近くからは清水が湧いて、今尚中シゲ全体の田を灌漑して居る。

『桃太郎の誕生』（柳田国男著）

また、これは同様に天竜川流域にある三州市原の田辺家の話として次の話がある。

田原家では、屋敷のすぐ下が青淵になって居て、いつも川童が出て来て農作の手伝いをしたり、客来の折には必ず鯇魚（あめ）を二尾ずつ、川から捕って来て台所口に置いてくれたりした。此川童は平日は同家の竈の上に住まって居たと謂い、又は釜の蓋の上であったとも云うが、兎に角姿は人間の通りで、円座に坐って御器で御飯を食ったそうで、其御器は欠けては居るが今も伝わり、円座も三十年前までは大事に保存してあった。いつの頃の事か此家の召使が、誤って川童に蓼汁を食わせたところが、非常に苦しがって天竜川に転がり落ちて、其まま還って来なかった。其時に屋敷続きの広々とした前畠を、薙ぎを起して突き崩して行き、それ以来家運も追々衰えたと謂って居る。

この話も柳田先生の桃太郎の誕生に出ている話だが、竜宮小僧と云うも、所詮は河童のことらしいし、地元では、これをどんな風に考えているか、殊に、蓼のことが、あるいは毒草で魚を取るためのものかとも考えたので、同郡設楽町神田に居られる原田彦一先生にハガキを出してたずねて見たのであった。原田先生は、自分が花祭りを見に行った時にバスの中で知り合って、宿のことなど色々世話になった原田詳一氏の兄さんにあたる人で、郷土館館長をしている人である。原田先生からの返信は次の様である。

お仰の三河国北設楽郡富山村田辺家の伝説でありますが数年前までは河童の茶碗が保存されていたと云います（富山村熊谷伝記中にあり）之は河小僧です。川小僧は常に漁獲し之を常食として居た。五月農繁期には忙しいので猫の手でも手間を傭いたいときなので川小僧を雇入れた事もあった筈、但し人間並には使用されず家内には入れなかった、依って炊事場で食料を与えた処から竈の蓋の上に坐して居たこと等、この釜は馬の食料又は湯をわかす器である。川小僧の伝説の外にポンと云う漁獲して居る者が私等子供の頃まで居りました。寝起は川辺の岩の穴などで住んだ。之を色々と変化させ伝説を生んだものです。

蓼は毒草ではありません。牧野日本植物図鑑第一八四九図、ナギダデ、—ホンタデ、夏期うどん、そうめん類の薬味として当地方では使います。生で、もんでその汁を足の裏につけると涼味を感じ暑気払と云います、辛いので川小僧も沢山食された事ではないでしょうか、以上お返事まで。

原田彦一

川原者

この報告の通り、想像は、まさしくあたっていたのである。ポンというのは三河では漁夫の意味だと東条氏の方言集にはある。これ等のことから、川原は、昔はこうした一定の百姓でない人々に開放されていたものらしく、春日神宮の造営が終った後に童達が、川に放されたというのも、こうした一定の百姓の権利のない所へ住ませたという意味であろうし、川魚だけを食べているこれ等の童が、人や家畜を害するとあるのは生活上当然あり得べきことで、久留女木の話も同様に、その辺に住んだこともうなずける。

なお、前述の天竜川沿いの話には、そのほか北設楽郡振草村にも大谷地と云う旧家があり、屋敷の下を流れる振草川にスミドン淵という淵があって、ここにも川童（カワランベ）が住んでいて、毎年田植を手伝に来たり、膳碗を貸してくれたりした。それで田植祝の日には、昔から上座に一人前の膳を据えたが、これも、蓼を或時御馳走にまぜておいたので、それを食べた川童が、おお、辛い、おお辛と云いながら谷をころがり振草川に落ちて行ったが、それ以来その淵が浅くなり、旧家もなにかにつけて、不仕合がつづいて、家がおとろえたという話がある。

川童が、この話の様に、淵に棲んでいたとなると、一見、この川童は、水神である怪物か川童を考えさせられるが、淵という渦の巻くところは川のうちでも一番魚の多く居る所である。だから、川魚を常食しているこの川童が、人間でなく、水神の川童でなければならないという理由にならぬ。なぜならば、原田彦一先生の報告にある様にポンが岩穴に住んでいるのだから、それと同様な、かかる川童が淵のほとりに住んでいても、別に不思議はないからである。

このことで、思い出されるのは、河原者と云われる人々のことである。河原者はいやしき人夫とか、昔京都の加茂川の川原に、これ等の者が多く居ったからだと云い、乞食・非人の類の総称であるとか、出雲お国が京都鴨川の川原にて芝居を興行せしを始とし、後には四条川原にて常設の芝居小屋も出来しより云うと云われ、芝居の役者、かわら、かわらかぶきこ、かわらこじきとも云う（徳川時代の語）この川原者も、単に川原の者の意味か、それともこの話の様に川童であったかは興味のある問題である。他の府県にもこうした人の川原に住んでいる例は多く、又川原と川童とは、単に似た発音のものに過ぎないかも知れない。

こう見て来ると、春日神宮造営の人形も、行基の田植の偶人も、人間と謂うたしかに、ほんものの動物に名づけたものであることがわかり、これは、柳田先生が云う、水神の零落した姿ではない様である。しかしながら、河童の姿として示されている像としては、頭髪は、こうした川に住む人間であるから、ザンバラ髪であり、頭の真中は禿げて、所謂おかっぱ頭の姿であって、河童のモデルとしてはもって来いの姿であったに相違ない。

奉行の名

なお、このほかに、春日神宮造営の話には、もう一つ、この人形である河童が、人間であることを示す点が存在する。それは春日神宮造営にあたっての奉行の名が、九州地方にあるところの、ヒヨウスべと云うことと一致する兵主部(ひょうすべ)であることとである。

兵主部とは如何にも武士の名の官名に見えるが、ヒヨウと云えば日傭もヒヨウである。この日傭は農山村で、田植や刈入、そのほか養蚕などの特に忙しい時期を数十日ひきつづき傭われる者のことで、このような日傭には繁忙の時期のちがう他地方の者が入りこみ、年々定まった馴染の家に雇われることが多い。佐賀県東松浦郡加唐島などでは、ヒヨウトリと云って、以前霜月九日の秋祭用の供日米を求めて、結婚前の娘たちが附近の農村の秋働きに出掛けたが、そのツキアイサキ(雇われ先)も一定していたと云う(離島手帖)。

富山県東礪波郡上平村などでも、相当長く頼む雇人がヒヨウで、里からも来ると云う。また兵庫県宍粟郡富栖村で、ヒヨウというのは賃金で支払わないで労力で返すのが普通だということで、田植時に人に手伝いに来てもらうのを五月ヒヨウなどと云っている(奥播磨)このヒヨウは日雇から来ているので、前述の天竜川沿いの川童の様に、川原に住んでいる者ではないから、同一のものではあるまいがその文字の上の内容は全く同じである。九州地方でも、こうした一定の職業がない日雇が、天竜川沿いの川童の様に川原に住んでいて、同様に川魚を常食とし、または、土木事業などに出て大工の手伝をしていたかどうか、火野葦平のものの する河童曼陀羅には河童は多く筑後川に住んでいたとあるが、これらの河童は、日雇型の生活をしていたのではあるまいか。

だいたい、春日神宮造営の奉行の名が、兵部と云う神宮造営とは全然関係のない兵事を司どる官名がつけられていることが、おかしい話であって、むしろ、この日雇に関係のある造営の人夫の奉行としての日雇（ヒヨウ）部であったのではあるまいか。日雇は、運送、土木の賤工のこと、神宮造営は一つの臨時の大土木工事である。だから、日雇は当然神宮造営にも関係があってよい人達である。これらの人が、利用された後、その落着く場所は、人形という非人であるが故に、田畑を所有せしめるわけにもいかず、天竜川の話の様に、川原に住ませて、漁業を許したのではなかろうか。漁業だけでは、当然生活出来ないために、いろいろと世間をさわがしたことも当然考えられる。天皇が、日雇部大夫である島田丸に、彼等を宣撫せしめたということは有り得ることである。そうして、日雇部が、日雇統（ヒヨウスベ）と云われるのもこの点からすれば、当然であって、この場合の兵主部というのは実は、この場合日雇統ではなかったかという疑いは濃厚である。

久留女木

しかしながら、ここで問題になるのは、川に住む怪物である河童を、九州では、ヒヨウスベと確に云うている。川に住む人間の河童ならば、これを統一する支配者または頭を日雇統[すべ]と考えるのは、正しいが、河童という水神そのものも日雇統（ヒヨウスベ）とするわけにはいかぬし、また、単に人夫頭である日雇部大輔などが、太宰府の天満宮の末社に、兵主神として祀られるはずもない。また諸国には兵主神は、和泉国、大和国、近江国、播磨国、尾張国などにも、式内社として沢山存在していて、これらを日傭主（ヒヨウズ）神とすることは、無理である。だから、この神宮造営の話には、日雇統と、河伯である兵主神との混同があると見なければならぬ。兵主部については、後述するつもりである。

一方行基の田植の話を読んで見ると、この人格を無視されて、人間扱いをされない人形が田を植えて川に出ると「反転して此処にとどまる。故に久留女木と云ふなり」とある。川の中で反転すると云うからには、これはまさしく、渦を巻いている所であり、久留女木もくるめくとは、車の如く廻ることで、反転と同様に渦巻く地点である。

かくの如く、この人形は、川に入ると渦巻になったと云うのだから、おかしい話。人形と云えども人間であるものが、渦巻になるというのは、どういうことであろうか、しかも柳田先生は、これを河太郎のことだとしているのである。

かっぱのしりぬぐい(注)でも、述べた様に、河童や、河太郎には伝説は沢山あるが、河童という文字や、河太郎という名そのものは、単に川の子供、川の太郎ということよりほかに、意味するものが、何も出て来ないのは、中国の河伯、馮夷が、名ばかりで、なんにも示さないのと同様である。僅かに、河太郎の太郎は、長男の意味で、河伯の伯がやはり、男の最上の人であると云うことと一致していて、河伯の訳が河太郎だろうということがわかるだけである。

注『沢田四郎作博士記念文集』所収

交と代の語源

そこで、河童、河太郎のことはしばらくおき、それらの先祖である、蛟、虬と云う語について考えて見ることにしたのであった。

蛟を藤堂博士の漢字語源辞典で調べて見たが、虬と共に、同辞典には、出ていなかった。そこで、蛟の交について一応、これがいかなる意味を持つか、又、虬に関しても、虬とは、いかなるものかを調べることにした。

同辞典に於いて、交に関しては次の如く書かれてある。

交はその全文に明らかなように、人がスネをX型に交叉させた姿である。足をねじらせたつやっぽいポーズをする女性を蛟といい佼という。つまり交は後世の蛟の原字だと考えてよい。しかし交というコトバの基本義はもっぱらX型に交叉するという点にある。まず、咬や齩は、上下の歯を交叉させて物をかむ動作である。ハサミを交叉させて切るのは、鉸という。絞は糸や布を交叉させてしめつける動作である校とは、もと木を交叉させた手足のカセであった。転じて木をX型に組んだ柵をいい、またAとBとをひと所にまじえてみて、そのよしあしを比べる意味に用いる「見くらべる」とは、交叉させる動作の一種である。従って「見くらべる、対照する」などの行為を、また較という。校定の校と比較の較とは、ほとんど同じことである。

交の字をもっと抽象的な記号で表わしたのが字形爻である。この字はX印を二つ合わせて、交叉することを示した指事文字である。皿の上にX型に交叉させて並べたごちそうを肴と云う。さまざまな物が交叉しているのを混殽コンコウすると云う。この殽は交と同じ意味である。

交の基本義　X型に交叉する・しぼる

註　𠂆は、まといつく、もつれねじれる。これは面白いことである。交と云えば、足を交叉することだけかと思ったら、しぼる、こともこの字にはあるということは、渦巻は、まさに、しぼる、ことであるからである。渦の型は、河童の皿の所で述べたように、手拭をしぼる時と同じであることは、その折の電気洗濯機をからまわりさせた時に見られる様に間違いない。だから、交を持っている蛟もまた、この様に、しぼられた型のものを云うのであろうかと藤堂博士にハガキを出して聞いて見たのであった。それに対する返書の全

文は、かっぱのしりぬぐいで述べたから省略するが、同博士の返書の要点は、

　蛟は仰せの通り、トグロ型のものであります。

ということであった。このことを教えられた時、いま論じている、春日神宮造営、行基の田植、折口先生の壱岐国の河童の話の藁人形、また天竜川沿いの河童と考えられる竜宮小僧が、すべて、人にかわって仕事をするものであったことである。かかる人形と云うものはつまり、人と交代して働くもののことであった。その交代と云うことの交が、かくX型に交叉し、しぼられる意味を持つことは、渦巻が、しぼられつつX型に交叉するものであることと同一である。それでは、交代の代の方はどういう意味を持っているか、もし、これも交と同様に、しぼられるものであれば、交代とは渦巻というものの本質を突いていることになる。

　そこで再び藤堂博士の前記の辞典を開いて、代の所を調べてみると、

代・忒　弋は杙（くい）の原字であり、棒ぐいが古代の大切な工具であった。棒ぐいを用いて惟（いぐるみ）が作られる。いぐるみは矢の尻に縄をつけ、鳥や獣によじれてまといつく。代はよじれるという意味を含む代表的なコトバの一つである。

　代とは、Aが出たあとBが出る――というようにかわるがわる登場するのが原義で、朱駿声が「およそ此をもって彼に易かえ、後をもって前を継ぐを、すべて代という」と解くのが正しい。交代の代が本義である。世代の意に用いて、「三代」「五代」などというのは、その派生義であろう。忒トクは代と同系の人声（つまり音）で、やはりAとBとが入れかわりたちかわり登場することである。その動作を図形化すれば、よじれた形となる。

　代とは「更にいれかわるなり。人＋弋声」（漢書、刑法志）、「代りて雌雄となる」の注に、「代とは迭かわるがわるなり」とあるのが最も原義に近い。入れかわり立ちかわり登場して、よじれた形を呈する

ことを、「四時送代」とか「新旧代謝」とかいうのは、ＡＢＡＢとかわるがわる出没することである。

基本義　たがい違い・よじれる

かく、代も交と、ほとんど同じ様に、まじわり、よじれるもので、代は、交をくりかえすものを云う文字であることがわかった。渦巻は、まさにこの姿である。柳田先生はこれが河太郎だと云うのだから、河童は、交代者であり、渦巻だということになる。それではアイヌのミンヅチの様に、一方の手を引けば一方の手がついて来るかと云うに、渦巻は一方から入って、一方に抜ける水である。さすれば、この水流を手と考えれば、まさにミンヅチの左右の手と全く同様である。また、渦巻も、交代も、Ｘ型に組んでいるものである。組むことは、まさに取組むことであって、角力である。だから、河童は、左右の手が通り抜けており、角力を好むものであることを、この交代と云う文字も渦巻も十分に満たしてくれるものである。

もともと、交は、足を交叉する、または、着物の襟を合せた型であると云われ、Ｘ型に交叉すれば、当然、図の如くなる。

Ａ

Ｂ

つまり交はＡの如くなり、このＡが重複すれば代・あたかも襟巻を巻いた形である。渦巻はＢの如く流れて来た水が岩にあたると回転しＸ型に交わる。これが連続して渦巻となる。細長い糸、蛇または、水の様なものは、交叉した時に、必ずこの形をとる。つまりＸ型に交叉していることと、絞ぼられることが同時に起きて来るのである。

かく春日神宮造営や行基の田植の交代者というものが、渦型のものであるからこそ河童と云われるのに、ちがいない。この点に於いて行基の田毎に童をおいたという田植の方法にはその裏に結ということがかくされているのではないかとも思われる。結は交代者としては理想的な形のものであり、神宮造営の車地も交代者であるが、この際は人夫としての交代者だけを考えておくことにとどめる。

そもそも、人形は形代とも云われ、かわりをするもののこと、つまり、交代（カタシロ）でもある。文字の上からも、形は井であって、交叉するものを意味するのが本義。

この様に、これらの話も、河童の荒魂としては、交代という渦巻型のものが考えられるのである。かくてこそ始めて柳田先生の人形を河太郎とする所以も成立するわけである。

蛟の種々相

次に、蛟について考えて見よう。柳田先生は蛟とは四つ脚のある蛇だという一般の定義から、こうしたものは常民には想像されるべきものではなく、これも河童に結びつけようとした昔の学者の苦心を冷笑せられている。

しかしながら、蛟は必ずしも四脚の蛇ばかりのことを云うてはおらぬ。たしかに、蛟は四脚のある蛇の類だとして、ワニ、亀類の正覚坊などが、中国の古典には出ている。しかしこのほかにも蛟と云われるものがある。あるものは、婦女子を犯して歩いたと云われる日本の河童の様なものもあり、馬絆蛇という馬の足に巻きつく大水蛭等の場合もある。また蛟は、蛇と雉とが交わって数拾年を過ぎて生まれるものであるという話もあり、もともと、アニミズム的に、自然現象と生物とを混同した怪物であるから、一定したものでなく本来不明だと太平広記の中で南僧という人が云うている。

これらの話は中国の古典に出ていることだが、大渦の巻く、碧潭ともなれば、淵のこと、魚類はこうした淵に多く集まるもので、それを餌とするワニも棲むであろうし、また大亀も、馬絆蛇の様なものも集まって来るのは当然のこと。間違ってこうした所へ落ち込んだ人間が、ワニに喰いつかれているのを見ることもあるだろうし、土左衛門があがった時に、大亀が附近を泳いでいることもある。また、馬絆蛇の様に、馬の足に巻きついて、血を吸うているままに陸に引きあげられることもあるであろう。馬絆蛇はなまぐさい涎をたらすという話だが、日本の河童もそうした涎をたらしているものだとは聞いたことがある様に思う。

さすれば、こうしたものが、淵の主であろうと考えるのは、昔の人にとっては当然であったと思う。

また、アニミズムの時代であるから、渦巻く水は、トグロを巻いた大蛇に見え、そのために、そうしたところの淵は、蛇淵とか、蛇巻淵、竜淵などと、云われ、渦の巻くために起る白浪は、蛇に脚がある様に見えもしたであろう。このことは、我々でも同じ流体である空の雲が、時々そうした姿をしている様に思うのと同じことである。生物、無生物を問わず、いずれも生物と考えていた古い人には、これらのものが混然として、蛟と云われるものを形成したに相違ない。

中国の様な大陸的な場合には、ワニなども淵に棲んでいたのであろうし、大水蛭である馬絆蛇も棲んでいて、人畜に実際害をあたえたであろうが、日本の様な小さい島の国では、こうした大物の淵に棲むはずもなく、日本に関するかぎり、人畜が、川や淵で、生命を落すのは、こうした動物のためではなく、むしろ天然現象である渦巻に巻きこまれることが、その原因である。大亀は時々湖や淵には棲んでいるが、これにおそわれたという話は聞いていていない。

ことに、瓢にまつわる衫子絶間とか、備中の笠岡臣が、蛟を退治した時の瓢に関する話などは、ほんとうのワニ、大亀、大水蛭などにとっては全く興味のない話であって、日本の蛟に関するかぎり、蛟はかかる動物の問題でなく、天然現象の渦巻の仕業であることは明らかである。
つまり、渦巻の交代の形がなせる業であるから、ミヅチ（蛟）が問題になったもの。

このほか、蛟が、婦女子を犯して歩いたとか雉と蛇が交わると数拾年たって、その間に生まれた卵から蛟が生まれるなどという話は、蛟が、交という文字によって代用されるので、その混同から起った蛟であろう。そのことは、後述する山の蛟の場合にもふれて見たいと思っている。

山中の蛟

いままで述べて来た話は、川や淵の話であり、文字の上の話だから、蛟との結びつきを探し出すことも、簡単であったが、これから述べる話は、蛟が山の中にもいるという話だから、渦巻と云う水に関係のあるものでなく、この問題のために、蛟はしばらく、研究を中断せざるを得ない程であった。

中国の荒政輯要と云う本によると、昔、中国では、大雨が降った時に、あちらこちらの山から一斉に蛟が発生した。多い時には数十ケ所に蛟が発生し、田畑を押し流した。

と書いてある。このことから考えると、蛟は土の中に発生するものらしい。日本では、甲子夜話に、これと同一の話が出ている。

世に宝螺ぬけと云ひて所どころの山、にはかに、震動して雷雨瞑冥して何かとび出づるものあり、これを宝螺の土中にあるもの、かくの如しと云へども誰も正しく見しものなし、これまた蛟の地中を出づるなりと云ふ（下略）

と述べてある。この様に蛟が山中の土からとび出して来るというのだから、これだけの説明を聞いただけでは、どうにもならなかったのであった。

ただ、甲子夜話にある、宝螺ぬけ、ということは、蛟は、渦巻の如く交代するものだと考えていた自分にとっては、この宝螺ぬけが、問題の解明される糸口だとは思っていた。言泉を引いて見ると、「ほらぬけ・法螺抜・螺抜・多数の人が一時居住の土地を離れ去ること」と書いてあるが、これでは、蛟と何にも関係をみいだすことが出来ぬ。だがこの同時に沢山の人が居住の土地を去るということは大きいヒントを自分に与えたのであった。それは、桃太郎の誕生にも出ている。蛇抜け、蛇くずれの話である。

昔一人の座頭此峠の頂上に宿して、深山の寂莫に堪へず、一人琵琶を弾じて心を慰めて居る折柄、忽然として美しい女性現はれ来って、しきりに感歎しかつ曰く御坊麓の里に下るとも必ず長居するなかれ、我は此山に年久しく住む大蛇なるが、時至って近々に海に入るので、行きがけに此下の一谷を淵にする。今宵一曲のよしみに由ってそなたにのみは告げるが、人に之を言ふならば即座に命を取るぞと言った。座頭は之を聞いて急いで村里に下り、身命を無きものにして村人に其危険を教へ、術を構へて大蛇は退治したが彼も亦立ちどころに死んでしまった。それを神に祀ったのが大倉権現、大蛇も大利大明神と称へ今に其祠が頂上に在る。或は神宝として其折の琵琶が置いてあるといふ（越後野志巻九）

とあり、所によっては、琵琶のかわりに三味線だったという所もある。しかして、これらに共通の点は、どちらの峠にも蛇骨という一種の鉱物が採集されると柳田先生は述べておられる。福島県相馬郡耳谷角落に於けるこの蛇骨の峠の話では、この大蛇を退治するのに河童のきらう鉄を打ち込んだという話であった。だが、今も云う通り、この話にも、宝螺抜けに関して、蛟のことが少しも出ていないのでどうしても、この蛇抜けの話を蛟に結びつけることは出来なかった。

大蛇崩れの実態

たまたま、岸和田市の文化財委員として、木曾路の文化財研究のため、木曾の妻籠の生駒旅館に泊った折、木曾案内のパンフレットに大蛇くずれの名所のことが載せられてあった。そこで宿の主人を呼んで、これは大山崩れのことではないかと聞くと、そうだとのことであったので、その状況を聞いて見たが、大山崩れは、この宿の川向にもあった。山崩れは、一度、山の中腹に池が出来、数年、数十年して、この池が再び崩れ、麓へ押し出して一村全部を押し流すという形をふむもので、この宿の裏の場合は、おやじの代のことであったから、自分は、どんな様子であったか知らない。ただ、蛇ぬけは、遠くから見ると大蛇が走り下る様に見えるから大蛇崩れと云うのだと思っていると語るだけであった。

ところが、いよいよ妻籠を去るに及んで、呼んだタクシーに乗った時、その運転手に話しかけている間に大崩れの話に及んだ、運転手は、大崩れにあったことはないが、伯父は現場で見たことがあり、その話によると、大きい松の木を根こそぎにして、捻じれて、落ちて来るものだと話しだした。「ねじれて落ちて来る」という言葉に、思わず、大きい声で「ほんとうにねじれて落ちて来るのか」と聞き正した。大きい声に驚いた運転手は、しばらく、無言で、自分の云うたことを反省している様であったが、「たしかに伯父は、そう申しました」と答えたのであった。

自分が大声をあげたのは、蛟は、再参、再四述べている様に、交代のことであり、渦巻型のものであると考えており、この中国及び日本の蛟、宝螺抜けということには、それ自体に、ねじれるとか、よじれるとか、しぼられるということがなければ云わないことで、単に大山崩れの結果一村が立ち退くだけのことではないと考えつづけていたからである。

この運転手の、蛇抜け、大蛇くずれの話に、それ自体がねじれているという一言は、長年にわたる自分の懸案を一挙に解決してくれたのであった。しかし、これは山家育ちの運転手一人だけの証言である。従って間違えていることもないとは云えないので、前述の三河国設楽郡設楽町原田彦一氏にもこの点を問いあわして見たのであった。というのは、天竜川沿いの竜宮小僧の話に、三州市田辺家の話の終りに、蓼を食べた竜宮小僧、つまり河童が、田辺家の屋敷つづきの前畑を突き崩して天竜川に落ちて行き、それから田辺家は、衰えて行ったというのは、この宝螺抜け、大蛇くずれであったと思っていたから、設楽地方も山中のこと、こうしたこともしばしばあって、そこに生まれ、そこに住む原田氏は、この現象をよく知っていると思ったからである。その返事には予期していた様に、「田辺家の話は、大蛇くずれと思われる、また蛇くずれの時は、押し流されて下る土砂はねじれにねじれて下るものである」と木曾の運転手の言葉を裏書するものであった。かく山の蛟(みづち)も明らかに、交代という、しぼり、よじれる渦巻型を呈する現象であることを知ったのであった。

つまり、河童の荒魂が、渦巻型であることは、その先祖である蛟の場合も同様であったのである。

大陸の化石

柳田先生は、蛇くずれの例の琵琶法師の話の終りに、その峠は、蛇骨峠とも云うたと書き、そこには、蛇骨という鉱石が出ると述べている。蛇骨とは鉱物学上、硅華、沸石類を云うもので、色白くして蛇の骨に似たものであるから蛇骨と云うらしい。この話が、ほんとうに、蛇くずれのあった所の話なのか、それとも、一見、蛇の骨に似た地質の所であったから、こうした蛇くずれの話が起ったかは、ともかくも、伝説には、こうして何等かの、その話に関係のある地理条件または事件があるものである。さきに述べた中国の話でも、雉が蛇と交わって、数年たつと蛟になるというのも、何か、そう云わなければならない理由が、山に発する蛟、つまり、山崩れにはあったのであろう。蛟の卵は、二斗程の大きさであり、その卵のある所は、冬雪が降っても積らないと云われ、だから、蛟を防止するのには、そこへ、鉄と犬の血を埋めればよいなどと荒政輯要という中国の本には書いてある。そんな方法が、蛟をくい止めたかどうかは別として、中国は大陸のこと、地質的にも、考古学的にも、日本と比べて、問題にならぬほど大きいから、化石なども大型で、蛟と云う大雨による山の崩壊により、数百万年の化石もとび出して来たことであろう。例えば、恐竜の類の化石などは、その形が魁偉であり爬虫類であるから、今日の蛇にも似ていて、竜や、蛟と云われる四脚のものの骨であると考えることは、当然である。つまり、こうした山崩れや古い中国の淵には、こうしたものが、沢山あって、古人に前述の如き種々なる伝説を作らしめたものであろう。

雉と蛇の交わるということも、雉は蛇を好んで食べる。従って、雉が蛇にとびつくと、蛇も必死となって雉に巻きつく、その死闘が一見、雉と蛇の交わった姿に見えたもので、中国の古典には、現にそれを見たとあるのも、実は、この死闘の姿を交わっていると見誤ったものであろう。それにしても、その交わって生まれた蛟が、上半身は雉で、下半身は蛇だというのは、山崩れの何をさし、いかなる化石であるかは知るよしもない。

伝説の背後

琵琶法師の琵琶についても問題がある。自分の住む泉南郡東鳥取町山中渓は、旧熊野街道に沿った、和歌山県境の宿場町であったが、ここに琵琶ガケという崖の所が、熊野街道に沿ってある。その下に橋があって、その橋の下で、盲人が、琵琶を弾いていたから、琵琶ガケと云うのだと云い伝えている。

ところで、この琵琶ガケは、よく崖の崩れ落ちる所で、江戸時代、紀州侯が、江戸へ行く時は、ここを通るので、通行する一週間ぐらいまえから、崖に大きな網を張ったものだと云い、だから村人は大網がこの崖にかかるとああ紀州侯がお通りになるということがわかったものだという話を古老に聞いたことがある。ビワはヒワレルことにも関係があり、琵琶法師をこうした山崩れの所へ持って来て話を作るのも、こうしたビワがヒワレルと云う割れやすいところからかも知れぬ。あるいは水神の弁天様が琵琶を持っていることにも関係があろう。とにかく、伝説の背後には何等かの事件または地理的現象が必ずあるものである。

金創薬の構成要語

そこで、いよいよ、柳田先生の河童駒引の中の河童の話についても、この基本に従って解明して行こうと思う。

まず河童家伝の金創薬の話から述べてみよう。この問題について、柳田先生が『山島民譚集』に代表的な例としてあげたのは、博多細記と裏見寒話の二例である。その本文は自分の著わした「かっぱのしりぬぐい」(『沢田四郎作博士記念文集』)に載せたので、その大要だけを次に述べてみよう。

一、博多細記

厠に入った外科医の妻が厠に出て来る河童の手を**切る**。その夜おそく河童が**手を返し**てくれと、その外科医夫婦の所へあらわれて**詫び**を入れた、外科医は切れた手は人間の外科医でも、その**手は継げ**ないというと、河童は河童には切れた手でも継ぐことが出来る秘法があるという。そこで外科医はその秘法と**交換**条件で**手を返す**ことになった。秘法を教えて手を返してもらった河童は、**手洗水鉢**に**鯰**を入れておいた。外科医はこの河童によって教えられた薬草を使って大いに儲けた。

二、裏見寒話

甲州の釜無川のほとりを**馬を引いて**通った農夫の馬の尻尾を小さな子供がひっぱるので、馬子が、脇差を抜いて子供を追い払い、家に帰って見ると、尻尾に何かぶらさがっている。それは小童の**切られた手**であった。その夜中に河童が家を訪れ**詫びて**、**手を返して**呉れ、その代りに切れた**手でも継**げる薬草を教えるという。そこで、その薬草を教えさせる**交換**条件で、手を返してやった。この河童も盥の中に沢山の**鯉**や**鮒**を置いて行ったと伝え、この農夫もこの薬草で大儲けしたという。

これらの話についていては、今までの民俗学者はその内容にふれず、ただ面白い話だというのみで、その内容について論じたものを自分は見ていない。ところで、この内容を前述の交という点から考察して見ると、面白い問題がひそんでいるように思うのでその点を考察してみよう。

河童の手

それというのも、誰でも気付くようにこの二例に共通して見られる点は、河童が、

手を切られる

手継

手を返す

ということが出ていて、これに、厠、詫、交換条件、手洗水鉢、盥、鮒、鯉、鯰、駒引、などが附随して、その話が形成されていることである。手の問題はこの二例の話ばかりでなく、諸国の河童の話にも多くあり、柳田先生の分類した羅生門、弥三郎の老母の中にも出ている。一体これは何を物語っているのであろうか。長い間これが懸案であった。

鉤引石

しばらくたって、次の信州の河童の話を読んだ。

「カギッピキイシ」。長野県の佐久から諏訪へ出る途中に赤沼池というのがある。昔この池に河童が棲み、石の上に坐って旅人にカギッピキを挑んで、多くの人を池中に引込んでいた。諏訪の瀬遠は小指で河童を宙に吊し上げ、頭の水をこぼした。河童は詫びて小県郡の和田宿山中に池をつくって移ったが、名残を惜しんで、赤沼の葦の穂をとり、帰って来るまで穂を出すなと云ったので、ここの芦は今も穂が出ないという（『綜合日本民俗語彙』）

この話の、**頭の水**、**詫び**、**移転**、などの話は他の河童の話にも出ているが、カギッピキということは河童の話としては独得なもののようである。

そこで、一体このカギッピキとはどういう時に使用する言葉かを調べてみることにした。

「カギヒキ神事」　山入の式に神木を定めしめ縄をはり、餅を供え小枝で木の鉤型をつくり神に供える。（三重県、滋賀県の山間部）

「カギヒキ」　仙台地方に於ける子供のユビキリのこと。

「カギヒキ花」　仙台地方でスミレの花をいう、

ということがわかった。

スミレとカギヒキ

そこで、試みに、スミレの方言を全国的に調べて見ると、その方言の驚くほどに沢山あることが分った。

柳田先生もスミレの方言には注目していたと見えて、その『野草雑記』に、スミレの方言について述べておられる。その代表的な方言を分類してみると、次の如くなる。

一、馬、牛を示す方言型

(1)コマヒキグサ

(2)べコノツノツキ

(3)ウシノコッコ、ウンマンコッコ

(4)チンチノコマ

二、角力取を示す方言型

(1)スモウトリバナ

三、交叉を示す方言型

(1)カギヒッパリ

(2)カギトリバナ

(3)カギヒキバナ

(4)カギバナ

四、勝負を示す方言型

(1)ジロウタロウバナ

(2)ゲンペイバナ

などにわけられる。(一)の牛・馬型はスミレの花の形から来たものだが、(二)と(三)は名前こそ異なるが、掛け合せてスミレの花を子供が落しあうことであるから同一であり、(四)はその結果である。つまり、

角力取——鉤型——×——交

交叉——鉤型——×——交

という点は一致している。そこで考えられることは、スミレを鉤引花というのは、指切をカギヒキという仙台の場合と同様に、花を鉤型に掛け合わせるからいうのであって、

角力取（取組）——鉤型——指切——×——交

というものは、いずれも同一の行為からおきたものだということが分る。

×をつける遊び

こうした関係はスミレだけではなく、次の長野県下伊那郡の遊びにもみられる。

相手の云ったことに対しては嘘は云わせぬ、二枚舌は使わせぬという意味に使う言葉をイビッキリと云う。イビッキリといいかけられたら最後、自分の云ったことは必ず実行しなければならぬという。強い力をもった詞とされている。同時に**誓約**するときに人差指を曲げて**引掛け合う**。さらに終ってから、指で拵えた穴を互に吹き合って次のように唱える。

ユビキリ　カマキリ
嘘いうと地獄の底へ落ちるぞよ

また同様に愛知県では

イビキリ　イビキリ
三年たったら乳から下へ腐れよ
かけ　かけ

「かけかけ」で互に相手の胸の所へ指で×を描くという(尾張童謡集)

とある。このようにイビキリはもちろん、ユビキリだし、下伊那の遊びのイビキリカマキリのカマキリもスミレの方言にあるところを見ると、いずれも、×**型に指を掛け合**すことになる。つまり、

鉤引——×——指切——誓約

が、ここではハッキリと出ている。

さらに、一方、今度はユビキリの方言を調べて行くと、神奈川県江の島ではユビキリはテッキリボと云う、だから、

鉤引——指切——テッキリボ

である。また、角力では勝力士が賞品をもらう時に、手で賞品を切る真似をする。これをテッキリと云う。その理由を角力通に聞くと、神に誓う意味がテッキリだと云う。つまり、

テッキリ——誓約

なのである。

ここで思い出されるのは、われわれが事を推測する時「テッキリ、そうだ」ということをよく云うが、その内容を考えると、それは「誓ってもいい」とか「指切りしてもいい」の意味である。だから、これもテッキリボや角力のテッキリと同一の意味を示す言葉に相違ない。そうなって来ると、いままで述べた

「角力取——鉤引——指切——テッキリ——誓約——×」

というものは、いずれも同一の意味をもっていることになる。つまりこれらは総て、

×——交

ということになる。そうして、テッキリ、テッキリボというのは、倉田一郎氏が民間伝承十巻四号で次の如

く述べているように、

ただ、ここに思い出されるのは、京城帝大の内藤吉之助教授が民族一巻五号に於いて、この指切が、契（チギリ）と云う語と関係があろうと云うことについてふれられたことである。その後これを論文として発表されたと仄聞するが、いかんながら筆者は該論文を読む機会を得ていない。少くなくも現在の児童語彙としては、これが直接証左さるべき例を発見しないだけに、内藤教授の業績に一段の期待を抱くものではあるが、これらのユビキリ、ギリ、テッキリ、テッキリボなどの例から考えて、チギリのギリは切であろうことが推測され、或は、チは手の古音かとも考えられるので、**チギリ**は**手切**であって、その点では相州のテッキリ、テッキリボと近いと考えられ、また造語法としてもユビキリと同型態であり、もと指切の一国語であったかとも想像さる。下略（指切考）

とあるように、

チギリ（契）——手切

である。このことは、昔から約束のしるしに、手なり指なりを切るという風習があったとみえて、今日でも俠客仲間では、約束を破った謝罪のしるしとして、小指を切る風習がいまも残っている。刑罰にも、中国では「殷之法、棄灰于公道者、**断其手**」（韓非子解話全書）。日本では百練抄に「今日左右獄囚人十五人於山科斬首、又廿一人**切手**」とあり、約束を違えた時には、古代のこと、手ぐらいは切られることがあったのではないか。それが今日までも、手切という言葉が契の意味になった原因と思われる。そうでなければ切（キル）という言葉が出て来るはずがないからである。

切手、手接、返手

そこで、いま問題にしている**河童が手を切られる**という博多細記の中にあることがらも、この手切、切手、ということと関連があると思われたのである。つまり、

「手を切られる――手切――テッキリ――指切――契」

ということが、この河童の手の問題であったと思う。

このことは単に博多細記の河童の話だけではなく、例の信州にあった鉤引石の解明のためにもそう思われる。なぜならば鉤引石の話のカギッピキは

カギッピキ―鉤引―指切―手切―契

であって、カギッピキの代わりに、手切、契という言葉をその話に入れると、他の河童の話に出る構成要語と全く同様になって、カギッピキ石の河童も、その点に於いては特別のものではなくなって来る。つまり、

頭の水（河童の皿）、詑、移転、

に対して、カギッピキを手切、契に代えて、これに附加すればこれらで十分に河童の他の話をつくることが出来る。

同様に、河童の手接は**手付**であって、手付金の如く約束金のこと、また**手を返す**ということも、労働交換である結にはテガエシという方言があり、これは**手抜**きに対する**手返**しの意味で、いずれにしても**結**という約束を示す方言で、これまた、

手返――結――契――×――交

の如く、掛け合せる、つまり、×型を持っていることに基因していると思う。語原的に契は手切で指切のこ

と、誓は手交で交と云う×を持っている。また約は紐を結んだ形であるとは、中国の語原学者のいうことであって、結ばれた紐はまさに×型に交叉する。かく、手の問題と、誓、約束、契は河童の話に於いて、×――交ということに終始しており、河童は交という自説からすれば、これらは河童（蛟）ということを他の言葉で表現しているにすぎないことになる。

厠の問題

かく博多細記の中にある河童の手の問題とか、誓、約束、交換条件などの語は、すべて

交――×

に終始していることが分るが、博多細記には、このほかに厠・詫・手洗水鉢・鯰などの話題構成要語が残っている。これらは一体何を意味しているか、また、これらの言葉は河童の手の場合のように、果して、

交

ということと関係があるかどうかを調べてみたのであった。

元来、厠というものは特種な場所であるだけに、古来いろいろの説があり、今日では藤堂明保博士などは側屋であると云うているが、民俗学の方では折口博士などのように

厠――川屋

だという説をとっている。折口博士はその著「河童の話」の中で次の如く述べている。

河童の女。「前略、厠の下から手を出していたずらをしたものは、大抵、狸になって了うているが、猿や猫とする例も少くない。だが、厠の様式にも、歴史があった。其変化に伴うて、適当な動物が、入り替って来た。だが、考えると、やはり水溜りだったので、河童の通い路は通っていたのである。毛だ

らけの手が出て、臀べたを撫でただけでは、よく考えると、何の為にしたのか知れない。示威運動と見るのが、普通であろうが、人を嫌う廃屋の妖怪には、少しとてつもない動作である。何も仰山に、厠が語義どおりの川屋で、股の間から、川水の見えた古代に溯らずとも、説くことが出来よう。だが若し、そう言う事が許されるなら、丹塗りの矢に化成して、処女の川屋の下に流れ寄って、其恥じ処に射当った と言う、第一代の国母誕生の由来も、考え直さねばならぬ、厠の下から人をかまう目的が、単にしりこを抜くばかりでなかったのかも知れない。

この折口博士の考えも、他の民俗学者達と同様に、所詮、厠は川屋であることを示しているにすぎない。なるほど、川屋であれば、

河童——水神

だから、厠をカワヤと読むかぎり、河童は当然、水神として厠に居ってもよく、こんな所へ人間がはいって行けば、住居侵入であるから、どんな目に、河童にあわされても仕方はないし、まして女性がはいった時に、河童にいたずらされるのは、無理もない話である。実際、テレビなどで見る未開地の便所などを見ると川岸などに川に突き出して、厠はつくられていて、明らかに、

厠——川屋

であることを示している。だから、河童は、厠の主としてそこに居住していると云えば、いと簡単に河童の話に厠が出て来るのはあたりまえだとは云える。それはいいとして、お前は、河童は交だと云うているが、厠には、これだけでは、交がないではないかと云うかも知れないが、そんなことはない。中国語でも、

厠——雑

ということが、どの漢和辞典にも出ていて、これは衣と集からなっている語であって、いろいろの布を集め

てつくった衣服を雑と云うのであるが、これが転じて、まじるという意味になったもので、まじる、まじはる、まじりあふ、いりまじる意味を持っている。

　一方国語でも、

　まじる——交る、雑る、錯る

　まじり——交、雑

　まじはる——交る、雑る

　まじふ——交ふ、雑ふ

であり、雑は交は同一に使用されていることがわかる。従って、

　厠——雑——交

であって、

　厠——×——交

となる。分りやすい例をとれば

　枝を交(まじ)ふ

　枝を交(かわ)す

は、同一であるから、

　厠——交屋

となり、厠には、今まで述べたのと同様に、

　×

が存在するのである。つまり、博多細記の構成要語はすべて、交、×があるという考え方は、この場合にも

あてはまる。だから、

　河童は交である

という自説に、そむかない。

厠、交屋、川屋

こう述べると、それでは一体この厠の問題は川屋が正しいのか、それとも交屋というのが正しいのかという質問がおこると思う。これに対する答としては、結論としては、

　交　屋

だと云わざるを得ないが、その前に、

　川入餅（かわいりもち）

について考える必要がある。川入餅というのは、かっぱのしりぬぐいでも述べたように、十二月朔日という日は、六月朔日と相対して、一年を二つに分けた二大折目の日であるが、この日に搗く餅のことである。

十二月朔日の行事については、文化庁の日本民俗地図に、川浸り朔日として詳細に記載されているので、それを読んでもらえばよく分ることだが、十二月朔日が二大折目で、

　季節の交

にあたる日であるから、それを示すような行事にみちみちている。例えば、この日には今のべた川入餅を搗き、これを川に投げ込むと河童に引かれぬとか、水害の難をのがれると云い、交を示す奉公人の出替りの日であり、もう半期務めるかどうかをきめる日であるから、思案餅とも、この餅を云う。あるいは、この餅を投げ込んだあとは、後ろを見返ってはならぬと云う。これは十二月朔日と同様に折目の〝八日ゾ〟の日に出

て来る妖怪、ミカエリバアサンなどとも関連がある話でもある。その他、中国地方には膝ぬりの行事がある。このひざぬりも、肘とか膝と云えば骨のつなぎ目で、これも折目を示す行事。そのほか、川に尻をつけること、水車小屋の日待、ミヅコボシなども同様に折目を示す行事だが説明が長くなるので省略する。これは十二月朔日のことではないが、同様に折目の日にあたるものに霜月二十三日の大師講がある。この日は大師の跡隠しの雪が降ると伝えているが、これはやはり折目の交を示す雪隠（厠）のことから来たもの。それはともかく、この十二月朔日に搗く餅を川入餅と云うのだが、この餅を所によると、例えば宮城県白石村では、

かっぱ　いりもち

と云うのである。つまり、この場合、

川――かっぱ

である。おそらく、川がかっぱと云われるのは、

葉――はっぱ　輪――わっぱ

のように、かはがかっぱとなったのは、

かは――かはっぱ――かーっぱ――かっぱ

であろうと思う。この川入餅を**かっぱいりもち**という所は、この宮城県をはじめ東北地方から、北関東地方に亘っていて、

河童――かっぱ

と云うている地方とほぼ一致している。この事から考えると、

河童――かっぱ――川

ということが云えそうである。つまり、われわれは今まで河童という漢字から、河童を非常にむずかしく考

えて来たのであるが、この**河童**は川だということになれば、実に簡単に

河童神――川神

ということになってしまう。この点は前述の

厠――川屋

と同様である。だが、これだけではあの複雑怪奇な河童の話などが、なんで成立するのかと疑問がわいてくる。おそらく、かくなった原因はわれわれが今まで、

川――カハ

とよぶことについては、何も考えることなく使用して来たことが原因で、こうなると、川をカハとよぶのはなぜであるかを問いただしてみる必要がある。

大槻博士の辞典、言海によれば

川――変る?

ではないかと云うている。大島正健博士によると、

カフル（代）は、此をあたへて彼を取り、又此を彼に改むることなり。カハル（変）は其自動形なり。
カハス（交）はカハルの更に他動形となりたるなり。

とある。**川の流れ**を見ると、たしかに、一つが去り一つが来ることは、**代**、**変**の意味を持ち、**川というものは、その本義がもともと**交代を示している。また交潮（かはしお）などという使い方から見ても、

川（かは）――交（かは）　川（かつぱ）――交（かつぱ）

はあり得ることである。こうなってくれば、交代にせよ、交にせよ、これらは、今まで、河童の話について自説として取りあげて来た通りであり、川入餅の出て来る十二月朔日に於ける川の行事も川ではあるが、そ

の内容には川（かっぱ）と共に交（かっぱ）という一年の二大折目としての

　季節の交

が存在していることを認めざるを得ない。したがって、博多細記の構成要語である厠は、

　厠——交屋——かっぱ屋

の方が正しく、この厠の場合に於いても、

　河童は、交である

ということが成りたつことになる。

あやとり（交取）

これはやや、河童の問題としては余談に属すると思うが、それは水精の問題である。中国での水精は、魍魎、蝄蜽と云い、また

　罔　両

とも書く、そうしてその語源は

　罔（あみ）は××であって、交文の意味

　両は二つのものが一つになる。交（ちぎり）

であるが、一方、かっぱの開祖、蛟虬も

　蛟は交虫——交（ちぎる）

　虬はあざなふ——捩（よじる）

である。こうならべて見ると、両者とも××で捩じる、交る、の意味である。そうして、国語の方も、

罔象女（みづはのめ）
蛟（みづち）
虬（みづち）

という風に、いずれも

みず——水

である。われわれは、今まで、罔、蛟、虬にミズと訓をつけたのは、これらが水に関係のある言葉だけで、水（みづ）と訓をしたと思うが、次のことを考えると、少し意味が異なって来るように思う。というのは、子供の遊びにアヤトリという糸を使って×（あや）をかけて遊ぶあそびがある。ところで、このアヤトリを

ミヅ（山口県）ミヅトリ（三重県）

と云うのである。糸の遊びであるから、この場合は川とか水には関係がない。それなのに、ミヅと云い、ミヅトリと云うのは、いかなるわけであろうか。殊に罔は何故ミヅが？　ここで考えなければならぬことは、罔（あみ）、蛟、虬、などと、アヤトリとの共通している点は両者には

×

ということを示すもの、つまり、

交

がある。だから、この点からミヅ（水）の語源を考えると、

ミヅ（水）はマジ（交）る

ことではなかったかと思われる。実際われわれの周囲で、水ほど交ざりやすいものはないし、流れても綾鯉の如く交叉した理（すじ）が出来るものだし、水は洄りに洄って流れるのである。

だが問題は簡単ではない。それというのは、水はミヅであるに対して、交はマジであって、タ行とサ行の違いがある。このことは文法的に問題が残る。ただし、斑はマダラ、乱はミダレと読むが、両者とも交錯の意味をもっている。従って、交はマジルであるが、捩（モジル）は捩（モヂル）が正しいと云われるように、交もマジルではなく、マヂルが本当のものではなかっただろうか。

なお、斑は曼陀羅という仏教語から来たと云われているが、マダラフスマ（斑襖）と云えば、万葉集にも出ている言葉だと言泉辞典には出ているので、はたして曼陀羅からの変化とも云えぬし、曼陀羅は仏教語でも斑の意味を持っている。斑は前述の如く交文。しかし、この問題はアヤトリをミヅトリとすることを理解せんがための話であって、あえて強調するわけでなく、後学の人の研究を待つものである。

節供の河童と人形

河童は、交であって、季節の交にあたると云うならば、六月朔日、十二月朔日ばかりでなく、それを示す節供にはみな出て来るはずだと思うがという質問が起こると思う。たしかに、その点は検討する必要がある。此の点で今までに分っているのは、三月三日と七月末にある禊と同一とされている川スソ祭がそれである。神戸新聞社の出している『兵庫探検』には、兵庫県の中央から北部にこの祭があることが載せてある。その中で次の例などにははっきりと河童の出ている話がある。

城崎郡竹野町奥竹野地区

六月三十日が川スソ祭で、川スソという神が、川コ（カッパ）の上にのっているが、この日は神が川コを離しているので川にはいると川コが人間の肛門から手を入れて臓物を引き出してしまう。

城崎郡同町三原

七月中に川スソさんを祀る。この日はカッパに引かれるといって川にはいることを禁じている。

朝来郡生野町口銀谷

姫宮神社があり、神社の下の辺りの川は両岸とも岩盤があって川の流れが深くガタロらが出てハラワタをぬくという。

という風に、春禊(三月三日)、秋禊(七月十四日)とある禊の内、この川スソは秋禊のことらしいが、かく、その日には河童が出ている。かく云えば、秋禊の方はお前の云う通りだが、春禊も季節の交なのに河童は出ておらぬし、この日は三月三日(春禊)で川スソ祭や禊のことばかりでなく雛祭という節供である。それなのに、ついぞ、河童の話など聞いたことがないというかも知れぬ。たしかに云われる通り河童の話はない。だが、実は、河童の代人がちゃんとおられる。それは「河童の荒魂(一)」で述べた通り

河童——交代(かたしろ)——形代(かたしろ)——雛——人形

だからである。つまり、三月の節供には河童は雛に化けて出ているのであって、このことは河童の出ている川スソ祭(秋禊)に反対に人形が出ている例もあるのである。

兵庫県多可郡加美町轟(秋禊)

川裾神社、川ッソはんと呼ぶ、轟谷川と杉原川の合流点、昔人形流しをしたといわれ、数十年までは、川にはいって身を洗い清めたという。

次に五月五日の節供であるが、これもまた、武者人形を飾る日であって

人形——かっぱ

がある。勿論、今日のような武者人形は新しいのであるが、中国では古くは

艾人形

と云う。

を軒先きにかけて毒気を払ったと云われている。日本でもはじめは艾人形であったが、順次菖蒲にかわった

一般に五節供は、何か、薬物の問題が背後にあって、正月七日の七草、三月の桃、五月の艾、菖蒲など、いずれも薬草が使われている。しかしながら、これは供える方のものであって、節供の節の方は、あまり解明されておらぬうらみがある。この五月節供について、和歌森博士はその『年中行事』に於いて、中国の話を次の如くあげている。「角黍（きび）に五色の糸をしばりつけるまじなひを行ふことの起源説話として続斉諧記に、ある時屈原が忽然としてあらはれ、自分のために竹筒に米を入れて、供してくれるのは有難いが、以前の様式では、すべて、**蛟竜**にぬすまれるので、今後は、楝葉で、筒をふさぎ、五綵糸でしばってほしい。この二物は、蛟竜のはばかる所だから」というのに徴すると**水神供養**の意味があったらしいと述べてあり、河童である**蛟竜**の話もかく示されている。勿論蛟は交（かっぱ）。

次に七月七日、つまり、七夕が節供の日であり、これに対しても色々な行事が催されるが、なんと云ってもその基本となるのは天の川をはさんでの牽牛、織女両星の会合の日であることである。即ち

二星交会

という直接河童を示す。

交（かっぱ）

が、そのまま現らわれている節供である。このほかにも、角力を必ず取る節供でもあるが、河童は×型であって角力を示しているもの、この点は七夕の節供ばかりでなく、どの節供にも行なわれる交を示す行事の一つ。そればかりでなく、三月の節供と五月の節供と同様に、七夕にも、河童の権化である、

形代――交代――藁人形

が諸国に於いても飾られるところがある。

最後の五節供である九月九日については、重陽の節供として有名だが、この日高い所へ登り、菊の酒をのめば禍をのぞくと云われて、甘谷の菊水の故事にちなむ祭であるが、これらはさきにも云うた通り、節供の供の方の話であって、節としてのものは一般に語られることが少くないが、温め酒、九日小袖という風に温寒の**境を示す日**であることに注意する必要がある。温寒の境は、つまり、季節の交であって、

交代――かっぱ

である。又この日を**後の雛**というのも、三月の雛に対する言葉であって、やはり、

交代――雛――かっぱ

が出現している。

五節供の話は、文章の都合上、三月の雛のことからはじめたのであるが、五節供のはじめのものは、正月七日の七草の行事の日である。もとは六日に行なわれたと云われており、六日年越の名がある。

この日のことも、一般に行事のことの説明はあるが、節としての説明はあまり行なわれていない。和歌森博士はその『年中行事』に於いて、

中国では六朝初頭から現われていることであるが、元旦から七日までを雉、狗、羊、猪、牛、馬、人に擬する思想があり、それぞれをその日犠牲とすれば天が感じて福を寄せ、悪鬼を避けるという伝えもあった。そして七日には剪綵や金薄で人形を造り屛風に張るのであった。(中略)

と述べ、諸国の七種菜について紹介し、結論として、

一般的に七日は十五日の行事の皮切りのような性質の行事を営む時である。それから考えると、正月七日は、十五日正月、つまり小正月の前哨として先ず精進を期する日であって、七種菜のあつものを食

べたりしたのが、しだいに十五日の行事そのものをこの日に移したり、やはり十五日における慣行であった粥を食べることに七草を結びつけて七草粥の行事に集中していったのではなかろうか。

と述べている。ともかく、自分としては五節供に河童またはその変化である人形、または河童の基本の交があるかが問題。この和歌森博士の『年中行事』のように、中国に於いて、人形を屏風に張るということは、河童のことが人形として中国にはあるし、また、この日に、

とうどの鳥が、日本の国に

渡らぬさきに、七種、七草

とあるところを見ると、これは季節の交目に渡って来る鳥のことを云うているのであって

候鳥——季節の交——交代——かっぱ

という関係がこの歌から考えられる。

節供の節と供

要するに、五節供というのは、文字通り、季節に物を特に薬物を供えることから来たものであるが、節は竹の節の如く交代を意味することである。

節ということは、節度使と云うことからも分るように、

節——手形——契——切手

の意味で、河童の手のところで述べたように、

節——交——交代——かっぱ（蛟）

である。だからこそ、このように節供、節供に河童（蛟）があらわれて来るのである。今までの学者が、年

中行事を解明するにあたり、

節のことから出て来る話

供物のことから出て来る話

とにわけて、考えていたならば、もっと年中行事の意味もはっきりしたと思う。例えば、七月七日に行なわれる〝ねむた流し〟なども、今日では**ねむたい**ことを流す意味だと解明されているが、

ねむた——合歓（ねむ）

と見るのが正しいと思う。合歓の葉はさわるとすぐに折り重なって、葉が交わるもので

合歓（ねむ）——交合

である。このことが、二星交会の七月七日の行事にあることは、ねむいということではなく、この交合であることは誰も疑う人はないと思うのに、一般に今日の民俗学者がねむたいことに関する行事などと考えているのはどうしたことであろうか。とにかく、各節供は、このように、人形を持ち、河童が出現するか、または交代を示すものが、必ずあらわれている。

厠鬼罔両

ここで再び、厠のことにかえってみよう。『日本民俗学大系』には、牧田茂氏が、厠について小屋の部で詳細にのべておられるが、その中で興味のあるのは、次の如く、厠には人形が関係していることである。

金沢市附近では便所をつくる時にはカメの下に男女一対の人形を埋めるというし、仙台市附近でも便所の隅の棚に女の土人形をまつってカンジョガミといったという。岐阜県の飛驒地方などでは、便所の柱に花を供えて、毎月十六日にはお灯明をあげる習わしもあった。

このように、厠には人形をまつる習慣がところによってはあるのであるが、いま述べた通り人形は河童の変化である。そうして厠は交屋であって河童屋であった。従って、河童の変化である人形が、厠に祀られるのは当然である。こう云えば、そうではなくて厠神は、記紀にもある通り、日本の厠の神は、大便が埴山姫、小便は罔象女であるからこの二神が祀ってあるのであって、河童としての人形ではあるまいと云うかも知れないが、金沢市の場合の人形は、男女一対になっているところを見ると、埴山姫、罔象女は、二神とも女性神であるから話があわぬ、やはり河童としての人形が正しいのではあるまいか。

さらに、牧田氏は、

便所の神さまが盲だといふことは、インドや、朝鮮でもいふそうであるが、日本ではかなり広く行なはれてゐる。和歌山県の北部などでは、便所の神さまは盲なので、便所へ入る時には咳をしてから入る、便所に唾をはくと盲になるなどといふ伝承があるが、福島県の会津地方なんかでも同じようなことを云ってゐる。

ところで、盲ということを漢字の語原から調べてみると「盲、罔と同一であり、もともと罔とは、网というのが本字。网は覆て隠す、冂に従い、中は網の交叉せる文に象る」（藤堂明保漢字語原辞典）。「罔、网は文交なり」（加藤常賢）とあり、いずれも

××——交

ということに関係していることがわかる。つまり、自説の

河童は交（代）なり

ということに関係がある。それればかりではない、厠神は厠鬼だというから、鬼（隠）神・盲神である。また罔という字は両と共に、

罔両――魍魎――水神

であって、その姿は三才(ママ)の小児に似て、赤い目と長い耳を持ち美しい髪をしていて、人の声を真似するという中国の古代の水神である、つまり、日本の水神である、

河童

ということになる。だから、厠神が盲神だというならば、なおさら罔は盲であって、ますます厠は河童の棲家だということになって来る。

河童と罔

こう書くと、これではあまりにも語原学的な解明だという反対があるかも知れないが、そうではなく、河童と罔(あみ)とには民俗学的にも因縁が深い。そのことについては折口博士の次の話をあげておこう。

壱岐本居の河童の話に、門に出して干してあった網の目を、勘定しているものがあるので、網に伏せて見ると、があたろであったと言う

という話を述べているし、

金の網かゝれとてしも波の月（信章）

河童の生けどり秋を悲しむ（同）

という連歌ものせている。罔は、網の原語である。だから、この罔と河童の語原的関係は、民俗学的に十分な裏付けがあるわけである。折口博士の話だけでなく、柳田先生が、その『年中行事覚書』に書いている一つ目小僧の出る八日ゾ、に神奈川県地方では、大きい目の籠を竿の先きにつけて立てるというのも、八日ゾは後述もするが、十二月八日、二月八日、という一つの節供であって、一つ目小僧とは

片目小僧――交目小僧――河童

だと思うが、このように河童と龍とが因縁を持っている。

この問題は折口博士が同様に河童の話の中に述べている「めなしどち」・「めなしちご」と河童が関係がありとすることにも関連性があり、広くは鬼ごと、ひいては羅生門という羅網と鬼の問題にも関連して来るのであるが、それは後述することにする。とにかく

厠――川屋――交屋――河童屋――蚊屋

であることは明らかであって、この場合も河童は交であることは成立つ。

詫証文

博多細記で、このほかに話を構成しているものは、詫証文とか、手洗水鉢とか、魚である鯰である。

このうち、

詫という字の它は蛇の原語であって↓蛇の状態を示す語で↓この場合は↓人間がおそれいって、小さくなっている姿、

つまり

輪蛭（わびる）

とでも云えばわかるような有様であって、蛇で云えば、トグロを巻いているような形を云うのだと思う。だから、

詫――トグロ――×（交（かっぱ））

である。詫と同一の誤もアヤムで、これも×（文（あや））とか×（交）で、いずれも×型を持ち、河童は交（×）

を示すという自説の通りの意味をもっている。証文については、河童の手の問題でも述べたように、手形、券文、怠状、契約、誓、手印などは、いずれも交、×であることは、これまた、詑、誤などと同様である。河童の話には、手洗水鉢、盥、馬槽などが出て来る。これは河童の皿にあたるものであるが、最もよくこれらを表現出来るのは、

盤——さら

という字である。盤は、てあらいのみずをうけるはち、ゆあみたらい、わだかまる（蟠）、うずまき（渦巻）、わたり、などを示し、皿の一般のものを示す語である。従って、これまた渦巻型、蟠の通り、河童の特徴である交をもっている。

河童と魚

最後に、鯰であるが、河童の話ではお礼として最後に小魚を持って来るものである。小魚というものは川の中でも淵の近くが一番集まりやすい所である。ところで、河童は渦巻く淵のことであることはすでに述べた通りで、従って「河童の居るところ小魚が必ずいる。」だから関東には「良い河童は漁を教え、悪い河童は人をひきこむ」という諺がある。河童と漁については次の話が面白い。

熊本県葦北郡日奈久町に伝わる話、ある男が日奈久から夜道をして田浦に行く途中で見知らぬ男に此の書面を田浦まで持って行ってくれとたのまれ、見ると全く白紙で、宛名も何も不思議に思って、誰に渡すのかと聞くと、田浦に行くとチャンと待っている人がある。その人に渡してくれといった。そこで此の白紙の手紙をもって、田浦の方へあるいて行った。途中で、この手紙はきっと河童の手紙にちがいないと思った。河童の手紙は地上でみると何も見えないが、水の中につけると字が現われるということ

を聞いていたので、こっそり水に漬けると、「この男をだまそうと思ったが、こっちでは失敗したのでそちらで始末してくれ」と書いてあった。これを読んで手紙をあずかった男はおどろいたが早速智恵を出して「この男は大変いいことをしたから何か宝物をやってくれ」と書きかえてしまった。田浦に、着くと暗闇の中から知らぬ男が出て来て、お前は何かあずかったことはないかときくので、例の手紙を渡した。これを読んだ相手の男は首をかしげていたがやがて「**湖水と真水の交る**ところに舟を出して待って居れ」といって闇の中へ消えていった。そこでその手紙をあずかった男は川口に舟を出して待っていると、河童が色いろな魚を舟の中に投げ入れてくれる。あまり多くなって舟が沈みそうになったので、もうよかといって断って、この魚を町に持って行って売ったので大金持になった。（熊本県丸山学氏　民俗採集）

ほかにもこれと同じ話が、同県小川にもある。

昔、ある漁師が、川尻に舟をつけて寝ていると夜中に誰かに起された。出て見ると、二人の若者が立っている。「手紙をあずかって行ってくれ。お前の着く所に受け取人が来て待っているから」という頼みであった。漁師は、河童の手紙は人間が見ると真白で、水につけたら字が出るということを聞いていたので、その手紙の封を切って中をとり出して見ると真白である。いよいよ河童の手紙に相違ないと思って、水につけて見ると「ここではとれぬ、そちらでとれ」という字が出た。漁師はびっくりしたが、早速一計を案じてその手紙を書き変えて「この者に宝物を沢山渡してくれ」と書いておいた。翌日の夕方小川に着いたところ、夜になって、一人の若者が舟を訪ねて来て手紙をあずかって来ているはずだという。漁師は早速若者に例の手紙を渡した。若者はそれを不思議そうに読んでいたが、「あずかった手紙に間違いないか」と問い、「それならお前は今夜、**潮と水とが合う**所で待っていてくれ」といって立ち去った。そこでいわれた通り川口で待っていると、幾千とも数知れない河童があらわれて、またたく間に舟いっぱいの魚を積んでくれたので漁師は大もうけした（前同書）。

この二つの話は同一系の話だが、この中で「地上では河童の手紙は真白く、**水につけると字が出る**」ということと、「**潮と水との交わるところ**」という点が重要点。

地上では河童の手紙は見えぬものであるとは前にも述べたことがある通り、まるでミョウバンのようだが、これは河童が例の渦であることを示している。というのは碧潭は上から見ていると全く動かぬように静かだが、この碧潭の中では、大小の渦が巻いている。水にはいるとこの渦に足をとられ、鉤引、つまり、角力のように取り組んだ形になる、これが河童が角力を好むと云われるところであるが、これこそ河童が渦である第一の証拠、また「潮と水との交合点」に河童が集まって、沢山の魚をとらしてくれたことは、かの関東の諺の「良き河童は漁を教え、悪い河童は人を引き込む」ということが、かく遠く熊本県に於いてもこうした話となってあらわれているのである。交点、それは渦を巻くところ、必ず水も空気もこの会合にはじまるのであることもすでに述べた通りであるが、魚類はこうした、寒流と暖流、淡水と海水の交点を好んで集まるもので、漁師もまた、これをよく知っていたことである。

だから農耕の文化なき古代から、この交点（かっぱ）は重要な生業の中心地であって、この渦巻の存在こそ、生命の糧を得る最良の目的地。河童が日本人の脳裡に深い心理作用を及ぼしているのもかくの如く古代からの生活の拠点なればこそである。単に雄河童と雌河童の恋愛などという文学的なものではない。もっと深いところに河童は存在しているのである。かく、この鯰など小魚と河童も、その本質には河童の荒魂は渦巻、渦巻の和魂は河童であることがあり、この場合も、

河童は交（かっぱ）

であることを、かく如実に示しているわけである。

小松和彦

河童——イメージの形成——

河童(かっぱ)は、日本の数多い妖怪類のなかでも天狗と並ぶもっとも著名な妖怪で、今日知られているような形態や属性で描かれるようになったのは、近世になってのことであった。

このためであろうか、妖怪のほとんどを記述の対象外に置いた江戸時代の本草学者たちも河童の実在を信じていたらしく、その著作において「動物」の仲間に入れ、その属性や地方名をかなり詳細に記述している。

「水虎」という動物

たとえば、小野蘭山著『本草綱目啓蒙』の「水虎」(河童)の項に、次のように説明されている。

水虎は大きな川におり、美濃・越後にとくに多い。人をたぶらかすことができ、しばしば人と相撲を取ろうとしては、川の深い所に引き込もうとする。キュウリなどを好み、麻の灰やトウキビを嫌う。その形は人に似ているが、顔は異様で目は丸く黄色で、鼻はとんがって突き出ており猿の鼻に似ている。口は大きく犬のようである。歯は亀のようにたくさん並んでいて、とがった歯が上下に四つある。頭に短い髪があって色は赤い。額に深さ一寸、大きさ蛤ほどの小穴がある。面の色は青黒く、背には亀甲のような甲羅があって色はやや青黒い。腹も堅い板のようになっている。その色は黄色で、脇腹に白くて柔らかな筋があり、これが河童の急所で握ると動かなくなる。

　手足の形は人と変わらないが、手がとても長く膝より下まで垂れている。手の平は丸くて小さく、青黒に黄味を帯びた色をしており、指も人のように短い。爪はとても長い。指は四本しかない。手足に水かきがついている。手足を縮めると甲のなかに入り、伸ばすと肱・膝ともに前後に曲げられるようになる。体表はねばねばしていて生臭い匂いがする。

　こうした説明とともに河童の地方名も挙げられている。それによると、ガワタロ・ガワタロウ・カワノトノ（九州）、カワッパ（九州・越後・佐渡）、ガワラ（越前・播州・讃州）、カッパ（江戸・仙台）、カワコ（雲州）、カワコボシ（勢州山田）、カワラコゾウ（勢州白子）、カダロウ・グワタロウ（土佐）、ガウゴ（備前）、カウラワロウ（筑前）、テガワラ（越中）、エンコウ（周防・土佐・伊予）、エンコ（予州松山）、といろいろな名で呼ばれていたようである。

　江戸期の本草学者や随筆家の多くは、地方で異なる呼称をもつこの〝動物〟を中国の文献にみえる「水虎」に相当するものと考えたために、この語を共通語として多用したのであるが、現在では関東地方での呼称であった「河童」が全国に共通の呼称の位置を占めるようになっている。

　また、民俗学者や方言学者たちが民俗社会の調査から採集した河童の方言をみると、関東から東北にかけての地方ではカッパ、青森地方ではメドチ、カッパコ、越後ではシイジン、スジンコ、甲信越・東海地方ではカワワラワ、カワッパ、中国・四国地方ではエンコー、シバテン、九州地方は東部でカタロ、ヒョウスベガ、ガラッパ、ガッパが西部で、ガラッパが南部で、カワントノが北部でみられ、沖縄・奄美でもケンムンと呼ばれる河童の存在が信じられている。多少の盛衰はあるものの、おおむね江戸時代後期の呼称が現在まで継承されていることがわかる。

ところで、今日では、河童は実在する〝動物〟ではなく、民衆が創り出した想像の上の〝動物〟、つまり妖怪の一つである。しかし、河童の形状や属性が自然界に存在する動物や人間とまったく異なるものとして描き出されているわけではなく、むしろそれらの属性や形状の一部を借用したり変形したりして合成されたものである。また、人びとに目撃されたり、捕らえられた河童も、現在の観点からみれば、多くは実在する動物や人間を河童とみなしていたようである。

スッポン・カワウソを見誤る

では、どのような動物や人間が河童とされたのだろうか。さらにまた、河童の形状や属性を造形するのに利用されたのだろうか。もちろん、地方によって河童のイメージには多少の違いがみられるので、その形成や正体も多少の違いがあったと考えるべきであるが、河童の主要な形状や属性は、動物の側からいえば、スッポンやカワウソ、サルからの借用がみられ、人間の側からいえば、奇形児と「川の民」からの借用がみられるようである。すなわち、これらの形状や属性を合成し、それを変形し新しい属性を賦与したのが、今日の河童なのである。

民俗社会や文献のなかに河童の目撃談が語られているが、河童を目撃するのが夜であることやその形状がスッポンやサルやカワウソに似ていることから、これらの動物を見誤って河童を目撃したと語られたらしい。しかしながら、こうした目撃談や捕獲談は、河童という妖しい〝動物〟のイメージが成立していたからこそ成り立ちうるものだということを忘れてはならないであろう。

柳田国男の『遠野物語』に「川には川童多く住めり。猿ヶ石川殊に多し。松崎村の川端の家にて、二代まで続けて川童の子を孕みたる者あり。生れし子は斬り刻みて一升樽に入れ、土中に埋めたり」といったショッキングな話などを収めている。この河童の子とされたのは、奇形で生まれた場合だったらしい。このような形で河童は実在していたわけである。

「河原者」の起源伝承

たしかに、河童のイメージの形成において、カワウソやスッポンなどの果たした役割も無視しえない。けれども、近世に登場した河童のイメージが生成されるにあたって、もっとも重要な役割を果たしたのは、農民とは異なる生業を営み、しかも賤視・差別されていた「川の民」であった。

このことをもっともよく示しているのが全国各地に伝わる「河童起源譚」である。それによると、河童は、飛騨の匠とか竹田の番匠とか左甚五郎といった神格化された大工が、困難な仕事をするための手伝いとして呪術で人形を人間のごとくに働かせ、仕事が無事に終了して用済みになった人形の処分に困って川などに捨てたところ、それが河童になったのだ、と語られている。

ところが、まことに興味深いことに、この伝承とほとんど同じ伝承が「非人」「河原者」の起源伝承として江戸時代に語られていたのである。

四条河原の操り人形師の「小林新助芝居公事扣」という記録によると、飛騨の匠・竹田の番匠が内裏造営のときに人形を作って働かせ、その人形が官女と契り、子を生み、川原に捨てたところ、斃牛馬の処理を生業とする「非人」になったと語られている。すなわち、この伝承のうち、「内裏造営」を、地方の寺社の造営に代え、「非人」を河童に代えれば、非人起源説は河童起源説話とまったく同じになるわけである。

こうした史料と照らし合わせて、河童の形状と属性を見直してみると、その生成にあたって、「川の民」もしくは「河原者」に対する当時の人びとの現代の観点からみればまことにゆがんだイメージが大きな位置を占めていたことがわかるはずである。逆にこれらと関連する河童の形状・属性を以下に述べてみると、㈠川に住む。㈡童形・童髪である。㈢手足が伸縮自在で抜けやすい。㈣牛馬を川に引きずり込む。㈤魚介類や椀、薬などをもってくる。㈥農作業や土木工事の手伝いをする。㈦女性と性的交渉をもちたがる、といったことが浮かび上がってくる。

このことからも明らかなように、河童は、妖怪視され賤視された「非人」「河原者」へのイメージを核にしつつ、それにカワウソやスッポンや猿などのイメージが賦与されて造形された妖怪なのであって、それゆえに近世に登場した妖怪であったのである。

木子としての傀儡子

神野善治

下呂の人形芝居

名古屋から飛騨高山に入る道筋に、温泉で知られる下呂の町がある。春の高山祭を訪ねる道すがら、桜の咲きみだれる下呂に立ち寄った。町営の野外博物館「合掌村」で演じられている「竹原文楽」をもう一度観ておきたかったからである。「竹原文楽」は、洞奥(ほらおく)一郎氏が独力で築き上げた人形芝居で、間口十二メートルにおよぶ舞台で百体余りの人形をたった一人で操作して、本格的な歌舞伎芝居を演じて見せてくれる特異なからくり人形戯である。下呂にこのような芸能が、常設の小屋を持って演じられていることを知らずに、この合掌村を訪ねてくる観光客もまだ多いことだろう。物見遊山の人たちも、合掌造りの芝居小屋に入って、洞奥さんの口上を聞くや、まずその気迫に圧倒され、金縛りにあったように華やかな舞台の人形に目と心を奪われていく。この日のだしものは、古典的な歌舞伎から題材をとっている「春寿鏡獅子(はることぶきかがみじし)」と「梅川忠兵衛新口村(うめがわちゆうべえにのくちむら)」、それにまるでかつての日劇や宝塚を思わせる「グランドショー・花踊り」の三本立てだった。

一時間余りの公演を観ているうちに、この芝居が舞台裏で一人だけで演じられていることを、つい忘れてしまう。

「竹原文楽」は、いわゆる「文楽」とは違って、からくり人形による歌舞伎である。その名は洞奥さんの出身地で大正七年に下呂町と合併した竹原村の地名にちなんでいるという。洞奥さんの人形との付き合いは幼児のころからはじまり、三歳のころから「人形が好きで好きで」たまらなかったといい、小学校の時代には簡単な舞台を作って演じて見せた経験もある。やがて、本格的な人形作りをめざして埼玉県の岩槻に修業に出たあと、地元で演じた人形芝居が次第に好評を得て、全国で巡回公演を続け、昭和四十四年に下呂町の合掌村が開かれて以来、現在のように常打の公演が続けられているのである。

このような芸能が洞奥さんという特異な個性によって築き上げられたことは事実であるが、必ずしも創作の芸能とは言えない。洞奥さんが伝統的な文化環境の中で育ってきたということが、その芸能の性格を知る上では重要である。竹原村とその周辺では、いわゆる農村歌舞伎（地芝居）がきわめて盛んで、舞台を持つ集落がいくつもあり、祭ともなれば、旅廻りの芝居を買いいれて興行が行われたり、青年たち自らが演じることもあった。日常生活の中に歌舞伎の所作があり、義太夫が聞こえていた世界があったのである。

この人形芝居を観て、もうひとつ印象づけられたのが、人形が文字通り演者の「分身」として動きまわるということである。洞奥さんは、たった一人で人形を操るばかりでなく、台詞から照明、人形作りも一人で行い、その衣裳作りや髪結いもこなし、また大道具・小道具まですべて一人で作ってこられた。

芝居が始まる前に芝居の内容と人形の仕組みを説明してくださる。三十センチほどの丈がある娘の人形の着物を脱がせ、髪を解き、裸になった人形の胸に「生命」と墨書きされているのを見せるときの、洞奥さんの形相はもう尋常ではない。「我が人形か、人形が我か」という思い入れが強烈に迫ってくるのである。

これまでさまざまな機会に人形芝居を観ることはあったが、これほど「人形遣い」と人形との関係を生々しく感じさせる例はなかった。自ら作った人形に魂を吹き込み、文字通り人間と人形が一心同体となって、人形を演者の想いの通りに自在にまわす。これが「人形遣い」の技の真髄だろう。ただ、残念なことに下呂合掌村の人形芝居小屋は、洞奥一郎氏の引退に伴い、平成八年三月に閉鎖された。

農村歌舞伎と恵比須舞

わが国には近年まで、いわゆる農村歌舞伎が盛んだった地域が多かった。四国の阿波（徳島県）や讃岐（香川県）なども特に盛んだった地方で、阿波に残る農村舞台は百五十棟におよび、そのほとんどが人形芝居と歌舞伎の兼用舞台だったという（角田一郎「諸国の人形操り」『日本の古典芸能』第七巻、一九七〇年、平凡社）から、その盛況の様子が思い浮かべられる。讃岐の小豆島も、農村の歌舞伎舞台が島内だけで二十三棟もあったところである。たいてい廻り舞台や花道などの装置をそなえ、中には池田町の「池田の桟敷」（重要有形民俗文化財）のようにギリシャの円形劇場を思わせるような立派な石垣の見物席を持つところもある。

池田町中山にも茅葺きの立派な舞台が残っており、やはり重要有形民俗文化財に指定されているが、この古風な野外劇場で、今日ではロックコンサートがあるかと思えば、今でも伝統的な歌舞伎芝居が守り続けられている。その保存会の中心人物であるYさんも、「芝居が好きで好きでたまらない」という半生を送ってこられた方である。そのお話の中で、島中の名役者を集めて、何年かに一度行われたという「島寄せ歌舞伎」のことが印象深いものだった。

島の中で歌舞伎を伝えている地域が廻りもちで主催をするが、とりしきるのは青年たちだった。そろそろやろうかと話がまとまると、島の各地区から役者が選ばれる。これには長老が必ず意見を添えることになっていて、衆議一決の厳しいふるいがかけられた。Yさんはこの役者に何度も選ばれ、また、自らも開催の世話役としても腕をふるったこともあったという。選ばれた役者は、もちろん農民や漁民などで、本職の役者ではないが、芸が身にしみついた人ばかりだから、だしものが決まれば、役柄は適当に選ばれ、特別の練習をすることもなく、芝居ができてしまったという。

Yさんの話が「恵比須」に及んだとき、「久しく舞っていないが、ひとさし舞ってみましょうか」と、扇子を一本借りてきて恵比須舞を見せてくれたのには、その席にいた人たちは一様に驚かされた。「夷三郎殿の生れを問えば、福徳元年正月三日、寅の一天まだ卯の刻に、やすやすと生れなさった……」と歌いながらの熱演だった。旅の恵比須廻しの芸を見たりしているうちに、誰に教わるともなく、舞えるようになり、村の芝居の始めの祝儀として舞ったり、婚礼の席に呼ばれて舞ったこともあったという。

村芝居を支えてきた、こういう人たちがいた芸能環境というものが日本の農村にあったことを、まず知っておく必要があると思ったものだった。

横槌とデク

さて話はかわるが、農家では一般的に見られた道具のひとつに横槌というものがある。細工につかう藁を叩く道具である。絵馬研究で知られる岩井宏實氏が、あるとき雑談の中で「横槌を一つ個人的に手に入れたいと思っている」と言われたことがある。それが民具研究者としての氏の発言だから、あまり不思議ではないのだが、横槌を欲しい理由として続けて言われたことが面白かった。「最近、ものを忘れることが多いから」だというのである。というのは、氏の家のある奈良地方では、失せもの、忘れもので困ったときに、それを見出すまじないとして、横槌を立ててそれに手拭で鉢巻をして「横槌さん頼んまっせ」と願をかけるのだという。それで机の上に一本常備しておきたいというのである。

このような例だけでなく、横槌は、なぜか呪術的な力がある道具として、各地にさまざまな伝承がある。その中でとくに広く行われているのが、儀式に使われる例である。一軒の家で一年のうちに続いて不幸があった場合に、三度目の死者が出ないようにと、三人目の代りに横槌を作って葬式をしてしまうという呪術である。横槌ではなくて、藁人形などを作って二人目の棺の中に入れてやったり、別に棺を作って葬式を出すところも広く見られる。

暦の上で「友引」にあたる日は葬式を出すことを忌む所が多いが、止むを得ず出さなくてはならない場合に、棺に人形を入れたり、やはり横槌を入れるところがある（神野善治「人形の葬式」『西郊民俗』八三号、一九七八年）。

このように横槌に呪力を認めるのは、これが「叩く」機能を持つ道具であることから、災厄や死霊のようなものをも叩きつぶしてしまう力を持つものと理解されたのかもしれない。しかし、人形と横槌の役割が補完的な関係にあるところを見ると、その叩くという物理的な機能の連想ばかりでなく、横槌にも人形と同様に悪い霊魂や精霊を宿す象徴的な機能があるものと考えられていたと考えるのが妥当ではないか。中には、横槌に目鼻を描いたり、ツチマツなどと呼んで擬人化している所もあるのがヒントになる。では、横槌がなぜ、藁人形などの代替物となりうるのだろうか。横槌は丸木から柄を削り出して作られているが、その形が、人間の首を思わせる。しかし、さらに「人間の首」というよりも、「人形芝居の首（かしら）」を思わせるといった方が適切だろう。つまり、横槌の呪力の背景にデクの霊力が意識されていたということである。

横槌の形態に人形の首のイメージが連なるような意識が生まれてくる背景には、全国の津々浦々に伝承されていた人形芝居とその膨大な首の親しいイメージが庶民感覚として普遍化していたからではないだろうか。

地方によっては、木にコブができた部分をそのまま切り取ってきて横槌に使っている例がある。かと思うと、木のコブを人形芝居の首として用いている所もある。木のコブには、横槌や人形の首の原型を想像させるものがあるのだ。

のろま人形の「木之助」

佐渡は伝統的な芸能の豊富な島で、能舞台が数多く残されていることもよく知られている。人形芝居も昔は十七ヵ所もあったという伝承があり、近年まで少なくとも五座が存続していた(桑山太市『新潟県民俗芸能誌』一九七二年、錦正社)。それも「説経人形」や「のろま人形」「文弥人形」など、わが国の人形芝居の系統を知る上で貴重なものがいろいろ残っていて、日本の人形芝居の縮図とさえいわれている。

なかでも「のろま人形」は、のんびりした佐渡方言を使った台詞で、滑稽な内容の芝居を見せてくれて人気がある。「のろま人形」は、すべてのだしものが「木之助、下の長、お花、仏師」の四人の登場人物で演じられる。このうち、とぼけた役柄で観客を笑わせる「木之助」(木之介、喜之介、喜之助とも書く)が主役で、人形としても、とりわけ際立った特徴を持っている。四体の人形は、いずれも田舎者風の相貌をしているが、「木之助」は特に木のコブを思わせるような頭をしていて、出びたいで(おでこが出て)、目と目の間が広く、上を向いた低い鼻と、ヒョットコのような口の持ち主であり、いかにも愚鈍な役柄を示した人形である。他の三体と違って胴体と手足が造られているのも特徴である。どの演目でも最後に「木之助」は「下の長」に裸にさせられる場面があるため、身体の表現が必要なのである。面白いのは、終幕に股間から十センチほどの男根を出し、観客に向かって放尿する奇抜な趣向を持っていることである。

「木之助」の人形は、基本的には他の三体と同じ形式だが、胴体と手足が表現されていて、胴体に付けられた腕がひもで動く仕掛けになっている。

「のろま人形」は、佐渡の地域的な芸能かというと、そうではなく上方などにも同様の人形芝居が浄瑠璃の間狂言として上演されていたという記録がある。これらがおそらく、江戸時代の早い時期に佐渡に伝えられたものと考えられているが、『真野村誌』（一九二二年刊）に掲載された伝承によると、江戸時代も寛保のころに、人形遣いの野呂松勘兵衛なる者が佐渡に渡ってきて真野村に住み、はじめは瓜や茄子に目鼻をつけて、子どもたちに人形を見せたが、後には松の木のコブで頭を作り、祭礼で神楽を舞わせたのが佐渡の人形芝居の始まりだという。

野呂松勘兵衛なる人形遣いやその「あたまひらたき、色青黒く、其容はなはだいやしき人形」については、江戸期の随筆類に取り上げられていて、愚鈍さを示す「のろま」という言葉が、当時人気を得たこの人形芝居の名に由来することも示されている。

新穂村に伝えられたものは、本来は「のろま人形」とはいわず、「木之助人形」とか、単に「木之助」と呼ばれていた。

この古風な人形芝居の主人公が「木之助」と呼ばれ、古くは、この芝居の人形の総称でもあったことが改めて注目されるのである。

郡司正勝氏は、近松の浄瑠璃「嫗山姥（こもちやまうば）」の登場人物の料理人「喜之介」が下女に「野良松」と呼びかけられていることに注目して、「のろま人形」の「木之助」と何らかの関係がないかと述べられている（「のろま管見」『日本演劇』七―三『かぶき　様式と伝承』所収）、示唆に富んだ見解で、佐渡の「木之助」に通じる滑稽な演技が浄瑠璃に取り込まれていたものと考えるとおもしろい。ただ「喜之介」と「木之助」が通じることがわかっても、その名の由来はまだわからない。

「木之助」の放尿
（池田哲夫氏提供）

のろま人形の「木之助」
（池田哲夫氏提供）

野呂松が佐渡に人形を伝えたという話のうち、人形の頭を松の木のコブで作ったとする伝承が注目されるのである。同様の伝承は、桑山太市氏の『新潟県民俗芸能誌』によると、明治十八年に佐渡羽茂村の「大和座」にもあって、松の木のコブの頭は、「耳無人形」とも呼ばれていたという。

それで、この人形が「木之助」と呼ばれたのは、元来、人形の頭が木のコブでできた（あるいは木でできた）という意識が伝えられているのではないかと想像されてくる。

つまり、「木之助」とは「木の人形」ということではないか。現在伝えられている「のろま人形」の台詞中で、「木之助」は「下の長」に「木の衆や、木の衆や」と呼びかけられていることもヒントになる。

そこで、操り人形の古い名称であるクグツ（傀儡子）という言葉が思い出される。というのは、クグツ（久久豆、久久都）の語義に「木人」とか「木の人形」という意味があるという見解が早くから出されているからである。

とすると、「のろま人形」には、傀儡子の古風な形式と風貌とが伝えられているばかりでなく、その人形戯の代名詞となった主人公の名にも「クグツ」の語義が基本的な趣旨として伝えられていたといえないだろうか。

傀儡（くぐつ）の語源

わが国の操り人形の歴史は、奈良・平安の記録に見られる「傀儡」あるいは「傀儡子」まで遡ることができる。この言葉は一般に、「かいらい」あるいは「くぐつ」と読まれており、古代以来の「操り人形」そのものか、人形を遣う人々のことと理解されて「傀儡師（かいらいし）」という表記も見られる。大江匡房の『傀儡子記』には、人形遣いだけに限られない、漂泊民としての彼らの生活ぶりが紹介されているのである。

しかし、この「傀儡」という、おどろおどろした漢語が、わが国に受け入れられていった経過は複雑で、「クグツ」という言葉の語源については、とりわけ演劇史、芸能史に関心のある人々によって、しばしば取り上げられ、考証される機会が多かった。すでに江戸時代にも知識人たちによって試られているが、謎の多い魅力的な課題として今日に引き継がれてきた。近いところでは、角田一郎氏の『人形劇の成立に関する研究』(一九六三年、旭屋書店大阪)が、漢語としての「傀儡」の考察から説き起し、わが国の「クグツ」のあり方についての考察をとくに文献の面から徹底的に行った労作である。これから、この言葉を詮索する者は、やはり、千ページに及ぶこの大作をまず読みこなさなくてはならないだろう。

この著作では、周到な史料集成を行った上で、緻密な考察が続き、従来の諸説を丁寧に批判して著者の見解が示される。こうして角田氏が至った「クグツ」の名義についての結論はいわば樹木由来説(あるいは木人説)とでもいえる見方である。

つまり、「クグツ」は、古代の日本において、すでに国語あるいは国語化した外来語であって、「クグ」は「キギ」や「クキ」に通じる「木々」の意味であり、「クグツ」は「木のもの」という意味であるという。それが木で造った人形の意味に用いられ、やがて「木偶を扱う人々」の意味にも用いられるようになったという考えである。

すなわち「クグツ」という語の意味は、「古くは木製人形で、やがて操り人形という芸具やその芸の名となり、そして平安末には人形関係の意味をもって使われることが多くなっていた」(同書二二八頁)。

しかし、今日の一般に流布している人形芝居関係の著作物を見ていると、この説は必ずしも正当に継承されているとはいえず、外来語説が人気があるように見受けられる。角田氏も控え目に「日本語化された外来語」の可能性を認めているが、第一に主張されている樹木由来説(木人説)は影が薄くなりがちである。そこで、この稿では角田氏の行った考証をわたしなりにトレースしつつ、やや別の角度から氏の説を支持したいと思ったのである。

まず、角田氏が見出した最古の史料が、奈良時代末の『華厳経音義私記』である。これに「機関」あるいは「機関木人」という漢語の注釈として登場する「久々都」という言葉が問題にされる。

そこでは、「久々都」は「木人」にあてられた国語または国語化した外来語と考えられて、木製の人形が「久々都」と呼ばれていたことがわかる。

ただ当時、人形は「ひとがた」と呼ばれ、一般に信仰儀礼に用いられており、それには、木製の人形も含まれていた。にもかかわらず、あえて「クグツ」という言葉で呼び分けられた「木の人形」とは何だったのだろうか。そのひとつの答えは、この史料で「クグツ」が「機関」あるいは「機関木人」の項目に位置づけられていたということに、その特異性を見出すことができるだろう。すなわち、あたかもひとつの「機関」、つまり機械のように自動的に動くというところに、この木製の人形の特質があると見られていたと考えられる。ただし、角田氏が慎重に検討されたように、当時のわが国には、「機関」といえるほどの「からくり人形」にあたるものは存在した形跡がない。それにしても、当時の人々が「クグツ」と呼んだ「木の人形」は、たとえ簡単な操り人形であっても、まるで生きた人間のようによく動いて見えたので、それはきっと中国で「機関木人」と呼ばれるものに相当するだろうと考えられて、驚きの対象となっていたものだろう。

もうひとつの注目点は、当時、「ひとがた」に位置づけられていた木製の人形は、あくまで「形代（かたしろ）」だったということである。「形代」は、すなわち人体の「身代わり」としての役割を果たすべく作られたものだった。これに相当する木製の人形は、近年の考古学の成果として、平城京をはじめ全国各地の遺跡から、おびただしい数量が発掘されていることから、普遍的に用いられていたことが理解できる。ところが、ここで問題にしている「クグツ」は、決して人間の身代りではなかったのである。その仕組みはまだきわめて素朴であったかもしれないが、当時の人々には、人形遣いによって生命を与えられて、巧みに踊り、元気よく舞い遊ぶ不思議な「生きもの」に見えたのではないだろうか。

ついで、『和名抄』（『倭名類聚鈔』）の記事が問題になる。「雑芸具廿六」の中で、中国の「傀儡子」あるいは「傀儡」を説明して、これらが、和名の「久々豆」にあたるものと位置づけている。これが「傀儡」と「クグツ」を結びつけた最初の記録である。しかし、ここでは「久々豆」は人形であることも、操り人形の芸であることも示されていない。それでも、中国の傀儡が「楽人所弄也、顔子家訓云、俗名傀儡子、為郭禿」として、人形を用いた芸の名であり、またその人形であったことを前提にして説明されている。しかも、『和名抄』では「雑芸具」の中に位置づけられているので、ここに示された「傀儡」は、雑芸の道具としての「操り人形」と考えられていたといえる。

「クグツ」語源説には、国語説と外来語説とがある。

国語説を採る学者には、それを先に示した(1)樹木説、木魂説とでもいう方向でとらえる者と、(2)莎草説、袋物説、あるいは(3)その他（木屑説など）がある。

「クグツ」が木に由来する国語であることは、江戸時代にすでに提唱されていたもので、喜多村信節『画証録』二十四には、「久々都の名義を考ふるに、日本紀に木祖久々能智とある久々は、茎にて草木の幹をいふ。智は男を尊む称なり。智と都と通音なり。又大殿祭祝詞に、久々遅命（是木霊也）とあるなど、おもふに、木をもてつくれる人形を舞はし働かす時は、神あるが如くなる故、さは名づけしにや、また海つものなど入る器物に、くぐつといへる、万葉集などにみゆ。（中略）これらは異物なれば名義もおなじからぬるにや、草をもてつくれる物故、さる名のあンなるにや」と明解に考察されている。

「智（チ）と都（ツ）と通音なり」と簡単に片づけているあたりが、やや安易であるが、基本的には、現在の筆者の考え方と通じるものである（神野善治「家屋の神と木魂――『大殿祭』の屋船神をめぐって――」『新嘗の研究』三、にひなめ研究会編、一九八八年、学生社）。

一方、『万葉集』に海女の持ちものとして歌われている袋物で、やはり「クグツ（久具豆）」と呼ばれているのが引き合いに出されている。これは、海女たちが磯で刈り採った藻の類を入れる袋物と解釈されているもので、すでに、やはり江戸時代に、谷川士清が『倭訓栞』前編久之部で提唱しているものである。

それが柳田国男や折口信夫などによって継承され、民俗学者の中ではしばしば有力視されてきた説であった。柳田は「傀儡子と呼ばれた昔の漂泊部曲が又クヾツを以て呼ばるゝに至つたのは、多分は特殊の袋を携帯して居た為で、袋を持つたのは日常品を之に入れて引越に便利な為であらうが、之と同時に其袋の彼等が手製であつたことも想像し得る」（「巫女考」一九一四年）とし、さらに、折口によれば、「此民（くゞつ）の持つて歩いた人形といふのは、恐らく、もと小さなものであつて、旅行用具の中に納めて携帯することが出来たのだと思ふ。さうした霊物を入れる神聖な容器が、所謂、莎草で編んだくゞつこであつたのだらう。さう考へてみると、此言葉の語原にも見当がつく。くゞつは、くゞつこ・くゞつとの語尾脱落ではないだらうか」（「偶人信仰の民俗化並びに伝説化せる道」一九二九年）と述べ、山の神人の「ほかい人」の持つ容器「行器」に対して、海の神人が持ったのが「くゞつこ」であり、その中に納まったのが「くゞつ人形」だったのだろうと考察されている。構想は面白いが、莎草を示すクグ（久具）と、木々を示すククあるいはクグ（久々）とは、当時アクセントの違いを意識して使い分けられていた言葉であり、奈良時代末までは別の言葉と見なされていたとする角田氏の検討結果を尊重すべきだろう。それに、柳田氏らが想像したように、人形遣いの人たちが、人形をその種の袋に入れて旅をしたということは、記録からも伝承からも少しも認められていない。ここでは、やはり、角田氏の樹木説（木人説）をとるべきだろうと思うのである。

また、「クグツ」が外来語であったとする説は、まず、漢語の古語「傀儡」が俗に「郭禿」と呼ばれたという記録を根拠に、わが国の「クグツ」もこの言葉に由来するというのが主要なものである。また、朝鮮半島に現在も活動を続けている流浪芸能集団の男寺党（ナムサダン）が伝える人形芝居（トルミ）が「コクトゥカクシノルム」と呼ばれていることが比較材料として取りあげられることが多い。この人形芝居には、福岡県の古表神社と大分県の古要神社に「傀儡子」として伝えられる相撲人形にそっくりな裸の人形が登場する。「コクトゥカクシノルム」で、登場人物が竜蛇に次々に捕えられて食われるという趣向も、美濃のヒンココや奄美加計呂麻島の諸鈍シバヤの人形戯「タマツユ」に通じるなど、演目の内容にも、わが国の古風な人形芝居と共通点が認められる。「コクトゥ閣氏」もその人形芝居の登場人物の名であり、かつ人形戯の代名詞ともなっているものだが、韓国の人形芝居研究者、沈雨晟氏によるとこの「コクトゥ」の語源も漢語からという意見が支配的であるという（「韓国の伝統人形劇」『韓国文化』第七巻一号、一九八五年）。

いずれも、魅力的な見解であるが、古代のクグツという言葉を外来語として詮索するのには、古代日本語と対応する古代外国語の比較が必須であり、資料的にはいかにも困難な課題である。ここでは、やはり角田氏に従って、クグツという言葉は、わが国の文献に登場してきた時点で国語として取り上げられ、あるいは一歩ゆずってその由来は外来語であったとしても、すでに国語化しており、当時の日本語では「木人」あるいは「木の人形」と考えられた言葉だったとみるのが適切であろう。

さらに、一歩踏み込んで、次のようなことを推定することができないだろうか。すなわち、木の人形が、とくにクグツと呼ばれたのは、あたかも生きた人間のように動き出す不思議な人形だったからであり、人形が動きだしたのは、これを操る人形遣いが特別な能力を持っていたからで、彼らは単なる木の「塊」に息を吹き込み、「魂」を与えることのできる超能力を備えていたからである。その「魂」とは、喜多村信節がすでに言っているように、古代にクグノチ（久久能智、久久能遅、句句廼馳）と呼ばれた樹木の霊（木霊）であって、これを呼び起こす能力を彼らが持っていたということではなかっただろうか、と。

大工を助けた人形

河童は、わが国の代表的な妖怪として津々浦々にその伝承が残されているが、そのイメージは地域によって微妙に違っている。その中で、河童の属性として、広く語られているものに、その腕をひっぱると抜けるということがある。それは、たいてい河童が元来は藁人形だったという伝承と一体のものになっている。この人形と河童の関係は、「大工を助けた藁人形の話」、すなわち、いわゆる「河童起源譚」の説話として語られていて、九州から東北地方まで全国にわたって広く伝えられ、わたしがこれまでに集成した類例だけでも、三十例ほどに達している（神野善治「建築儀礼と人形――河童起源譚と大工の女人犠牲譚をめぐって――」『日本民俗学』一四六号、一九八三年）。

これらの伝承では、左甚五郎や飛驒の工匠、竹田の番匠といった神格化された大工の棟梁が主人公として登場し、有名な社寺や宮殿などを建設するのであるが、人手が足りないとか、工期が足りないとかいう困難に遭遇して、藁人形や鉋屑などの人形を作り、これに息を吹きかけて命を与えて使役し、無事に建物を完成させることができる。ところが仕事が終ったのち、人形たちを川に捨てたのが河童になって人の尻をとらえるようになったという説話である。人形の頭を玄能で叩いたのが、頭の皿になったという話を加えているところもある。

わたしは、この説話の背景のひとつとして建築物の造営に伴う呪術的な儀式（建築儀礼）に、人形が実際に作られ用いられたことがあっただろうという意見をこれまでに述べてきた。わが国では、現在でも上棟式などに際して、実際に屋根棟に人形（棟上げ雛など）を祀る儀礼が東北地方などに存在する。また、屋根裏から藁人形が発見されたり（埼玉県桶川市や京都府久世郡久御山町の事例）、屋根棟に紙の形代の入った箱がとりつけられているのがみつかったこともある（滋賀県近江八幡市の事例）。

さらに上棟式に伴って語られる「大工の女人犠牲譚」が問題になった。すなわち、やはり飛騨の工匠とか竹田の番匠などの有名な大工が、大切な建物の建造を請負いながら、重要な柱を短く切りそこねてしまうが、女房（あるいは娘）の助言で「ます組（斗栱）」などの工夫を取り入れ、みごとに完成させる。ところが、その工夫が女人の知恵だとわかることを恐れてその女人を殺してしまう。その後、その霊が祟るので、建築のたびに、その女人を祀るようになったという話である。上棟式やその飾り物の由来譚として全国に広く伝えられ、集成できた例だけで、ざっと八十例にも及んでいる。

この話と先の「河童起源譚」とは、ともに神格化された大工が主人公で、その建築事業の困難に対して助力を果した者が犠牲になり、そのために祟りをなして、結果的に祀られるようになるという共通した話の展開（構造）を持っている。そして話の主旨においても、建築にかかわる何らかの神霊の性格を示す内容を持つという点で共通することを指摘できる。その神霊と考えられたのは、大工たちが日々、建築のために切り刻み、削り続けながら「犠牲」を強いている建築用材に宿る精霊ではないだろうかというのが、現在のわたしの考えである。すなわち、木匠たちの仕事を成り立たせている樹木の霊（木霊）に対する心意がこれらの説話に示されているのではないだろうか。

かつて若尾五雄氏は、河童のイメージの背景には、河原を活動基盤とした土木技術者のイメージがあったのではないかと指摘し、さらに、先の「河童起源譚」で河童が人形に由来するといわれるのは、土木関係の道具や彼らそのものを「人形」と見たためではないかということを示された（「河童の荒魂」『近畿民俗』五六、一九八三年。のち『河童の荒魂』、一九八九年、堺屋図書、に収録）。

たいへん魅力のある説と思いつつも、土木関係者や土木用具が人形にたとえられるような認識が、伝承として、あるいは歴史的史料として示されない以上、容易には受け入れがたい主張だと思ってきた。

ところが、その後『異人論』で知られる小松和彦氏が、その論説の一環として河童をとりあげ、この若尾説をもとりこんで、河童のイメージが生成されていく上で、その構成要素の主な部分に、「河原の者」とか「川の民」と言われる賤視された人々の実像があったのではないかという主張を、近世の記録を根拠にして示されたのである（「新しい妖怪論のために」『創造の世界』五三、一九八五年、小学館）。

それは、中世芸能の研究書として定評のある盛田嘉徳氏の『中世賤民と雑芸能の研究』（一九七四年、雄山閣）で紹介された「小林新助芝居公事扣」という記録の中の次の一節である。

阿部清明人形を作、終ニ一条戻橋川原ニ捨候処、変化して人間と契、子を産リ、又一説に、飛騨ノ工・竹田之番匠、内裏御造営之時、人形を作、働しむ、其時官女此人形ニ契、子を生リ、御造営終、川原ニ右人形を捨候ニ、牛馬をはぎ喰ひ専楽とす、あはら骨一枚して、ひさの骨なし、非人とハ是也

つまり、陰陽師として知られる阿部（安倍）清明が人形をつくり、それを一条戻橋河原に捨てたところ、変化して人間と契って子を産んだ。また、一説には、飛驒の工と竹田の番匠が、内裏を造営する時に、人形をつくって働かせた。そのとき、官女がこの人形と契って子を産んだ。造営が終って後、河原にその人形を捨てたところ、牛馬をはぎ食うことを専業とするようになる。彼らは、あばら骨一枚にして膝の骨がない。「非人」と呼ばれるのがこれであると、いわば「非人」と呼ばれた人々の起源説話が示されている。

先に示した「河童起源譚」ときわめてよく似ていて、ほぼ同系の説話ということになり、「河童」のイメ

ージの形成に「川の民」の実像が重なっていくという小松氏の主張には説得力があるようにみえる。民俗学者の多くが河童を水の神の零落した姿と決めつけてきたのに対して、小松氏の主張は、社会史的な視点の大切さを主張されたものである。

しかし、その議論がつぎのように展開されていることが気になる。すなわち「大工（陰陽師）の作った人形が河原者になった」という説話がある。それは「大工の作った人形が河童になった」という説話と同型である。ゆえに「河原者が河童になったと考えられるようになった」という論理である。しかし、河童起源譚とこの河原者起源譚とが、同型の説話であることが認められ、二つの説話が源をおなじくする説話である可能性が認められるにしても、この説話が並存することによって、河原者の実像が河童のイメージの根源になったという結論は誤った三段論法によるものだといわざるを得ない。ただ、民衆の論理の世界では、そういう解釈が通用した可能性は大いにあり得ることだと思う。

しかし、神格化された大工が人形を作って自在に動かし、その人形が人間と契って子をもうけるといった説話の示唆するところは、まだ解けていないことを指摘しなければならない。

傀儡と木子

「小林新助芝居公事扣」は、京都の四条河原の操り人形師小林新助が寛永五（一六二八）年、房州において人形芝居の興行を行ったのに対して、関八州の長吏頭弾左衛門の配下の者が支配権を主張して、芝居をぶち壊したので、小林新助側が江戸の奉行所に、いわば「興行権」を主張して訴えをおこし、結局、勝訴した一件の顛末を細かく記録したものである。

この公事（裁判）によって、演芸界の人々は、いわば芸能関係者の地位が保障されたと大いに喜んで、この裁判の記録を次々に書き写して、「宝物」のように大切に保存していた。江戸に残されていた『勝扇子』なる記録も、この小林の記録の写しである（盛田嘉徳「勝扇子解題」『日本庶民生活史料集成』一四、四三九～四四〇頁、一九七一年、三一書房）。

しかし、この事件を通しても、幕府による身分差別は強化されこそすれ、芸能関係者のことなどを特別に考えていたわけでは決してなかったのが現実で、わずかに檜舞台を有する劇場のみが、弾左衛門の支配から脱しただけだったと指摘されている（盛田嘉徳『河原巻物』、一九七八年、法政大学出版局）。

先に紹介した文は、この事件の顚末についての記事のあとに、いわば参考資料として付録的に取り上げられているものにすぎないものである。

「この文は、『非人之説』などと題して、巷間に広く伝えられているものであるが、もとより荒唐無稽、まことに取るにたらぬ妄説である」と盛田氏は積極的な価値を認めておられない（盛田嘉徳「勝扇子補註一二一」『日本庶民生活史料集成』一四、四五四頁）。もちろん、先祖が人形だなどという内容を歴史的事実だと誰も信じないだろうが、当時の人々の心の中に描かれた伝承の世界であることを認めて、説話としての背景を検討しておくべきであると思うのである。

小林新助が付録的に記録していた、もうひとつの記事に「弾左衛門手下之者」があり、先の文の位置づけをする上で、注目される。それは、「弾左衛門頼兼」が主張した支配下の者の一覧である。二十九の職種が示されている中に多くの芸能者集団とともに「傀儡師」が含まれ、さらに「人形屋と浄瑠璃語りは傀儡師の下に属するもの」とも注記されている点である（盛田嘉徳『中世賤民と雑芸能の研究』）。ここにいう「人形屋」は、人形を作る人たちのことであったかもしれないが、当時の人形遣いは、自ら人形を作る人形師でもあっただろうし、かつ、ここでは浄瑠璃語りと並記されているから、人形遣いのことだとみなされる。この

「手下の者」の一覧は、弾左衛門家に秘蔵されていたという古文書をもとにしていて、それには「治承四年庚子九月」の年号と頼朝の朱印があるといい、これを支配の何よりの根拠としていたものである。いわゆる「河原巻物」として知られる偽文書の代表的なものである。この一覧は、支配の必要に応じて、折にふれてさまざまな史料に登場し、職種の内容は若干の異動をしながらも、頼朝の権威を借りて支配の主張に用いられてきたものである。

このような「史料」に続けて示された先の「説話」も、やはり弾左衛門側が「支配」の根拠として示した「史料」だといえるだろう。その観点からもう一度内容を見ると、「牛馬をはぎ喰い専楽とす」という表現などは死牛馬の処理や皮革加工という職の内容のイメージが歪曲された表現とみなせるし、「アバラ骨一枚にして、膝の骨なし」の一節は、操り人形の素朴な構造から発想されたものだったとみることができる。すなわち、「のろま人形」や九州の「傀儡子」と呼ばれる相撲人形などに見られるように、一枚板のような胴体に、だらりと吊り下げられた関節のない手足を持つ人形の仕組みからの連想があり、さらに、これを遣う人形操りの人々も「人形と同然だ」というような見方がなされているものだろう。しかも、人形を祖先とするとらえ方を示した内容が、人形遣いたちを支配する根拠として好都合であるために、弾左衛門側は、この種の説話を持ち出して、自分らの支配権を強調したものだろう。

記録にわざわざ書き残したところをみると、新助は、この「伝承」の存在を江戸での裁判の過程で知ったに違いない。しかし、新助側にとって、自らの立場の否定材料となりかねない内容を持つこの話を、なぜ、注釈もなしに書き加えたかが疑問に残る点である。

このような説話は、支配のために作為的に創作されたものという意見がでるかもしれない。しかし、単に弾左衛門一個の創作になったとは認めがたい。そこに歪曲があったとしても、話の骨子は、当時の人々が民間伝承として広く伝えていた説話のカタを踏襲しているものとみなされるからである。

というのは、さらに古くさかのぼった室町時代の文献に同様の説話が残され、その主旨と合わせて考えることが可能だからである。

それは小松氏が提示したもうひとつの資料（『塵添藍嚢抄』巻第五・三十三）の「木子ノ大工ノ事」という記事である。これは、「内裏の御大工に、キコの大工というのがあるが、これはいかなるものかというと、昔、飛騨の工が、いくつかの『木偶人』を造って、昼夜にわたって、これを巧みにあやつって普請を手伝わせたが、それはあたかも生身の人間のようであった。ある女官がそのうちの一人の人形に心をかけて、夜ごと通って夫婦となった。そして一人の子を産んだ。これを名づけて木子という。やはり工匠の巧みなものであった。今も、その子孫がおり、紫宸殿の御大工がこれである。すべてで三人の御大工がいる」という内容である。

先の河原者の起源説話とたいへんよく似ているが、ここでは内裏大工の起源説話となっている。

ここで問題にしたいのは、彼らが木で作られた人形（木偶人）の子、すなわち「木子」と呼ばれていたという認識である。そこから読み取れるのは、宮殿の造営にたずさわるような、すぐれた技をもつ「木匠」たちが、樹木を巧みに加工し、わがものとしうるのは、実は彼ら自身が樹木の分身としての「木子」であり、その子孫も樹木の霊力（木霊）を継承しているからだと考えられていたことである。おそらく、「木子の大工」と呼ばれた内裏大工たちの職業神伝承が反映している説話とみることができる。

さらに仮説を重ねることが許されるならば、ここで人形遣いたちの人形観を示した伝承の存在が想定されてくるのである。人形操りの人々は、傀儡師に属するものととらえられているが、語源的には人形操りこそがクグツであり、その人形操りの人々も河原で発達した芸能者の中にあった。小林新助が先の「説話」を記録にとどめたのは、当事者としての人形操りの徒にとっても、何らかの共感を得た内容だったからではなかったか。

傀儡子たちは、木人形に生命を与え、これをあたかも生きる人間のように操った人々である。「人形が我か、我が人形か」というように、人形と文字どおり「一心同体」になりきって生活している人形遣いにとって、この説話が示すように、木人形（木偶人）そのものが、自らの祖神だとする「人形観」は、決して受け入れ難い考え方ではなかったと思われるのである。

このようにとらえることで、謎の多い「傀儡・傀儡子（クグツ）」という言葉と「木人」「木偶人」「クグノチ」「木之助（木の衆）」「木子」といった一連の言葉が連なってくる背景が理解できるのではないだろうか。

傀儡子の具体相

傀儡子と呼ばれた人たちは、実際にどのような姿で人形を操ったのだろう。これを具体的に知るためには、絵画資料が有力な手がかりになる。江戸期の傀儡子を描いたものはいくつも残されている。しかし、当然のことながら、このような記録類からは、その芸の音楽や動作の様相を知ることは望めない。ところが、たいへん驚いたことに江戸期の「傀儡師」の「生きた演技」を彷彿とさせる伝承が残されていたのである。

それは、愛知県半田市亀崎地区に伝えられる山車の上で演じられるものである。「傀儡師」の「生きた演技」といったが、正確には、からくり人形の「傀儡師」が、あたかも「生きた人間のように」人形戯を演じて見せてくれるものである。

愛知県周辺には、すばらしい山車の祭りが多い。知多半島の半田市内には、三月から五月にかけて十五の地区で行われる祭礼に、延べ三十一基もの山車が登場する。昭和六十二年十月には、市政五十年を記念して、このすべての山車を集結するイベントがあると聞いて、物見高いわたしは、さっそく出かけていった。とくに半田の山車には信州は諏訪の立川一門の作品が多いと聞いており、また、山車の上で演じられるという「傀儡師」のからくり人形を見ておきたかったからである。

山車の祭りとしては、飛騨高山の春秋の祭りが知られており、これに登場する山車は、しばしば飛騨の匠の技の粋を集めたものとして紹介されることが多い。ところが、実際には、他国のすぐれた工匠が飛騨でよい仕事を残したという例が含まれている。中でも諏訪の立川一門、とくに立川和四郎は、左甚五郎と比較されながら話題になる彫刻の名匠である。この立川一門が、東海地方では豊川稲荷や静岡浅間神社などの社寺建築に、すぐれた彫刻を残していることが知られているが、建築ばかりでなく、祭礼の山車に注目すべきものが残っている。それぞれの地域では、自分たちの町内の山車をこれらの名匠たちの作品で飾っていることを誇りとして大切に守り続けているのである。

半田の山車祭でも、各町自慢の山車が披露されるが、三十一基が広場に勢揃いする姿は、まさに壮観というほかはない。そのうち十九基の山車に合計二十六戯のからくり人形が乗って妙技を見せてくれる。

亀崎地区の五基の山車は、本来は五月三、四日の潮干祭に登場するものである。いずれも、山車の全面にすぐれた彫刻がほどこされており、そのいずれの山車にもからくり人形が乗っている。中でも田中組の神楽車は、天保八年の大改造が立川和四郎富昌と、立川常蔵昌敬の手でなされ、百五十九両余りの工賃が費されたという記録が残されていて、蟇仙人、三国志などの彫刻には目を奪われるものがある。この神楽車の「からくり人形」として、「傀儡師」が伝えられているのである。

半田の山車は、上下二層の構造を持っており、下層は「前棚」といって、正面に唐破風の屋根を持つ舞台があり、上層は勾欄のある「上山」があって、「前棚」と「上山」が、ともにからくり人形の舞台となっている。神楽車の「前棚」のからくり人形は「巫女の舞」、「上山」の人形が「傀儡師」である。

「傀儡師」は、先にも述べたように、わが国の数あるからくり人形の中でも、人形が人形戯を演じるという特異なものである。

「傀儡師」は、ほぼ等身大の人形で、胸に人形戯の舞台となる大きな箱を首から掛けた姿で登場する。やがて箱上面の両端に、二人の唐子人形がせり上ってくる。「傀儡師」は、頭巾を被ったにこやかな表情で、首を左右上下に振りつつ時おりまたたきをしながら、次の歌をうたって小さな二体の人形を踊らせるのである。

〽琉球の島は目出たい島よー、黄金の枡にてヨネ計るノーエ、
シャノシャノ子供よ、シャノシャノ子供よー、
花が見たくば吉野へござれ、今は吉野の花盛り、
子供来い来い、花見て踊ろ、花見て踊るはよい小女郎、
イキンスイチョ、エイチャ、スイハイスイフス、スーイハイ、
ソーハイミーチャ、ハラギャンソー、オデギャンギャン、
まんまる御座る、まんまる御座る、十五夜のお月の輪のごとく、
シッタンシッタン　シッタンタン

二体の子供の人形は、両手にチャッパ（シンバル）を持っていて叩き合わせながら、上下に飛びはねるように動き、回転して、踊らされる。

「傀儡師」の芸は、続いて「急ぎ御船を出すべし」という『船弁慶』の謡曲に合せて展開する。「傀儡師」の人形が胸の箱の中に折りたたまれるように消え、木目の描かれた箱がバタバタと波模様に変わって、和船が組み立てられ、船上には、源義経と弁慶、船頭の三人の登場人物が現われる。荒波に激しく奔弄される船、

刀を振り上げる義経、両手を合せて祈禱する弁慶、艪をこぐ船頭。その動きは、ダイナミックでかつ細やかである。やがて、波間に平知盛の人形が現われ、頭や胴体の激しい動きをしながら、右手に持ったナギナタをあざやかな手さばきで回転させる。源氏に滅ぼされた平氏の怨霊が船に追い迫る姿である。弁慶の法力によって、やがて怨霊は姿を消し、波も静まり、「あと白浪とぞなりにける」でこの場面が終了する。

ついで、再び「傀儡師」の人形が登場する。今度は「山猫いたち」の芸を見せてくれる。箱の上に本物の毛皮でできた「山猫いたち」を登場させて、あたかも生きているように動かせて見物の子供たちを怖がらせる。

〽子供衆、子供衆、悪い事をせまいぞや〜、

悪い事をしたものは、山猫にかましょ、けものにかましょ

そして「スッペラポンのポン」の掛け声もろともに、箱の上から「山猫いたち」が本当に（ばね仕掛で）飛び出すのである。初めてこれを見る観客は一様に驚かされるという趣向である。

傀儡子の芸が、「人形が人形をあやつる」という特異な形態をとりながらも、「生きた姿」で保存されていることは驚くべきことである。「シャノシャノ子供」は、傀儡子の代名詞にもなった彼らの衣裳「紗の紗の衣」の誤伝に違いない。冒頭の歌は「吉野山」と呼ばれたくぐつ廻しの典型的な演目とみなされるものであり、途中で挿入される『船弁慶』も、ここでは、いわば傀儡子による「劇中劇」と位置づけられているものである。『船弁慶』は、江戸時代に一世を風靡した竹田のカラクリ座の主要な演目であったというから、その技術や雰囲気もここに保存されているのではないだろうか。

さらに最後のだしものである「山猫廻し」も「傀儡子」の代名詞になるほどの代表的な芸だったのである。これらが「人形が人形を操る」というカタチで、「化石的に」しかも「生きた芸」として謡と演技と一体になって残されたことは、いわば奇跡的なことだと思わざるを得ない。あるいは、「芸」というものが、本質

的にはその時を限りに滅びる運命にある「瞬間」の技であることを知っていた「傀儡子」たちが自らの芸を凍結させ、後世に伝えることを意識して、木匠たちの技を得てこのようなものを創り出したのではないかとさえ思えるのである。

付記

本稿は先に紹介した拙稿「建築儀礼と人形」と連動するエッセイです。いわゆる「河童起源譚」を取り上げ、河童・大工・人形の関わりにふれているため、本書に収録されたものと思います。しかし、ここでも「河童論」の文脈では議論を展開していません。まず人形芝居の「木偶」に、その古い呼称である「傀儡」自体に樹木の精霊（すなわち木霊）の霊力が強く意識されていたことを推論し、先にも紹介した「大工の女人犠牲譚」については、大工の女房や娘が建築の犠牲になるモチーフに、大工が建築という仕事において依存しながら、日々伐り刻むことで犠牲を強いている樹木の精霊（木霊）に対する畏怖心が「反映している」ことを想定しました。ひたすら「反映論」を単純に展開し、建築儀礼で祀られる対象、すなわち新築された家屋に宿るカミとして、「木霊」が意識されていたことを重ねて強調しています。このように把握することで、河童の多面的性格を知るためのヒントが見出されないでしょうか。本稿では触れませんでしたが、やはり、家に宿る妖怪として知られ、河童とも共通点を持つ東北地方の「座敷ワラシ」が、大工が作った人形との関係で語られていることが注目されます。また、南島の妖怪として知られるキジムナーとその類例の伝承が、実は建築儀礼に伴う樹木信仰と深い関わりをもつという指摘も生彩を放ってきます（赤嶺政信「キジムナーをめぐる若干の問題」『資料編集室紀要』一九、一九九四年、沖縄県立図書館）。なお、その後の筆者の議論展開は拙著『木霊論』（白水社、二〇〇〇年）に紹介していますのでご参照ください。

中村禎里

河童の誕生 その他

河童の誕生

古代において神怪な海の動物として信仰され、または畏怖されたわにと、近世後半以後人畜に手をだしては失敗をくりかえし、面目をうしないつづけた河童とをつなげるのが、今回のもくろみである。

はるか海のかなた、あるいは海中にある海神の国は、いつしか日本列島に住む人びとの想像力の世界から去って、内陸の水底にある竜宮に変化する。これにともない海神の国の主であったわには、陸水の主であるヘビへと縮小した。この陸封現象は、列島の主要部が統一国家の勢力下におさめられ、日本がこぢんまりとした閉鎖社会にまとまってきたことに関係があるだろう。五月号で紹介したとおり、『今昔物語集』（一一一〇年ごろ）巻一六―一五において、若侍が助けたヘビに案内され池中の竜宮にいたった話は、トヨタマヒメの神話の陸封の結果である。のちにあげる俵藤太伝説のヘビもまたしかり。

ではわには、なぜ他の動物ではなくヘビに姿を変えたのか。第一に、古くからヘビの形態の山神が山中の水地を支配していたからである。陸封された海が、湖沼・川淵に合流するとともに、海中のわにのイメージもヘビに吸収された。第二に、わにそのものにヘビの素地が潜在していた。『古事記』におけるトヨタマヒメのわには、ヘビのように身体をくねらせていた。またこのわには、『日本書紀』本文では竜とされ、コトシロヌシのわには、オオモノヌシのヘビと互換的であった。

かくて人びとにサチをもたらす陸水のヘビが、わにの血をひいていることはまちがいない。しかし古くから人びとに危害をくわえるヘビも活躍していた。これと海の妖怪としてのわにとの関係はどうだろうか。

『日本書紀』仁徳紀には、危険な水妖を人が制する話が二回記載されている。

大阪平野の治水工事をすすめていたとき、築堤のなかに崩壊しやすい場所が二ヵ所あった。そこで川神をなだめるため、二人の男が犠牲に供せられることになった。一人は泣くなく水に身を投じたが、あと一人の茨田連衫子はヒサゴを水中に投げいれ、水神にむかい「このヒサゴを沈めることができれば、おまえを真の神と判断して自分も犠牲になろう。しかしヒサゴを沈めることに失敗したら、おまえを偽の神とみなして、私は無益に身を滅ぼすことはするまい」と挑んだ。水神はヒサゴを沈めそこなったので、衫子は犠牲になることを拒否した。にもかかわらず、堤は無事完成した。

この水妖の形態は明らかでないが、つぎの説話の水妖は動物であった。

備中の川島川の分岐点に大虬が居ついて、人びとの命を奪った。そこで笠臣の県守がヒサゴを投げいれ、「これを沈めることができなければ、おまえを切り殺す」と宣言する。大虬はシカに変身してヒサゴを沈めようとしたが失敗したので、県守はこれを殺し、さらに淵底に蟠踞していた同類を皆殺しにした。

大虬は古訓でミツチとよまれているが、おそらくヘビを指すのだろう。その大虬がヒサゴを沈めようとしたときシカに姿を変えた事件を、どう解釈したらよいだろうか。シカはしばしば山神の動物態であった。したがって、川淵の水妖が山神の派生形であることを示唆するのではないか。それにシカは四肢や角をもっており、ヘビよりもヒサゴを操作しやすいと見られたのかも知れない。

陸水の妖怪は、山神または陸水神の凶の機能だけを、分離・実体化して誕生したと推定される。また同時に、陸に封じこめられてヘビと化したわにの凶悪な一面がここに現われた、と考えてもよい。仁徳紀における川の偽神・妖怪は、『出雲国風土記』の少女を食うわにに対応する。さらに水神と水妖を区別する境界が、なかなか不分明であったことも、衫子の説話からわかる。

ヘビが人を引く説話は、そののちもあとをたたない。『今昔物語集』巻三三―一二はその一例であった。そして陸水に人を引きこむ妖怪が、中世においてもなお山神・山妖と連絡していたことは、『古今著聞集』巻一七―六〇三の狸が人を池のなかに引きいれる説話（四月号で紹介）によって、うかがい知ることができる。

かくて中古以降の状況はつぎのようであった。危険な水域または異域のヘビは人に危害をくわえるが、陸水の底深くに潜んでいる水神の国のヘビは、人にサチをもたらす。けれどもヘビ自体に、吉か凶かという目印がついているわけではない。どちらもおなじ形態のヘビのしわざである。

『新著聞集』（椋梨一雪、一七四九年）巻九には、妙な話がおさめられている。

天竜川筋のある村の渡しを進んでいた船が、急に動かなくなった。そのとき船に乗りあわせていた平野六太夫という男が水中にとびこむと、船はやすやすと動きだした。家族は六太夫は死んだものとあきらめていたが、三回忌追善のおりに帰還した。六太夫の話によると、彼は船からおちて竜宮界に行った。竜神は六太夫に頼みがあって引きとめようとしたのだが、彼はそれをことわって帰ってきたのだった。

話の前半は、八月号で紹介した『善悪報いばなし』巻二―八のわにの話の変異型である。ただし『新著聞集』のほうの事件現場は、海ではなく川であった。竜神は日本ではヘビの姿をとっているので、このヘビもわにの陸封の一例だといえるだろう。それにしても前半は水妖説話を踏襲しているのに、後半は俵藤太伝説型の竜宮訪問譚に変化してしまっている。

がんらい関係のない二つの説話の癒着により、六太夫の話が成立したと解釈するのが穏当だろう。しかも癒着が可能であるためには、両方のヘビの類縁が作者に意識されていなければならなかった。このように吉凶両方のヘビの区別はあいまいであったが、近世初期においては、ヘビにかぎらず水中の霊物は妖怪のほうに大きくかたよる傾向を示した。水霊の中核動物であるヘビが、中古以来忌まれる度合をますます強めていったのが、その一因である。あと一つ、狭い陸水の底に竜宮が存在するなどの説話が信じられなくなったことも、陸封トヨタマヒメ型、または俵藤太型のヘビの勢力を衰退させる原因となっただろう。

ずっとのちの記録になるが、『閑窓筆記』(西村遠里、一七七九年)巻三に、明和七(一七七〇)年の旱魃により瀬田橋の下も干あがったが竜宮はなかったので、乙姫・藤太の故事がうそだとわかった、とある。ただし明和の旱魃ではじめて竜宮の存在が否定されたのではなく、すでに竜宮の存在が信用されていなかったから、明和の旱魃の結果が注目されたのであろう。

話題を変える。トヨタマヒメの神話にもどり、それを手がかりに、中世における水神の出現形態の変化について言及したい。

ヒコホホデミが海神の国を訪問して入手し、彼の子孫の繁栄に貢献した成果は二つあった。一つは兄のホノスソリを征服する決めてとなった塩みつ珠、塩ひる珠である。あと一つは、海神の娘トヨタマヒメとのあいだにもうけた男児ウガヤフキアエズであった。この二つのいずれを欠いても、ヒコホホデミの一族は、列島の王の地位を獲得することができなかったにちがいない。そのうち後者、すなわち水神の血をひく男児に注目しよう。

現代の昔話「竜宮童子」においても、水中から少童が現われて人にサチをもたらす。この「竜宮童子」は、水界の美しい少女が人の男性の妻となり、二人のあいだに生まれた男児が父の家を富貴にする、という昔話「竜宮女房」と無縁ではない。そのことを最初に示唆したのは、例によって柳田国男（『海神少童』、一九三〇年）であるが、ここでは石田英一郎（『桃太郎の母』、一九五六年）の表現を借用しよう。

「霊童または童神が人界に出現して、おおむね何らかの福徳をもたらすという観念が、わが民間に広く分布していた……。［その観念をあらわす説話や信仰の］根底をつらねる重要な共通要素の一つとして挙げうるのは、第一に、これらの小童が何らかの形で水界に関係をもつ場合が甚だ多いということであろう。……だがそればかりではない。第二に、これら水界の小サ子の蔭に、たえず彷彿として現われるものは、その母とも思われる女性の姿なのである」

石田は、水界の小サ子の一例として、俵藤太伝説における如意童子をあげる。俵藤太伝説は、『太平記』（一四世紀後半）巻一五のほか、室町時代のお伽草子類『俵藤太物語』においても語られている。後者をかんたんに紹介しよう。

琵琶湖底にある竜宮のヘビが、女性の姿をとって藤太のまえにあらわれ、三上山のムカデ退治を依頼する。藤太は首尾よくムカデを退治したのち、竜宮に招かれ、にぎやかな歓待を楽しみ、呪宝などをあたえられて地上に戻った。

柳田によれば、一六八一年に成立した俵藤太伝説の一本において、藤太は、如意童子とよばれる少年を宝物とともに竜宮からつれてくる。如意童子は、主人がなにも言わなくてもその心を知って働く、という。ヒコホホデミが海神の国から持参した二つの珠、および彼がトヨタマヒメとのあいだにもうけた男児は、時代を経るにしたがってさまざまに変異し、そのうち一つの方向への変異は、湖底竜宮由来の呪宝と如意童子という結果に到達したのであろう。それではトヨタマヒメは、なぜ消失し、あるいはせいぜい童形男児の蔭に「彷彿と現われる」ていどにかすんでしまったのであろうか。

この件に関連して私は、『日本人の動物観』(海鳴社)において、つぎのような説明を提出しておいた。すなわち仏教の殺生戒の普及にともない、トヨタマヒメ型の説話は、動物報恩譚に変化した。主人公の子孫の繁栄は、動物の雌との結婚そのものによるのではなく、彼が動物の雌の生命を救助したことによる、と改変された。この改変にもとづき、結婚のモチーフの脱落が可能になる。『今昔物語集』巻一六―一五の若侍はヘビの娘を助け、『俵藤太物語』の藤太は女人型のヘビに依頼された。そして彼らはいずれも竜宮へおもむき、貴重な呪宝を持ちかえる。しかしどちらのばあいも、人の男性がヘビの女性と契ったとは明記されていない。

俵藤太、三上山のムカデを射る

たしかに報恩モチーフを採用すれば、通婚モチーフは必要ではなくなる。したがって童子の母は不要になる。けれども不要は非存在に直結はしない。また報恩モチーフは、通婚モチーフと矛盾しない。助けたヘビの娘と結婚し、生まれた男児が一族の発展のもとをきずく、という型の説話も充分成立しえる。キツネの『信太妻』などはその類例である。にもかかわらず水中異類との通婚譚にかんしては、「ヘビ女房」の昔話などをのぞいて、その型の説話はあまりふるわず、しばしば母の姿はおぼろにかすんでしまった。この点について、満足しえる説明はまだ見いだしていない。ただ人とヘビとの結婚の幻想が、世間話や伝説においては、しだいに忌避されるようになったことはまちがいないだろう。ヘビの形態をもつ水神は、妖怪化するのでなければ、みずから姿を消すほかなかったのである。人びとの印象において、ヘビが怨霊の象徴と解されるようになったのと、それは無関係ではあるまい。

水中の霊物が、近世初期までに、二つの点であらたな傾向を顕著に示すようになった事実を、以上で明らかにした。第一に、神よりは妖怪のほうに重心を移した。第二に、男児形を選びはじめた。さらに水妖は、近世後半になって戯怪化し、それにふさわしくヘビよりはカワウソ・スッポン・サルをモデルに採用するにいたった。以上の三つの特徴が結合したところに、盛期の河童は誕生したのである。

〔追記　二〇〇〇年六月二九日〕　母なし水神少童の由来については、ヘビのような先行動物水妖に無関係の別の要因をも念頭に入れるべきだろう。河童には雌はいないので、この水妖は母なしで自ら無性的に生じたという思いが、人びとの心の深部に潜んでいたのではないか。小サ子についても同じことが言えるかもしれない。ただし、このような心理的・神話学的解釈を採用しても、河童が特定の歴史的時期に誕生した理由は説明できない。一定の社会的条件が備わったとき、自ら無性的に生まれる水霊の存在が想起されたのだろう。その社会的条件にかんしては、次項で述べる（くわしくは、拙著『河童の日本史』日本エディタースクール出版部、一九九六年　を参照されたい）。

河童の成長

中世、あるいは近世初期まで、水妖の代表象徴はヘビであった。河童はこれを継承したのであるから、ヘビの性質をいくぶんかはひきついでいなければならない。なかでも害意をもって人を水中に引きこむ行為は、水妖の基本的な属性であり、この属性の放棄は、水妖としての資格喪失を意味する。したがって河童は、この世に登場した最初から、人を引いていたと思われる。一七世紀の記録を見ると、『梅村載筆』（林羅山、一七世紀なかば）人巻では、河童は人・ウマ・ウシを水中に引き、捕らえられている。『百物語評判』（山岡元隣、一六八六年刊）巻四―二の川太郎は、子供を水に引きこむ。

水妖のヘビのすべてではないが、その相当部分は、現世に怨みをのこして水中に入ったものの霊の象徴である。そしてこの種のヘビもまた、水妖であるかぎりは人を引く。中世後期のお伽草子類『さよ姫の草子』において、奥州のさる地頭の娘が、父の死後財産をだまし取られ、無念の思いのはれぬままウルマが池に身をなげ、ヘビと化した。しかもそのヘビが、彼女と類似の運命をたどり大和から奥州に売られてきたサヨヒメを人身御供に要求する。

水死者の霊があらたな水死者を要求する事件は、一般的には、死者と生者、不幸なものと幸福なものとの人取り争いの例と解釈することができるだろう。この種の争いは、『古事記』・『日本書紀』において、黄泉比良坂の境に対峙し、生者・死者の数をせりあうイザナギとイザナミの宣言合戦にすでに見られる。サヨヒメの例は、この生者と死者の人取り争いの図式にくわえ、さらにべつの要素をふくむ。それは同類選択作用とでもよぶべき傾向である。ウルマが池のヘビは、生きた人であったときの自分と同性・同年代のものを、死者の仲間に引きこもうとしたのであった。

さて河童は、ヘビ妖の伝統を受けついでいるのだから、少なくとも河童誕生の初期においては、死霊の象徴としての性質を刻印されていたはずである。

『死霊解脱物語聞書』（一六九〇年刊）下には、そのような河童が出現する。一七世紀のはじめ、与右衛門という農民が、後妻の連れ子の助を殺害するよう後妻を使嗾し、彼女は、助を鬼怒川の土手から投げこみ水殺した。その助の死霊が、近くの川淵のクワッパと化し、土手から投身する身ぶりをしては泣き叫ぶ。

高田衛氏（『江戸の悪霊祓い師』筑摩書房）によれば、河童が身投げのふりをするのは、生者に身投げ、水死を誘う呪術であった。そうだとすると一七世紀末には、河童が水死した男児の死霊の象徴とされることがあり、またこの妖怪にも同類選択作用を発動する力が認められていたことになる。なぜなら、もっとも多発する水死の犠牲者は、男の子である。

そののちまもなく、河童は死者の霊の象徴であることをやめたようである。現在でも天草で、殺された武士が河童になったという伝説が採取されているが、これは稀少例にすぎない。河童は、その前身であるヘビの陰険な性質の排除につとめ、愚怪・戯怪的な行動に熱意を集中した。

一八世紀になると、河童は悪事をはたらくものの、容易に人に捕らえられて謝罪するという説話が、書物に現われるようになる。さきに引用したように、一七世紀の『梅村載筆』や『百物語評判』の河童は、まだ人に謝罪しない。この時期に謝罪モチーフをもつ河童説話がまったく存在しなかったかどうかは、文献的にも微妙なのであるが、煩雑になるのでこれには深いりせず、私の結論を三点だけ言う。

第一に私は、一七世紀までに河童譚に謝罪モチーフが存在したという確証を得ていない。しかし第二に、河童においてはヘビなどの先行水妖にくらべて凶怪性が後退しているのは事実であり、河童の誕生とその謝罪モチーフの形成が同期していた可能性は棄てられない。第三に、河童の謝罪モチーフがかりに一七世紀にすでに出現していたとしても、それが盛行するのは、一八世紀に入ってからのことである。

一八世紀以後、人にたいする河童の攻撃、これにたいする人の反撃、敗れた河童の人にたいする謝罪の表明、の三つのモチーフを連結した説話がさかんに流布する。その管見初出は、『雲陽志』（黒沢長尚、一七一七年序）巻一である。かんたんに紹介しよう。

出雲国島根郡西川津村の猿猴が、ウマを川に引きこもうとしたが、かえってウマが猿猴を陸に引きあげた。おりふし村民が集ってきて猿猴を陸に引きあげた。おりふし村民が集まってきて猿猴を捕らえ、「以後この里で災いをなさず」という証文を書かせ釈放した。猿猴とは、カワコのことであり、他国ではカワッパ、川太郎などとよばれている。

なお以後のこの型の説話では、河童は詫び証文を書くだけでなく、赦免のお礼に川魚を届けるばあいが多い。

近世一八世紀中ごろまでの河童譚から、いくつかの重要な事実が帰納される。第一にヘビ妖は、川よりは主として湖沼を本拠にしたが、河童は名のとおり川を生息地とする。ただし天竜川支流津具川のヘビ淵と称する場所に、現代では河童が出没する事例が知られており、このようにヘビ妖の生態的地位を河童が襲ったことも大いにありえただろう。

ではなぜ、人が引かれる主たる水地が湖沼から川淵に移ったのか。その解答はなかなか得がたい。しかしいくつかの手掛かりがないわけではない。まず川は湖沼よりも小さな水地であり、底知れぬ恐ろしさに欠けている。霊力衰弱した妖怪にふさわしい本拠といえよう。

けれども川が浅瀬ばかりであるならば、人は引かれない。深い淵こそが河童活躍の適地であった。そしてもちろん天然の川淵も少なくなかった。ところが中世末から近世初期にかけて、水利工事がさかんにおこなわれる。とくに、以前には取水の対象となりえなかった上流に用水の堰が築かれ、ここから水を引くことにより、山際の台地における水田耕作が可能になった。また大河川の治水工事の進展にともない、その下流の湿地帯に水路が縦横に張りめぐらされた。かくて堰の淵、人工水路など河童生息の適地が大いに拡張される。

『諸国便覧』の挿絵

しかもそれらの場所は、人の集まる地域でもあったので、この妖怪が人を引く機会は飛躍的に増大したであろう。用水の発展と河童の活動の関連については、千葉徳爾・永田恵一郎の両氏が、独自の観点からすでに指摘していることを付記しておく。

第二に、ヘビ妖とことなり河童は、人だけでなくウマをも引く。しかも人引きにはしばしば成功するが、ウマ引きは例外なく失敗に終わる。河童のウマ引き伝説は、たぶん農村から発した。近世の書物について河童伝承をしらべると、人を引く伝承は地勢に関係なく分布しているが、ウマが引かれた現場は、内陸盆地・台地や山間の村落が多い。ヘビ妖の全盛期の中古・中世とちがって、近世においては富裕な農民がウマ飼育の主流となった。

このような状況が、ウマにたいする大きな関心を農村の河童にいだかせる原因になったのであろう。けれどもそれだけでは、河童が人引きには成功するが、ウマ引きには失敗するという説話の定型を説明することができない。河童とウマのあいだに強力な親和性が存在し、その親和性が水中においてではなく陸上において機能することが、河童ウマ引き説話成立のあと一つの不可欠な要件になっている。

紙幅の関係で、ここではこの件について詳論することはあきらめなければならない。ただ最低つぎのことは説いておきたい。柳田国男以来、多くの人が指摘しているとおり、河童とサルのあいだには互換性と敵対性の両方が成りたつ。近世の河童にかんし最初の情報を提供したのは『日葡辞書』(一六〇三年刊)であるが、これによれば、カワロウはサルに似た一種の獣で、川のなかに住んでいる。上記『雲陽志』においても、河童はサルのような動物であった。近世の辞書・本草書・考証随筆のたぐいでは、カワウソ・スッポン・サルの三種類の動物がひとしく河童のモデルとして採用されているが、民間伝承における河童のモデル動物は、もっぱらサルである。その視覚像の一例として、『諸国便覧』(一八〇二年刊)の挿絵を上(左上)に示しておこう。

そしてサルは、おそくとも中古以後は、廏においてウマの守護の責を負っていた。つまり河童は、水妖であるかぎりウマを引く衝動に駆られるのが必然である。しかし同時に、サルに似るぶんだけ、この衝動を抑制し、逆にウマを防衛する役を果さなければならない。ウマに面したときの河童の心意は、二つに引き裂かれる。

第三に、河童と人との関係は、凶怪と人との関係にくらべて、ずっと穏やかになった。人は河童を殺さない。人と河童の争闘が、えてして相撲という形式をとるのも、それに関係があるだろう。

河童がウマを引いて捕らえられ、悪行の廃止を条件に放免される説話よりおくれて、一八世紀なかばごろに、有名な河童の手接ぎ膏薬の伝承が書物に出現する。管見初出は、『西播怪談実記』(春名忠成、一七五四年刊)巻三である。例によって要約しよう。

播磨国佐用郡のある家のものが、ウマを川辺の木につないでおいたところ、やがてウマがなにものかを引きずって廏のなかに走りこんだ。家の主人が見ると、サルに似てサルでないものが手綱を身にまとっているので、その手を切り落とした。それは河童であった。河童は、今後悪事を働かないと約束して命を乞い、手の返却をもとめた。主人は、手接ぎ秘薬の処方の伝授を条件に、手を返却した。

昨年四月号で述べたように、妖怪の手切りと手接ぎのモチーフは、一七世紀のタヌキ説話において先行した。一七世紀前半に成立したと思われる『小笠原系図』では、小笠原清宗が厠でタヌキの手を切り落とし、手接ぎ妙薬の秘法伝授を条件に、タヌキに手を返す。なお清宗をはじめこの一族は、武術の専門家として著名であった。

このような経過が知られているので、河童伝承の手切りと手接ぎのモチーフは、タヌキ説話から転移した、と推定される。現に厠―手切り―手接ぎの三モチーフをセットでタヌキから借用した河童譚も知られている。管見初出は、『譚海』（津村正恭、一七九五年）巻二。

> 佐竹藩の外科医・神保氏の先祖が厠に行くと、尻をなでる化けものが出た。その手を切り、しらべて見ると、サルの手に似ていた。やがて川太郎がやって来て、手を返すようにと懇願する。そこで手接ぎの秘法を教えることを条件にして、川太郎に手を返却した。

『博多細伝実録』（一八三九年以前）にも類似の説話が記されている。ただし河童がさわったのは、黒田藩外科医・鷹取氏の奥方、河童は手接ぎ秘法を教えただけでなく、お礼に川魚を贈っている。

しかし大多数の話例では、河童はウマを引こうとして手を切られる。管見初出もこちらのほうが早い。他方タヌキは、ウマに取りすがって手を切られたわけではない。ではなぜ大多数の河童は、厠―手切り―手接ぎの三モチーフをまるごとタヌキから受けとらず、厠のモチーフのみをしりぞけて、これを廏のモチーフに改変したのであろうか。

これもまた、河童とウマの強力な親和性を念頭に入れなければ、説明できない。あるいは『譚海』型の説話が先に成立したのかもしれない。かりにそうだとしても、それはあまり人気をよばず、だれかが手切り―手接ぎモチーフをウマ引きモチーフと接着することに成功し、このほうが人びとの好みにかなった。かくて『西播怪談実記』型の説話が多発したのである。つまり河童は、厠より廏を選んだのである。

手切り―手接ぎモチーフの人気の特殊な背景として、金創医の流行という事情を見おとすことができない。

戦国時代に金創医とよばれる医師の諸流派が誕生した。金創とは、刀槍などによる創傷を意味する。そして金創治療をおこなった流派のなかに、神保流・鷹取流の名が見られることに留意するべきであろう。というのは、『譚海』・『博多細伝実録』において、それぞれ河童から手接ぎ膏薬の処方を伝授されたのは、神保氏・鷹取氏であった。それよりまえ、タヌキから同様の奇益をえたのは、武術家の小笠原氏である。武術を職業とする一門が、金創治療の方法に通じていたとしても不思議ではない。

一七世紀後半写とされるある金創書に、治療の対象として「切落骨接事」の項がふくまれている。このように実際には不可能な治療法の秘伝なるものが、戦国時代以来金創医のあいだに出まわり、これがタヌキ説話と結びついたのではないか。さらにそれは武器だけでなく、鎌などの農具による切り傷の民間薬方としても、各地方の農民のあいだに広がり、河童伝承にくみこまれたのだろう。この民間薬方の伝播に、タヌキや河童により象徴される漂泊の薬売りが一役買った可能性がある。

石川純一郎氏（『別冊太陽・日本の妖怪』）は、河童伝説の流布に香具師・接骨医・武術家が関与した、と主張しているが、私もこの説を支持したい。

小馬徹

河童相撲考
——「歴史民俗資料学」のエチュード——

はじめに

河童のきわだった特徴は、小柄な体軀に似合わぬ力自慢で、倦むことなく人間に相撲を挑んで来ることである。しかしながら、考えてみれば、日本の妖怪の中でもなにゆえに河童が特に相撲を好むのだろうか。柳田国男は、「私たちの不思議とするのは、人の南北に立ち分かれて風俗もすでに同じからず、言葉は時として通訳を要するほど違っているのに、どうして川童という怪物だけが、全国どこへ行ってもただ一種の生活、まるで判こで押したような悪戯を、いつまでも真似つづけているのかという点である」[柳田 1989：87] と言い、また「何ゆえ川童が人を見るといつでも角力を取りたがるのか。今まであまりありふれた話だから注意する者もなかったが、考えてみると奇妙なことである」[柳田 1989：89] とも述べた。この点については、既に幾つかの民俗学的な説明がある。だが、それらは必ずしも得心の行くものとは言いがたい。

本稿では、特に右の点に注目して、河童という想像上の生き物のイメージが形成された原初的な過程を、生きられた歴史に即して具体的に再考したい。更にそれを通じて、例えば河童のような民俗的な想像力の所産を一体どのようにすればより良く学問的な考察の対象となし得るのか、その方法論も模索したい。これが、本稿の二重の目的である。

1　「現実」の学としての「歴史民俗資料学」

1—1　河童研究と民俗学

河童という水の妖怪は、江戸時代にはその存在の真偽をめぐってかまびすしい論議を巻き起こした。図らずも、シーボルトまでがその渦中に巻き込まれている。(1) 明治時代末からは、小川芋銭がトリックスターを思わせる飄逸なイメージを造り出し、それ以来河童は日本で最も愛される架空の生き物となった。そして、工業社会化の行き詰まりと環境の荒廃・疲弊が誰の目にも露になったこの二十世紀の末においては、水域を中心とする自然・環境運動の文化象徴にもなりつつある。(2) そして、町興こしと歩調をあわせたフォークロリズムの格好の焦点にもなっている［フォスター 1997］。

少なくともこの数世紀の間、河童ほど強く日本人の心を魅了し、豊かな幻想と空想を誘い、様々な思いを仮託して表白する手段となり、また諸々の観念の象徴となってきた生き物は他にあるまい。それはまた、河童を巡ってありとあらゆる荒唐無稽な言葉が飛び交い、夥しい数の怪しげな論議が幾重にも積み上げられて来たということでもある。柳田国男がいう「歴史（文書）なき歴史学」として民間伝承の実相を明らかにするはずの民俗学においても、河童をめぐる事情はほとんど同断であった。今日でもなお、その状況は大きく変わっていないと言っていいだろう。つまり、この分野では、民俗学者とそれ以外の分野の研究者とが共有できる学問的な成果の蓄積がきわめて乏しいのである。方法論的な次元での踏み込んだ検討と相互批判が行われて来なかったことが、その最も重大な原因である。

告白すれば、実は私もまた、ここ十年ばかりの間、河童を巡る色とりどりの言説と悪戦苦闘して来た。それは、図らずも、福岡県浮羽郡田主丸町の町誌に、筑後川流域の河童信仰に関する歴史民俗学的な論稿を寄稿することになったからだ(3)。現在はこの町に属している一集落に、応安七年(一三七四)、「河童」(河伯)を祀る祠が建てられたという伝承がある。かなり確かな文献記録(4)によってその経緯が確認できるし、そのうえ、幾つかの有力な根拠からおそらくその祠に安置されていたものであると判断できる河伯の木像(写真1)も伝存している(5)。

とは言っても、私は、必ずしも純粋に歴史民俗学的にこの町の河童と格闘して来たわけではない。同町誌は、「人の心興こしとしての町興こし」をめざす独自の地域史講座の延長線上に編まれたものであり、この視角からなされる地域史の新たな解釈の試みでもある。それは、言わば、町民の手になる田主丸町の新しい歴史の「創造」であって、私はその創造の営みに立ち会う根気強い聞き手であり、また筆記者であった。つまり、町の人々が歴史として書いて欲しいと望むことを広く丹念に聞き取って、たとえそれがどんな事柄であろうとも、能う限り新しい「歴史」の中に書き入れる方途を模索したのである(6)。

新たな歴史を編もうとするこの町の人々の志のあり方は、いささか唐突だろうが、寺山修司流の次のような修辞が最もよく代弁し得ると思う。「歴史について語るとき、事実などはどうでもよい。問題は伝承するときに守られる真実の内容であ」って[寺山1982:106]、「美しくない真実は、ただの『事実』にすぎないだろう」[寺山1982:166]。ただし、私は寺山の「美しい」という概念を「リアルな」という概念に置き換えたい。

しかしながら、同町誌に荒唐無稽なことを書き連ねた積もりは決してない。今ここで考慮しなければならないのは、次の事柄である。河童信仰の歴史を叙述するという類の作業は、決して文献のみにも、また口頭伝承や民俗慣行の調査記録だけにも頼ることができないものだ。それは、否応なくその両者の接合点を探し求めながら、その継ぎ目に自ずと現れて来る道筋を心を澄まして明らかにして行く作業にならざるを得ない。

ところで、柳田国男が唱導したような「歴史なき歴史学」としての民俗学の最大の欠陥は、それが時間を

写真1　志床の川ん殿＝申若大明神
（頭頂部の窪みに注目）（日野文雄氏撮影）

超越した、いわば非時間的な性格を帯びざるを得ないところにある。民俗学が主張するのは、辺地における現在の慣習ないしは史・資料で確認できる近い過去の慣行が遠い過去の慣行の残存形態であるということだが、それを確かな記録として保証するものはどこにもない。[7]仮に百歩譲って、この仮説を補強するために用いられた「周圏説」を受け入れた場合にも、その慣行が実際に行われていたであろう具体的な年代の特定が不可能だという、最大の欠陥は克服し得ないのだ。それゆえに、「歴史なき歴史学」としての民俗学は、結局は超時間的、あるいは非時間的であらざるを得ない。

河童の歴史を辿る作業は、まさしくその性質において、超時間的な「歴史なき歴史学」に近似することになるだろう。強く学問を志向する「真っ当な学者」、言い換えれば専門の仲間たちが形作る共同体からの称賛ばかりを排他的な目標として論文を書いている学者にとっては、こうした「歴史なき歴史学」といささかでも関わり合うのは、自分の専攻が何であろうとも、大いに危険なことである。そうであれば、河童信仰などという胡散臭いものの歴史を論じることなどは、強く忌避すべきであるに違いない。少なくとも現状では、そのような選択はもっともなことだと思う。アフリカをフィールドとする文化人類学徒である筆者にとっても、もちろん、事情は少しも異ならない。[8]

しかしながら、河童は、少なくとも江戸後期以来日本人の心の一隅を強く支配してきた文化現象である。そして、柳田が言うように「河童出現ノ事実ノ書史ニ見ユルモノ、甚シク近世ノ二三百年間ニ偏」る［柳田 1964：75］のだとすれば、河童信仰の起源と発展・変成の歴史過程を突き止めることもあながち夢物語ではないし、少なからず価値のあることだと思う。ただ、私がもう一歩踏み込んで突き止めたいのは、その遥かな前史である。

1―2　事実、真実、現実

庶民にとっての心の「真実」(truth) は、事実 (fact) とは決して同じではない。事実は一つだとしても、真実は幾つもある。そして、現に生きて日々ある人々にとって重要なのは、事実ではなく、あるいはそれ以上に真実なのである。人々のそうした心の真実のあり方を突き止めることは、人文・社会系の学問の最も重要な課題の一つであろう。そして、民俗学の使命もまた、その同じ課題を庶民の身に最も近い所から読み解いて明らかにして行くことにあるのだと思う。

実際、真の問題は、河童を語ることが「歴史なき歴史学」に似たものにならざるを得ないことにあるのではないだろう。それは、河童のごとき通俗な文化現象に目を凝らして怯まないことを一旦選び取った以上、否応なく引き受けざるを得ない前提条件となるはずだ。問題は、どのように真実に即しながら事実と真実との絡み合いを解きほぐして、いかに歴史の「現実」(reality) を抉り出して行くかにある。H・リードが深く洞察したようにイメージが現象に先行する [リード 1957]、いわば、「現実はイメージを模倣する」のである。あるいは、K・マートンの炯眼が見抜いたように、人は状況そのものに対してばかりではなく、否それ以上に強く、その状況に付与された意味を目指して行為するのである [Merton 1968：475-490]。言い換えれば、歴史過程の中のある現実に与えられた意味やイメージは、その現実と共に、あるいはその現実以上に力強く、新たな現実を生み出して来たのだ。そして歴史とは、事実と真実とが常に捩じれ合いながら相互に作用しつつ現実を構成して行く、織物状の (しかも平織り状ではない) 過程の集積なのである。

柳田国男が唱導した「歴史なき歴史学」の主張を分かりやすく敷衍すれば、次のようになるだろう。専ら世々代々の学者の手になる史書や、藩や家の経営の記録、あるいは教養ある実際家である知識人たちの日記のみが歴史の現実を映しているのではない。むしろ、それらの文献資料によって切り取られている現実はあくまでもそのような形に限定されたものであり、他方、「歴史（文献）」としての日付を持たない民俗慣行や口碑だけが映し取っている現実がある。それにもかかわらず、後世の学者が事実と見なすのは、あるいは事実を読み取るべき対象として認定するのは、通時的な資料たり得る文献であって、日付の定かならぬ民俗や口碑ではない。

しかしながら、柳田が見通せなかった重要な点がある。人々にとっての意味ある真実を写し取った民俗や口碑の或るものには、落ち度なく読み解かれさえすれば、事実へと繋がる回路が確かに存在しているのである。つまり、その両者が相互媒介的に、総体としての歴史的現実を形作っているのだと考えるべきなのだ。私は、この認識において、歴史なき民衆の歴史をあくまでも文献史料の上に置こうとする柳田とは、はっきりと袂を分かつ。事実が事実を生み出し、真実が真実を生み出すと共に、その一方では真実が事実を生み出し、事実が真実を生み出すのである。それらの作用は、いずれが他方の先である場合も後である場合もあり、相互に幾重にも絡みあい、抑制しつつ、かつ促しあいながら、現に生きている人々の多重化された現実を織り成して来たのだと考えなければならない。

1―3　歴史民俗資料学の構想

少なくとも、河童現象のごときものについて言えば、右のように考えて歴史を丹念に読み解く以外には、その文化現象の深い理解に通じる道は何処にもあるまい。厳密に学であろうとすることへの頑なこだわりは、それらの文化現象を考究の対象から排除し、門前払いにする。学者にとって、この断念は潔いことである。だがその反面、それは、論理とイメージを真実へと統一しようと試みつつそれらを同時に生きる者である人間を、その「現実」において理解する大胆な作業、つまりそうしたものとしての歴史解読の作業に目を背け、耳を閉ざすことでもあり得る。それは、ある意味では最も人間的な匂いと精気に満ちた文化現象の理解を放棄し、その結果、無視し、蔑視することに繋がっている。いうまでもなく、私がここでいう「イメージ」とは「事実」と「真実」の中間にあってそれらを仲介するもの、すなわち、K・ボールディングが言う「知識の主観的内容」〔ボールディング 1967：36〕としてのイメージである。

それゆえに、ひたすら客観的事実だけを問題にする〈文献〉史学も、また主観的な真実を超歴史的に扱おうとする民俗学も、共に、一側面のみから人間の生きられた現実へとアプローチするものであると言うべきだ。以上の意味において、錯綜する事実と真実の複合体としての現実を考究の対象として見定め、それを読み解くことを使命とする実践的な学問として、「歴史民俗学」の性格を新たに規定し直す必要がある。

だから、河童などの文化現象を読み解くことが「歴史なき歴史学」に似たものにならざるを得ないことに真の問題があるのではないことは明らかだろう。真の問題は、その解読の作業が取り分け鋭敏な感受性と不断の省察を要する、実に繊細で、且つ容易に道を踏み外しがちな、スリリングな試みにならざるを得ないことにある。それは、定式化された命題や一般理論に頼ることを安易に望めない、個人的で一回的な作業であるという側面を強く持ち、この意味で明らかに反科学的な作業となるからである。

つまり、逆に言えば、こうして新しく規定し直された「歴史民俗学」もまた、是非ともその解釈の作業の公正さと妥当性を保証する何らかの水準を徐々に打ち立て、それを洗練しつつ共有し、蓄積して行かなければならない。では、この課題をいかにして達成するのか。それこそが、我々が格闘すべき真の問題なのである。

このようにして抉り出された真の問題に「歴史民俗学」が解決を与え得るためには、古典学や文化人類学ばかりでなく、言語学やコミュニケーション論などの分野の業績にも謙虚に学ぶ必要がある。そして、適用可能な理論を批判的に、且つ大胆に取り入れて、有効な作業仮説を独自に作り出して行かなければならないだろう。この営為の要点は、「歴史資料」ならびに「民俗資料」をいかに読み解き、どのようにして両者を同一の次元へと導くかにある。困難な課題だが、もしそれが達成された時には、新たに開拓されるべき精神史の沃野が眼前に開けて来るに違いない。

この意味で、ここに新たに規定し直した「歴史民俗学」を、あえて再度「歴史民俗資料学」と名付け直すことを提唱したい(9)。そして、「歴史民俗資料学」が一つの学として成立し得るためには、失敗を恐れずに幾つものエチュードの制作を果敢に試み、共同作業として批判的な検討を積み重ねて行くことが不可欠である。本稿がいささかでもそのようなエチュードの一つ、ないしは方法論を巡る模索のたたき台となり得ていることを願う。

2 「河童人形起源説」再考

冒頭に述べた通り、本稿は、河童がなぜ相撲を取りたがるのかという問いを自ら立て、この問いに答えることを目的としている。それは、人々の心に働きかけつつ河童というモチーフを生き永らえさせてきた、何か不思議な魅力の正体を探ることである。この課題への取組を、「河童人形起源説」を再考することを糸口として進めて行こう。

2—1 収束的形成過程と分岐的形成過程

R・ニーダムは、あるエッセーで、「片側だけの人間」という観念が世界中に広く分布していることを紹介している。そこで彼が第一に主張しているのは、次のことである。あるモチーフが世界中に広く分布している理由を伝播という仮説で説明しにくい場合には、今度は、世界各地でそのモチーフが多重に独立発生することを促す、人類に共通の内在的傾向が探索されることになりがちである。だが、この二者択一は誤っている。あるモチーフが世界中に分布するのは、人間の衝動的で気まぐれな創造力の所産である様々なモチーフの中でも、そのモチーフは安定した意味付けを得るに足るだけの大きな魅力が備わっている証拠であって、伝播説も独立発生説も結局はその魅力の大きさを証明しているに過ぎないのだ［Needham 1980 : 34-35］(10)。

ニーダムは、そう述べたうえで、人間の社会的現象の考察に際して緊要なのは、象徴・観念・文化の複合という視点だと述べている。そこで、できるだけ分かりやすく、彼の説をパラフレーズしてみよう。幾つかの人間現象が互いに似ていると感じられる場合には、それぞれの現象を構成する要素のある部分が、緩やかに、しかも相互に移行的に重なり合っている。その似たものの集合内の任意の二つの現象を取り出して仔細に比較検討すれば、共通の要素が全く見いだせない場合も珍しくはあるまい。つまり、この場合の特徴は、一つの集合を形成するうえでの必須の要素が何一つ存在しないことである――なにしろ、人間の経験要因は雑多な成り立ち方をしているのだから。この点で、文化・社会的事実の分類は、集合を構成するものが皆幾つかの共通要素を持っている自然的事実の分類とは属性を異にしている。我々は、この点をしっかりと認識しておくべきだ。

実は、ニーダムの考え方もまた、非時間的ないしは超時間的なものである。そうした思考法は、単一の「人間性」、ないしは人間の普遍性を想定して、このレヴェルで何かを論じる場合には大いに有効である。しかし、河童を広く水妖の一形態として把握する石田英一郎のような視点［石田 1970］からではなく、日本の民俗における河童を河童として、言い換えれば日本人によく知られた属性の特定の複合態として同定して議論を進める場合には、ニーダムのように「時間」の次元を度外視することは不適切になる。時間次元をきちんと掬い上げ、そしてまた日本各地の地域的偏差を考慮した場合にも彼の説が実効的であるようにするためには、言語学の知見による補強が必要だと思う。

それは、複数の成分が寄り集まって新たな現象を生み出す「収束的形成過程」(convergent process)を視野に収めておくことである。収束的形成過程は、端的に言えば、伝播の概念ともやや親和的な「分岐的形成過程」(divergent process)と一対をなす概念[11]だが、言語学はこれら二つの過程を共に歴史的な時間の流れの中で捉えている。その際の時間とは、単線的で、しかも不可逆的なものとしての近代西欧的な時間、しかも生活時間であることは言をまたない。しかしながら、文化の側面、特に物事の起源を語る言語形式である神話に関しては、本稿第三章で詳しく述べるように、歴史的な時間とは逆方向に流れる固有の「神話の時間」が存在する事実を無視できない。だからこそ、民俗的事象の考察においては、――原理的には、同一の形成過程において伝播と二律背反しないのだが――伝播とは異質な収束的形成過程に、この意味で、特に大きな注意を払う必要が生まれるのである。

しかしながら、これまで歴史学や民俗学は、十九世紀の歴史言語学(インド・ヨーロッパ比較言語学)と同様に、専ら純粋な祖形からの分岐的形成過程に対応する仮説のみを強調して来た。つまり、ある単一の、しかも理想化された起源からの分岐と伝播のみを語る傾向が著しいのである。ここに、歴史資料と民俗資料を同一の次元で捉えようと試みる時の大きな落とし穴が存在していた。収束的形成過程というもう一つの原理的視点の欠如が、従来の研究を硬直させ、恣意的で非現実的なものにしていたきわめて重大な要因だと言える。それゆえ、筆者が言う「歴史民俗資料学」の要諦の一つは、ある事象に関わる分岐的属性と収束的属性を適切に弁別することにある。

本稿では、このような観点を明確にしながら、河童人形起源説の検討を試みる。

2―2　柳田国男と折口信夫による紹介

ある大規模な土木工事のために作られて使役された人形のなれのはてが河童であるという類の河童起源譚が、全国にかなり広く分布している。卑見によれば、早い時期にこの話を紹介したのは、柳田国男と折口信夫である。柳田は、『北肥戦史』[12]の記事を要約して、佐賀県武雄市大字橘字潮見に伝わる口碑を紹介している［柳田 1989 : 98, 1990 : 101-102］。まず、その内容の紹介を兼ねて、『北肥戦史』に収載されている「渋江家由来の事」の前半を引用しておこう[13]。

抑々彼の塩見城主渋江家の祖先を如何にと尋ぬるに、人王三十一代敏達天皇には五代の孫、左大臣橘諸兄公の末葉なり。此諸兄、才智の誉世に高く、聖武天皇の御宇既に政道の補佐たりしより後、其孫子従四位下兵部大輔島田丸猶朝廷に仕へ奉る。然るに神護景雲の頃、春日の社常陸国鹿島より今の三笠山に移らせ給ふの時、此島田丸匠工の奉行を勤めけるに、内匠頭何某九十九の人形を造りて匠道の秘密を以て加持したる程に、忽ち彼の人形に火便り風寄りて童の形に化し、ある時は水底に入りある時は山上に到りて神力を播し、精力を励し被召仕ける間、思の外大営の功早速成就成りけり。斯くて御社の造営成就の後、彼の人形を川中に皆屑り捨てけるに、動く事尚如前、人馬六畜を侵して、甚だ世の禍となりけり。今の河童これなり。此事称徳天皇遥に叡聞ましまし、其時の奉行なれば兵部大輔島田丸急ぎ彼の化人の禍を鎮め可申旨詔を被下けり。斯て兵部大輔勅命を蒙り、則其趣を河中水辺に触廻りしかば、其後は河伯の禍なかりけり。是よりして彼の河伯を兵主部と名づく。主は兵部といふ心なるべし。夫より兵主部を橘氏の眷属とは申也。

柳田は、この話の直前に、『遠江国風土記伝』[14]に収録されている静岡県引佐郡玉村久留米木（現在の引佐町大字東久留米木近辺）の、次の口碑を引用している［柳田 1990 : 100-101］。

古老曰く、昔行基菩薩、諸国を行化して古郷に帰る。老婆に問うて曰う。汝まさに衣を洗うべきや。答えて曰う、今まさに田の苗を殖えんとす、ゆえに衣（を洗う）の暇なしと。菩薩いえらく、我まさに汝に代わりて田の苗を殖えんと、藁の偶人を造って田ごとにこれを置く。偶人たちまち田を殖え去って水口より川に流れ、反転してここに止まる。ゆえに久留米木というなりと。

一方、折口信夫は、「河童の話」の中で、壱岐に伝わる以下のような口碑を紹介した［折口 1941：299］。

あまんしやぐめは、人の村の幸福を咒うて、善神と争うて居た。土木に関しての伝えの多い、此島の善神の名は、忘れられたのであろう。九州本土の左甚五郎とも言うべき、竹田の番匠の名を誤用している。ばんじようとあまんしやぐめが約束した。入り江を横ぎって、対岸へ橋を架けるのに、若し一番鶏の鳴くまでに出来たら、島人を皆喰うてもよい、と言うのである。三千体の藁人形を作って、此に呪法をかけて、人として、工事にかかった。鶏も鳴かぬ中に、出来あがりそうになったのを見たばんじようは、鶏のときをつくる真似を、陰に居てした。あまんしやぐめは、工事を止めて「搔曲放擲け（ケイマゲウッチョ）」と叫んだ。其跡が「げいまぎ崎」と言われている。又三千の人形に、千体は海へ、千体は川へ、千体は山へ行け、と言うて放した。此が皆、があたろになった。だから、海・川・山に行き亘って、馬の足形ほどの水があれば、其処にがあたろが居る。若し人の方の力が強ければ、相撲をとりながら、其の手を引き抜く事も出来る。藁人形の変化だからと言うのである。

2―3　モチーフ分類の不毛さ

次いで、若尾五雄がこれらに加えて、先の久留米木の地名起源譚の類話として、大阪府岸和田市にある久留米田池に因む口碑を紹介している［若尾 1973：2338］。柳田は、久留米木の地名起源譚はこじつけだとしながらも、「私の知る限りではクルメキは必ず水辺の字名で、水のくるくるとまわる特徴によって生じた」［柳田 1990：102］と述べており、若尾は、柳田の指摘に応じてその類例を挙げたのである。あわせて引用しておこう。

行基は久留米田池を掘るにあたって、摂津の昆陽池から持って来た人形に、息をふっかけるとたちまち人間になって、池を造ることに大働きした。その人形は土で作ってあった、と云われている。人形だから、肋骨が一本足りないと云われている。

さらに、石川純一郎が類話を九話紹介し、そのうちの八話を河童起源譚として取り扱っている。石川は、それら八話を来迎柱から河童が化成する話と、木端人形が河童に化成する話の二系統に分類し、きわめて手短ながら、それぞれの話形への民俗学的な意味付けを試みた［石川 1985：78-83］[15]。なお、残る一話は、福島県河沼郡柳津町の虚空蔵菩薩像に因む口碑である。それによると、「この地を訪れた弘法大師は、福満虚空菩薩像を刻むべく、この霊木に鑿をあてられた。そうして、魚淵に投じられた木屑はたちまちウグイに化した」と言う［石川 1985：81］。

以上に取り上げた十三の話を虚心に読んでみると、なるほど互いによく似ていながらもかなり異なってもいるという、両義的な印象を払拭することができない。仮にこれら十三の話をモチーフに従ってあえて分類すれば、（1）河童人形起源譚、（2）行基の人形使役譚、（3）木端化生譚に大別できると言えようか。しかも、（1）河童人形起源譚も、石川が指摘する通り、（1—a）河童木端人形起源譚、（1—b）河童来迎柱起源譚に分類できる。くわえて、後者は寸足らずのゆえに捨てられた来迎柱が河童に化生する話形で、厳密には河童人形起源譚とさえも言えない。また、（2）行基の人形使役譚には構造分析の等価要素の変転に言及するまでもなく、行基以外のさまざまな主人公が登場するたくさんの類話が予想できる。これにくわえて、（3）木端化生譚では、ウグイ以外の魚を初めとしてその他の様々な生き物への化生を語る類話の存在を推定できるのである。つまり、このようなモチーフによる分類は恣意的なものである。

一般に、モチーフ分類は、ある話の様々な次元の属性の中から任意の一つを恣意的に選んで行われているが、一つの話には、通常、それらの分類基準に該当する属性が同時に幾つも含まれている。つまり、モチーフ分類は、整理上の便宜を優先する妥協以上の何ものでもなく、一貫した分類基準はどこにも存在していない。例えば、先の壱岐に伝わる竹田の番匠と天の邪鬼の約束話は、仮に「AとBの約束話」とでも名付け得るが、それには諸々の変移をともなう夥しい数の類話が存在している。しかも、それらのほとんどに、河童は全く関係していない。仮に、「AとBの約束話」というモチーフを最重視すれば、河童の起源を語る部分は、付随する加上的な要素であるとも言えるだろう。さらに、「渋江家由来の事」と壱岐の民話は河童人形起源譚としてかなりよく似た骨組みをもっているが、その反面、話における匠の立場は完全に逆転している。すなわち、匠は、前者では人形の製作者（島田丸）の監督下にあるのに対して、後者では人形の製作者（天の邪鬼）の監督者、ないしは仇役となっている。そして、この事実の評価の如何が、議論の進め方に微妙に絡んでいて、実際にはその行く手を決める決定的な分岐点になっている——特に、その話を「物語らせたもの」が支配者側の論理であるか、被支配者側の論理であるかという点が重要になるだろう。

実は、河童起源譚に限らず、民話（神話・伝説）の分類を試みる全ての研究が、こうした矛盾と困難を共有している。民話や神話に固有の特徴は、相互に類似して一様でありながら、同時に無限に多様でもあるという、二律背反する性格にあるからだ。[16] かねてからよく知られている通り、まさにこの事実こそが、民話や神話、あるいは伝説の分析を拒み、その研究を学問的水準から遠ざけ、長く停滞させてきた最大の原因であった。[17]

2—4 神野善治の試み

ところで、神野善治は、基本的には石川の分類を踏襲しつつ、もっと網羅的に文献資料を探索して類例を増やすことによって比較考量の精度を高め、そこから一つの明確な見解を導き出そうと試みている［神野1983］。ここには、日本民俗学でも、遅まきながら、民話研究に方法論的な省察を及ぼそうとする姿勢の萌芽を見ることができると言えるかも知れない。そこで、少し立ち入って神野の試みを追ってみよう。

神野論文の目的は、「河童の起源譚」と「上棟式の由来譚」の比較検討を通じて、両者が「同じ主旨に出た話であった可能性を示し」て「建築儀礼に伴う人形の役割について論じ」、更に「家屋に関わる霊魂の問題に及んでみたい」ということである［神野 1983：15］。彼は、河童起源譚、ならびに河童の起源を語っていない幾つかの類話を一括し、それを「大工を助けた人形」、あるいは「藁人形の建てたお宮」というモチーフで把握して、諸文献から二十七の類話を集めた。そして、その「伝承地」、「主人公」、「建造物」、「人形」（の種類）、「人形の動き」、「処分」、「河童起源のモチーフの有無」を簡潔に記載した一覧表を掲げている［神野 1983：18-20］（表1）。[18]

神野は、これらの話が「概して西日本に広く分布する伝承」で、主人公は大概左甚五郎や竹田番匠であり、

（＊欄は河童起源のモチーフの有無）

	伝承地	主人公	建造物	（人形）	（人形の働き）	処分	＊	
1	北海道日高郡（アイヌ）	神様	×	艾の人形	疱瘡神とたたかう。	湖水へ	○	今あるミンツチはこれがはじまりという。
2	青森県八戸市櫛引	左甚五郎	櫛引八幡宮	（来迎柱）	（短く切った柱、ヌキをとおしたまま）	川へすてる	○	「人の尻でも食っていろ」と川へすてる。
3	〃　〃　〃　是川 〃　三戸郡南部町相内	左甚五郎 左甚五郎	是川清水寺観音堂 櫛引八幡神社 相内の観音堂	（木片）	大工と化し堂をつくる。三つを一夜のうちにたてた。	×	×	消える。夜あけとともに消えた。
4	静岡県沼津市柳沢	左甚五郎	赤野観音堂	藁人形	造営を手伝う。	×	×	
5	〃　賀茂郡東伊豆町白田	竹田の万丈	権兵衛家	藁人形	近所の火事より家を守る。	×	×	
5′	〃　〃　〃	飛騨の甚五郎	金指筑後守の家	御幣の人形	建造を手伝う。	×	×	
6	〃　浜松市	（人々）	秋葉神社	藁人形	仕事をさせる。	川へ	×	豊作をねがい、天気を教えろとたのみ流す。
7	〃　引佐郡（久留女木）	行基	×	藁人形	田植えの手伝い。	川へ	波小僧	風雨災害を知らせろと告げて流す。
8	奈良県（県内）	左甚五郎	某地の仏閣	人形	大工の手伝い。	川へ	○	
9	大阪府岸和田市	行基	久米田池	土の人形	他の造営を手伝う。			人形だから肋骨が一本たりないという。
10	岡山県御津郡	ある大工	神社（吉備津神社という）	藁人形	大工と同一の姿で働く。	谷に落ちる	×	
11	広島県神石郡豊松村	武田番匠	―	カンナクズの人形	狩野芳玄の相手をさせる。	×		名人どうしが互いにいっぱい食わせる話。
12	島根県隠岐郡西郷町加茂	左甚五郎	出雲杵築大社	人形	―	池にころがる	○	「尻でもくえ」と作りかけの人形のようなものを池にころがす。
13	鳥取県東伯郡関金町	竹田番匠	地蔵院	（かんなくず）	人の姿になり造営を手伝う。	×		どこへともなく消える。
14	大分県直入郡玉来	竹田番匠	真宗の寺	ヘラの木の人形	大工の弟子として働く。	川へ流す	○	人形にもどし川に流す。赤淵は河童の本拠となる。
15	〃　大野郡緒方町	加藤清正	大阪城	人形	人夫代りに使う。	山と川へ	○	捨て場なく、山に千人、川に千人すてた。
16	佐賀県杵島郡橘村潮見	内匠頭の某	春日神社	九十九の人形	童の形に化し造営を助ける。	川へ	○	
17	長崎県下県郡巌原町上槻	竹田番匠	家	藁人形	（家をたてたあと残ったワラで作る）	川へ	○	「人にとっつけ」と川へ投げる。

	女人犠牲譚	河童起源譚
主人公	大工	大工
困難	柱を短くきりそこねる	日数や人夫が足りない
助力者	女房（娘）	人形
しうち	殺す	捨てる
祟り	建築に支障	人の尻子とる

表2　河童起源譚と女人犠牲譚の「構造」の比較　[神野 1983 : 84]

18	〃　壱岐郡	たつたの番匠（竹田番匠）	橋	三千の藁人形	あまんしゃぐめと橋の渡し合い。働かせる。	山・川・海へ	○	「しりこでも喰うていよ」と。川へいったのがガアタロになる。
19	熊本県天草郡手野村	左甚五郎	大名の邸宅	多くの藁人形	期間なく加勢させる。	川へ	○	「人間の尻を食らえ」といい川へ捨てる。
20	〃　一町田村	左甚五郎	ある寺	人形	期日せまり人形が代りに造る。	川へ	○	「人間の尻をとれ」とすてる。
21	〃　〃　浦村	たかたん番匠	ある城	たくさんの人形	手伝わせる。		○	「人の尻どんとってちくらえ」と言いわたす。それから川に住む。
22	〃　〃　久玉村	左甚五郎	厳島神社	藁人形	人手足りず人形に加勢させる。	海へ	○	「人間のジゴ（腸）をとって食え」と頭を打って追う
23	〃　〃　御所浦村	左甚五郎	家	藁人形	―	地にうめた	○	「人の尻でもくらえ」と怠け者の弟子を海へ、人形は地に埋めた。
24	鹿児島県芦北郡日奈久町	殿様	神社	藁人形	人夫足りないので人形を作り使う。	川へ	○	「人の尻でも食え」と追払う。
25	〃　出水郡東町小島	神の申し子	家	藁ぼて人形	家作りを手伝わせる。	海へ	○	「人間の尻をとって食え」と頭を叩いて流す。
26	〃　〃　長島町平尾南	たかたん番匠	寺	カンナクズの人形	人夫足りないので人形を作り使う。		○	「尻をとって食え」と小槌で頭を叩く。
27	〃　大島郡瀬戸内町嘉入	大工の棟梁	家	二千の藁人形	畳六十帖敷の家一日で作る。	海、山へ	○	海に千匹、山に千匹を放す。ケンムンと化す。

表1　「大工を助けた人形」譚一覧表　[神野 1983 : 18-19]

「多くは寺社の建立縁起として語られている」が、「建築に際し大工が人形を作り手伝わせたという内容をもっている」［神野 1983：17, 20］と言う。そして、神野は話のこの「内容」を重視し、「ここでいう人形が、いったい何を示しているのかが問題になる」とした上で、こう述べている。「これを現実的・技術史的にとらえて、車地などの建築機材と考えたり、労働力としての被差別民（川原者・童）を象徴するという若尾五雄氏の興味深い説[19]がある。しかし、筆者はこの説話を素直に受けとり、大工が実際に藁人形などを作ることがあり、そのことを説明しているのではないかと考えている」［神野 1983:20］。

神野は、この反映論的仮説に立って、東北六県に広く伝えられて来たと推定する「棟上人形」の習俗二十四例を一覧表にして紹介している［神野 1983：20-22］。そして、さらに「棟上人形」の由来譚を二、三紹介する［神野 1983：23-24］。そこで、これらの話を抜粋して引用しておこう。

　昔、大工が柱を短く切ってしまった。どうしたものかと迷っていたら、女房が「枡形」を組んだらよいと教えた。それでうまくいったが、女から教わったのは恥だと女房の首を落とした。そうしたら首が北の方へ飛んでいった。それで棟上げにはヤバネを北の方に向けてつがえ、チョンビナ様を飾り、女の物を供えるようになった。（山形県鶴岡市）

　飛騨の匠頭が扇だるきの作り方を女房に教わり、これを殺した。それで二人の人形を飾るようになったという話と、左甚五郎が柱を短く切ったところ恋している女が人柱になり、その女の人形を飾ると伝える話も残っている。（岩手県東磐井郡大東町）

これらに加えて神野は、上棟式それ自体ではなく上棟式に使われる飾りの由来を語る、極めてよく似た類話を全国から六十二例集めた。彼は、これを「大工の女人犠牲譚」と名付けている［神野 1983：25-31］。そして、以上の「河童の起源譚」（「大工を助けた人形」＝「わら人形の建てたお宮」）を「第一の説話」、上棟式の起源譚かその飾りの起源譚（「大工の女人犠牲譚」）を「第二の説話」として類型化した上で、こう述べる。「二つの説話を比較すると、両方の基本的な構造は次のように一致する。①腕のいい大工が建築に際し困難な事態に出遭う。②これを助力するものがある。③建築は無事完成するが、大工はその助力者を殺すか、見捨てる。④以後、その祟りがある」［神野 1983：33、傍点は引用者］。さらに、「これをそれぞれの要素について対比すると」表2のようになる、と言う。彼の眼目は、「こうしてみると、大工の助力をする女人と人形とは、話の構造の中で同等の位置付けで語られている」［神野 1983：33、傍点は引用者］点にある。「第二の説話」とは違って、「第一の説話」は「建築儀礼の説明譚としては、機能していないよう」だが、「その構造が前者と一致し、要素にも共通した対応が認められるから、同じ主旨を伝える説話とみなされる。したがってこの背景に建築儀礼があると考えうるという結論に達するのである」［神野 1983：34］。つまり、神野は、実際に両類型の「背景に建築儀礼があ」って、「大工の仕事を助け、しかし捨てられ、そのことによって祟るために大工がその後も祀ることになった霊」が問題になったが、「大工の女房（娘）や人形は、その祀られる対象を具体化したものだった」［神野 1983：33］と考えているのである。[20]

すると、河童は、上棟式から派生したことになるだろう。

2―5　神野説の批判的検討

神野の試みは、「説話を素直に受取」［神野 1983：20］り、その説話が現実に行われた事柄を「説明している」［神野 1983：20］のだと考える彼の方法論的な前提、[21]ならびに彼の研究と調査経験に基づいた鋭い直観とを二つの重要な要因として生み出されている。彼の論文の強みも弱みも、共にこの点に由来している。

神野の試みで第一に評価してよいのは、それぞれの民話・伝説の形式を、曲形にも、内在論的に分析することから考察を始めようとした点である。第二に、その地ならしとして、事例を網羅的に収集した点もまた評価できよう。しかしながら、例えばプロップの試みと比較すると、彼の整理の作業がいかにも不徹底なものであるという印象は拭い難い。率直に言えば、この作業の全てが、恣意的で非内在的な整理に基づく纏め（表2）を導くための間にあわせの「傍証」であるかのような印象さえも否めないのである。根本的な問題は、第一の点での方法論的な省察が徹底していないことにある。

神野が「構造」と呼ぶものは、果たして構造の名に値するだろうか。先にも見た通り、神野は話の「内容」を重視して「説話を素直に受取」るべきであると言い、「内容」は実際に行われた事柄を「説明している」（傍点は引用者）のだと考えている。つまり、神野の基本的な理論的立場は、単純なリアリズムに依拠する反映論者のものである。

しかしながら神野は、その一方では「要素」や「構造」という語を持ち出してもいて（表2の説明）、この局面では話の「要素」としての「内容」の異同を無視して省みない。先の表2の説明では、①と③では行為者を「大工」と内容に即して厳密に特定する一方、②では「これを助力するもの」と大まかで抽象的な範疇を示すに止めている。また③では、大工はその助力者を「殺すか、見捨てる」として、二つの相異なる行為をそのまま併記している――「殺す」のは「第二の説話」だけ、また「見捨てる」のは「第一の説話」だけであるにもかかわらず。つまり、神野は分析に当たって、登場人物の行為を話の重要な分析単位と見ながらも、その一方では、登場人物やその行為の個別性・特殊性・一般性を区別せず、その結果、分析のレヴェルは絶えず動揺して一定しない。言い換えれば、神野自身の言う「構造」・「内容」・「要素」の語の内容規定がきわめて不明確であり、その時々の論述の脈絡に合わせて都合よく解釈され、混同されている。筆者が何よりもまず第一に知りたいのは、神野が状況性に頼らずに「構造」と「内容」を分離し、あるいは結び付ける一貫した論理の立て方なのだが、それは彼の論文の何処にも示されていない。

2―6 プロップの民話研究の方法論

実は、神話・民話の分析においては、形式と内容を理論的にどのような形で整理して取り扱うかこそが、常に最も肝要な方法論的問題であり続けている。先に高木卓の感懐に触れながら論じた通り、神話や民話は、何処でも、どの話でも、ひどく一様な印象を与えるにもかかわらず、同時に、驚くほど多様性に富んでいるという、固有の矛盾した特徴を持っている。モチーフで分類しようとすれば、個々の神話や民話も、実際には様々なモチーフの複合体として取り扱わなければ全体像を捉えられない。もし強引に一つのモチーフに押し込めようとすれば、分類は恣意性を免れない。逆にモチーフの実際の複合に忠実に目を向けると芋蔓式に別のモチーフに絡む沢山の類話が手繰り寄せられて来て、分類上の統一がとれなくなってしまう。ここに神話・民話の一様性と多様性をめぐる根本的なジレンマがある[22]。

このジレンマに正面から立ち向かったのが、『民話の形態学』を著したプロップだった。彼は、ロシアの魔法民話の研究に際してリンネの分類に範を求め、民話の研究も現実の民話の形態と構造上の特徴に基づいた内在的な分類から始めない限り、決して恣意性を免れないと考えた［プロップ 1972：11-33］。プロップは「一枚の紙の表裏のごときこの不変性と可変性との関係が、登場人物（あるいは動物や物）の多様性と、それらが果たす行為が一つの民話の全体においてもつ意味の恒常性とに対応すると考えた」［野村 1973：111］[23]。民話では、登場人物などの名前と属性は変化するものの、その行為は変化しない。つまり、同一の行為が様々な変移を伴う登場人物に割当られているのだ。こう考える時、民話が非常に一様でありながら驚くほど多様だという相反する印象を与える原因がうまく説明できる。

そこで、プロップは、不変の要素としての行為がロシアの魔法民話では有限であるかどうか、またそれらが話の中でいかなる順序で並んでいるのかを実証的に研究した。すなわち、一つの話が形作る流れの全体において登場人物の行為が占める位置が同一である場合に、その行為を不変数とみなす。一方、同一の行為でも話において前後関係が異なれば、別の行為、つまり変数と見なす。こうして確定された不変数としての行為を「機能」と名付け、「機能」の連携が物語を構成するのだと考えた。まさにプロップのこの見方が、やがて民話・神話研究の方法論に画期的な転機をもたらしたのである。

プロップは、この分析基盤から、四つの定理を導いている〔プロップ 1972：37-43〕。「機能」は民話の基本単位であるが、それを決定する時には誰（登場人物）がいかに（様式）それを行使するかを考慮に入れないで、民話の展開全体に対してその「機能」が持つ意味を考えることが重要だ〔第一定理〕。しかも、「機能」の種類は非常に少なく、有限で、これが民話の一様性を保証しており〔第二定理〕、それらが継起する配列は常に同一である〔第三定理〕。そして、実際の民話では「機能」の幾つかが必ず欠けているが、機能が継起する順序は変らず、一つの民話の中で相互に排除し合う「機能」もないから、全ての魔法民話は単一の構造を持っていると推定できる〔第四定理〕。そしてプロップは、これら四つの定理を、他の民話でも同様に確認できると言う。

プロップの方法論と対照する時、神野の方法の欠陥が明らかになる。神野は「構造」を問題にして登場人物の行為には着目したが、それが継起する順序と一つの話全体に占める位置を少しも問題にしていないので、(24)「要素」や「構造」の概念規定が曖昧になっている。その結果、「大工の女人犠牲譚」（第二の説話）を「河童の起源譚」（第一の説話）と比較すると、「その構造が前者と一致し、要素にも対応が認められるから、同じ主旨を伝える説話とみなされる。したがってこの背景に建築儀礼があると考えうるという結論に達するのである」［神野 1983：34］というつかみ所のない結論が導かれてしまうのである。先に「第一の説話」と「第二の説話」の一部を引用しておいた。「素直に」読んでみれば、プロップの方法を敢えて適用して詳細な分析を試みるまでもなく、それらが別の話であることは誰の目にも明らかだろう。

プロップの方法以前の民話研究を見ると、「分類は、現実の民話の形態的、構造的諸特徴に基づいた内在的分類でなければならないのだが、現実にはまず、分類があってそこから資料をあてはめるという先験的図式主義とか、直観とかが横行している（その場合、たいてい後者のほうが妥当性が高い）」［野村 1973：114］。神野の場合も、長年の経験と鋭敏な直観に基づいた結論がまずあったという印象を否み難い。一見内在的な分析と見える彼の方法論上の議論も、実は後知恵的なものだったのではないかと思う。さもなければ、その論理の一貫性を欠いた不徹底性と恣意性を理解できない。

筆者は、神野を一方的に非難するのでは決してない。すぐ右に引いた野村の発言のカッコ内のただし書きは、意味深長なものである。神野の場合も、長年の経験に基づく直感力には確かなものがある。神野は、まず両者が「同じ主旨に出た話であった可能性を示」そうとした［神野 1983：15］。つまり彼は、「第一の説話」も「第二の説話」も、日本の人々が建築という作業に何か人間を超えた力を見て来た事実を映していると感じ取り、それが都鄙を問わず通底しあうことを見抜いていたと言ってよい。この力量はたいしたものだと思う。ただ、それを「建築儀礼に伴う人形の役割について論じ」、さらに「家屋に関わる霊魂の問題に及んでみたい」［神野 1983：15］という経験論的な方向に強引にこじ曲げようとし、しかもそれなりの理論的な体裁を施そうとした時に、無理が生じて破綻を招いたのだ。また、基本的には素朴な反映論の立場に終始していることも彼の論議の展開を硬直させており、隔靴掻痒の思いを抱かせる。

2―7　内容と形式をめぐって

先に、表2の説明に触れて、神野が「要素」や「構造」という語を持ち出して、話の「要素」としての「内容」の異同を無視して論じていると批判した。この点を正しく把握しておくことは重要である。しかしながら、神野が「構造」と共に「内容」を論じた点に問題があったわけではない。問題は、両者を分離し、あるいは結合する論理を提示し得なかったことにある。

プロップは、魔法民話に「留守」、「侵犯」、「仲介」、「出立」、「闘争」など三十一の「機能」を見いだし、その一定の連鎖を一般形と呼んだ［プロップ 1972：123-129］。彼の分析が画期的なのは、「説話の各テクストの何らかの部分にいきなり恣意的な意味付けをすることを出発点とする研究態度を止めて、テクストを有機的なひとつの全体として考察すること、諸要素に分解するのはそれからまた全体を再構成するために他ならない」［野村 1973：121］という立場を取ったことにある。ここで、当然、一般形と現実の個々別々の話形との間の関係が問題になる。野村は、「『機能』はその前後関係によって決定され、それらが現れる順に配列したものが一般図式だから、そこには叙述の時間的軸にそったコンテクストの枠組みしかない」いのであり、「彼が操作を行うレベルでは、もはや意味は無く、相互の前後関係と位置があるだけなのだ」［野村 1973：126］と言っている。彼は、民話の分析を言語学が対象とする文構成のレヴェルにまで引き下げた譬えを用いて、この点を次のように分かりやすく説明する［野村 1973：126-127］。

〝竜が王様の娘を誘拐する〟という文で、下線［原文は横書］の部分を他の語（竜の代わりに鷹や妖女など）によって交替しうることから4つの要素に分解できる。しかもその交替は恣意的に行われうるので、現実のテクストに竜、王様、娘、誘拐という語があっても、それらは変数であり、重要性はない。プロップの考え方を文のレベルに適用すればこうなるだろう。不変数としてのプロップの視野に残るのは、ここではおそらく各要素の相互関係を示す、「が」、「の」などだけになり、究極的にはSOVとかいう語順の定式のみであろう。

野村によれば、レヴィ＝ストロースも、プロップの一般形が単なる形式であって内容を欠落させていると批判している。つまり、レヴィ＝ストロースは、「一般に分析の有効性は統合（シンセシス）によって確かめられなければならないのに、民話の分析の結果、プロップの得た抽象的形式から具体的内容をもった民話のテクストを再構成し、理解することができない」のであって、「そこがフォルマリストのフォルマリストたる所以であり、構造主義者は形式と内容を対立させない」と主張するのである〔野村 1973：127〕。だが、レヴィ＝ストロースのこの批判はかならずしも正しくはあるまい。確かにプロップは、登場人物が人間、動物、植物、物などの何であれ同じように思いを巡らし、会話し、行為することを指摘している。さらに、登場人物とその行為（「機能」）には必然的な関係がなく、また動機付けは「行為の経過で理由づけされる」〔プロップ 1972：116〕のであって「登場人物の感情や意図は、いかなる場合であれ行為の経過には反映しない」〔プロップ 1972：120〕がゆえに、動機付けは派生的な要素だと推定できると言う。だが、その一方では、不変数である「機能」に名前や容貌、あるいは出現する時の特徴、住処などの諸々の属性が絡んでいて、その反復性や固有性に注目すれば派生形と基本形（原型）を見分けられるとも考えている〔プロップ 1972：141-146〕。すると、「プロップは、民話のシンクロニー（共時的）記述こそが、そのダイアクロニー〈通時的〉＝〈歴史・起源的〉考察に先立つべきだとの考えに立った」〔メレチンスキー 1972：240〕と見るのが恐らく妥当であろう。

野村は、レヴィ＝ストロースがプロップの一般形と原型（プロップ自身の言う基本形）とを混同しているのだと言う。そして、「原型の復元作業では、一度捨てられた属性や行為の様式が再び拾われていること」

を評価すべきであり、プロップの仕事はその本質において初めから構造論的であったと見なければならないという、重要な指摘をしている［野村 1973：127-128］。

要するに、民話・神話の内容を論じる場合にも形態の内在的分析から始め、次いでその上に立って何らかの社会的な現実の中にそのコンテクストを探索する過程を開始すべきである。「民話の研究では」、「叙述の問題を明らかにしないで発生を論じたところで（一般にもそうだが）およそ無意味だからである」［プロップ 1972：13］。ひとまず、このことを確認しておきたい。

2―8　小松和彦と河童人形起源説

小松和彦も河童の起源を論じて人形起源説を支持し、民俗社会を越えた「もっと高位のレヴェルでの、つまり文化史的な立場から河童たちの生成を考えていく場合には、『川の民』の存在を持ち出す必要があるだろうと思う」［小松 1985：255］と述べている。

小松は、河童の起源説話には、（1）河童人形起源説、（2）祇園の御子説、（3）中国からの渡来説の三系統があるが、「分布的にいえば、河童人形起源説話が圧倒的に多い」［小松 1985：250］と言う。[25] 彼は先行論文［神野 1983］に触れて、神野が、「二十七例ほど」事例を挙げていると言

写真2　筑後楽（河童楽）の一つ、大浦楽（大分県玖珠町古後大御神社）（日野文雄氏撮影）

っている［小松 1985：250］。するると、明言はしていないものの、神野の挙げたもののうち「大工の女人犠牲譚」（第二の説話）は「河童の起源譚」（第一の説話）とは別系統だと判断している事情が窺える。

2―3で既に指摘しておいたように、石川の言う通り河童人形起源譚も河童木端人形起源譚と河童来迎柱起源譚に分類できる。しかも内実に即して厳密に考えれば、前者だけを河童人形起源譚という一つの話とする見方もあり得る。しかし小松が右のような判断を下したのは、恐らく、構造主義に基づく形態論的な分析を前提にしてのことであろう。小松がそれを明示していないのは、彼の論稿がそれぞれ専門領域を異にする「梅原猛、作田啓一、阿部正路氏との討論のために行った報告に、若干の加筆・修正を加えたもの」［小松 1985：259］という性格を持っていたからだと推測される。しかしながら、そのような限界があるにもかかわらず、小松の論稿は勘所を外しておらず、プロップやレヴィ＝ストロースが議論した地平での比較・検討にも耐え得るものになっている。それは、彼が文化人類学者として構造論に通暁しているからに他なるまい。

小松は、「河童の属性は次のように整理しうると思われます」［小松 1985:251-252、傍点は引用者］と述べ、十一の属性を挙げている。すなわち、（1）手足が簡単に抜ける、（2）人形である、（3）川辺、水界に住んでいる、（4）頭の形が童子形である、（5）河童は膳や椀を貸してくれたり、ときには魚などを贈ってくれる――これは人間とのある特別な関係ができたときにそういうことをする、（6）骨折の薬、その他特殊な薬を持っている、（7）河童を守護神としていろいろな水神祭りをしたり占いをしたり、それを司る神官の家筋も九州地方にあった、（8）人に憑いて病気などの災いをもたらす、子供を水界に沈める、（9）水神の御子もしくは使者・媒介者として働く、（10）河童という文字は近世になって登場してくる、近世以前の文献のなかに河童という言葉を見いだすことはできない、（11）河童は牛や馬を水界に沈める。そして小松は、若尾［1973］がその可能性を既に推測していたことを紹介しつつ、「こういった特徴を重ねてみますと、民俗社会のなかでの河童のイメージの主要な構成要素のかなりの部分が『川の民』についての属性に深く結びついたイメージをもっていると思われてくるのです」と言う［小松 1985：252］。

小松の論稿の眼目は、「小林新助芝居公事扣」と題された文書が「この可能性をより具体的に指示する記録」だという点にある。この文書は、宝永五年（一七〇八）京都四条河原町の操り人形師小林新助が関八州の長吏矢野弾左衛門と興行権を巡って争い、結局訴訟に勝利した一件の手控えである。この手控えには、他にも雑多な記事が載っており、その一つに「次のような『非人』の起源説話が収められて」いると言う［小松 1985：253］。

阿倍晴明人形を作り、終に一条戻橋川原に捨て候処、変化して人間と契り、子を産めり。また一説に、飛騨の工・武田の番匠、内裏造営の時、人形を作り働かしむ。その時官女この人形に契り、子を産めり。御造営終り、川原に右人形を捨て候に、牛馬をはぎ喰ひ専楽とす。あばら骨一枚（に）して膝の骨なし。非人とはこれ也。

小松は、「この記述はほぼ河童起源譚と同じ」で、「『非人』ということばを『河童』に変えれば、この記述は河童起源譚になる」と考える。彼はさらに踏み込んで、この文書の人形とは陰陽師阿倍晴明の操った式人形であり、それが「河原者」を暗示している可能性に言及する［小松 1985：254］。つまり、「『非人』人形起源譚」には「飛騨の工とか、武田の番匠とかいった伝説上の大工に比肩されるような大工の棟梁に使われている、いわば下級の治水・土木・建築労働者たちが示唆されているように思え」ると結論するのである［小松 1985：254］。

プロップは、民話の登場人物の属性とは「登場人物の外面的性質の全体」［プロップ 1972：141］であって、不変数であるその行為（「機能」）に絡んでくる変数であると考えた。小松は、一つの話としての河童起源譚を先のように確定して、その上でプロップとほぼ同じ意味で属性を捉えて論じているのだと言えるだろう。こうして文化史レヴェルの考察で彼が最も重視したのは、上記の（1）、（2）、（3）、（4）、ならびに（11）という属性である。そして、それらの属性の存在理由を考究するには、「川原の『童子』たち、つまり宗教者たちの異類異形やその社会的役割といったものとの関連をふまえたほうがいい」［小松 1985：254-255］と主張する。

2―9　小松説の批判的検討

小松は、文化史的な考察から、河童の起源をかなりうまく絞り込んでいると思う。しかしながら、「小林新助芝居公事扣」の引用記事を読んで誰もが感じるのは、その逸話がごく簡単な内容紹介だけで成立しており、話としてはあまりにも貧相であることだ。しかも、この短い引用の中に含まれている二つの話形の相互関係が考察されていない。文化史的な検討では登場人物の属性が重要な意味を担うという小松の見解には、前節で述べた通り同意する。だが、それであれば、阿倍晴明と「飛驒の工・武田の番匠」との差についての説明、あるいは「小林新助芝居公事扣」で大工（番匠）の棟梁が飛驒の工・武田の番匠と単純に併記されていることの文化史的な説明もなされるべきだと思う。

これに加えて、小松が先に挙げた（1）、（2）、（3）、（4）、（11）以外の属性もまた勘案されなければならないだろう。特に神話と民話の関係を方法論として考慮に入れて河童の起源を考える場合、（7）の属性はひときわ重大な意味を持っているのではないか。また、本稿の考察の眼目である河童が「相撲を好む」という属性が排除されていることには、きわめて本質的な不満を覚える。小松のこの論稿によって河童の起源が確定されたという往々耳にする世評は、率直に言えば、やや気が早過ぎるように思う。

さて、プロップは、彼が導き出した魔法民話の一般形は言うに及ばず、民話が現在の社会的な脈絡において直接的な意味を持っているとは考えていなかった。しかしながら、「民話の要素の大部分は、古代の暮らし、文化的、宗教的、その他あれこれの現実に起源を持つものであり、比較のためこの現実に注目せねばならない」[プロップ 1972：185]。と述べている。野村雅一は、プロップのこの考えを「私流に換言」しつつ、レヴィ＝ストロースの仕事へと橋渡しして、次のように述べた［野村 1973 : 128］。

意味作用には一定の社会的現実というコンテクストが要るのだが、そのコンテクストが変容し、やがて消滅しても意味作用の形式は無意味な形式として残りうるのである。いわゆる未開社会の神話は、そのコンテクストである社会を人類学者はいまなお調査し、それに基づいて読みとることができる。レビ＝ストロースによれば、神話と民話とのあいだには、歴史的前後関係はなく、むしろ両者は相互補完的なものであり、神話のなかの諸構成要素の意味的対立が緩和、縮小されたものが民話である。したがって、神話のほうがずっと容易に解釈できる。

プロップもまた、民話の「基本形（原型）」は、登場人物の属性を含めて、究極的には神話へと導かれるものであり、その内奥において往古の宗教の痕跡や習俗、儀礼を保存している」［野村 1973 : 122］と考えた。(26) ソシュールの唱えた言語の二重の恣意性を持ち出すまでもなく、野村の言う通り、形態と意味の間にはある程度の対応関係があり得るものの、それは決して絶対的なものではあり得ない［野村 1973 : 126］。まさに、「意味作用には一定の社会的現実というコンテクストが要る」のである。それが、小松の言うところの「文化史的な立場」を設定する根拠となるものであろう。あるいはまた、レヴィ＝ストロースのように社会的現実における神話と民話の関係を超時間的に想定することもできる。

仮りに、神話により強く社会的現実との関わりを見る立場を取る場合、小松が「川の民」をもって河童の起源を説明し尽くすには、「小林新助芝居公事扣」は根拠とするのではかなり不十分ではないだろうか。小松は、阿倍晴明（九二一―一〇〇五）の屋敷が一条戻橋にあり、彼が自分の駆使する恐ろしい式神を日頃この橋の下に伏せておいたと言われていることを『義経記』などから引いて、「この阿倍晴明が操った式人形が変化してちぎり、子を産んだ、とも考えることができ」ると語っている［小松 1985 : 254］。しかしながら、民話の意味作用の場における解明としては、今一つ腑に落ちにくい。その原因は、（民話としてではなく）神話としての質的な解明が不十分であるからだ。つまり、この話とその背後にあるであろう宗教的・儀礼的脈絡との関わりが豊かに解き明かされたとは言えない。また、宝永五年（一七〇八）という文書の年代の新しさを考えれば、一気に阿倍晴明にまで言い及ぶのは飛躍が大き過ぎよう。仮りにこの点は譲るとしても、より現実的には、次章で具体的に試みるように、出典に関しては宝永五年を、また話の主人公についても阿倍晴明よりも遥かに古い時代に遡ったうえで、この話を豊かな社会的コンテクストを伴った神話として解明できそうに思える。(27)

3　河童はなぜ相撲を取るのか

前章で述べたように、河童人形起源譚の淵源を考えるうえで殊に重要なのは、それを生きた社会的な脈絡（コンテクスト）の中に置くことによって意味が論じられるかどうか、つまりその神話としての質が推定できるかどうかである。言い換えれば、この話が宗教や儀礼、あるいは「政治」と何らかの必然的な接点を持っている現実の具体的な状況を探り当てることが大切なのだ。そこで端的に言えば、先に述べた通り、河童起源譚の起源を考える上で一つの重大な鍵となるのが、河童が相撲を取りたがるという属性だと思う。

中村禎里は河童が相撲を取りたがる理由を、新田一郎が言う相撲の質（ないしは「相撲」という言葉に対する内容）の重層的な変遷過程説［新田 1994］を参照しながら、時代的な遷移を示す複数の起源から複合的に説明しようと試みている［中村 1996：72-81］。彼は、最も古い文献的な証左として、『本朝食鑑』巻十に出る「もし人これ（河童、引用者注）に遇えば、かならず先に腕を挙げ拳を掉うて急に彼の頭をうつときは、すなわち斃る」を挙げる。そして、格闘技と同義であった古い相撲の観念から見れば、これなども河童と相撲の関わりを示すものだとする［中村 1996：74］。とは言え、中村は、河童が相撲を好むという観念が普及するのは比較的新しい時代のことであると見ているようだ。

中村には、私が２―１で論じた「収束的形成過程」ともいうべき側面への着目がある。この点をまず高く評価しておきたい。しかしながら、筆者は遥かに古い時代に河童と相撲の本質的な結びつきの淵源を求めたい。すなわち、河童が相撲を取りたがるという属性は、ノミノスクネ（野見宿禰）とタギマノクヱハヤ（当麻蹶速）の相撲神話と不可分の関わりがあると推定したいのだ。次節以下で、暫くこの文脈を追ってみよう。

３―１　ノミノスクネと相撲

日本における相撲はノミノスクネとタギマノクヱハヤの取組に始まると言うのが、従来広く流布されて来た見方であり、その根拠は、『日本書紀』「垂仁紀」七年の条に大略以下のような意味の記事が存在するからである。

七月七日のこと、天皇のまわりの者が当麻村には勇壮な男がおり、自分に匹敵する者に出会って生死を賭けて存分に力を競いたいものだと常日頃豪語している、と奏上した。それを聞いた天皇が、その天下一の力士であるタギマノクヱハヤに敵う者がいるかと尋ねると、臣下の一人が、出雲国にノミノスクネという勇士がいるから呼び出して力比べをさせてはどうかと言う。そこで、この日の内に使者を立ててノミノスクネを呼びにやらせた。スクネが上洛したので早速二人にスマイを取らせた。二人は向かい合って立つと、互いに足を挙げて蹴り合ったが、スクネはクヱハヤの肋骨を蹴り折ったばかりか腰骨も踏み折って殺してしまった。そこで、天皇はクヱハヤの領地を悉く召し上げてスクネに賜った。そこに腰折田と呼ぶ所がある由縁はこの出来事にある。その後、ノミノスクネはその所に留まって天皇に仕えた。

一方には、この神話を歴史伝承と見る立場がある。ノミノスクネが住んでいたのが出雲国ではなく現在の桜井市大字出雲（旧出雲村）だとすれば、初期の相撲節会が七月七日に開催された事実と二人がスクネが呼び出された当日である七月七日に相撲を取ったことが地理的にも巧く折り合う、とする説がその代表だろう。地元で古くから唱えられていた説である。確かに、歴史資料から判断すれば、ノミノスクネがその始祖だとされる土師部は河内国の古市や丹比地方、大和の菅原や秋篠地方に多く、これに反して出雲にいたという記録はないに等しい。だが、この説を受入れるには、『日本書紀』に出雲国と明記されている事実が大きく立ちはだかる。

長谷川明も、「全くの作り話というのはかえって難し」く、「それに宿禰と蹶速の事件は非現実的な部分は少なく、あっても不思議はない話」［長谷川 1993：26］だとする立場をとる。そして、大和には諸国の名と同じ地方が数多い事実に着目して、「垂仁紀」の件の逸話が「基本的には『入植説話』であ」り、「宿禰と蹶速の闘いの話は、実は小型の国譲り説話である」［長谷川 1993：41］と判断している。

ところが、これに反して、西郷信綱は出雲を現実の出雲国にそのまま引き当てる考え方を厳しく批判する――そうすれば、出雲を出雲国以外の実在の地に求める他の説も、当然問題外になる。彼は、「神話的擬制」に基づく「意味論的地平」の解明こそが何よりも重要であると言い、『古事記』では天穂日命が出雲国造ばかりでなく東国を中心とする地方諸豪族の祖先とされていること、また大国主命は百八十人余りの子があったとされるように記紀では方々の国主が収斂した像になっていて、彼の国譲りの神話もまた同様に集合的なイメージを担っているのだと指摘する。要するに、太陽が海から生まれ出ずる伊勢に対して、それが没する西方にあるがゆえに、出雲は古代日本の神話的な宇宙軸のもう一方の極を象徴するのだ。出雲が死者の国である黄泉の国や地下の国である根の国に隣接するとされたのも、まさにそのためである［西郷 1993：83-84］。

だから、「記紀における出雲を国郡制上の、あるいはたんに地理上の出雲と同一化する傾向はいまなお続いているが、これによって記紀神話にかんする思考がいかに硬直させられ不毛化しているか、測り知れないものがあるといっていい」［西郷 1993：83］と言い切っている。筆者も、この見方に強く賛意を表したい。

3―2　相撲と埴輪

西郷に従えば、ノミノスクネの相撲神話の意味は、彼に関するもう一つの神話である埴輪創始者神話をも同時に視野に収めて、そこに描かれている彼の二つの相貌を共に考察する時に初めて明らかになるだろう。

後者は、同じく『日本書紀』「垂仁紀」三十二年の条に記されている。この年に皇后ヒバスヒメが没したが、ノミノスクネが殉死者の代わりに埴輪をその陵墓に立てるように進言し、その案が尊び迎えられたとする神話である。早速、出雲国から土師百人が召し上げられ、人や馬など様々な意匠の埴輪が造られた。ノミノスクネはこの功績によって「土部の職」に任じられるとともに「鍛地（かたしどころ）」を与えられ、これが土師連が天皇家の喪葬を司る縁となったのだと述べられている。なお西郷は、鍛地とは「おそらく埴土を火で焼き固める場所で、今も旧土師郷に残る埴輪窯跡群などがそれであろうか」［西郷 1993：88］と考えている。

もしそうであるとして、では「土師氏の祖であるノミノスクネがなぜ大力の持ち主であり、しかも事もあろうに相撲でそれを発揮する勇者へと化けるのか」、と西郷は問う［西郷 1993：84］。土師氏が天皇家の喪葬を司るとは、その職能が単に埴輪作りだけに留まるのではなく、陵墓の造営から殯宮や埋葬に関する事柄一切を含むものであって、右の問いの答えもそこに隠されている。つまり、その築造は人海戦術とならざるを得ないが、答えはそのような「古墳のもつ造形力」に関わりがある。ヤマトトトビメの墳墓（箸墓）の後円部を覆う葺石を大坂山から手渡しで運ぶ人海戦術を、『日本書紀』「崇神紀」が「この墓は日（ひる）は人作り、夜は神作る」と言われたと記しており、「大古墳を造るのが半ば神わざと見られていた消息が、ここにはハッキリうかがえる」［西郷 1993：85］。しかも、陵墓、特に巨大な前方後円墳は、「あの世からこの世に向け、死後も己れの権威を誇示しつづけようとする造形で」［西郷 1993：85］ある。そして、土師氏の本拠地である河内国志紀郡土師郷は、巨大さで知られる古市古墳群（羽曳野市・藤井寺市）に隣接している［西郷 1993：85］。「人の手になる造形として諸人の目を驚かした最初の者は、日本でいえばやはり巨大古墳であった」のであり、「その巨大な造形を目のあたりにしてこれは大力の持ち主のしわざに相違ないと人びとが想像したとしても、かなり自然ななりゆきではなかろうか」［西郷 1993：85］。西郷は以上のことを根拠とし、さらに「見る」とは単に眺める以上のこと、つまり対象の外見と内容を知って思考し、判断することであると断った上で、「ノミノスクネの『野見』とは野のなかに墳丘を造るべき立地を見定める意ではないか」と述べている［西郷 1993：85-86］。

さて、そこでさらに問題になるのは、神話ではスクネが大力を発揮したのが陵墓作りにおいてではなく、相撲であったという一点である。西郷はその原因を、四世紀あたりから続いて来た古墳時代が終焉を迎え、「本来のノミノスクネ神話が浸食を受け、その一角に地滑り現象が起きた結果と推測される」と言う［西郷 1993：86］。この頃には仏教が広まり、大きな出費と夫役を必要とする大伽藍の建設が始まっている。財政的にも大規模な陵墓の造営は抑制されねばならず、大化二年（六四六）には薄葬令が出され、大宝三年（七〇三）には持統天皇が皇族では最初の火葬に付されている。つまり、七世紀の半ば頃には「人間と世界との関係の大きな変化」が始まり［西郷 1993：86］、「古墳時代が終わるとともに、（中略）この世とあの世のこの（それらが霊的に連続しているという〔引用者注〕）素朴な連続性が絶ちきられ、死者の魂をあの世でいかに救済するかということが次第に主題化されてくる」のである［西郷 1993：86-87］[28]。

すると、埴輪は古墳時代に固有な文化要素で、ノミノスクネの埴輪神話は「土師氏が後生大事に持ち伝えた祖先神話であったことになる」［西郷 1993：87］。西郷は、殉葬から俑葬への変化が絵空事ではなかったと言う。だが、「垂仁紀」の記事は、同じ出来事を扱った『古事記』「崇神記」が「此の王の時、始めて陵に人垣を立てき」と素っ気ない割り注だけで済まし、殉死の禁止にもノミノスクネの名にも触れていない事実と著しい対照をなすと指摘する。前者には「仁」にも紛う儒教的な倫理の強調が目立つが、それこそが垂仁天皇というおくり名の由来だと見ている。つまり、これらの事柄は、「逆にこの埴輪起源譚なるものが、わが家の命運に危機的不安を感じるなかで、古くから作られてきていた埴輪について土師氏みずからがまさに新規に発明した神話的な解釈であったらしいことを示唆」しており、「ノミノスクネの大力が一方で相撲人に反転する過程と、これはおそらく表裏する関係にあったであろう」と思われる［西郷 1993：89］。西郷は、古墳時代の終焉は土師氏の存在理由が根底から問い直される事態を招来したと言い、直木孝次郎の「土師氏の研究」［直木 1964：9-38］に言及しながら、実際、律令期には土師氏がしたたかに辛酸を嘗めたことに注意を喚起している。

西郷は、以上のように文化史的な視点から、「ノミノスクネのもつ二つの顔を、解体期の神話に固有な屈折という観点から考察しようと」したのである［西郷 1993：89］。そこでは、深いところで、ロシア・フォルマリズムや文化人類学の神話・民話研究の方法論も批判的に咀嚼されていることが窺われ、きわめて説得的な論理が展開されている。

3—3　ノミノスクネ神話と「渋江家由来の事」

さて、ここまで長々とノミノスクネ神話に付き合ってきたのは、諸々の意味で、それが河童人形起源譚と深い関わりがあると推定されるからである。しかも、その関連性は河童人形起源譚の中でも、本稿の冒頭に挙げた「渋江家由来の事」(『北肥戦史』)の版の中で最も強く感じられるように思う。まず、これまでの議論から、これら二つの伝承に重要な類似点を見出すことができるだろう。

ノミノスクネ神話では、伴造である土師連の始祖ノミノスクネが、百人の土師氏の部民を呼び集めて巨大な陵墓を覆う膨大な数の埴輪を作り上げた。この語りには、土師氏の部民が墳丘を築き上げるという、当時ではほとんど超人的と思えただろう営為の全体が背景にあることが暗示されている。だが七世紀半ばになると、在来の祖霊崇拝的な世界観から仏教的な世界観への根底的な変質に伴って巨大な陵墓の建設が抑制され、その結果として土師氏は辛酸を嘗めることとなる。律令時代に入ると、土師氏も生き残りを賭けて一般の律令官人へと転身を図った。土師氏が、それぞれの系に従って、天応元年(七八一)に菅原氏、延暦元年(七八二)に秋篠氏、同九年(七九〇)に大枝(後に大江と表記)氏への改氏を申し出て認められたのも、いわば喪葬の匂いの染みついてしまった土師という氏名を彼ら自身が忌避したからである[29]。一方、「渋江家由来の事」では、橘奈良麻呂の長男である橘島田丸が奉行となって内匠頭某に九十九の人形を駆使して春日大社を造営させる。だが、大社の造営が終わると、それらの人形を壊して残らず川の中に捨て去るが、それでも人形たちは苦難をしのびつつ生き延びる。ごく大雑把だが、このように整理すると、共に大建築工事の担い手として働いた土師氏と人形のあり方に相同性が見えてくる。ここでは、民話の形態論・構造論的分析からではなく、文化史的な立場から論じているのだが、第一の類似点はここにある。

第二に注目されるのは、土師氏の集合的表象としてのノミノスクネには相撲神話があり、河童がひどく相撲好きなことだ。ただし、「渋江家由来の事」は河童が相撲を好むことに直接触れてはいない。一方、壱岐の河童人形起源譚[折口 1941:299]には、必ずしも有機的に関連付けられていないが、大土木工事と河童の相撲好きの両方の側面が組み込まれている——後者は前者の影響の下に作られた話と見て誤らない（詳しくは、4—1参照）。

さて、「渋江家由来の事」は、管見の限りでは、河童人形起源譚の中でも最も古い歴史上の人物が登場する版である。島田丸とは、橘諸兄の孫、すなわち橘奈良麻呂の息子島田麻呂のことである。[30]『尊卑分脈』によれば島田麻呂の位階は従四位下であるし、春日神が常陸から白鹿に乗って上洛し、春日御蓋山の山頂浮雲峰に天降ったとする『続日本紀』や『万葉集』の記事に照らして見ても、古代の歴史的事実に関する「渋江家由来の事」の記載には破綻が見えない。[31]「渋江家由来の事」は、橘氏の末裔であるとされ、少なくとも中世以来の系図が歴史資料によって確かめ得る渋江氏の間に伝えられた家伝である。この意味で、土師氏の家伝であったノミノスクネ神話に幾分なりとも匹敵する質を備えていると言ってよい。それは、「話」が社会的な脈絡において十分に「意味」を与えられており、レヴィ＝ストロースの言う意味での神話としての質を備えているからだ。

律令時代の初期を生きた橘奈良麻呂（七二一—七五七）は、天平宝字元年（七五七）に政敵である藤原仲麻呂を除こうとして密告され、捕縛された。『続日本紀』には奈良麻呂のその後の消息は現れないが、『日本霊異記』［中巻第四十］は、「諸楽麻呂、天皇に嫌われ、利鋭に誅れき」と記しており、これに従えば切り殺されて刑死したことになる。西郷が鮮やかに示してくれたように、律令初期は古代日本の宗教的な世界観が大きく変動した時期であり、この時代には陵墓の造営ではなく、幾重にも甍を聳やかす大伽藍こそが人々の心を圧して奪い、それゆえにこそ寺社の造営が死活の政治的な意味作用を持ち得たのである。島田丸が春日大社の造営を奉行したという記述を真に受けるかどうかはひとまず別にして、仮りに「渋江家由来の事」の話が律令時代初期の状況と何らかの関わりがあると考えれば、超人的な力を寓意するのに大伽藍の造営を持ち出すのは、実に良く的を射ている。しかも、奈良麻呂は古代からの名族を糾合して藤原仲麻呂を除こうとし、捕らえられた後の尋問でも、東大寺造営事業が人民をいたく苦しめていると批判した人物である。奈良麻呂の息子島田麻呂が超人的な努力をして漸く事を成し遂げたという趣の神話が生まれても不思議ではないだろう。また、話の中で持ち出された大伽藍が仏寺でなく神社であることも、このような歴史的な文脈を勘案すれば適切だと言えるかも知れない。

3―4　渋江氏と橘奈良麻呂伝説

ところで、先にも触れた通り、「河童駒引」の中で、柳田国男は河童を自在に統御する存在として渋江氏に大いに注目していた。彼は、河童が便壺から女性の臀部に手を延ばして腕を切り取られ云々という『博多細記』の話を紹介した後で、『笈埃随筆』の同様の話に触れ、「肥前諫早在ノ兵揃（ヒヤウスへ）村天満宮ノ神官渋江久太夫ノ家ノ歴史トシテ此話ヲ伝ヘタリ」と書く［柳田 1964：53］。さらに、「肥後ニモ河童退治ヲ職トスル一箇ノ渋江氏アリキ。今ノ菊池神社ノ渋江公木氏ナド或ハ其沿革ヲ承知セラル、ナランカ」［柳田 1964：54］とも、また「諫早附近ノ渋江氏ガ同ジク天満宮ノ祠官ナリシコト、及ビ一説ニハ長崎ノ辺ニ住スル渋江文太夫ナル者、能ク水虎ヲ治シ護符ヲ出ス」［柳田 1964：54］とも述べている。では、一体この渋江氏とはどんな人々であり、また渋江氏は橘氏や河童とどんな関わりを持っていたのだろうか。もう一歩踏み込んでこの点を考察してみたい。

「渋江家由来の事」にいう渋江家とは、中世、肥前橘の潮見城の城主だった一族であり、この渋江氏の鼻祖を橘公業という。彼は、嘉禎三年（一二三七）、父祖代々橘氏の所領であった伊予国宇和郡の地頭職を解かれ、新たに総地頭職となった肥前国長島荘に入部した。長島荘は千五百十七町歩という広大さだったが、その領域には杵島荘（現在、武雄市西川登町高瀬）であるはずの地域も含まれていた。杵島荘は、白河院が功田として平清盛に与え、清盛がさらにそれを蓮華王院（三十三間堂）に寄進した荘園であった。公業の息子公義には四人の息子があり、総領を公村と言う。公村は、文永九年（一二七二）、三人の弟、公茂（次男）、公光（三男）、時業（四男）と共に父親の領地を分配するとともに、公茂には牛島、公光には中村、時業には中橋という家名を名乗らせ、嫡流である自らの家を渋江家と称した。その後、潮見城は、公業以来十五代目の領主に当たる公師の時に有馬氏に攻められ、永禄三年（一五六〇）九月二十一日に落城する[32]。公師の弟公重は潮見城で討ち死したが、公師は一旦赤星（菊池）重行を頼って肥後山鹿に落ち延びた。有馬軍三千は、潮見城入城後ただちに後藤貴明に打ち破られ、公師は貴明に仕えることになった。やがて公師は肥前波佐見の一万石を給せられて大村純忠の客将となり、天正十九年（一五九一）、この地で没した。現在、波佐見には渋江氏の屋敷跡（「塀の内」と通称）があるし、公師以来の墓地（「御堂の元」と通称）も残っている。さらに、注目すべきことには、同地には「水神宮」があり、その宮司である渋江氏は代々の系図を伝えている［中島 1992：26 -154］[33]。

　では、「渋江家由来の事」に描かれた橘島田丸のエピソードをどう考えればよいのだろうか。島田丸の父である橘奈良麻呂の刑死は、実は、記録の上では必ずしも明確ではない。『公卿補任』孝謙天皇の天平勝宝九年の条には、「正四位下橘奈良麿」の記事があり、「五月為左大弁。在官九年。七月二日謀反伏誅（或本遠流者如何）」（傍点は引用者）と記されている。橘奈良麻呂には、一部に配流説があったのである。面白いことには、武雄市橘の地の一角には、遠流になった奈良麻呂が上陸したがゆえに楢崎という地名が生まれたとする伝承がある。しかも口碑のみに留まらず、同地区の北楢崎のドウザマ墓地内には、奈良麻呂とその従者の墓と伝えられる三基の墓石がある。それればかりか、藤原仲麻呂によって廃太子となった道祖王の墓とされる石塚さえも存在している［中島 1992：63-64］。潮見神社宮司毛利龍一は、同社には末社梅宮があり、また「奈良の都の御苑の種と称する橘樹（通常の柑橙とは異なり）は、今も千古の緑を誇って居る」と言い、さらに「奈良麿公世を忍んで奈良崎と云ふ処に下向せられ、乃ち此社を奉祀せられた。此が吾社の縁起である」［毛利 1913：28］と述べている。ただ、後で明確にする通り、これらの伝承を事実と見ることはできない。

3―5　渋江氏の長島荘実効支配と潮見神社の造営

それでは、島田丸の神話は何時の時代に作られたものであろうか。筆者は、潮見橘氏第三代の公村が三人の弟に分家を許して、各々牛島、中村、中橋という家名を名乗らせた文永九年（一二七二）から、公村の息子である公遠が当主であった時期である可能性が高いと推測する。公遠は、正安二年（一三〇〇）六月五日、予てから蓮華王院と係争中であった旧杵島荘の土地をついに両分し、その東側を橘（渋江）家の所領、西側を蓮華王院の所領と決め、この土地の半分を完全に自領として掌中に収めている［中島 1992：93］。『潮見神社由来記録』などによると、潮見城に隣接する潮見神社に現在の下宮が創建され、それまでの下宮が中宮に改められたのは、まさにこの出来事に続く時期、つまり乾元年間（一三〇二―一三〇三）、ないしはその直後のことだと思われる［中島 1992：91, 183］。そして、下宮三社には、公村、公茂、公光が祭神として祀られ、一方新しく中宮となったかつての下宮には従来の祭神である橘奈良麻呂に加えて潮見橘氏の鼻祖である公業が合祀されることになった(34)［中島 1992：183］。

ここで注目されるのは、これら新下宮三社の祭神となった三兄弟にとってその末弟（四男）である（中橋）時業が下宮に祀られていないことだ。中村家がやがて宗家渋江家を凌ぐ勢いを見せたのとは対照的に、中橋家の消息は時業の曾孫公景以後分かっていない。この間の事情を、中島信夫は、「徳治二年（一三〇七）

丁未の歳、潮見神社の神主、森吉茂が下宮を建立するに当り、渋江公村、中村公光、牛島公茂の三祖を奉仕し、中橋時業を除外したことから考えると、当時既に中橋氏は亡命したものと考えられる」［中島 1992：91］と書く。

公業が長島荘に入部した嘉禎三年（一二三七）からの七十年程の期間は、橘（渋江）氏がまず先住の土豪たちを実効的に従え(35)、やがて蓮華王院杵島荘を下地中分して押領をなし遂げ、さらには同族内部の秩序を確立するために要した、血の滲むような歳月であったと言えるだろう。こうして、潮見の地で暫く物理的・世俗的に覇権を固めた橘（渋江）氏にとって、その次になし遂げるべきことは、この土地の風土を同家固有の世界観に巧みに包摂することであったはずだ。そうして初めて、彼らが名実共に人心を掌握できるからである。これを具現するために、その理念に適う意匠をもった神社の造営と、そこで執行される諸儀礼の形成、ならびにその儀礼に対応する神話の創造が要請されたのだと思われる。

ここで注目しなければならないのは、肥後菊池の渋江氏の家伝である。『菊池風土記』は、「橘朝臣公重代に御当国に来る」と記している。だが正しくは、公重は潮見城が陥落する折りに二十一歳で討ち死にしたのであり、肥後渋江氏はその一子公実（後に公成と改名）に始まる。『菊池風土記』は同渋江氏について、まず葛城王からの出自を辿り、やがて次のように書く。「従四位下島田丸兵部太夫、此の代に和州三笠山に春日大明神御鎮座に付き、営造の奉行職、冥感黴妙の事之れ有り。人皇四十六代称徳天皇より、天地元水神を氏神に、御附属の勅許有り（御綸旨を賜る。今に本家に持伝ふ）。其の後、水部の主として、代々勅許の行事を相承仕り、子孫の外に伝ふる事なし」（傍点は引用者）。次いで橘公業の長島荘入部と牛島、中村、中橋の分家に触れ、それからまた、次のように記している。「杵島郡三法方郷潮見山大明神、上宮は正一位橘朝臣橘諸兄卿なり。中宮は泉大明神、島田丸也。下宮は渋江、牛島、中村の三社也。是れ余が祖先也」云々（傍点は引用者)。

菊池渋江氏の家伝が橘渋江氏の家伝に酷似することは、一目で分かる。今、殊に注意しなければならないのは、『菊池風土記』が潮見神社の「中宮は泉大明神、島田丸也」と述べていることだ。中宮の祭神は、実際には、(橘奈良麻呂に加えて)潮見橘氏の鼻祖公業である。ただ、潮見でも中宮を泉大明神とも号していたことは事実である。中島信夫は、その理由を、「これは、公業公を泉太夫と申し上げ、居館のあったところ(中宮の付近)を泉台とも称したためであろう」[中島 1995:183]と考えている。また、中島が一九七〇年代初めに採話した潮見の口碑では、島田麻呂の配下の内匠頭が駆使した百体の人形の内の一体をもって奈良三笠山の水分神社の祭神とし、残る九十九体の人形を川に流して祀ったものが同じく三笠山の兵主部明神宮の祭神であると言っており「水祖たる泉の水を結いあげ神にまかせて身を頼むかな」という島田麻呂の歌も伝えている[中島 1995:63、傍点は引用者]。『菊池風土記』の記事が暗示するのは、社造営という動態論的な象徴解釈の実践としての社会的行為において、島田丸(島田麻呂)が潮見橘(渋江)氏の鼻祖公業(ならびに橘奈良麻呂)に重ね合わされ、しかもそれがまた水神にも重ね合わせられていることである。どうやら、ここに島田丸神話を読み解く最大の鍵がありそうだ。

3―6　島田丸神話と潮見の河童伝説

実はこの点を、潮見に伝えられている説話と伝承遺物からも確認することができる。当地では、潮見神社一の鳥居東側の茶畑の中に半ば埋まっている畳余の巨石が、河童の「誓文石」としてよく知られている。毛利龍一は、この「誓文石」のお蔭で潮見の者が河童に捕られないのだと言い、こう書いている。「昔渋江氏は河童に対し、若し此石に花咲く時もあらは、汝等に人一人獲らせて遣はすが、さ無き限は人を襲ひ危害を加へてはならぬと約束を取結ばれた。河童は其後朝夕此石の上に来て見ても、一向花の咲く様子が無いから、之を悲んでヘウヘウキイキイ泣いたものだと言ひ伝へて居る」［毛利 1913：29］。ただ毛利は、渋江氏の誰が河童に誓文の呪いをかけたのか特定していない。

そこで、土地の言い伝えを一九七六年の採話で見てみよう［純真女子短期大学国文科 1986：84-86］。この版は、まず上記の誓文石を紹介し、その由来として島田麻呂神話を挙げたうえで、次のように話を展開している。「そして、橘諸兄の十五代の孫にあたる橘公業が、寛喜六年（一二三四）[36]に長島庄に移って来た時河童たちも一緒に、はるばる九州は佐賀の潮見までついて来たのである。河童は新しい土地に来て最初のうちはおとなしくしていたが、また乱暴をはじめたので人々は誓文を捧げて、河童をおとなしくさせたということである。潮見城下の渋江水神は、この河童を祭ったもので、潮見神社宮司の毛利家には、水難よけの呪文が言い伝えられているという」。

この伝承からも、長島荘に入部した橘氏が河童信仰とともに島田麻呂神話をこの地にもたらしたこと、ならびに公業が島田麻呂に二重写しにされていることが窺えよう。この点が重要である。橘氏に付いてきた河童が土地の人々に悪さをなした云々という部分は、想像を逞しくしてみれば、長島荘入部直後に土地の人々との間に（恐らくは水利権を巡る）確執が生じ[37]、橘氏が河童＝水神という文化表徴を駆使して人心を掌握した経緯さえ推測させせないだろうか。

つまり、楢崎地名神話は、島田麻呂神話が潮見に浸透した後で付加されたものである。奈良麻呂とその二人の従者および道祖王の墓と呼ばれている石造物は、その形式からしても、遥かに時代の下がるものであることは明らかだ。これらもまた、同じように後世に作り出された伝承遺物である[38]。ここにも、本稿第二章の第一節で述べた「収束的形成過程」（convergent process）の一端が窺えるだろう。

さて、橘公業の長島荘入部の原因は、公業が伊予国宇和郡の先祖代々の本領を鎌倉幕府によって召し上げられ、代わりに長島荘などを与えられたことにあった。『吾妻鏡』嘉禎二年（一二三六）正月二十二日の条に、次の通り、この経緯を垣間見ることができる。

伊予国宇和郡事。止㆓薩摩守〔小鹿島〕公業法師領掌㆒。所ㇾ被ㇾ付㆓于常磐井入道太政大臣〔西園寺公経〕家之領㆒也。是年来彼禅閤雖ㇾ被ㇾ望㆓申之㆒。公業先祖代々知行。就ㇾ中遠江掾遠保承㆓勅定㆒。討㆓取当国賊徒純友㆒以来。居㆓住当郡㆒。令ㇾ相㆓伝子孫㆒年久。無ㇾ咎而不ㇾ可ㇾ被㆓召放㆒之由。頻以愁歎。御沙汰[太]難ㇾ顕㆓是非㆒。無㆓左右㆒。為ㇾ不ㇾ被㆓仰切㆒之処。去比禅閤御書状重参着。此所望不㆓事行㆒。似ㇾ失㆓老後眉目㆒。於ㇾ今昔。態令㆓下向㆒。可ㇾ被ㇾ申㆓所存㆒之趣。被ㇾ載ㇾ之。御下向之条。還依ㇾ可ㇾ為㆓事煩㆒。早可ㇾ有㆓御管領㆒之旨。今日被ㇾ仰㆓遣于彼家司号陸奥入道理[繆]之許㆒云々

純友の乱で軍功を挙げて以来子々孫々住んできた宇和郡の本領を別段の落ち度もないのに召し上げて、太政大臣西園寺家にそれを与えるのはどうしたことか、という橘公業側からの抗議に対して、幕府側も大いに苦しんでいる様子が窺えよう。橘氏にとっては大いに不本意な結果であった。彼らは、公業の不運と苦難を奈良麻呂の受難（ここでは遠島）に、また同氏の長島荘入部以来の奮闘を島田麻呂以来の橘家再興の業に準えたのではなかったか。そして、潮見神社の新規造営事業を春日大社の造営に重ね合わせたのだと思う。

3―7　ノミノスクネ神話と河童

春日大社の建築が当時の人々にとっては超人的な力の臨在を感じさせるものであったこと、ならびに恐らく島田麻呂神話がノミノスクネ神話を下敷きにしたものであるという筆者の論拠は、既に示した。それを支援する理論的な背景を挙げれば、「民話の語り手はめったに発明しないで、他人や外の世界に素材を求め、

それを民話に用いる」[プロップ 1972：181] からだと言えよう。だから、島田麻呂神話が今度は潮見神社造営に際して持ち出されたのである。

河童人形起源譚がノミノスクネ伝説を下敷きにしていることは、次に見るように河童人形起源譚の細部にも窺えるように思う。柳田国男は、「河童駒引」において、「イニシヘノ約束セシヲ忘ルナヨ川立チ男氏ハ菅原」(『和漢三才図会』四十)、および「ヒョウスヘニ約束セシヲ忘ルナヨ川立チ男我モ菅原」(『和漢三才図会』八十)という民間に伝承される歌を紹介して、渋江氏との関係を慮っている[柳田 1964:154]。潮見神社宮司毛利龍一は、「我毛利家にも代々水難除けの歌として『ヘウスべよ約束せしを忘するなよ川立おのがあとはすがはら』と云ひ伝へて居る」と言い、「川立おのがあとはすがはら」は「川立おのが跡は素川原」の意味であって、誓文石の伝説に符合すると主張している[毛利 1913：413]。

ところで、長崎市本河内には水神神社があるが、その境内に、「川立神の宿る霊石という自然石が安置してあ」って「河童石」と呼ばれており、昔一人の大工職人が土足でこの霊石に上がったために病を得て寝込んだという伝承がある[純真女子短期大学国文科 1986：101-102、傍点は引用者]。しかも、同社の社伝は、寛永年間(一六二四―一六四四)、「渋江刑部公師という者が、子の文太夫公姿をつれて来て、長崎の出来大工町に居住し、水神の祠を建てた。これが水神神社の始めで起源である」と言い――cf.[柳田 1956：54]、――また「祖先は、奈良春日神社附近に住し、水神に仕えていたとも伝えられている」[純真女子短期大学国文科 1986：94]。渋江公師が波佐見で没したのは天正十九年(一五九一)であるから、同神社の伝承は史実に反するのだが、この事例も件の古歌と誓文石との関わりの傍証と言えるだろう。

ただ、筆者は、「すがはら」を「素川原」と読む毛利の説を支持しない。江戸時代の諸書が書き記した通り、「菅原」と解するべきだと思う。しかし、歌の形は確かに潮見に伝存している方がオリジナルであろう。

すると、この歌は、川立男である河童（ヒョウスベ）に向かって、「お前の跡（末裔）は菅原氏だぞ」と言っていることになる。この解釈は、『和漢三才図会』などに載っている歌が、川中に立っている人間が河童に向かって自分の子孫は菅原だから行いを慎しめと主張しているように読める――だからこそ、菅原道真の作だという巷説が生まれた――のとは、正反対の意味を持つことになる。

では、「お前の跡（末裔）は菅原氏だぞ」と言っているのは、一体誰か。言うまでもなく、河童を操る渋江氏であり、彼は河童に島田麻呂の故事を、つまり河童が島田麻呂の部下である内匠頭によって作られた人形であったことを思い出させているのだ。[39] それでは、河童に向かって「お前の跡（末裔）は菅原氏だぞ」と言うことが何故呪文たりうるのか。それは、子孫が菅原氏であるとすれば、川立男は形象埴輪の作り手であり、ノミノスクネ神話で彼の背後に存在する勢力として暗示されている部民集団である土師部に属することになるからである。つまり、二つの神話の背景において、「ノミノスクネ：土師部：土偶埴輪：：島田丸：内匠頭：木偶人形（河童）」という関係が成り立つと言える。

もちろん、右のことが言えるためには、島田麻呂神話がノミノスクネ神話を基に成立しているという本稿第三章の仮説が成り立っていなければならない。そこで、もう一つ気付くのは、「渋江家由来の事」の一節に、「内匠頭何某九十九の人形を作りて匠道の秘密を以て加持したる程に、忽ち彼の人形に火便り風寄りて童の形に化し」（傍点は引用者）とある点である。素直に読めば、確かに呪法（加持）の場面と見えるし、文章の流れをくめばそう読むのが相応しいだろう。ただ、一方では、古代の土器作りである野焼きの光景に通じるという印象も抜きがたいように思う。つまり、『日本書紀』「垂仁紀」三十二年の条にある、ノミノスクネの「鍛地（かたしどころ）」の光景を連想できないだろうか。神野善治が上げた沢山の河童人形起源譚では、土人形とする一例を別にすれば、その全てが藁や木でできた人形を想定している。そこには、土師氏の時代からの大きな時間の推移が映されていよう。だからこそ、余計に、素焼きの土偶を連想させる「渋江家由来の事」の記事にはノミノスクネ神話の残響を強く感じてしまうのである。[40]

さて、その上で思い切って言えば、ノミノスクネの力を背後で担っていた土師部の神話的等価物としての河童にも、相撲によって神話的に形象されたノミノスクネの力が残響しているのではあるまいか。それゆえにこそ、河童は小柄にして力比類なく、故もなくひたすらに相撲を挑みかかるのではないか。柳田国男が繰り返し述べたように、河童が相撲を偏愛する理由が誰にとっても謎であるのは、河童という形象がその起源である土師部の残影を宿しておりながら、民俗がその由縁の記憶を失って久しいからではなかろうか。

3―8　土偶埴輪と河童

前節では、渋江氏が伝えて来た島田麻呂神話がノミノスクネ神話を下敷きにして、神話に特有の、いわば「創造性の乏しい想像力」(注16参照)によって生み出されたであろうことを論じた。ここでの「創造性の乏しい想像力」とは、「空想よりも組み合わせ」[高木 1958：1]を本質とする想像力のことである。

ただし、この二つの神話の要素を比較検討する課題がまだ残されている。その場合に最も重大なのは、いうまでもなく、(1)ノミノスクネが使役したのが土師部、橘島田麻呂が使役したのが内匠頭であり、また、(2)土師部を表象するのが土偶埴輪、内匠頭を表象するのが木偶人形(河童)だったことである。この関係を「ノミノスクネ：土師部：土偶埴輪：：橘島田麻呂：内匠頭：木偶人形(河童)」の形で表示することができよう。

ここで、『口承文芸と現実』[プロップ 1978]に収録された論文、「異常誕生のモチーフ」が、考えを進めるうえでそれなりの糸口を与えてくれそうだ。この論文では、異常出生の下位モチーフごとに章立てがなされ、第10章が「作られた人々」に充てられている。この章では、多くの民族の神話では最初の人間だけが超自然的な誕生をするが、同様のモチーフをもつ民話では子供のない親が神話における神に相当する役割を演じることが述べられる。そして、プロップは、人間を作る主要な材料は土と木（のかけら）であり、木は最も低い技術段階と、また土は進んだ技術である土器造りと関連すると言う[41]。

話の分析の外在的な論拠としてプロップが発展段階説を持ち出して来る時には、警戒を怠ってはならない。この場合も、このタイプの話で「木は粘土や大地より古い」［プロップ 1978：283］と見なすべき理由はどこにもない。例えば、プロップ自身がわざわざ長めに原文を引用しているヴォグルの昔話を再引用してみよう。「七人が粘土で、七人が木で作られる。『粘土の人間は動くようになった。だが、彼らの寿命は長くなかった。粘土の手や粘土の足が何の役に立つというのか。一人が水の中に落ちて沈み、熱くなり、彼から水が出てくる。からまつで作られた人々であれば、かえって頑丈になり、水の中に沈みはしないだろうに』」［プロップ 1978：280］。この話は、プロップの右の恣意的な判断を裏付けないばかりでなく、技術の評価では彼を裏切っているようにも見える――木から人間を作る方が良い結果に繋がるのだから。要するに、この話が語ろうとしているのは、土偶と木偶の属性の対比、すなわち「重い：沈む：水を排出：劣化：：軽い：浮く：水を吸収：強化」の対比と組み合わせただけなのである。

我々にとって参考になるのは、むしろ「多くの民族の宗教において、誕生することの不可能だった最初の人間だけが超自然的形態で生を受けている」という主張の方だろう［プロップ 1978：278］。ノミノスクネ神話は殉死に供される人間の身代わりになる「人間」たる土偶埴輪の、他方、島田麻呂神話は異形の人間ともいえる河童の起源を語っている。そして、ここでも、私が右に試みたような両者の属性の対比が有効だと思われる。つまり、土でできた埴輪は重いが、木から化成した河童は軽くて水に浮く。両者は共に異界（墓所

／水界）に棲みながら、（死者を守る）土偶埴輪は人間の命を救い、一方（生者をつけ狙う）河童は人間の命を奪うのである。

ただし、土器造りと木工の技術の評価の上下は、律令期、ならびにそれに続く時代に起きた来世観の劇変という脈絡では、プロップの主張とは明らかに逆だったはずだ。土で作られる巨大な陵墓は、祖霊信仰、及び氏族連合王権という古い政治制度と一体的だった。一方、仏教の殿堂である寺院は木で作られ、律令制という開明的な政治制度と不可分だった。つまり、時代時代の超人的な力を感得させる技術とその評価のあり方が、「作られた人間」の材質を不可避的に決定したのだ。そして、材質という要素が扇の要となって、それぞれの神話の要素群の編成とその変換という構造的要因を枠付けたと言えるだろう。

こうして、ノミノスクネと島田麻呂の二つの神話は異なりながら似ており、また似ながら異なっている。つまりそれらは、いわばシャム双生児としての来歴をもつのだが、それはまさに神話に特有の「空想よりも組み合わせ」を本質とする「創造性の乏しい想像力」の所産だからである。要するに、ノミノスクネが相撲の始祖であり、また河童が相撲を好むという結びつきは、いわばシャム双生児の共通の身体部位としての結びつきなのである。だから、それは一見不可解ではあっても、実は両神話のこのような来歴と、右に述べた通りの神話に固有な創造（＝想像）の論理のあり得べき結果だと考えられるのである。

3―9　河童起源・河童相撲考ノート

さて、もう少し整理を続けよう。第一に、――その呼び名はともかく――やがて河童の核となるイメージを恐らく渋江氏が作り出したと考えられることを確認したい。この点で補足しておきたいのは、潮見渋江氏最後の当主である渋江公師が、大村氏の客分となる前に暫く壱岐にも住んだ後、気候の寒冷を厭って大村に帰参している事実である。件の壱岐の河童人形起源譚［折口 1941：299］は、他の版に比べると、「渋江家由来の事」に随分近い印象を与える。この話を引用した後で、若尾五雄が単刀直入に「これは春日神宮造営の方に関係のある話だが」［若尾 1972：2338］と断じた直観は、さすがに鋭い。恐らく、この話は、もともと渋江公師の壱岐滞在中に伝えられたのではなかっただろうか。

肥後菊池の渋江氏は、氏神天地元水神社を祀り、河童封じないしは水難予防の札を各国に配り歩いた。久留米水天宮の宮司真木氏は、元は平真城村（現在菊池郡大津町）伊勢にある村社真木神社の宮司を務めていたのだが、天地元水神社の信仰の影響下で久留米瀬下の水天宮の河童信仰を形成していったのだと考えられる。それが、筑後や、日田を初めとする豊後各地の河童信仰の母体となり、やがて『水虎考略』などに収められた「河童聞合」という文書などを通じて河童を全国に広めたのだと私は考えている。(42) ついでに言えば、波佐見や諫早など、渋江氏の末裔が住み着いた土地には必ずといっていいほど水神宮があり、河童人形起源説が残っているのである。

4　討　論

以上、前章までの論述で、本稿の目的を一応は達したと言える。本稿の標題を「河童相撲考」と題しているる通り、前章の後半で述べた事柄は言うまでもなく主要な論点である。しかしながら、そればかりを強調したいわけではない。神話・民話の研究法や河童の起源再考など、そこに至る過程で様々に論じた事柄を同様に大切にしたい。そして本稿は、試行過程での誤りを覚悟したうえで、そうした誤りを繰り返し乗り越えて初めて実現できるであろう「歴史民俗資料学」の最初のエチュードとなることを願って書かれている。

4—1　収束的形成過程

ここで、神話・民話の「分岐的形成過程」と「収束的形成過程」についてもう少しだけ論じておこう。浜本まり子は、ケニアの東海岸地域に住むバントゥ語系の農耕民であるドゥルマ人の間で、かれらが何処からやって来たのかという起源伝承を調査して、五つのヴァージョン（版）を確認した。彼女は、「同一部族の間で異なった内容をもつ起源伝承が語られていることに、人々が何の矛盾も感じじないのだろうか」［浜本 1991：65］という疑問から出発して、大変興味深い考察を導いた。浜本が実際に示している五つの版を読んでみると、それらはとてもよく似ているとともに、どこか本質的なところで異なっているという印象を受ける。彼女が緻密な分析と比較を通して明らかにしたことの要諦は、次のことであった。「それぞれのヴァージョンは、たとえ限られたモチーフしか用いられていないとしても、つまり、それぞれが似たり寄ったりの内容をもった物語に結果的にはなってしまっているとしても、それぞれが、一定の主題に基づいて創られた別々の物語であり、それぞれがいわば独自の論理をもっているということである」［浜本 1991：93］。言い換えれば、「ヴァージョンの共通点は、ある『原型』の物語から派生したものとしてではなく、ある意図を物語にする際に、ある共通の事柄に関連づけられて語られた結果」として生じているのである［浜本 1991：66］。すなわち、「ドゥルマの人々にとって伝承を語るということは、単に既成の物語を語り継ぐだけのことを意味していない。それは、人々の意図に物語という形を与える創造的な行為である」［浜本 1991：94］。

この論文で何よりも興味深いのは、浜本自身が当初感じた疑問の出所を見事に相対化し得たことだ。その疑問は、「原型」を想定するような、「つまり、歴史における事実が一つであるように、ある社会の伝承も一つであるべきだという前提」から出ているのであり、「ヴァージョンの存在を特徴にあげる」こと自体が既にそのような硬直した発想法にとらわれていることの証なのだと言う［浜本 1991：66］。ドゥルマの人々は伝承相互の意味的な相違を当然のこととして受け止めていたのである。「人々が物語化に際して、何故もっぱらある特定の事柄に関連させようとするのかは決して自明のことではないから」、むしろ明らかにすべきは物語の共通性の由来の方なのである［浜本 1991 : 67］。

しかも、浜本が明らかにしたきわめて重要な点の一つは、「物語化の困難性はストーリーが遡及的には語られ」ず、「考えたのとは逆に語られるところにある」ことだろう。言い換えれば、人々は自分たちの現在の状況を起点にしてその原因となるべき事柄を想定して持ち出してくる。そして、この過程を順次繰り返しながら起源に到る。だが、出来上がった物語は、この思考過程を逆方向にして、つまり虚構された始原から現在に向かう時間の流れに乗って語られるのである。かくして物語は、その結末として想定されている話者の現在を合理化するものとなりおおせる。そのうえ、プロップが明晰に洞察した通り、語り手は滅多に発明しないで、素材を外の世界や他の話に求めるのだ。

例えば、小松和彦が引いた「小林新助芝居公事扣」も、「川の民」が自らの立場を擁護するために、あるいは全く逆に為政者が彼らを統治するために、渋江家起源の河童人形起源譚の発想を「借用」したのではなかったか。また、神野善治のひいた多くの河童人形起源譚は、庶民的レヴェルでも番匠・大工の業が持つ偉大な造形力への畏怖が強く感じ取られていて、渋江家起源の河童人形起源譚を「借用」して、あるいはそれに「関連づけられ」てその畏怖が表現されたのではなかったか(43)。

レヴィ＝ストロースは、右のような知のあり方の特徴を日曜大工の器用仕事に譬え、それを「野性の思考」と読んだ。もしそうであれば、始原が虚構される過程においては諸々の既知の事柄が動員されて、適当な位置にはめ込まれることになろう。こうして、神話や民話は多様でありながら一様であり、どれも異なりながら似ていることになる。その特質は、語る人々の起源の歴史の浅さ、環境や物質文化の変移の乏しさなどの要因が加われば一層増幅されることにもなるだろう。このように考える時、浜本が神話や民話――あるいは、伝説、伝承などと呼んでもいい――の「収束的形成過程」を見事に捉えていることが分かる。(44)

4―2　神話と民話

ただ、話や物語は、構造論的な要因は別にしても、歴史的には「収束的形成過程」のゆえにのみ一様でありつつ多様であるという特質を持つのではあるまい。いわゆる伝播の概念にも一脈通じる「分岐的形成過程」もまた、その特質をもたらす要因である。そして、この問題を考えることは、「神話」と「民話」、ないしは「伝説」や「説話」などの概念を分析概念として多少とも整理し、鍛え直す作業に通じている。

波平恵美子は、神話も伝説も共に、『過去が現在を決定する』という時間に係わる世界を語るディスコース」でありながら、神話は「神の物語」であるがゆえにそれを疑ったり実証しようとすることを拒み、一方、伝説は現に生きて「それを語る人々によってしばしば作り替えられる」としている［波平 1991：14］。今これに浜本の考察を媒介させれば、波平は、「人々の意図に物語という形を与える創造的な行為」の二側面を見ていることになろう。つまり、「人々の意図に物語という形を与える」ためには、常に創作が必要なのではない。「既成の物語を語り継ぐだけ」であっても、いやそれこそが最も適切に「人々の意図に物語という形を与える」行為である場合もある。つまり、文化表徴としての物語が創作され、維持され、変化させられることには、それぞれに「政治的な」意味があると考えられるべきであろう。

しかしながら、本稿の趣旨に沿って分析概念を整理する場合、波平の分類は不適切となる。筆者は、ある話、あるいは物語が「意味」をもっている限り、言い換えれば、それが話される当該の社会状況に関与的である限り、「神話」と呼びたい――「神」の属性を普遍的に規定できない以上、私の定義する「神話」の概念に「神」の属性を持ち込むことを拒みたいのだ。

野村は、民話が意味を持つことを自明の前提とすることに疑義を挟み、こう述べた。「いったい民話に意味があるのか、民話は何を伝えるのかを問うてみる必要がある。無意味だからこそ、教訓が付与されたり、笑話化して意味づけされるとも考えられるのだ」［野村 1973：128］。教訓や笑い話としての意味は、二次的な意味であり、それが語られる当該の社会に固有の脈絡において不可欠の意味ではない。つまり、このような物語は、仮りに教養でありまた楽しみであるとしても、「人々の意図に物語という形を与える創造的な行為」というにはかなり不十分であるだろう。このようなあり方を示す話を、緩やかに括って「民話」と呼んでおきたい。

物語が現実の社会的な脈絡を離れた「民話」である限り、それがそのままの形で広まることもあれば、また何らかの二次的意味によって自在な加工を受けることもあるだろう。そのもう一つの有力な形として「伝説」化がある。波平は、「伝説は、物語の大筋とは直接係わらないいくつものエピソードを組み込んで語られ」、「その伝説が、現実に起きたに違いないことを人々に印象づける大きな役割を果たしている」と述べた［波平 1991：13］。それは、物語の内容が事実であると説得しようとしている点で「神話」に似る。だから、ある程度は、「人々の意図に物語という形を与える創造的な行為」としての質を持っているとも言えるだろう。それゆえ、なるほど、一次的な意味と二次的な意味との差も相対的なものだと言うこともできるだろう。それを承知のうえで、筆者はなお波平のこの「伝説」概念を受け入れてもよいと考えている。その場合に肝要なのは、現実的なエピソードの付加という、波平の指摘する形式的特性に着目して、「神話」と「伝説」に一応の区別を想定し、この仮説的な作業を物語の文化史的な考察に活用すべきことである。

おわりに

河童が何故相撲を好むのかについての筆者の論述は、恐らく詰めが甘く、あるいは強弁にすぎる側面もあっただろう。西郷が言う、「せいぜいあれこれ持ってまわって帳尻をあわせるのが落ち」［西郷 1993：83］に堕していないことを願うばかりである。

しかしながら、繰り返しになるが、本稿の何よりの眼目は「歴史民俗資料学」のエチュードとして本稿を世に問うことにある。河童伝承の起源を探索する作業の結果として、筆者なりに整理を試みて、「神話」・「伝説」・「民話」という一組の分析概念セットをここに提示した。例えばそれを手掛かりとして、「歴史民俗資料学」のエチュードの実践を始め、共同作業としての相互批判に加わって下さる方が現れることを念願する。

〔付記〕中島信夫氏には電話で、吉野千代次氏（橘町歴史研究会会長）には郵便で御教示を賜わった。また、本稿を一旦脱稿した直後、全く偶然神野善治氏にお目にかかる機会があった。筆者の不躾な物言いにもかかわらず、神野氏はご自分に新たな論稿［神野 1991］があることを教えて下さった。浅学を恥じつつ、早速同論稿を読み、本稿の不足を些かでも補うことができた。記して、以上の方々に心から感謝を捧げる。

〔再録時の付記〕本稿を大幅に書き改めたいという希望の下に資料の収集を進めていたのだが、結局、必要最小限の訂正と加筆に止めざるを得なかった。大方の御批判を待ち、他日を期したい。

注

（1）安部龍の『下問雑載』（九州大学蔵）は、文政十一年（一八二八）、福岡藩主黒田斉清がシーボルトに下問した内容とそれへの返答を、家臣安部龍平が筆記し、注記を施したものである。斉清は河童（水虎）が実在するかどうかについても尋ねている。シーボルトは、ついに「閣下若其乾タルモノアラハ伏シテ之ヲ検寮シ其何ナル者ナル事ヲ世ニ公ニセハ予名誉之ニ過ル事ナシ」と答えて、この件はこれで幕がひかれている。なお、安部龍平（龍）には、他に『水虎説』の著述がある。

（2）例えば、大隅［1970］、広末［1987］などがこうした思想を著した好例である。

（3）同町誌は全三巻から成る。『川の記憶』（第一巻）の「序　編纂ノート」、第一章（9-108頁）、第八章（397-536頁）、第九章（「河童を見、恐れ、愛し、生きる人々」537-917頁）ならびに『ムラとムラびと』上・下（第二巻・第三巻）の解題としての「前書き」を担当した私の場合、原稿を上梓して入稿したのは、その発刊に幾年か先立つ。

（4）日田には、この地方の通史とも言うべき『豊西記』の諸写本が伝えられている。『豊西記』がほぼ今日の形に纏まったのは、恐らく慶長（一五九六―一六一五）から元和（一六一五―一六二四）の頃であると推定される。同書には、応安七年（一三七四）、豊後国日田郡の領主大蔵詮永の嫡子である鶴熊丸（当時十四歳）が筑後の馬渡で舟の転覆事故に遭って死んだが、その「荒霊」が筑後国ならびに豊後国日田郡の人畜を害した旨記されている。そして、「彼が荒霊を和らけんがため、社殿を営建し明神に崇め奉る。（中略）今筑後国申若大明神と崇め奉るは是なり」とある。なお、この記事と同じ内容は、大蔵氏各流の諸家記などの記事にも見られる。

（5）『福岡県神社誌』（大日本神祇会福岡県支部〔編〕、一九四四）は、志床東内畑の村社熊野神社の祭神の一つである猿田彦大神に触れ、この神は「字西畑無格社猿若神社として祭祀ありしを大正二年一月三十日合祀許可」と明確に記している。現存の猿若大明神像が創建当時のものである確証はまだないが、恐らくそのように推定して誤らないと思われる。

（6）『田主丸町誌』は一九九七年度の毎日出版文化賞と西日本文化賞を受賞した。より重要なのは、受賞前後から全国紙各紙や西日本新聞などが大きな紙面を割いて同町誌を繰り返し取り上げ、その内容と意義が歴史学者を初めとする関連諸分野の専門家によって詳しく評論されたことである。

（7）　イギリスの社会人類学は、現代的な人類学へと脱皮するに際して、はっきり民族学（ethnology）と袂を分かっている。民族学は、文字資料の制約を超えて可能な限りの人類史の再構築を行おうとする学問だが、それは研究者の生きている時代の地理的な変移を時間的な変移に置き換え、この作業を土台とする推論に基づいて人類の進化史を編むことであった。社会人類学は、民俗学のこうしたやり方が確たる方法論的な根拠をもたない思弁や臆測に過ぎないと判断して、考究の対象を（××人や〇〇王国のような）最大政治単位に限定するようになった。この方法論的な転換こそが、現代的な社会人類学をもたらしたのである［小馬 1992：194, 1996：88-89］。

（8）　阿部謹也氏（西洋中世史）は「本書（『田主丸町誌』）のような視点こそわが国の硬直化した歴史学を蘇生させるきっかけとなるであろう」（阿部謹也「ムラの歴史に新たな光——「田主丸町誌」刊行に寄せて」、『毎日新聞』〔夕刊〕一九九七・六・一）と評した。また、有馬学氏（日本近代史）は、同町誌の「編纂ノート」が、地域の歴史をどう書くか、そもそも地域の歴史を書くとはどういうことかという歴史家が置き去りにしてきた問題を正面から論じている点で、歴史家たちに衝撃を与えたと述べている（有馬学・小馬徹・日野文雄「地域の歴史をどう書くか」〈上〉、『毎日新聞』〔夕刊〕一九九七・六・二）。こうした歴史研究家たちの好意的で建設的な受け止め方は、歴史学の懐の深さを如実に物語っている。

（9）　本論文のオリジナル原稿が掲載された『歴史と民俗』を発行している神奈川大学日本常民文化研究所を母体として、神奈川大学大学院歴史民俗資料学研究科が創立されてから、今年で八年度目になる。しかしながら、同研究科では、日本古代史、同中世史、同近世史、日本経済史、民俗学、民具学、考古学、文化人類学などの科目が独立に講じられていて、独自の「歴史民俗資料学」は、残念ながら、いまだ講じられていない。ただ、網野善彦は、偽文書や系図を取り上げてその意味を積極的に論じようとしており、歴史民俗資料学の創設に向けて確実に一歩を踏み出している［網野 1996］。

（10）　筆者は、この命題を、晴雨の混乱を換喩的に「狐の嫁入り」と表現する日本と朝鮮半島の例と、いわば「ハイエナの出産」と表現する東アフリカの例とを資料として、別稿［小馬 1992, 1996］で具体的に展開している。

（11）　言語の分岐的形成過程は、言語共同体が地理的に分断された結果としてそれぞれの分派の言葉が方言化していく状況を思い描けば分かりやすい。だがそれは、一人一人の言葉が何処か独特であることを考えれば、個人のレヴェルでも既に見いだされるはずだ。個人言語（ideolect）という概念の基礎にあるのは、このような見方である［マルチネ 1972：258-259］。

一方、言語の収束的形成過程は、文化・社会・政治・宗教など、生活の様々な側面と関連し、それらの複合的な影響の下で助長されることが多い。例えば「文明的」、「上品」、「美しい」、「機能的」などの判断から或る特定の言語形態が好まれる傾向がその好例であるが、さらにそれが国家的・行政的な観点から「国語」・公用語・標準語などの設定に繋がる場合もある［マルチネ 1972：257-258］。

(12) 享保五年（一七二〇）、馬瀬俊継編纂。

(13) ここでは毛利［1913］が引用しているものを孫引きした。『北肥戦史』は、一九九五年に、高野和人を編纂者として青潮社から刊行されている。この刊本の表記の方がわかりやすいとも言える。ただ、それを取らなかった理由は、毛利［1913］では「彼の人形を屑り捨てけるに」とある部分を「屠り捨てけるに」、同じく「ある時は山上に到りて」とある部分を「山上に倒れて」としているからである。屑は、粉々にする意だから、恐らく「屑り」は、「けずり」ないしは「きり」と読ませるのだろう。文意を考えて前者を取った。なお両者には、句読点を初め、細部に多少の異同がある。

(14) 内山真竜が編纂した十三巻の地誌。寛政元年（一七八九）の自序がある。

(15) 筆者が拠ったのは「新版」であり、初版は一九七五年に出されている。

(16) この点は、神話・民話・伝説の分類を直接問題にする研究者ばかりでなく、そのような方向性を必ずしももたない研究者によっても、漠然とながら、形を変えて気付かれていた。例えば、高木卓は、『御伽草子』の空想力の乏しさを論じている。彼によれば『御伽草子』に出てくる「花世の娘」・「梵天国」・「ささやき竹」などの作品が「たいへんよく似ているので、どれか一つを先によむと、後によむほうは、おのずから二番せんじ三番せんじの感をともなう」と言う。つまるところ、彼は次のような感懐を禁じ得ない。「神仏や妖怪、鳥、けもの、魚介などまで登場し活躍する点では、レアリズムの作品よりも、はるかに空想的といえよう。しかし、それならその空想なり想像なりが、奔放あるいはゆたかな感じがするかといえば、私などは否定に傾かざるをえない。率直なところ、空想的なるべき作品であるだけそれだけ、却って空想の乏しさが目立つ感じがするのである」［高木 1958：1］。

そして高木は、このように感じさせる原因はそれらが「空想よりも型の組みあわせ」を本質としている点にあり、日本ではファンタジーと呼ぶに値するメルヘン的な物語が稀で、「日本人は空想性に乏しいと思わずにいられない」と慨嘆している［高木 1958：1］。

私が今ここで問題にするのは、もちろん、高木の論全体の当否ではない。高木が空想物語における空想性の乏しさとして捉えた属性は、程度の差こそあれ、世界中の神話・民話・伝説に共通の要素であると考えるべきだ。それは個人の創造作品としての評価から判断される小説の想像力とは別の次元の想像力なのであり、こうした「創造性の乏しい想像力」こそが神話・民話・伝説の想像力に固有な一側面なのである。

(17) 近年のレヴィ＝ストロースによる画期的な神話学研究に決定的な影響を与えたのは、一九二〇年代に盛んだったロシア・フォルマリズムの担い手の一人であった、プロップの研究である。彼の『民話の形態学』［一九二八］は、民話の分類の恣意性を初めて本格的に乗り越えた点で、近代的な民話・神話研究の基盤となった名著だが、英訳［一九五八］が出るまで長らく埋もれていた。しかしレヴィ＝ストロースの『神話学』［一九六四］第一巻が出てからも既に久しい。日本の民俗学においては、現在においてさえ、彼らの努力と達成にほとんど無関係に民話研究が行われているようだ。これは、十分に奇異とするに足りる状況であろう。

なお、アメリカでは民俗学者A・ダンダスがプロップの理論に構造言語学者K・パイクの「エティック／エミック理論」を交錯させて「モチーフ素」（エミック的モチーフ）の概念を提出して、議論を前進させている［ダンダス 1994：193-199］。また、日本では言語学者池上嘉彦が、それらの議論を踏まえたうえで、具体的な事例を数多く考察しながら、豊かな理論の展開を見せている［池上 1992］。ただし、本論では、繁雑さを避けて、両者の議論には触れない。

(18) 表1に挙げられている話のうち2、7、9、16、ならびに18は、既に柳田らが紹介している話形で、本稿でも既に先に取り上げたものである。なお既に紹介した福島県河沼郡柳津町の虚空蔵菩薩像に因む口碑は、この表から除外されている。

(19) 出典は、若尾［1972：16］。

(20) 神野の「大工の女人犠牲譚」の由来譚の検討は、先行業績［井之口 1958］の事例数を大幅に拡大して再検討する形で進められている。神野は、次いで、建築儀礼（特に上棟式）で祀られるべき神霊の性格を、やはり井之口を引きながら検討している。この部分は「家屋に関わる霊魂の問題に及んでみたい」［神野 1983：15］という彼の論文の第二の目的に関わるのだが、本稿の主題に直接関わらないので割愛する。

(21) 神野は、同じ論文の他の所でも、井之口［1958］の「大工の女人犠牲譚」に関する解釈の一部を批判して、「説話の内容を素直にうけとってみることがまず重要ではないだろうか」と述べている［神野 1983：36］。しかしながら、井之口自身、彼の論文の冒頭で、「然しこの話を聞いて、父親の理不尽を憤る前に、果してそういう事実が、或時代に、どこかの地方で、現実にあり得たものかどうか、それを疑ってみる必要がある。というのは、これと同じ様な話が、あちらこちらに伝わっているからである」［井之口 1958：8］と明言している。つまり、まず「素直」な反映論的な仮説から出発する点では、井之口も神野に異ならない。

ところが、井之口は、「こういう話が一つや二つならば、こんな事実が或時代に、決して起こり得ないと、断言することはできないか知らぬが、これほど細かい点まで類似した事実が、そうやたらにあるはずはないのであって、これは一つの話が、方々に伝播して記憶されているに違いないのである」［井之口 1958：10］と述べて、やがて神野とは別の方向を辿る。この点で、井之口の方向性は、徹頭徹尾反映論に固執して一元的に論旨を展開している神野とは明確に異なっている。そして井之口は、次の文章で彼の論文を締め括っている。「何かといえば左甚五郎や弘法大師がやってきて荒唐無稽な話になってしまうが、それはいわゆる民間解説を、そのまま受け入れようとするからで、従って民間伝承資料には信憑性がないというような議論は、根拠がないのである。我々は、大工が妻を斬り殺した話が、現実にあったかどうかを問題にしているのではなく、どうしてこのような棟上げの儀式ができたか、どうしてこのような由来譚ができたか、また更にどうしてこの儀式と由来譚とが結びついたかを、考えてきたのである」［井之口 1958：12、傍点は引用者］。

本稿の文脈で特に重要なのは、「大工の女人犠牲譚」に関する神野と井之口の解釈のいずれが正しいかという点では必ずしもない。ここでは、現実と虚構の関係を丹念に読み解くことを通して単純な反映論を乗り越えようとしている点で、先行の業績である井之口の研究の方向性の方がむしろ「現実」に即して柔軟であり、その問題意識においても本稿に通じる一側面を持っていることだけを指摘しておきたい。

(22) この問題を建築家であるアレクザンダーの理論を借りて述べれば、神話・民話が織物状であるのに対して、人間の分析的思考がその脳の構造のゆえに樹形にならざるを得ず、したがって人間の神話・民話の分析的認識もまた貧弱なものになってしまうと言えようか［Alexander 1965a, 1965b, 小馬 1992, 1996］。

(23) 野村のこの文章はV・プロップの『民話の形態学』［プロップ 1972］についてのきわめて長文の書評論文として書かれたものである。野村は、「今回のプロップの労作の多少とも詳しい要約といくつかの問題点の指摘にとどめたい」［野村 1973：113］と述べているけれども、書評論文の域を遥かに超えて、民話・神話研究に関する独立の優れた論文としての実質をもっている。特に、一九六九年刊行のロシア語版の邦訳である［プロップ 1972］が、翻訳の出来や文章のこなれが悪く、そのうえ日本の読者の理解を促す配慮や工夫のないものであることを考えれば、野村のこの論稿の価値は一層高く評価されてよい。

野村はイタリア語版に基づいて論じているが、イタリア語版には付録として、レヴィ＝ストロースが書いた『民話の形態学』の二つの書評が転載されていると共に、プロップがそれらに加えた猛然たる反論が収められている。野村の論稿の後半部はこれらをも射程に入れたうえで、且つそれらを公平に批評する形で展開されており、この点でも『民話の形態学』邦訳を超える重要な意味を持っている。なお、後に別の訳本［プロップ 1987］が出版されたが、それでもなお野村の論稿の独立の論文としての価値は少しも失われていない。

本稿のプロップに関わる議論は、特に断らない場合でも、野村論文の啓発のもとに行われていることを明記しておきたい。

(24) レヴィ＝ストロースは、この点でプロップとは反対に、話における「機能」の時間系列上の配置には必然的な論理は存在しないと考えている——ここでは、主語・述語からなる（レヴィ＝ストロース自身の言う）「神話素」をひとまず「機能」とほぼ同じものと考えておこう。レヴィ＝ストロースは、周知の通り、ギリシアのテーバイ神話群をまず神話素に分解し、それらの神話素をあたかも音楽の総譜（スコア）のような図に配置して、神話群全体が伝える上位のメッセージ（メタ・メッセージ）を非時間的な軸から読み解いてみせた［Lévi＝Strauss 1963：202-228］。

両者のこの点に関する相違についても、野村が興味深い見解を提示している。彼は、我々が推理小説を読む時の経験を考えれば、つまりその時に私たち読み手が諸々の部分を行きつ戻りつしながら解読を試みるのだから、レヴィ＝

ストロースが「神話や民話に読みを与える時には、語る場合と違って時間的配列にとらわれてはならないという理由がはっきりするだろう」［野村 1973：130］と言う。しかし、また「民話の場合にも時間的配列には本当に意味が無いのか、という疑問は最後まで残る」として、人間の芸術的活動の各ジャンルにおける特性の試論的な考察を試みている［野村 1973：130］。

さて、筆者は、神野を一方的に批判しようというのではない。民話の形式的な分析の後に内容の詳細にわたる検討を行うのは、民俗学においては極めて正当な研究姿勢である。ただ、その場合にも神野がどのような理論的整理に基づいて形式と内容の関係を取り扱おうとするのか、それを論理立ってきちんと明示する必要がどうしてもあると考える。

(25) 実は、この他にも別の形の河童起源説が存在している。例えば、そのうちでも最も重要なものとして、平家の亡霊が河童と化したというものがある。これは、筑後地方を初め、筑前・豊前・豊後などの地域にも広く見られるものであり、よく知られた北九州市門司区大積の天疫神社の祭神、海御前説話もその一つである――壇の浦の戦いの数日後に同地に流れ着いた能登守平教経の妻の水死体を手厚く葬り、海御前として祀ったという。中でも、河童楽とも呼ばれる筑後楽（筑紫楽）〔写真2参照〕ならびに圧縮版の『平家物語』とも呼び得る筑後楽由来書を伴う筑後川・山国川流域を中心とする河童信仰は、水天宮信仰と不可分の関係にあり、日本全国の河童の造形や河童観の形成に与えた影響はきわめて大きい。なお、明治初年までは、久留米水天宮の大祭に際して、同宮から天疫社に奉賽使を派遣していたという［下中 1960：191］。詳しくは、［小馬 1996］参照。

(26) 『民話の形態学』［プロップ 1972］の翻訳文はこの部分でも韜晦で、意味がうまく取り難い。筆者の理解が、第8章の内容の意味するものをこのように鮮やかに摑み出してくれた野村の解題に大きく負っていることを、ここに明記しておきたい。

(27) 神野は、小松の説に次のような論評を加えている。「河童起源譚とこの河原者起源譚とが、同型の説話であることが認められ、二つの説話が源を同じくする説話である可能性が認められるにしても、この説話が並存することによって、河原者の実像が河童のイメージの根源になったという結論は誤った三段論法によるものだといわざるを得ない。ただ、民衆の論理の世界では、そういう解釈が通用した可能性は多いにあり得ることだと思う。しかし、神格化された大工が人形を作って自在に動かし、その人形が人間と契って子をもうけるといった説話の示唆するところは、まだ解けていないことを指摘しなければならない」［神野 1991：134］。そして、そうした説話が既に『塵添蓋嚢抄』（天文元年［一五三二］成立、編者不詳）に出ていることを示し、「当時の人々が民間伝承として広く伝えていた説話のカタを踏襲している」と見ている［神野 1991：137-138］。

神野は、この種の話の趣旨は、宮廷などに仕える優れた「木匠」が「樹木の分身」として樹木の霊力（木霊）を継承していると考えられていたことにあるとする［神野 1991：138］。だが筆者は、これもまた職業集団としての番匠・大工が自らの業を神業であると主張する、シンボル操作としての説話化の結果であると推測する。しかも、この傾向は、『日本書紀』「雄略紀」に既に明らかに見てとれる。つまり、雄略天皇十二年十月の条には、こう記されている。闘鶏御田という木工が勅命で高殿を建造していたが、空を飛ぶ鳥のように自在な彼の技に見惚れていた伊勢の采女が躓いて倒れ、手に捧げていた御膳を引っ繰り返した。それを見た天皇は、御田が彼女を襲ったと勘違いして殺そうとしたが、側近の取りなしで危うく命を救われた、と。また、同じく十三年九月の条に、天皇が犢鼻褌姿の采女に相撲を取らせて驕慢な木工韋那部真根の技量を試し、果たしてしくじった真根を刑死させようとしたが、彼の死を惜しみ嘆く同僚の木工の歌を耳にして思い直し、早馬を走らせて真根の命を救ったという話がある。

これらの話を取り上げて、古代の天皇が大工集団を確保しておくことの重大さを指摘し、「仲間の大工たちが天皇に聞こえるように歌った歌には、俺たちがいなければ宮など建ちませんよ、という言外の脅しがこめられている」と見た長谷川明の指摘［長谷川 1993：58］は鋭いと思う。

さて、これらの事柄の確認は、文化史的な研究においては意義深い事である。番匠集団と土師集団との間の並行的関係の確認は、本稿の考察を深化するのに寄与するだろう。この点で、神野の小松批判と新たな議論の展開は重要である。しかしながら、それらの事柄は本稿の本筋からやや外れる。神野の批判に不満を感じるのは、「民衆の論理の世界」をどう読み解くのかという課題に直接答えようとしていない点である。しかも筆者は、話の創造という行為に関して、民衆の論理と支配者の論理に本質的な差異を認めない。確かに、支配者の側が作りだした話であるか、支配される民衆の側が生み出した話であるかを区別することは、重要である——ただし、もしそうであれば、神野が同一の話として扱っている「渋江家由来の事」と壱岐のあまんじゃくめの話もまた全く同様の対立を示している事実についても、神野は自らすすんで考察しておくべきである（2―3を参照せよ）。特に、神野が小松の引用した河童起源譚について、「記録をわざわざ書き残したところをみると、新助は、この『伝承』の存在を江戸の裁判の過程で知ったに違いない。しかし、新助側にとって、自らの立場の否定材料となりかねない内容を持つこの話を、なぜ、注釈もなしに書き加えたかが疑問に残る点である」［神野 1991：138］と述べたのは、重要な指摘である。しかしながら、話のそうした機能も含めて、人々が一つの文化的シンボルとしての話をどのように作り出し、それをいかなる形で一つのシンボル操作の手段となし得ているのかを原理的に探究すること、また、それを可能にする話とそうでない話の違いが何に由来するのかを話の形態と内容から考究すること、それこそが本稿の真のねらいとするところである。

（28） 西郷は、さらに『続日本紀』を引いて、古い墳墓を取り壊して取り出した石を寺院の造営のために用いることを禁止する勅令が宝亀十年（七七九）に出ていることを指摘して、奈良時代末期の宗教的雰囲気に注意を喚起している。

（29） ただし西郷は、論文の最後で、土師氏の末である菅原家や大江家が学者の家として名声を得た事実を挙げ、「どのような偶然、どのような因縁を通してこういった現象は生じてくるのだろうか。ここにはいたく興味を引かれる文化史上の問題がかくれているはずである」［西郷 1993：92］と述べている。

（30） 麻呂と丸は、古くから同意で用いられている。例えば、『日本霊異記』［下巻第三十八］では、「大納言藤原朝臣仲麻呂を召して」云々と書いたすぐ後で、「仲丸答えて白さく」云々と記している。

（31） 一方、河童人形起源譚にしばしば出てくる「竹田の番匠」という表現には、いわば歴史的認識における綻びがあると考えられる。恐らく十七世紀後半から活躍した竹田近江（出雲）とその子孫のからくり人形が人々に強い印象を与え、それが後に河童人形起源譚と結び付いて「竹田の番匠」という架空の名建築工のイメージが出来上がったのではあるまいか。なお、豊後の竹田には、番匠に関する伝承や民話は見られない。

（32） なお、『北肥戦史』は永禄六年（一五六三）十月二十六日落城と記す。

（33） 公師には四人の息子があり、その長男公種は大村姓を授けられて大村氏に仕え、渋江家の系図と水神の祭祀権は四男公記に伝えられた。公記は嬉野に住んだが、その子孫は、長崎、波佐見などで水神を祭る事を生業としていた。
なお、島原城築城の折、雲仙普賢岳の麓という地質的条件のためにしばしば出水に苦しんだ。そこで長崎の渋江氏を呼んで治水祈願を行わしめ、漸く完工に到ったと伝承されている［吉野千代次氏私信］。

ところで、［中島 1992］は、実は、「中島信夫著・橘町歴史研究会編」として同研究会が自費出版したものである。ただし、同研究会の手になる僅かばかりの注は、想定される読者の便宜のために施されたものであり、同書の本筋の構成とは直接関係のないものである。筆者は、中島氏の業績を讃えて、あえて［中島 1992］という形で参考文献として挙げておきたい。

この書物の元になっているのは、一九七二年に中島氏が五部だけ作成された手稿で、自ら撮影された写真が貼付してある。筆者は、その内の一冊を佐賀県立図書館で閲覧した。内容は、「橘公業公を初代とする橘姓渋江氏とその一族の事績を中心に記述」したものだが、各地に残されている史料を探索・校合しながら長年地道に研究された立派な成果であり、丹念なフィールドワークの裏付けもある。独歩の在野地方史家にありがちな独善をかなりよく免れており、地方史の研究書としてそれなりに評価するに足りるものだと言える。基金を募ってこの好著を刊行した橘町歴史研究会の尽力にも敬意を捧げたい。

（34）なお、現在潮見神社中宮には、神功皇后、応神天皇、ならびに武内宿禰が合祀されている。この三柱の神は、潮見城が建設された際に、武神である「八幡さん」として潮見山に祀られたが、その後、潮見神社中宮の本来の祭神である橘奈良麻呂と共にそこに合祀されたのである［中島 1992：178］。なお、同神社上宮の祭神は橘諸兄である。今そこには、イザナギ、イザナミ二神も合祀されている。この二神は、潮見城建設以前に既に潮見山頂に祀られていた島見社の祭神であった［中島 1992：178-182］。潮見神社は、——次注（35）などを勘案すれば——潮見城の建築に先立ってその原型が既に存在していたと考えるのが妥当である。それは、恐らく、この島見社であっただろう。

（35）公業の長島荘入部後、少なくとも暫くの間は、在地豪族の一部に彼に従うことを潔しとしない勢力があったことが、古文書によって知れる。それは潮見神社の流鏑馬行事で、住民が公業の指図に従わず、公業が鎌倉幕府に指示を仰いでいるからである。幕府は、寛元元年（一二四三）九月六日付けの文書で、「九月九日流鏑馬事、為薩摩入道定役、今勤仕来之所、其跡人々随分限可勤仕也。若猶於到致難渋人者可被注進交名之由所被仰下也　仍執達如件」（「橘中村文書」）と命じている。

なお、この文書から、潮見神社の流鏑馬が公業の入部以前から行われていたこと、またこの文書の宛て名が息子公義宛であることから、公業が入部後間もなく隠居していることが推し量られる［中島 1992：86］。

（36）採話者は、短大生の平尾容子と吉田裕子。なお、編集責任者である城田吉六は公業の長島庄入部の「年は貞永、天福、文暦と改元され実際は文暦元年に当る」と注記している。なお文暦元年は、一二三四年である。

（37）有明海沿岸部は、日本国内では最も潮の干満の差が大きく、満潮時には海水がかなり内陸部の奥深くにまで入り込んで来る。そのような川筋を「江湖（えご）」と呼び、その水は飲料にも灌漑にも利用できない。入潮の影響は、地下水にも及ぶ。橘一帯でも、「特に納手・大日・沖永・二俣地区の地下水は飲料に適せず、また井戸水も飲料水に利用されなかった」［中島 1992：226］。それゆえ、渋江氏が長島庄を首尾よく治めて行くには、水利権を独占することがきわめて重要であったと見なければならない。政治は文化表徴の支配と操作を手段として実現され、人々の意識を介して、やがて身体にまで透徹して生理化される。

（38）潮見では、現代に至っても同様の動きが見られた。大正十二年（一九二三）、橘小学校校門脇に「規範碑」が建てられ、橘の七人の「先人・偉人」の名が刻まれた。その「中に橘氏の始祖諸兄公、その子奈良麿公の名がある。これは勿論その子孫、公業以下の関係あってのことである」［中島 1992：51］。

（39）一九七〇年代の潮見の口碑を記録した中島信夫は、「島田麿勅命を奉じて造営司となる。その折、部下の内匠頭、菅原氏が人形一百体を造り」［中島 1992：67、傍点は引用者］と記している。筆記のスタイルは中島氏自身のものだが、この記述の内容がフィールドワークに基づくものであることは、中島氏に直接確かめた。

（40）神野善治による河童人形起源譚の整理（表1）は、河童の属性の大まかな比較検討には有用なものである。それを見ると、最も多くの事例で人形は藁人形とされている。河童の鎖骨は一本に繋がっているので引き抜けるという河童の属性の一つは、ここで述べた時代的な変化の結果であると確定できるはずだ。

さらに、例えば今の文脈、つまり「渋江家由来の事」にはノミノスクネ神話と深く響き交わす何かがあるという文脈でも、神野の表からもう一つの推論を付け加えることができるだろう。それは、人形の属性についての欄から得られるものである。ノミノスクネ神話では百人の土師部が召し上げられて働かされているが、河童人形起源譚では作り出されて使役された人形の数を特定している版が二十七事例中三例に過ぎない。一つは壱岐の事例の三千の藁人形、もう一つは鹿児島県大島郡瀬戸内町嘉入町の二千の藁人形、そして残る一例が「渋江家由来の事」の九十九の人形である。しかも、「渋江家由来の事」が伝えた渋江家家伝に関わる武雄町大字橘における口碑の一つの版では、造られた人形は百体であり、その内の一体が奈良春日神社境内の水分神社の祭神に、残る九十九体の人形が河童になったと伝えている――注(39)参照。

恐らく、百というのは古代における大きな数の代表である。しかもさらに以前には、百ではなく十――ジュウではなくトフ――が全数を表示していた時代があり、やがて中国の数観念が庶民にも普及して行く過程で十の十倍という百の観念と古い全数としての十の観念とが交錯する現象があり、それよりかなり後に現在のような数体系が普及したのだと思われる。その事情は、例えば百海(ドウミ、石川)や百橋(ドノハシ、富山)という地名、あるいは百目鬼(ドウメキ)という氏名が現存している事からも窺われる――なお、これと極めて近似する並行的現象を、東アフリカの南ナイル語系牧畜民カレンジン群のナンディ、キプシギス、トゥゲン、サバオット(コニ)諸民族の比較研究でも明確に確認することができる[小馬 1989:140-145]。

このように考えれば、ノミノスクネ神話と「渋江家由来の事」が百(九十九)という数をはっきりと指摘していることは単なる偶然の符合以上のものであると言えるかも知れない。つまり、それが古代的な全数の表現であり、二千や三千と言う時に単純に数の大きさが誇張されている以上の意味をもっているからである。そこには、古代建築に関わる技術者の造形力に超人的なものを感じ取った、古代的な驚きの深さが反響しているようにも感じられるのである。

(41) 私はここで「土器造りの技術」と書いたが、訳文では「陶芸」「陶土」「陶工」などの訳語が繰り返し使われている。しかし、陶器とは素焼きの単純な土器ではない。文脈からすれば、疑いなく、陶器造りではなく土器造りの技術が問題になっている。だから、本文の表記は、プロップ自身か翻訳者のいずれかの認識の誤りのゆえであると見なければならない。

(42) このあたりのことは、本稿に数倍する別稿[小馬 1996]で詳しく述べたので、参照願いたい。ただし、そこでの肥後渋江氏についての記述は、ごく簡単なものである。これについては、稿を改めて記す予定である。

(43) 番匠・大工の造形技術の高さには、庶民を圧倒しさるに十分なものがあったに違いない。今日では、規模の大きさにおいては、伝統的な日本の建造物は近代的なコンクリート造りの建造物に確かに及び難いだろう。それでも、法勝寺の八角九重塔や相国寺の七重塔など、百メートルに届かんとするほどの高塔がかつて建設されていたのである。しかも、例えば日本独特の柔構造をもつ塔はかつて火災以外の原因で倒壊した例がほとんどなく、今後も日本式の木造仏塔を崩壊させるほどの地震が起こるとは考えられないと言う［上田 1996］。仏塔が決して倒壊しないことは、庶民も周知していた。そして、また、古代からの日本の番匠・大工の造形技術の高さは、この現代でもなお、建築専門家を震撼させるほどのものがあるらしい。

（44）「収束的形成過程」を考える時に興味深いのは、伊予の古代の豪族越智氏と平安後期以降に形成された武士団である新居、別宮、川乃各氏との「神話的」関係である。鎌倉時代越智郡高橋郷に生まれ、後に東大寺の高僧となった凝然の手になる『与州新居系図』では、新居、別宮、川乃各氏の系図的関係は、三氏族の鼻祖（為世、為頼、為時）が兄弟であった（それぞれ上太夫、中太夫、下太夫と称する）ことになっている。しかし、それら三氏にしても、恐らく別個に、しかも徐々に武士団を形成するに至ったと思われる。『愛媛県史』は、三氏が兄弟であるとするのはいかにも不自然であると指摘している。そして、さらに、史料のうえでは越智氏とそれら三氏族との連続性を跡付けることができないが、その反面、「はっきりしていることは、後世の中世の人々は、新居氏にしろ河野氏にしろ、自分たちは古代豪族の越智氏の末裔であったという意識を強く有していたという事実である」［愛媛県史編さん委員会 1974：238］と、述べている。

つまり、浜本が自明ではないとした、「人々が物語化に際して、（中略）もっぱらある特定の事柄に関連させようとする」動機を窺い知れる典型的な事例の一つがここにある。つまり、ここには、人々の現在を合理化するための強力な根拠が過去に存在しているという事情がある。それは、指標として依拠すべき権威や正統性であり、この点では各々の始祖が実際に兄弟であった潮見（橘）渋江氏の場合も何ら異ならない。また、この「歴史＝神話」化の過程が、或る特定の言語形態が好まれることに起因する言語の収束的形成過程と並行的であることは容易に理解されるだろう——注（11）参照。

引用文献

Alexander, C.

1965a "A City is Not a Tree" (First Installment), *Architectural Forum* 122(1) : 53-56.

1965b "A City is Not a Tree" (Last Installment), *Architectural Forum* 122(1) : 58-61.

網野善彦
1996『日本中世史料学の課題』弘文堂。
ボールディング、K・
1967『二十世紀の意味――偉大なる転換』（清水幾太郎訳）岩波書店。
ダンダス、アラン
1994「昔話の構造的研究におけるエティック的単位からイーミック的単位へ」荒木博之（編）『フォークロアの理論――歴史地理的方法を越えて』法政大学出版局。
愛媛県史編さん委員会
1974『愛媛県史』〔古代II・中世〕愛媛県。
長谷川　明
1993『相撲の誕生』新潮社。
広末　伝
1987『ミミズと河童の蘇り』河合ブックレット。
浜本まり子
1991「ドゥルマ族の起源伝承」、波平恵美子（編）『伝説が生まれるとき』（福武書店）、59-95頁。
井之口章次
1956「家と女性――建築儀礼の問題から」『女性と経験』2(6)：8-12。
池上嘉彦
1992『詩学と文化記号論』講談社。
石川純一郎
1985『新刊　河童の世界』時事通信社。
石田英一郎
1980「河童駒引考」『石田英一郎全集』5　筑摩書房、21-220頁。

純真女子短期大学国文科
1986『九州の河童』芦書房。
神野善治
1983「建築儀礼と人形――河童起源譚と大工の女人犠牲譚をめぐって」『日本民俗学』146：15-38。
1991「木子としての傀儡子」、網野善彦他（編）『〔大系〕日本歴史と芸能』平凡社、110-145頁。
小松和彦
1985『異人論――民俗社会の心性』青土社。
小馬　徹
1989「両手の拳、社会、宇宙――手の指による数の指示法に組み込まれたキプシギスのコスモロジー」『国立民族学博物館研究報告』14(1)：117-165。
1992「民俗的思考と文化人類学的思考――『日照り雨の比較民族学』再論」『歴史と民俗』（神奈川大学日本常民文化研究所・平凡社）9：128-203。
1996「河童を見、恐れ、愛し、生きる人々」『川の記憶』〔田主丸町誌第一巻〕（福岡県浮羽郡田主丸町）第九章、537-917頁。
1996『ユーミンとマクベス――日照雨＝狐の嫁入りの文化人類学』世織書房。
1997「『オムスビの力』と象徴――象徴的日本民俗論のために」『人文学研究所報』（神奈川大学）30：35-60。
1999「流域を読み解く①――立春と卵と流域〈始まりのために〉」『ぎぎ』（筑後川流域歴史文化研究センター）1：12-31。
2000「世界があることの不思議を宿す恋――「天気雨」をきく」『月刊みんぱく』24(7)：10-12。
フォスター、マイケル
1997「近代における河童の変容――河童と水の関係をめぐって」『歴史民俗資料学研究』（神奈川大学大学院歴史民俗資料学研究科）2：161-174。
Lévi = Strauss, C.（レヴィ＝ストロース）
1963 *Structural Anthropology*, New York : Doubleday.

マルチネ、A.

1972『言語学事典現代言語学―基本概念51章』（三宅徳嘉監訳）大修館書店。

メレチンスキー

1972「解説――民話の構造・類型的研究」、プロップ『民話の形態学』（大木伸一訳）白馬書房、237-291頁。

Merton, R. K.

1968 *Social Theory and Social Structure* (Enlarged Edition), New York ; Free Press.

毛利龍一

1913「河童をヒヤウスベと謂ふこと」『郷土研究』7(2)：28-31。

中村禎里

1996『河童の日本史』日本エディタースクール出版部。

中島信夫

1992『橘町の歴史』橘歴史研究会。

波平恵美子

1991「序」、波平恵美子（編）『伝説が生まれるとき』（福武書店）、7-15頁。

直木孝次郎

1964『日本古代の氏族と天皇』塙書房。

Needham, Rodoney

1980 *Reconnaissances*, Toronto : University of Toronto Press.

新田一郎

1994『相撲の歴史』山川出版社。

野村雅一

1993「ウラジミール・プロップ著『民話の形態学』」『季刊人類学』4(2)：111-132。

大隅魚彦

1970『河童放屁史観ノート』中央公論事業出版。
折口信夫
1955「河童の話」『折口信夫全集』第三巻、288-317頁。
プロップ、ウラジミール
1972『民話の形態学』（大木伸一訳）白馬書房。
1978『口承文芸と現実』（斎藤君子訳）三弥井書店。
1987『昔話の形態学』（北岡誠司・福田美智代訳）水声社。
リード、ハーバード
1957『イコンとイデア』（宇佐見英治訳）みすず書房。
西郷信綱
1993「ノミノスクネ考——解体期の神話」『文学』4(1)：82-92。
下中邦彦（編）
1960『風土記日本』第一巻〔九州・沖縄篇〕平凡社。
高木　卓
1958「御伽草子と空想」『日本文學大系月報』15：1-3。
寺山修司
1982『両手いっぱいの言葉』文化出版局。
上田篤（編）
1996『五重の塔はなぜ倒れないのか』新潮社。
若尾五雄
1972「河童の荒魂」『近畿民俗』56：2334-2349。
1973「河童の荒魂（二）」『近畿民俗』56：2491-2504。
柳田国男

1964「山島民譚集（二）」『定本　柳田國男集』第27巻、41-179頁。
1989「妖怪談義」『柳田國男全集』6、7-212頁。
1990「桃太郎の誕生」『柳田國男全集』10、7-421頁。

III

河童の民俗誌

河童をヒヤウスべと謂うこと

毛利龍一

予が家は代々河童の主たる渋江氏を祀れる佐賀県杵島郡橘村潮見の潮見神社の神職であるから、本誌第二巻第三号の河童の話は非常な興味を以って之を読んだ。潮見神社の祭神は橘諸兄橘奈良麿橘公業橘島田麿及橘朝臣渋江等の橘氏一族で、末社として別に梅宮がある。奈良の都の御苑の種と称する橘樹（通常の柑橙とは異なり）は、今も千古の緑を誇って居る。往昔此地を島見郷と称えた時、橘奈良麿公世を忍んで奈良崎と云う所に下向せられ、乃ち此社を奉祀せられた。此が吾社の縁起である。水虎の話の薩摩日向辺にも及んで居るのは、或は橘公業が嘗て種子島を領して居た際からの事ではあるまいかと思う。

我神社は其西南東の三方を潮見川が環り流れて居るのに、古来曾て一人の水難に罹った者が無いのは奇妙である。其由来は社の側に河童の誓文石と云う石があって、昔渋江氏は河童に対し、若し此石に花咲く時もあらば、汝等に人一人獲らせて遣わすが、さ無き限は人を襲い危害を加えてはならぬと約束を取結ばれた。河童は其後朝夕此石の上に来て見ても、一向花の咲く様子が無いから、之を悲しんでヘウヘウキイキイ泣いたものだと言伝えて居る。渋江氏は毎年五月五日には筍を彼等に馳走せられた。是れ即ち水神（すいじん）に筍を供する由来である。

此水神宮を奉祀する橘氏の直系の子孫に渋江益見と云う人がある。今は会計検査院に勤め小石川区小日向台町二ノ二六に寄留して居られる。かの東京帝国大学の小鹿島系図と渋江系図とは、右渋江氏の家宝を伝写した者である。其他にも尚有力なる古文書など沢山に所持して居られる筈である。夫に就て研究せば楠木氏の歴史にも大なる光明を放つことがあるかも知れぬ。

さて水虎の由来を考証すべき資料は、北肥戦志に優るものはあるまいと思う。北肥戦志は一名を治乱記とも謂い、古事類苑にも採録せられて居ると云う。爰に其一節を抄出すれば、「抑ゝ彼の塩見城主渋江家の先祖を如何にと尋ねるに、人王三十一代敏達天皇には五代の孫、左大臣橘諸兄の末葉なり。此の諸兄才智の誉世に高く、聖武天皇の御宇既に政道の補佐たりしより後、其孫従四位下兵部大輔島田丸猶朝廷に仕え奉る。然るに神護景雲の頃、春日の社常陸国鹿島より今の三笠山へ移らせ給うの時、此島田丸匠工の奉行を勤めけるに、内匠頭何某九十九の人形を造りて匠道の秘密を以て加持したる程に、忽ち彼の人形に火便り風寄りて童の形に化し、或時は水底に入り或時は山上に到りて神力を播し、精力を励し被召仕ける間、思の外大営の功早速成就成りけり。斯て御社の造営成就の後、彼の人形を川中に皆屑り捨けるに、動く事尚如前、人馬六畜を侵して甚世の禍と成りけり。今の河童是也。此事称徳天皇遥に叡聞ましまし、其時の奉行人なれば兵部大夫島田丸急ぎ彼の化人の禍を鎮め可申旨詔を被下けり。斯て兵部大夫勅命を蒙り、則其趣を河中水辺に触廻りしかば、其後は河伯の禍なかりけり。従是して彼の河伯を兵主部と名く。主は兵部と云う心成べし。夫より兵主部を橘氏の眷属とは申也」。

故井上頼圀博士が校訂刊行せられた「さへづり草」松の葉の巻三九頁に、「日薩の土人又水虎の一名をヒヤウスへと云ふ。こは土俗菅神の御詠也と云伝ふる歌に、ヒヤウスへに約束せしを忘るなよ川立男氏も菅原。

(阪本氏説には初五文字いにしえにとあり)ヘウスへは此歌によりて起れる一名ならん。さて肥前諫早に兵揃村あり。こゝに天満宮の社ありてそを守る神人渋江久太夫と云へる者、水虎の災を除く符を出す由、笈埃随筆に見えたり。雀菴案ずるに、氏は菅原の歌、菅神の御詠と云へるはいと覚束なし。恐らくは渋江氏の代詠などにもやあらん。しかは云へれど此の歌によりて水虎の一名も起りたれば、いと古き偽詠なるべし。又按ずるにヒヤウスへは兵揃にて、ソロの約ソなるをスに通はしてヒヤウスへとはいるなるべし」とあるが、我毛利家にも代々水難除の歌として「へウスべよ約束せしを忘るなよ川立おのがあとはすがわら」と云い伝えて居る。両々対比して頗る興味有る古伝である。又予が奉仕の神社には、肥州長崎村渋江水神宮と銘したる四角形の方五寸ばかりの鈴が神宝として伝えてある。所謂兵揃村の渋江氏も予の奉仕神社と関係あることが知られる。

按ずるに過のヒヤウスべは右の兵部大夫島田丸の故事を以て其名の起りとするを至当と思う。又かの歌は「兵主部よ約束せしを忘るなよ川立おのが跡は素川原」の意にして、誓文石の故事とも符合して居る。我地方では河童は大工の弟子だと言う。即ち亦島田丸の故事に因めるを知るべく、土地の風習として水難を除ける為、大工の墨打する器の糸を貰い受けて、小供の足に纏う習慣があるのも、それ等に原因することかと思う。猶各地の研究者が追々と新しい資料を提供せられんことを望むのである。

河童資料断片

小池直太郎

木曾渓の河童　木曾渓の河童称呼も注意して見ると僅かずつの異同があるようである。之を北から南へ順次に挙げると、

(1)　日義村　カワゥッパ
(2)　福島町　カァカンバ
(3)　上松町　カァカンバ
　　　　　　カァカンボ
　　同、荻原　カァカンベ
(4)　吾妻村蘭　カァランビ
(5)　山口村
　　神坂村 } カァランベ

の順序となる。即ち、関東称呼のカッパ＝カハワッパ、尾張のカワランベ＝カハワランベへ行く道中が、こ

の木曾街道の称呼ではあるまいか。

立木（タツキ）の「紅梅散」と「カロコのいも」　南信濃地方で有名な接骨医は諏訪の立木である。尻を取りに来た河童が腕を抜かれ、これを貰いに来て、接骨術と金創薬「紅梅散」を伝授していったのだといわれている。昔は毎月晦日には、蕎麦一斗を打って川に流し、河童を饗応したということである。紅梅散の主たる原料は山に自生するからす瓜の根である。秋季蔓が枯れた頃、その根を掘って俵に入れて運ぶのが男衆の仕事であり、之を洗い、俎板の上で薄く刻むのが女衆の夜なべ仕事であった。からす瓜の根は甘藷に似てきめ粗くごつごつして、俗に之を「カロコのいも」と云った。（此項、大正十一、四、十七、立木氏縁者の某媼より聴書）

浅井の接骨医　尾張葉栗郡浅井町東浅井に接骨医あり、森林平氏といい、カアランベ（河童）から伝授されたという。その家の横に池あり、重傷者等来り思案に困じたときには、静かに坐を立ち、その池畔を一周りして来れば、カアランベ出でてその療法を授くという。故にどんな重傷でも浅井へ行けば必ず癒ると信じられている。この森氏は非常の角力好で角力取や、又学生でも角力で怪我したものは、全癒迄無料で食わせて置くという、故にいつも、三四人位は力士が居て、怪我人の療治助手をしているという。ここで出す薬は、草根木皮に家伝の一種を投ずるものであって、打身の膏薬は万金膏と称して黒色、金創薬は白色をなし、ここに二十何年か番頭して居た男、その草根木皮は存じて居ったが、その家伝と称する一種は調合の際、主人自ら投ずるものであって、つい知らずにしまった。或いは、まむしか白蛇の黒焼粉ではあるまいかと、その男が語ったということである。この家では、薬の商標に河童を使用したことがあったが、今では家紋に変って居り、その河童がどんな相貌をして居たかはっきり覚えて居らぬということであった。（此項、大正十一、四、二十、木曾の友人某氏より聴書）

河童と猿と　信州上水内郡鬼無里（キナサ）村字鬼無里大字蓬平（ヨモギダイラ）（現在戸数六）の者、朝草刈に行くと、草刈の済むまで馬を川を追込んで置く、これは馬のねいらを癒す為めだという。そこは、裾花川の上流銚子口といって、虫倉山の間で、土地の者がいう小川大川の合流点であった。或朝のこと、朝草刈から帰り、馬を廏屋に入れると、尻尾にしっかりつかまっているものがある。見るとそれは河童であった。打殺してくれようとすると、どんな用事でも足すから勘弁して下されと詫びたので逃してやった。この川の淵から膳椀を貸してくれたが、それは河童の恩返しにしたことであろうといわれていたが、その一つを横領したものがあったので、つい貸さなくなったという。その銚子口へは、旱魃のとき等にはよく猿が下りて来て、よく猿が群れているのを土地の人は見る。年々三月から四月へかけて、その辺では三四匹の猿が猟れるという。この話をした宮崎氏は鬼無里の者であるが、「河童河童とよくいうが、私は猿のことじゃないかと思っている」とつけ足した。（此項、大正十一、八、十八聴書）

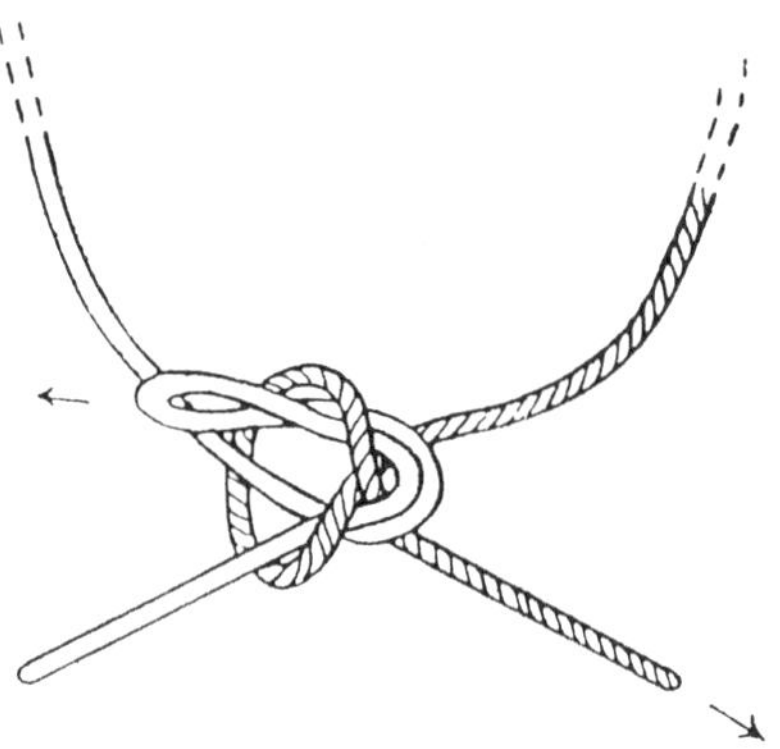

「さるむすび」の図

さるむすび　上水内郡でも牟礼附近へ行くと河童は馬の足窪にも住むもので、山繭の糸が非常に好きだといっている。鳥居川で水死した者があったが、着物の縞目の山繭の糸だけは抜いてあった。これは河童にやられたものだといった。この辺の百姓が朝草刈に行くのは富士里村のゴーロであった。そこには沢山まむしや猿が居た。草を馬の背につけて帰って来ると、猿がやって来て、草を束ねて来る荷縄をほのいて困った。猿の解け得ないように結んだそれが猿結びであるとて、村の小学校へ勤めている近藤君が図解して送ってくれた。（大正十三、六、七）姥捨の下の更級村あたりで「猿結び」といっているのは普通にいうヒツコクリという結び方で、これも峠路等を荷馬が通ると猿にほのされて困るから考案したのだと伝えられている。

河童と川蛇　これは大正十一年の夏頃、北安曇郡大町の僕の下宿へ来て、近藤某という俳画の模写などをする変り者が話してくれたことで、頭が少し変になっているということだったが、こんな話をする時はそんな風も見えなかった。この男は秋になると幾日も山へ入って茸を採っている。それに川猟が非常に好きであった。この男の話、大正二年であった、千曲川が大水のとき、更級郡稲荷山町の東の河原で、赤魚(アカオ)をとろうと、三貫目ものイワのついた投網(トアミ)を打つと、網をぐんぐん引いて行く、すると近所に居た漁師が見兼ねてその上へ又一つ網をかぶせたが、未だ曳けぬ。するとも一人がその上へ更に網をかぶせて曳き上げた。そのときとれたのは、直径三寸尺許り長さ七尺位の川蛇であった。頤が無く、色は黒く極滑かで、長さ七寸位の鯰に似た髭があった。肉は美味であった。珍らしいものだというので剝製にして町の小学校へ寄附した。そのとき手伝ってくれた漁師は六十七八才であったが、二十二三才の頃一度三尺許りのをとったことがあった。河童が尻の子を抜くというのはこれの事で、石垣や穴へ尻尾を附けて置いて引くので、なかなか力がある。水に溺れたものが一度は浮き揚るが、そのときが喰い付かれたときで、苦し紛れにしかめ顔をするのを畔で見ていると笑顔したように見えるのであって、沈んで行くときは唸って引っ張るのだという。この川蛇は、平常は淵に棲んで居り、穴は直径二寸位もある。大水で淵がいたんだので出て来たものだろうと話したということである。然しこの話は何処迄が信用していいのか、責任が負えぬ。(此項、大正十一、八、二十九、聴書)

河童の妙薬

中田千畝

熊谷の名物といったら、甘党はすぐにあの五家宝を思い出すだろう。しかしまだまだ珍らしい名物がある。花にうかれたり酒に酔うたりしてふらりふらり過ぎてしまう人には目にとまらないかも知れないが、一家相伝傷の妙薬の看板は、少し気をつけて街を行く人なら見逃すことのないものである。そのまた傷薬なるものの故事来歴なるものが仲々面白いもので、河童から伝授された世にも珍らしいものだというのである。その事については古くから種々な本に記されて居り、最近では藤沢衛彦氏の「伝説を訪ねて」の中にもあるが、土地の古老から聞いた話を記して見れば大体次の通りである。

亭主に死に別れた女房は淋しい日を送っていた。ある晩の事である。女房が夜中に便所へ行って用をたしていると、何かしら不思議なものがすうッと女房の尻を撫で廻した。女房はきゃッという声をあげて立ちあがったが、気の強い女であったから、ちゃっと始末をしてからあたりをうかがって見たが、別段にこれという怪しいものもない。「何ンだやっぱし気のせいだった。この頃よっぽどどうかしている。」と我とわがまどいの心をあざみ笑うようにして女房は寝床に帰って眠った。その次の夜、女房はまたいつものように小用に起きた。「随分今夜は冷える。」ひとりごとをいいながら小用をたしていると、また薄気味悪いものが、すうッと尻のあたりを撫でた。「オヤッ」女房はこの夜は驚いて立ちあがりはしなかった。暗いつぼのあたりを見おろすと、なにやら妙な黒い人の手のようなものが、すうッと汲取口の方へ消えて行くのを目ざとくも見つけてしまった。「宿が死んだのを知って誰かいたずらでもしに来ているのかも知れない。」女房はせき払い一つ残してそのまままた寝床へ入ったが、別段にそれッ切りで怪しい事もなく夜はあけてしまった。

その次の夜である。女房はいつものくせで、また夜中にはばかりに立ったが、前二夜の怪しい出来事に、今夜こそ正体を見とどけてやろうと、懐刀をそっと忍ばせ、紙燭には黒の蔽いをして用をたした。つぼの汚れにザザッと音がして、汲取口に怪しい音がしたと思うと、暗い踏板の下から、怪しげなものが見え出した。紙燭は黒布で蔽っているので、下をば少しも照さないが、女房にははっきり下の怪しげなものの動きは知られた。怪しげなものは、また女房のお尻に気味わるい感触を伝えて、一二度撫で廻すのであった。女房は撫でるに任せながら、少しずつ立ちあがった。それにつれて怪しげなものもだんだんと上に手をのばして来て、女房の前のものに触れようとした時には、踏板からもう一尺位も上まで伸ばされていた。燭の光にすかして見れば毛むくじゃらの怪しげなものである。猿の手のような。猿の手でもないような。とにかくえたいの知れぬものであった。女房はもうよしと、その怪しげなものの手を掴むやいなや、懐刀抜く手も見せず、ずばりとやってしまった。きゃッという怪しい声が静まりかえった夜の気を打ってあたりにひびきわたったと思うと、あ

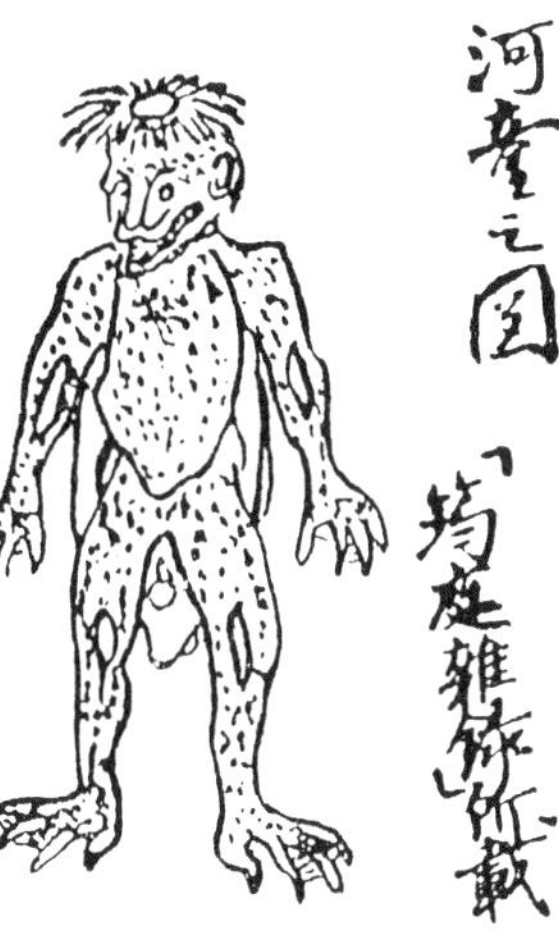

たふたと汲取口を逃げ出すらしい音がして、女房の左手には怪しげな毛むくじゃらの何ものとも知れぬ右手が残されていた。あたりの始末をして、寝床にかえった女房は、さすがにその夜は夜あけまでねむれなかったが、別段に何事もなくって夜はあけてしまった。朝庭先を掃除していた下男が、「大変な事があります。便所のあたりに血がいっぱいついています。」といって家のものたちとわいわい騒ぎたてているのをきいて、はっと思った女房は、それでも知らん顔をして外に出て見ると、成程汲取口のあたりから庭先にかけて血が滴々としている。「昨夜よなかにきゃッという怪しい声がしたようだった。」などというものもあって騒ぎは大きくなった。血の跡は垣を越え丘を越えて程近い荒川の川岸までつづいていた。「此所で血を洗ったにちがいない。」とみんながきめてしまった頃、女房は「ひょっとすると河童のおばけかな。」と思ってぞっと身をふるわせたのであった。その日の昼過ぎ、この近所近辺にかつて見た事のない一人の老人が、「お内儀に是非お目にかかりたい。」と訪ねて来た。怪しげな老人である。家のものの取次ぎに何事かと思って一間に招じた。「何か御用ででもございますか。」女房は打ちつづく不思議な事と、夫がなくなってから、何やかやと言い寄って隙をねらうものが多いので、警戒きびしく老人の容子を注意しながらいった。すると老人は「これはこれはお忙わしい所を突然お邪魔にあがったに拘わらず、ようお逢い下さって有難う存じます。実は今日この町を通りかかると、あなたのところでゆんべ不思議な化物の手を捕ったという話をききました。つきまして、是非その手というのを私に譲って頂きたいと思いまして、こうしてお訪ねいたしましたわけですが、実は少々思いあたる事がありまして、是非それをほしいと思うのです。」と声をおとして女房にたのみこむのであった。女房はさっき一目みた時、その老人の右手がカタから少しさがったと思われるあたりからないのを目ざとくも見きわめていた。そしてその声が、尋常の人の声でない事も気づいていた。今この話をきいて、誰にも話した事のないのに、この老人が知っている事、右手のない事、てっきり河童のおばけはこの老人に相違ないと見抜いてしまった。懐刀は何時でも抜けるように帯の間にひそませてあるので、びくともしない女房は、「どうしてもまたあなたはそんな事を御存じですか、実は妙な事から、私が昨晩不思議な右手を切りとりましたが、あんまり人聞きの良い事でもありませんし、それにもしその手の持主が訪ねて来て、前非を悔いて欲しいといわないとも限らないと思いまして、実は家のものにも話さずに、そっとしまってあるのですが、これればかりは折角の御望みでございますが、あなたに差しあげるわけには参りません。」ときっぱり言い切って、老人がなんというかを注意深くまった。老人は当惑そうに、「そうでございますか、それではあなたはその手の持主が現れて前非を悔いたらその手を渡して下さるというのですか。実は私こそその手の持主でございます。あなたが御亭主をなくされてから、さぞかしひとりでは寝屋の臥床も冷たかろうなどと、遂、悪い考えを起しまして、妙な悪戯をはじめましたが、あなたの御気丈にすっぱりと右手を斬りおとされ、私もはじめて迷いの夢からさめたのでございます。どうかこれからは決してあのようないたずらはいたしませんから、右手を私にかえして下さいませ。幸、私は不思議な傷薬を持って居ります。どんなに前に切られた手でもその薬をつけさえすれば、すぐに元通りに癒ってしまうのです。ゆんべあなたに斬られた手もすぐもとのようになる事が出来るのです。どうかお願いですからその手をかえして下さい。」と頭をさげて頼んだ。その有様が如何にも真実そうであり、如何にも前非を悔いているようであったので、女房は気の毒になってその腕をかえしてやった。するとその老人は、もう血も出なくなってかたまった腕を、嬉しそうに左手で持ちあげ、右の肩をまくって傷口に押しあて、懐から怪しげな薬を取り出してぬりこめると、不思議にもひからびた手がもとのままに生気づいて、自由に動かせる事が出来るようになった。「まあ不思議、随分よくきく薬ですね。」女房はこの不思議なるききめの薬をほめそやした。老人は「どうもありがとうござました。これで私も元の身体になる事が出来ました。実は私は荒川にすむ河童の精でございます。何百年の永い寿命を保つ事が出来るようになって、この頃では人にでも何にでも変化する事が出来るようになりました。そんな事をたのみに、あんないたずらをしたのでしたが、もうこれからは決してわるさはいたしません。それにつきましてもあなたの御恩は私は忘れる事が出来ません。何か御礼をと思いますが別段これという事も思い出しませんので、これここにある傷薬のつくり方をお教えいたしましょう。」老人はこういって不思議な傷薬の処方を伝授して、「どうも有りがとうございました。」と立ちあがったと思うと、そのまま姿をかくしてしまったのであった。この河童伝授の薬こそ、実に長い間熊谷名物として一子相伝の妙薬であったのである。

これは熊谷名物河童の妙薬の話であるが、この話は決して熊谷だけの話ではない。今こそ名物として売薬を残してはいないが、利根川の河童に骨つぎの方法を教えられた接骨医の話が銚子に近い利根川畔に伝えられていると思えば、福島県は阿武隈川の沿岸にはこれは亦傷の膏薬の秘法を河童からきいたと伝えている。北上川の沿岸にもあれば、最上川の沿岸にもある。さてまた信濃川沿岸の新潟県下にも同様な話がある。東海道筋では大井川べりに同一な話があり、天竜川畔にも二俣附近で昔そんな話があったと伝えている。

全国いたる所、川のある村々郷々に行って静かに古老の語るを聞いて見よう。恐らく私たちは、どこへ行っても河童の話をきく事が出来るであろうが、わけて河童話の多いのは恐らく筑後川の沿岸地方を以て第一とするであろう。私の寡見を以てすればどうもそうである。従って其所にはこの河童の妙薬の話がざらにある。或は骨継医の話となり、或は傷薬の話となり、種々様々な伝承が盛に行われている。もし河童の話の資料を蒐集しようというものは、一度はどうしてもその地方に出掛けて行く必要がある程、それ程多くの資料があるのであるが、妙薬又は接骨に関する主なる伝承を二三ここに例証して見よう。

筑前博多の接骨医鷹取運松庵の話

それは元禄の頃であった。筑前の博多に接骨医で鷹取運松庵というのがあった。その女房は肥後の浪人三宅角助というものの娘で、すぐれた美人であった上に、学問にも長じていたためにその名は世に聞えていた。ある晩のことである。夜更けて雪隠に上ると、怪しげなるものの手が尻のあたりをなで廻した。もとより剛気も人に負けぬ女房の事である。彼女は「狼藉者ッ」と一喝を食わせて表を見ると月あかりに怪しげな毛むくの小男が川辺の方へ走って行くのであった。その夜はほかに何事もなかった。あくる晩の事である。運松庵の女房はまた雪隠に上ったが、前夜の事があるので、彼女は伝来の左文字一尺二寸鏑作の脇指を用意していた。用をたしていると、そんな事とは知らぬ前夜の怪物は、同じように怪しげな振舞いをした。女房は「不所存者奴がッ」言うより早くその手を一刀のもとにすぱりとやってしまった。怪物は悲鳴をあげて姿を消してしまった。翌朝女房は夫運松庵の前に前夜の事を些細に物語って、斬りとった怪物の手をそこに出した。よく見れば泥亀の手に似て水掻きがついた怪しげな手である。しばらく見つめていた運松庵は「珍品珍品、こりゃすてきな珍品だ河童の手だぞえ女房、おまえに河童が惚れたのだぞ、それにしても出かしたでかした。河童の手は世にも珍らしいものである。」と女房の手柄をほめながらいった。「まあ、いやらしい河童に惚れられたなぞ、人ぎきが悪い。」女房はちょっと夫をにらむ真似をしたが、すぐに和けて、「ほんとにこれが河童の手ですか。」などと夫に寄り添っていった。その夜の事である。運松庵の枕頭で「私の手をかえして下さい。」というものがある。運松庵は医者でも禄取りである。床の間にあった弓をとって弦音をたてると、怪しい声はぱったり止んでしまった。その次の夜も次の夜も、「私の手を返して下さい。」という声がきこえる。三日目の晩である。流石の運松庵も五月蝿くなったので、「今更ら斬られた手を返してもらっても仕様がないじゃないか。三日四日も前の手をどうする気か。」と影の声にきいて見た。「仰せは御尤ですけれど、それは人間の仲間の事です。私だち河童の仲間では、どんなにつめたくなった手でも立派に接ぐことが出来るし、つげばもと通りに動くようになるものです。そんな事をいわずに返して下さい。後生ですから。」といって、そこへ姿を現わして、しきりに頭をさげているのであった。これをきいた運松庵は「こいつ巧い事をいうな。その接骨法はどんな事をするか見てやれ。」と思ったので、「実はおまえのような不義者は、見つけ次第、一刀のもとに手打ちにしてしまおうと思っていたのであるが、特別の事情によって返してやろう。その代り、お前はおれの前でその接骨をやって見せろ。」といった。河童は「それはわけない事です。」といいながら冷めたくなった手をもらって、運松庵の前で美事にもと通りに接いで見せた。「成程な、成程な」運松庵が感心して見入っている時、河童は「どうもありがとうございました。」といってそのまま姿を消してしまったが、翌日、運松庵の庭先きには誰が持って来たとも知らぬ大きな鱸が二尾垣根にかけてあった。運松庵は「ハハァ河童の奴、礼に来居ったな。」と女房と二人で笑いながら料理して食ったが、その跡、河童から伝授された接骨法を応用して、接骨を行ったので、運松庵の名声はいよいよ高まり家は栄え子々孫々に相伝した。（一説にはその頃運松庵が骨の病にかかっていたが河童に良薬を授けられて自分の病気もなおり、家伝の製剤法も起ったのであるともいう。）

阿弥陀ケ峯の名接骨医の話

今も筑前朝倉郡秋月から西北一里半余を隔てた阿弥陀ケ峯という村に名接骨医があるが、この接骨医の祖先がこれもまた河童から接骨法を伝授されたというのである。これは便所へ行ったのが女房でなく医者自身であった。即ち、昔この地に某という医者が住んでいた。不思議な事に、夜便所に行くと妙なものがぺろりぺろりと尻を撫でまわした。一度ならず二度三度そういう事がつづいたので、次の晩は刀を抜いて便所に入り、尻をなでまわす手をすっぱりと斬りおとしてしまった。燭をとってよく見れば、河童の手である。不思議な事があればあるものと、そのまま河童の手をしまって置くと、その夜から毎晩「手をかえせ、手をかえせ。」河童の声がしてどうしても夜眠られない。あんまりうるさいので「一度身体から切りはなされてしまった手をそんなに欲しがってどうするのか。」とたずねると、「一度はなれて冷めたくなった手でも、河童の仲間では楽々と元通りに接ぐ事が出来るのです。その接骨法を教えてあげますから、どうかわたしの手を返して下さい。」というのでその手をかえしてやると、不思議な接骨法を教えて河童は何処かへ立去ってしまった。というのである。今も遠近にその名を知られている阿弥陀ケ峯の接骨医が、河童伝授の秘法を家伝にしているという処に汲めどもつきぬ興味がある。

日渡の接骨医の話

これ亦筑後の三井郡国分村日渡の話である。日渡の接骨医といったら今でもその名を遠近に知られているが、その名接骨医の接骨法がこれも河童から教えられたというのであるから面白い。話はこうである。いつの頃か年代などさだかではない。なんでも田植頃の事である。一人の老人が馬を御しながらまんぐわ（馬鍬）をつかって水田をかきならしていた。この有様を見ていた河童は、老人が疲れて一服している隙に、馬の手綱をとって先にたって走り出した。河童を見るや馬は驚き騒いで、狂いのように荒れ出したので、河童はいまさらどうする事も出来ず、さんざんに引きずり廻されて身体中をぐるぐると綱でまきこめられてしまった。この有様を見た老人は、気の毒におもって、早速荒馬をとり鎮めて、河童をもたすけてやった。命拾いをした河童は老人の好意を有りがたく思い、恩返しのためとあって、老人に骨接ぎの法を教えてどこかへ姿を消してしまった。この事があってから、この老人は急に有名な骨接ぎ医者となり、子々孫々に秘法を伝えて今に及んでいるというのである。

まだまだ河童伝授の接骨法を今に相伝しているという話はかなり多くあるようである。四国にも吉野川の沿岸にそうしたのがあるというし、北陸地方にも神通川や九頭竜川の沿岸にそんな医者があったとの事である。果してそうだとすると、全国著名なる河川の沿岸地方に昔から住む接骨医とか外科医などに、家伝相伝の秘法秘薬というものがあるとすれば、それは必ず河童との関係をもったものとなっている事を知る事が出来るであろう。もっと広く、もっと詳しく全国各地に探して見ようなら、きっと沢山な同じ話を蒐集する事が出来るであろう。

河童に関する話はこの他に七八十種類もあろうか。私の蒐集したものだけでもかなり多くあるが、この文はこれ等河童話の研究を目的とするのでないから、此所にはそれ等の話は記さない。河童の妙薬を訪ねての面白可笑しい旅をしようという人のために、河童に関する古今の文献の中主なるものを次にあげておこう。何かの参考になるなら私の幸甚とするところである。

書名	(年代順序不同)
筠庭雑録	寛永年中豊後の肥田(今の日田)で河童が捕えられた事が記されている。
松の落葉	同上
倭訓栞	名古屋の川合氏という強力の男が宝暦年中老瀬川で河童をこらしめた事が記されている。
甲子夜話	相模金沢村の漁夫重右衛門と水神福太郎の事が記されて居り、また文政初年江戸神田小川町の旗本室賀山城守の仲間某が弁慶堀で河童を見た事が記されている。

平田篤胤手記　文政年間越後の上杉六郎という男の話を記している。
本朝俗諺誌　加藤清正が国守であった頃肥後八代の辺に河童九千が居った事を記している。
一言一話　享和辛酉六月一日水戸浦から上った河童の事が記されている。
ありのまゝ　寛政の頃芸州山県郡羽生村庄屋六右衛門の家に森源右衛門という河童の大将が訪ねて来た事をのせている。
半日閑話　寛永の頃有馬の池で八右衛門というものが昼寝している河童を切りその河童が仕返しに来た事を記している。

その他「本朝食鑑」、「本草記聞」、「大和本草附録」、「和漢三才図会」、「三養雑記」、「物類称呼」、「閑窓自語」、「譚海」、「笈埃随筆」等々随分古い処のものが多い。新しい人のものでは「山島民譚集」柳田国男著「筑紫野民譚集」及川儀右衛門著「動物界霊異誌」岡田建文著「伝説をたずねて」藤沢衛彦著「日本伝説集」高木敏雄著「動物妖怪譚」日野巌著その他がある。

ケンモン（奄美大島）

金久正

一

この島で弘く信ぜられている魔妖なものの一つにケンモンなるものがある。この他に、類似のものでウバやガワッパ（河童）もあるが、これらは色々と混同され、もうケンモンのみが独り横行し、他は影を潜めつつあるの感がある。

今この島の地形を一瞥すると、山勝で、平地の見るべきものなく、海寄りの山合いの小平地には、点々として、聚落部落をなしている。一つの部落部落を基準にして考えて見るに、前方に開けた海岸の白浜の左右には山迫り、岩石の入り乱れた荒磯が続き、ところどころ水脈のある所などには、小さい白浜が出来ており、之には阿旦などが繁茂して其の奥に耕作に利用される平地のある所もある。一時代前迄は、こうした人里離れた荒磯の白浜には、塩焼小屋などが立っていた。荒磯は大抵干潮の時でないと徙られないが、これをずうっと迂回して行くと、山頂の平斜地に通ずるところに行き当る。かく海に迫る山頂の平斜地を部落部落では、ヒジャ（ヒダの訛。飯田、飛驒）と呼んでいる。ヒジャと云えば、部落の人々が、耕作して唐芋その他の農作物を作ったり、ここで秣を刈ったり、その周囲から焚物を拾ったりする場所であった。海洋の展望はよく、云わば村落の前哨地である。このヒジャなる地域へは、部落から通ずる山間の正規路というべきものはなく、磯伝いか、或は小舟にて、ここに達せられるようになっている。私達の子供の時分は、ヒジャ往き舟といえば、ヒンマジキ（昼間食）の炊事道具などを備えて、何家族かの者達が間組（マグミ）で、出かけ、又ヒジャ還り舟といえば、芋や焚物や秣を満載して、来るのであったが、時とすると、貝や魚などもこんな舟の中に見出された。思うにヒジャ行といえば、遊山気分もあったらしく、腕に覚えのある者は、昼間の憩いに一寸浜辺へ出掛けて、海幸にありつく事が出来たのであろう。私丈は、このヒジャ行きにももっと信仰的なものがあったろうと想像している。近頃では、かく幾家族のものが舟を仕立てて、ヒジャに往くというような事は廃れて、又ヒジャの利用という事も当節は、薄らいで来たようである。もとは、ヒジャバヌス（比田蕃藷）即ちヒジャに出来る唐芋といえば、有名であった。

次に一部落から他の部落に通ずる山路の中間の峠辺りなどに、大抵ナガネ（長根、長嶺）などと呼ばれる地域のある事に注意せねばならぬ。この名称も大抵の部落に共通で、どうやら赤土のトーミチ（山間の平坦路）のある地域をかく呼ぶらしい。大抵サク（さこ、硲）があり、砂糖黍や色々の農作の耕地があり、水便のよい所には田もある。

以上のヒジャやナガネの地形は、民族地理学的にも看過すべからざるもので、もっと精しく調査して見る必要があると思う。

今此の島の怪ン物、姥、河童の活動舞台ともいうべきものを、地形の上から原則的に概別するならば、ケンモンはヒジャなる地域を中心に、海浜一帯、姥はナガネなる地域を中心に山林一帯が其の出没圏で、ガワッパは、部落を貫いて流れる河のミナトジリ（水門尻）と、其の上流のウッコー或はウックンコー（奥河或は御垢離河の意か。乃呂やユタはここで斎戒沐浴したといわれる）と呼ばれる深淵の辺りが其の棲家であると云えよう。然し之は只概別した丈で、此の中怪ン物は、部落でケンモン原とか呼ばれる所は、どこでも出没し其のため、姥や河童の姿は影が薄くこれ等の性能も怪ン物が独占した形である。

二

河童は体が細く手が馬鹿に長く、雨が降って洪水のある時などは、必ず川尻に来て「厄（ヤク）かぶり」の人を川に引込んで溺らす。又子供などが水門尻で浴びると尻を抜くことがあるという。其の他、他所で河童に就いて語らるべき事は、この島ではケンモンに転嫁されている事は、あとの記事から窺われるだろう。

姥は怪ン物よりは体も大きく、従って怪ン物ほど敏捷でない感がある。顔は広く赤く頭いっぱい毛だらけで、顔においかぶさっている。山間の大木の間に棲み、雨でも降って、山中が小暗い時などは、薪採りなどに人が通れば、小石や木片を投げたりして悪戯をするという。今方言にウバガマチという語があるが、これは姥の様な頭髪の意である。今の女の子供のオカッパ見た様な頭髪に手入れをしない、云わば乱頭蓬髪をそう呼んでいる。姥は頭髪が茫々と生えて眼まで覆いかぶさっているものと信ぜられたのであろう。尚髪を姥にすると云う意味の云い方も残っている。此の島の山間には、姥滝などという地名もあって、よく姥の出る所とされている。これから見ると、姥は山姥の上略語であろう。姥に逢った時は、生木でなく、出来る丈朽ちた木棒で敲（タタ）かなければいけない。朽ちた木は、折れ易いから、姥の方では、木の折れる迄敲かれたというので降参するという。又姥は頭に皿様の物があって、之には力水が這入っており、姥に逢った時は、この皿を敲き落すと、力を失い消失するという。思うに、この皿は、一目小僧の一目に当るものではあるまいか。然し部落により、或は同一部落でも中年と老年と云った風に年齢の層によって、色々と話が混同し、この皿のあるのは、ケンモンであるともいう。大石文七なる人が、さる姥滝にて真昼に出会ったという姥は、敲いたらパッと煙を立てて消失したという。

三

偖てケンモンであるが、さしもこの島に跳梁を極めたケンモンも、時代は争われないものと見えて、近頃は段々姿を見せなくなって来たが、それでもまだそれらしいものに会った話は絶えない。人々の物の考え方の変遷は、さる事ながら、一方部落の生活様式の推移によって、ケンモンとの縁が薄くなったのであろう。もとは、荒磯の塩焼小屋や、山間僻地の砂糖製造小屋や、炭焼小屋、さては漁撈の磯ごもりに、一人や二人の人が淋しい夜をふかす機会が多く、従ってケンモンに親まれたり、莫迦される可能性が多かった。塩焼小屋、磯籠り、砂糖小屋といえば、大抵ケンモン譚が附き物であった。明治の初期頃迄は、この島のわびしい荒磯の白浜などには、塩焼小屋が方々に立っていたという。これをマシュヤドリ（真塩宿）と呼んでいた。又大正の中頃迄は、部落の居住地を離れた山寄りの作場や、山間の作場には、砂糖小屋が点在していた。之を「砂糖(サタ)ヤドリ」或は略してヤドリ（宿）と呼んでいた。この島で砂糖黍の事は、形態の類似からオギ（荻）と云っている。このヤドリは大抵埋柱の古風な小屋で、オギの殻で葺き、又オギの殻でコベ（壁）も編んで作った。

オギ圧搾機の改良は、この島の農民生活に種々の変化を齎らし、特に大正の末頃から発動機の圧搾機が部落部落に一台或は二台取入れられるようになると、もう砂糖製造が集団的になり、今迄各「家振り(ケブ)」で一ケ月も二ケ月も要して、暢気にやっていた砂糖製造が一日や二日で出来るようになって、画期的一大変化が起った。もうヤドリの必要がなくなり、駒の必要がなくなったのである。もとは、オギの成熟する頃、旧の三四月になると、ヤドリと称する仮小屋に二三ケ月間移り住んで、砂糖黍圧搾用駒曳車或は水車を立て、アラクワシ（新喰）、二度喰しなどと称して、麻は未明からオギを大抵二回ほど絞って、ゆるゆると砂糖を製造するのであった。大抵は砂糖の製造が終り、次の植付けや田植えなども、このヤドリですませて本住宅に帰えるのであった。又小作人や新しく分家した者で、家のない者は、このヤドリに常住する者もあった。部落の全面的自給自足が出来ない経済機構となった世に、発動機圧搾機の取入れと共にヤドリの必要もなくなっては、嗜んで不便な山間僻地に住む人々もなくなり、もう総べてが、本部落に移り住みシンムラ（新村）なるものを作るようになって、ヤドリは疾くと取り払われるようになった。次に著しい現象は、最近十数年の中に、此の島在来の小軀の馬（駒）が、もうこの島から急に姿を没して行った事である。今この駒達は、どこで余生を送っているのか、旅の筆者には訊ねて見る機会もない。この駒とは因縁浅からぬケンモンも恐らく彼等の尻尾に縋り憑いて、この島を去りつつあるのであろう。

まだ馬曳砂糖車の用いられていた時分迄は、各農家では、此の島固有のウマ（駒）を飼い、大抵は砂糖製造期にだけ廏より出してヤドリに連れ使用するのであった。この島では、在来の駒をあまり交通に用いない習わしと見えて、集団的砂糖製造となると、オギの運搬用荷車を曳かすためにとかで、今度は牛や外来種の馬が数を増し、在来の島馬は実用を失い、次々と村と別れをつげて行った。今では、何々神社の白駒といった特別のものでないと、もうこの島馬は農家には見出せないほど珍らしいものとなった。部落によっては、国民学校の教師が、一、二年の生徒に馬の実物教授をするに困るという奇現象すら呈している。

駒曳車も明治の末期頃迄は、まだ木製のものが残っていて、之でオギを搾る際駒が駆けると高い音を発するので、子供達は、キャームイキャームイと喚びながら面白がった。キャーは擬声でありムイムイはモーレモーレ（廻れ廻れ）の子供的訛り。尚キャーには、ギャーの聯想もあったろうと思う。ギャーはオギの子供語でオギの頭音が脱落し語尾に余分のャが付いたのである。このャは、日常語にはもう余り用いられなくなたが、思うに、古語の虚字「ら」に相当するもので其の純子音（r）が脱落したものであろう。之は亦複数的なものを示す「ら」と同根で、之から発生して形式語化したものであろうとの推測も方言の上から付くのである。

木製の車が鉄製の三輪車五輪車になり、発動機の輸入となって、島の農民生活には、飛躍的変革があった。もう秣刈りのアス（朝飯）前の日課の必要もなくなり、ヒジャの往来も稀となり、ケンモンから駒を獲られる気遣いもなくなった。

然し駒に関する色々の俗信は、もう湮滅の一途をたどり、駒が鼻をひれば、明日は晴だ等と云う占式のものも、馬は未来や眼前の危険を鋭く予感する動物だ等と今様の考え方に変りつつあるのは私達の求めている返事でない。もと駒に砂糖車を曳かす時分必ず木椀の古い物に紐をつけて駒の片方の目を塞いで駆り立てたのにも何かいいわれがあったろうと思う。

四

ケンモンという語は、勿論ケノモノ（化の物、怪の物）の訛語で、得体の知れぬ霊物の意であろう。空模様が、悪くなりそうな暗い夜など、海岸などに出ていると、人の通りそうでもない向いの山の中腹あたりに、青白い光りが明滅し出す。時には早く時には緩るく動いて、見る見る一点の火が三つにも四つにも分れ又一つになる。之はケンモンウマツ（怪物火）という。どうかするとこんな火は、浜伝いにやって来て、河童の出るという水門尻に迄やって来て、消失する事がある。ケンモンは指の先に火を灯してあるくという或は其の涎が光って火に見えるのだともいう。朝まだきまだ人も通らぬ水際の白浜に行って見ると、怪ン物の足跡がついている場合がある。ケンモンの脚は、細長く先が杵の先の様になっている。だから、之をアズミハギ（手杵足）と云い、島の子供達は、戯れに踵を水際の白砂に押して跡をつけ、五つの足指の先丈を更にその上に押してその足跡の様な型を作り、それケンモンの足跡があるなどと云って、想像の足跡で自らの好奇心を満足させていた。

昔ある荒磯の塩焼小屋で一人の男が、夜塩を焚いていると、何時の間にか一つの怪ン物が来て、カマンジョー（竈門）で火にあたっている。見ると体の割に脚は馬鹿に細長く、膝を立てて坐っているが、両膝は頭より高く出て、頭は其の間に挟まる様にして、顔は赤く猿のようである。この男は、からかってやろうと、沸った潮水を汲んでいきなりひっかけた。怪ン物はキャッ！　と叫んで逃げ出したが翌朝見ると、マッタビ（蛇の一種）になって磯辺の岩間に死んでいた。翌晩になるとうしろの山が、ことのほか騒々しい。木をゆさぶる音や岩石をころがす音が物凄い。さては一味の仇討ちの陣揃いだなと心づいたこの男は、機転をきかせて、逸早く潮水を容れたツガ桶を伏せて、其の中に身を隠した。やがて無数の怪ン物の襲撃が始まる。小屋中を方々捜し廻り、ふせた桶の上も這い廻っていたが、相手が見付からぬ。男の方では桶をひっくり返されぬはせぬかなとびくびくものであったが、怪ン物の方では、捜し倦んで、ある程度で見切りをつけて退去した。思うにふせた桶は、之に身を隠せば、何か呪力的なものがあって、他から発見されないという俗信があったのではあるまいか。この島の昔噺の中にもこれと似たものがある。

ケンモンは、よく魚や貝を採って食う。いざりがすきで、指頭に明りをつけて、磯の岩間をよく歩いている。人間も之と間組（マグミ）して漁をすると、魚がよく釣れ、貝がよく採れるという。人間が漁に出かけると、よくケンモンが憑いて来るが、よく釣れる代り魚の目丈は全部ケンモンが引抜く。之が憑いて来る時は、うるさがって之をはねようと石をなげたりすると口を捩られたりする事がある。このものは、章魚が一番嫌いで、章魚を見せたら寄り憑かぬという。女などが、夜磯のいざりなどをすると、よくケンモンと岩角などでばったり出会う事がある。そんな時は、甘えっ子の様に、あまえて憑いて来るが、其の際は、必ず、「ヤツデマルヤトルナヨウトジヤ」（八手丸や採るなよ奥様の意。ウトジヤは御刀自の訛、語尾のヤは虚辞）と云うそうである。怪ン物は章魚のことを八手丸と呼んで嫌う。章魚の手が巻き付いたら離れないからであろう。又このものは、ギブという貝が嫌いの由。ある夕刻ケンモンが、貝を捜して歩いているとギブ貝が口を開けている。ケンモンのえずい奴は、中身を採って食おうと手を差入れると、ギブ貝はいきなりがぶっと口を締めて、ケンモンの手を挟んで仕舞って、一向放そうとしない。そこでケンモンの云う事は、「潮ヤ満ツチ来ユリ、夜ヤ暮レテ来ユリ、赦（ユル）チタボレ、ギブチャーラ」とすさみながら哀願した。（又潮ヤ満ツチキユリ、ダヤ暮レテキユリ、ユルサンナ、ブツタンケブツタンケと云ったともいう。潮は満つて来る、日は暮れて来る、赦してたもれギブ貝様の意で、こうした言い伝えは皆古風な表現で、チャーラなどは廃語で、もと敬称愛称に用いた語と思われる。ブツタンケもギブの異称で、ケーは貝の意であろう）。それでもギブ貝は赦さない。もう潮は満つて膝迄つかって来た。愈々ケンモンの方は、命がけで腕を引ぱったら、手がひっちぎれた。ケンモンは、痛さのため泣きながら散々悪口を云いながら山へ逃げた。他のケンモン達が見舞いに来た。それなら皆で仇討ちをやって手を取返して来ようという。手切れケンモンが言う事には、それ丈はやめてくれ、今度は亦誰が足を挟まれないとも限らぬというと皆は、手切れケンモンの恰好を笑いながら之をたしなめたという。

　人里離れた白浜の小屋などにいると、夜になると裏の山から木の葉をざわめかし、岩石を蹴落しながら無数のケンモンが磯の方へいざりに出かける。其の通る様は、もう群鳥が飛び下りて来るようであるという。

其の通路に白い洗濯物でも干してあれば、翌朝は必ず足跡が附いて汚れている。かかる際は何か「左まき」の物を置いて置けば被害がないという。

五

怪ン物の棲家は、ホーギ（がじまるの一種）の下であるという。よく怪ン物は、子をあやすが、嘉徳部落のヒゴ山の法木からは、昼でもケンモンの子守唄が聞えるという。これが子をあやす時は、「ヨーフアン子(クヮ)ヨーファン子」（意味不明）と唄う。これに反し人間の子守唄は「ヨーフアンヨーヨーファンヨー」であるから区別がつくという。ケンモンの常食は、ツンダリ（蝸牛）で、法木の根元には、食い残しの蝸牛の殻が一ぱい溜っている。又ナメクジを丸めて餅だと云って食う。ある山間の一軒家の子供が行方不明になった。父母は心配して心当りのところを、探して見たがいない、翌朝になって、法木の下に坐っている事がわかった。夜中にケンモンに引きまわされて、蝸牛をしこたま食わされたという。山路の法木の側を通る時は、よくケンモンが石を投げる。又山野で屁のあげつらいはしないものだという。必ずケンモンが出て来て「吾(ワ)ン屁(ビー)ヤヒランド」（吾は屁はひらざりしぞ）という。昔三人の山男が途中憩うていると屁の臭いが仕出した。一人が他の二人に誰がひったかと云うと両人共「吾(ワ)ンヒランヒラン」というと、一人は、それならケンモンがひっただろうと云うが早いか、ケンモンが顕れて「吾(ワ)ン屁(ビー)ヒランド」と云ったそうである。

某氏が、住用村の山間(ヤンマ)で見たという怪ン物は、七八歳位の真裸の子供に似て之が二人で河原で相撲をとっていたと。

ケンモンは人間によく相撲を挑むが、その際は逆立して見せるとよい。ケンモンが真倣ねて逆立すると。頭上の皿の力水がこぼれてケンモンは、忽ち力を失って退散すると。

尚ケンモンは「ノブサダ」と呼ばれるのが嫌いな由で、かく呼ばれると怒って色々と人に悪戯をするそうである。

六

夢占いに、牛の夢は氏神のたたり、馬の夢はケンモンの夢というのがある。此の意味は、今でははっきりしなくなったが、此の場合のたたりは、今の意味のたたりではないと思われる。今古老達の用いる「神狂れ」とか「神たたり」なる語を検するに、この中には災厄の意は薄く、「ある神が祭られたい、おがまれたいと其の人に示顕する事」の意らしい。まだ災厄迄はいかぬ、何故自分をよく祀らないかと立腹されるところである。大島方言で、現在怒るなる意味で「たたる」という語を用いている。かく見ると「氏神のたたり」は、氏神様が子孫の祭り方が足らぬ、もっとよくおがまれたいと御立腹なさって示顕されることの意に解せられる。牛の夢は氏神の「たたり」の表象で、馬がケンモンの憑こうとする表象だと見るのであろう。いずれ、馬とケンモンは、因縁浅からぬものがあると見えて、普通人には、ケンモンは仔馬の姿に見えるともいう。

もと砂糖ヤドリのあった頃は、よくケンモンが現れて、露天に繋いである駒にいたずらをし、馬の目の一方を突いて塞がらすという話が多かった。かかる際は、風法(カゼホウ)というものを行えば又目が開くと信ぜられた。因にケンモンは、相手次第で、相手に似た姿になったり、又保護色的に周囲と同じものに化けるという。

ケンモンが人間の目を突くという俗信に至っては、もうケンモン話も其の絶頂だと思う。これも風法で癒すという。

七

この島では、地炉の神をヒニヤハムガナシ（火の神様の意、ヒニヤハムは火の神のカミがハミと訛り、母音同化をなし、拗音化し、ヒノカミ、ヒナハム、ヒニヤハムとなったもの）という。別称は、金山荒神、又は三方荒神である。この神は、「かのえ子にネリヤより家に入り、ひのと未に家より天に昇る。家入り一週間の間に日柄を見て、ヒニヤハムミシヤクをして之を祭る」習わしである。之には必ずマイシ（真石）を鼎形に立てた竈を拵えて祭るのであったが、今は僻陬の地以外は、大抵廃れて、その代り小石を地炉棚に三つ置いて祭るようである。品形の竈をマンダーと呼んだらしい。現在では土の竈を作る際、カマンジョー（竈門）の両側にマヨ（眉）と称して、火起しか何かで品形に必ず印を付ける。之はモンノへ（物退け）即ち魔除けの呪いである。（喜久正夫君報）

偖て怪ン物は地炉が好きで立膝で火にあたる。怪ン物が悪戯をしたり、障りをする時は地炉の神を祭ればよいという。

一時代前まで牛車でも砂糖を製造していた頃の出来事である。ある男が、まだ夜の明けない頃から、オギを搾って、オギの一番汁が溜ると、車を停め、牛にはオギの葉をやって休ませながら、自分は、砂糖鍋の火を焚き付けていると、車場の牛が駆け出して、空車を廻わしている音がする。これは、おかしい、と、この男は、ヤドリを出て見ると、車場の台には、赤い毛の生えた犬みた様な者が坐っている。はて、これがかねて聞いていたケンモンだなと考え、ケンモンは頭に力水の入っている皿があり、その水を覆せば、力を失い消失すると聞いていたから、この男は、長いひしゃくを持出して来て、咳払いを三回して、車場のオギ汁を汲み、「魔妖の者の皿打覆せ」と尊べてから之を怪ン物に引かけた。すると怪ン物の云う事には、「明日の昼下り、部落の上の家で、騒動があるぞ」と言い残してオギ畑へ消えて云った。この男は、妙な事を云うものだとは思ったが、別に心にも止めず、其の翌日の砂糖を焚いて、昼すぎ、村へ行って見ると、自分の家の子供が、やけどをして大騒ぎをし、今ヤドリに知らせに人を遣るところだったという。この男は、早速昨日の怪ン物を思い出し、之は屹度ケンモンの仕業だと云って、モノシリを呼び、塩祓いをして貰い、マンダー(∴)を作って、厄払いをしたら、其の後はケンモンはもう此の家へは顕れなかったと。

ケンモンに就いては、尚色々の個々人の体験談が物語られ心理学的に興味があるが、以上要点丈を記し冗漫を避けた。

(附記) 此の島の草にケンモンギセルなるものがあり、大抵砂糖黍(キビ)畑などに生え、其の花は、マドロスパイプに似ている。又ガタ(ばった)の一種に緑色をした「ケンモンガタ」なるものがある。又朝露時、ある種の草の根元に唾様のものが着いている事があるが、之を島の子供達は、ケンモンの唾だと云っている。

肥後葦北のヤマワロ

丸山学

〔前書〕　昭和二十四年十二月から翌二十五年一月にかけて、熊本県葦北郡佐敷町・湯浦村および津奈木村の各地でヤマワロ（山童）についての採集を試みた。この三町村はいずれも複雑な地形で、海岸まで山が迫っていて多くの迫にわかれ、鹿児島本線がこの三村を縦貫してはいるが、相互の交通は今でも不便である。この地方の人々で老若男女を通じてヤマワロを知らぬ者は一人もなく、そんなものはない、と主張するものもあるが、その否定論者もヤマワロについての話をきくことには興味をもっている。村の公職や教職に在る人々に至るまで、ヤマワロはほんとにいるのだと信じている人が大部分である。一月十日夜、佐敷町でヤマワロについての座談会を開くことを公民館で発表したところ、三百人以上の町民が押しかけて来た。以下集団又は故人採訪の結果をまとめたものであるが、この調査に当っては特に佐敷中学校長佐藤秋男氏の御配慮を得たので、特に記して謝意を表したいと思う。またこの小篇は支流であるから一切私見を加えず、聞いたままを整理して記載するにとどめた。

〔名称〕「ヤマワロ」と云うのが標準の呼び方であって特に親しみをもって呼ぶときには「山の者」（ヤマ

ンモン)「山の人」(ヤマント)又は「山の若衆」(ヤマンワッカシ)「山の伯父やん」と呼び方も童言葉として使われている。これが川に入った時の呼び名は「ガラッパ」であって、この方には異名はあまり用いられない。なお「ヤマウラ」と呼ぶ人が少からずあるがこれは「ヤマワロ」の転じたものだと思う。

話の中ではヤマワロのことをガゴとかクダンとか云う語が使われたことがあった。しかし更に問返してガゴやクダンはヤマワロとおなじものか、と訊いてみるとそれはちがうと云う。ガゴとクダンとは何れも「怪物」と云うような汎称であって、ヤマワロのように明瞭なイメージを伴ってはいない。なおこの二つのものについては他日更に詳しく報告することとしてここではこれ以上触れない。

〔形態〕 十才位の子供の大きさ、と云うのが普通であって、人によっては四・五才位とも云う。足跡から見ると三才位で踵がないと云う話もきいた(湯浦村女島)。全身に毛が生えて後足で歩くと云う点はすべて一致している。手が長いと云う人もあるが、岩蔭にかくれて魚をとる時には手がゴムのように伸びると云う人もある。水かきがあると云うが、頭に皿があってその中に水がたまっていると云う点ははっきりしていない。あとで記すように山の中で盛に人間と角力をとるのであるがそんな話に出るヤマワロには頭の皿のことは一向に問題になっていない。色は人間と同じ茶褐色である。他の動物に化けると云うことはない。化けるのは狐や狸であって、ヤマワロは化けて人間をだますことはない。

段々きいてみるとヤマワロを実際その目で見た人は極めて稀である。しかしヤマワロの水の中に跳び込む音や啼声をきいた人は非常に多い。

〔啼声〕 季節によってヤマワロの声音(こわね)はちがうのだと云う。春の彼岸頃になると毎晩のようにヒューヒーと啼く。声が近くにきこえる時は、遠方にいるので遠くにきこえる時は近いところにいるのだと云う。

どしどし(仲間同士)の話をする時はグワヤグワヤとおしゃべりをして、人間の声音に非常によく似ているが、何を話しているのかその意味はさっぱり解らない。逃げて行く時の声はまたちがっていると云う。啼声ではないが草藪や田圃の中を押し分ける時の音をきいた人がまた沢山あって、そんなひとは「ヒューヒュー・グワシャグワシャ」と表現する。音がするので行ってみると何も姿は見えない。と云う話が大多数である。

〔好物〕 ヤマワロはあまり深山にはいないようで、それは食物の関係だろうと云っている。人里近くにいて、夜に乗じて人家に近づくことは後に述べる通りである。山桃が好きであると云うのは各地共通であって、沢山実がなった山桃の木に登っていたのを見た話を二三きいた。姿は見なかったけれども木のうつろに山桃の果を沢山とってためてあるのを見たと云う少女もあった（津奈木村平同）。そこでは茄子が好きだと云っていたが、湯浦では栗をいがのまま食べると云い、各地に共通なものは魚類である。だからヤマワロの居る峠などを越える時には成るべく魚に塩をつけて行くのだと云う。塩はヤマワロの最も怖れるものである。

煙草が好きだ、と云った人があったが、これはよく聞いてみると、こばひらきに行っていた人が煙草を忘れてかえって翌日行ってみると中がからっぽになっていたところからの推察らしい。煙草に関聯して佐敷で今年になってからの話であるが、こば打ちに行っていた百姓が煙草入れをなくして大分探したが見当らないので、かえりにヤマワロにたのんで明日この木に掛けておいてくれと云って翌日行ってみたらその通りのところに掛けてあった。このようにヤマワロは却々いいことをするのだが、その際酒をのませることが必要である。木樵や炭焼がよくヤマワロにものをたのむことがあるが、それが叶えられた時は必ずお礼に「一升買う」必要がある。ヤマワロは何よりも酒が好きだから、これをやらないと必ずその本人にわざ（報復）をする。たとえば夜何千匹のヤマワロがやって来て家をがぶる（揺るがす）ことなどがある。

素麵が好きだと云う話は平国でも佐敷でもきいた。山を越える人が下げている重箱の中の御馳走や弁当をよくねらうのだが、人参、牛蒡、根蕪などの毛のあるものは決して食わぬと云っていたのは、佐敷の平岩の老人たちであった。

〔生態〕 前に述べたようにヤマワロはこの地方一帯の山地に棲んでいると信じられているが、群居していて、一定のよく出没する場所がある。人間に直接接近するのは大てい夜であることは注意すべきことであろう。こば打ちに行っている百姓や猟をしている猟師に接近した話が沢山あるが、それらはいずれも姿を見たものでなく、木や竹を伐ったり、たたいたりする音をきいただけである。人間が竹を伐りに行っていると、鉈で伐って、伐ったものが倒れて、それから枝を落す音を、そっくりそのまま仕事をしている場所の近くできいた人が沢山ある。「ほら、山ん者が来て真似しよるばい」と思って、あとでその音がしたと思うところに行ってみても勿論なにも形跡はない。このような場合本人は別に恐怖感は持たないようで、一種の親しみをさえ感じているようである。子供が山桃をとりに行った場合にヤマワロに遭った話も沢山きいたが、いずれも実物は見ていない。鈴なりになった山桃の木に登って採ろうとしたら枝がポキンと折れた。そらヒューヒューが折ったんだと誰かが云ったので、みんなキャッと云って逃げてかえった（佐敷）と云うような話である。

夜やって来て家をかぶると云う話は前に書いたが、八代郡宮原の話として佐敷の老人が語ってくれたところによると、或る馬曳きが山道で突然馬が動かなくなったので、おどろいて前の方を見ると、大きな木の梢に一匹のヤマワロが登って盛にその木をかぶっているのであった。そこでその馬車曳きはおどろいてそのヤマワロて投げた。石が見事にヤマワロの額に当ってパッタリと地上に落ちた。馬車曳きはおどろいてそのヤマワロを着物につつんで持ってかえり、近くの湯野と云うところの山法師の家に行ってどうしたものかと相談した。山法師さんは、そりゃ心配せんでよか、そのヤマワロは組離れしとったんだから打ち殺してもよか、と云った。ヤマワロは死んでしまったが彼は何事もなかったと云うのである。この話はヤマワロは本来集団として行動すべきもので、一匹で仲間から離れて行動すべきものでないと考えられていることを示している。

ヤマワロの生態について最も注意すべき点は春の彼岸に山から川に入り、秋の彼岸に川から山に入ると云う伝承である。ヤマワロと云うのは山に居る時の名称であって川に入ればガラッパになる。この地方のガラッパの伝承については後章で述べることにするが、ヤマワロが山におるから冬の山では猟ができるのであって春から秋までに川の猟が多いのもガラッパが川にいるからだと云う。彼岸の頃になると何千匹と云うヤマワロがグワャグワャと賑かなおしゃべりをして列を作って尾根伝いに山から降りて来る声がきかれる。しかしこんな時に人はそれを見に行ってはならない。ヤマワロをこちらから求めて見に行ったら必ず病気になったり、悪いことがあったりする。昔はこの日（春と秋の彼岸）にはおこもりをして外に出なかった（佐敷中学校佐藤校長談）。この日のヤマワロの通路はきまっているようで、この通路をおさきと云いおさきに炭竈や家を作ってはならない。おさきに家を建てたら壁に穴があく（平国、村上氏談）。「おさき、谷口、宮の前には家を建てるな」と昔から云っておる（佐敷町白岩）。

ヤマワロは魚が好きだ、と云うことはこのガラッパとの関係において理解しなければならないだろう。魚をもって山道をこえる人がヤマワロに遭ってそれをとられた話が各地にある。塩魚はほしがらない。生魚を仕方なしに持って行くときにはどこかに少しばかり塩をつけておいたらよい。塩を紙につつんで持っていてヤマワロが出たらそれを撒いたらよい、とも云っている。

ヤマワロが春に川に入ることはみんな一致する伝承であるが、海に入るか入らないか、と云う点になると人によって異っている。或る人々はヤマワロは塩が嫌いだから海に入る筈はない。浜辺であそんでいることはある、と云う（白岩、川沿氏談）。ところが海岸がすぐ山になっている地方では川と云うべきものがないので海に入ることになっている（平国）。佐敷町教育会で刊行した「文教五十年史」によるとこの町にある城山の上から毎年一回、きまった日に山の神様の使が赤い着物に黒い帯をしめて尾根伝いに海に汲みに行くと云う伝説が載っている。これもヤマワロと何か関係がありそうである。

山の神とヤマワロとの関係は非常に重要な場合であるが、それは後段に譲ることとする。

〔馬との交渉〕 ヤマワロの馬に関する説話は非常に多い。馬がヤマワロを見て動かなくなったと云う説話の一つは前に掲げた通りであるが、佐敷で新村甚蔵と云う七十才の老人にきいた話の中にも同じことがあった。この老人は特にヤマワロと親しい老人であるが、馬車曳きがヤマワロを怖れて行き悩んでいるのをつれて行った話があった。それからヤマワロが夜廏の中に入り込んで馬のちぢごね（たてがみ）をすると云う話は佐敷での座談会の時に非常に多くの人からきいた。一晩のうちにほどくのに困る程たくさんのよりを作るのだそうで、それが決して一度や二度ではない。しかしすべての馬にヤマワロが憑くのではなく、馬によってちがうのだそうである。新村さんのところでも今の馬は去年買ったのだがこれには憑かない。その前の馬には非常に憑いたのだそうである。それがつくと夜通し馬の背に載って廏の中を乗りまわすので、馬はぐるぐる廻って眠られない。そうなると馬の眼色が変り段々しけて来る（痩せる）。犬神堂のおはらいさん（祈禱師）に来ておはらいをしてもらったら来なくなったと云う話もきいた（佐敷、座談会）。

この座談会で出た話の中に夕方馬を川入れ（川につれて行って洗ってやること）につれて行った時にガラッパがついた話がげな話として出た。そこでそのガラッパをつかまえて陸上に投げ上げてこなして（苦しめて）から、この上悪いことをするなと云いきかせて許してやったら、其後はその川には水難がないようになったと云うのである。

〔犬との交渉〕 馬と同様に犬もまたヤマワロの敵であるが、この場合にはヤマワロの方が犬をおそれると云う話もある。黒田さんと云う七十七才の老人の実験談としてきいたところでは、山を越える途中で一匹の犬がついてきたが、途中でヒューヒューと云うヤマワロの啼き声が始終行く手の方からきこえて来たが、とうとう姿は見せなかった。用を済まして帰ろうとするとまた先刻の犬が自分のかえりを待っていてついて来た。犬もひとりで帰るのが怖ろしかったのであろう、と云うことであった。

山の猟師が犬をつれて山に入る時にヤマワロを最初に発見するのはいつでも犬である。山の中で突然犬が立ちすくんで動かなくなったらヤマワロがいるのであるから、そんなときは猟師はすぐにお神酒をあげてヤマワロに猟を請わなければならぬ、と云う話は方々できいた。

〔樵人との交渉〕 山に入る時には必ずおみきを下げて行くべきものだと老人たちは云う。鋸を充分入れてもどうしても木が倒れないことがあるが、そんな時はヤマワロが邪魔をしているのだからおみきを上げてたのまなければならぬ。たのみさえすればすぐに倒れる。或木樵からきいたのであるが倒れた木のじん上げ(木をもたげて下にじんを入れること)をしようとしてもどうしてもできない。そこでヤマワロに一杯のませてたのんで帰ったところが翌朝行ってみるとちゃんとじん上げがしてあったげなと云うのである(佐敷、座談会)。

炭焼きとヤマワロもまた深い交渉がある。炭竈をヤマワロの通路に作らぬように用心すると云う話は既に記したところであるが炭焼きのため山の中に寝ていると夜通しヤマワロが周囲にやって来てべらひげ(小柴)をパチンパチンと折って邪魔をするのでどうしても眠られない。それで家に帰って大神宮のお札をもって来て立てたところが、その晩から来なくなったと云う体験談を堂崎亥之吉さんと云う七十八才の老人からきいた。

もう一つは坂本というところの猟師からきいたと云う話であったが、一人ではどうしてもはかが行かぬので酒を五合買うと云う約束でヤマワロに手伝をたのんだところが、その後は仕事が非常にはかどって一人で二人分の仕事ができたと云う。

座談会で田畑三郎と云う老人の報告した実見談の中に、炭焼きが山から何日たっても帰って来ないので皆が探しに云ったところが、谷川のところで死んでいた。その死体をよくしらべて見ると全身にわたって爪でかかじった跡が沢山ついていた。村の人達の判断では、これはその人がヤマワロに何かわざをしたのでその酬いとして爪で引掻かれたのだと云うことであった。

平国で村上伝兵衛と云う人にきいた話では、炭焼はヤマワロの「千人揃い」を見ることがあるそうである。「千人揃い」と云うのは非常に多くのヤマワロがあつまっていることであるが、それを見るためには逆さになって股の間から見なければならぬと云うことであった。

〔角力をとった話〕　ヤマワロと人間とが角力をとった話は非常にひろく伝えられているが、なぜヤマワロと人間とが角力をとることになるか、を説いた話はない。いつもヤマワロの方から挑みかかって来るようである。その一つ、佐敷の宇土又三郎さんの十七、八の小青年であった時の実見談がある。小青年と云うから十七、八才の頃であろうが、或る夕方拵(かこい)と云う部落の或る青年がガラッパが角力をとろうと云って来ているから出かけるのだと云い出した。どこに来ているかときくと近くの井手のいびの上に百匹ばかり来て待っていると云う。そんなことをしたら危いと云うので、部落の若い者仲間がみんなでとめるがどうしてもとまらない。おさえつけて行かせないようにしたが、平素の力とは思われぬ非常な力で跳ね返してとうとう問題の亀の淵（がめんぶち）まで行ってしまった。みんながあとについて行った。「右の足は米俵を踏む足だから使われん、左の足で来い」と云って左足を前に出してどんどん川の中に入って行こうとするので、とうとう若い者頭の某が取り押えて御仏飯を口に押しこんだ。しかしそれをぶっと吐き出してしまった。併しそこで急に力が落ちてがっくりと座り込んでしまって「光りものがするのでもう行きやならん（先には行けない）」と云った。どこに光りものがするか、と訊くと懐の中だと云う。そこでその青年の懐中をしらべてみると吐き出した御仏飯が三粒その中に入っていた。そこで家に連れてかえって祈禱師をたのんでお経をあげてもらい、しずかになったので家のものが「どうしたら治るか」ときいたところが「酒をのめばなおる」と云う。そこで酒をのませたところがもとの通りになった、と云うのである。

この話は何となく仏教臭いので事実であるかどうか多少の疑問があるが、ガラッパに引かれぬためには水に入る前に仏飯を食って行くのは県下でも広く行われている俗信である。二三十年前までは仏飯を小さな竹筒に入れそれに紐をつけて体につけて泳ぐ習俗も一般的であった。山や野から帰って来た人が「いまヤマワロと角力をとって来た」と云って着物をずたずたに引裂かれて帰って来た人の話も出た。破れた着物が田圃の中にすててあったのを見たと云う人もあった。しかし本当に自分が角力をとったと云う人は座談会の出席者の中にはなかった。

ところが座談会の翌日自宅を訪ねて行って新村甚蔵さんから詳しく山の中でヤマワロと角力をとった経験談をきくことができた。この新村さんと云うのは数え歳七十の逞ましい老人で決して異常心理者ではない。常識も円満でずっと佐敷町平岩の部落で百姓をしている。この人はヤマワロには非常に親しみを持っている。角力をとったと云うのは三十二才ばかりの頃で湯浦で一升の酒をのんで夜道を自宅まで帰る途中の峠路でのことである。

谷川を渡ったところから小さなのがちょんちょんと四五人自分について来た。さてはついて来たな、と思って何気ない様子で歩いて行くと、自分の半分位の大きさのが前と後について来る。山にさしかかった時にその中の一匹が急に新村さんの足をつかまえた。こんな時にあわてててはいけない。座り込むがいいときいていたので地蔵さんの前に腰をおろした。持っていた提灯の火をヤマワロが消してしまった。そしてみんなが新村さんに飛びついて来る。一人（新村さんは一匹とは云わない）を投げとばすと又他のがとびついて来る。もとより新村さんは大きな体格なので坐ったままヤマワロの首や手を把って投げとばすだけである。中には新村さんの腰の上に立ち上って顎をしたから押し上げたりする。かわいいものである。そのうちに新村さんはヤマワロが欲しがっているのは腰に下げている握飯だと云うことに気がついたので、風呂敷を解いてそれを投げてやるとみんなで食ってしまった。そのうちに遠くで犬の吠える声がきこえたのでみんな慌てて逃げて行ってしまった。四才位の子供の大きさで全身にあらい毛が生えてて、手には水かきがあって爪が長く伸びていた。

新村さんの角力をとった実話は以上であるが、他の人が夜通し角力をとっていて、夜明けになってヤマワロにつれられて自分の家にかえった人も近所にあると云うことであった。ヤマワロは背が低いから角力をとる場合にも先ず四つ這いになってなるべく姿勢を低くしてかからねばならぬ。と老人が云っていたと云う話も座談会に出た。

〔食べ物を欲しがる〕 山仕事に行って昼食をどこかに置いておくとそれをヤマワロに食われることがある。座談会に出た話ではがいい（曲木で作った弁当箱）に容れておいた昼飯がいつの真にか半分食われていて、後はもとの通りつつんであった。その食べたあとをかずんで（嗅いで）みたところ屁の香いがしたと云うのが一つ、もう一つは古萱を刈るために馬を曳いて行った時に途中で馬がひんひん跳ねて仕方がなかった。向うに着いてからつとに容れておいた昼飯をひらいてみたら何も残っていなかった、と云う実話もあった。

前述の新村さんの話は非常に具体的でまた代表的でもあるが、この人の話によるとヤマワロが欲しがるのはいつでも食べ物だと云う。それを呉れてやりさえすれば決して人に悪いことはせぬ。ところがヤマワロにみんなやってしまっては困ることがあるのでそんな時には新村さんはいつでもヤマワロをつれて家にかえっておみきを飲ませて帰すことにしている。祭の帰りに重箱を下げていた時にヤマワロに遭ったことがある。よく訳を話して家まで来いと云うと、ヤマワロが新村さんの提灯を持って道案内をしてくれる。そうして深夜にヤマワロと一緒に自分の家にかえる新村さんの姿を近所の川沿壽作さんも二度見たことがある。新村さんの妻君がそんな時は被害者になる「おい、今山のおじやんをつれてかえったぞ、一杯飲ませろ」と云って、酔っぱらった新村さんが深夜にかえってくるので妻君は恐ろしくて仕方がないと云う。そんな時には妻君は重箱の中の御馳走を皿に入れ、杯に酒を入れて縁側に置くのだそうで、それは翌朝見ると勿論みんなななくなっている（毛のある野菜だけは食べないことは前述の通り）。御馳走がない時は徳利の酒をそのまま外ですためる（滴らす）。この酒は決して地上に落ちることはない、と云う。それは木樵が山で一升瓶から酒をすためる場合にも、釣がよくない時に川のガラッパに酒を滴らす場合でも同様だと云うことである。

新村さんが炭竈を新たに作ってそこにお清酒をあげに行った時の話がある。この時には一升瓶ににごり酒を一杯入れて、肴の代りに五十円を包んで出かけて行った。ところが途中でヤマワロが出て足にまつわりついて歩きやならん（歩かれぬ）ようになった。昼だから姿は見えなかったのだが、酒瓶の栓がポンと抜ける音がした。気がついてみると酒もお金もなくなっていた。「ほんとになめたように一滴も残っていないんです」と妻君も相槌を打つのである。

この新村さんの経験の中にヤマワロにナマコを取られた話がある。その日、日暮に海で採ったナマコを下げて新村さんが山の隧道のところまで来るとまたヤマワロが出てきてそのナマコをくれと云う（言葉はわからぬが様子でわかる）。ただではやられぬので何かそちらからもよこせ、と云うと三尺ばかりの杭木（この地方は杭木の名産地で丸太のことまで杭木と云う）をくれた。夜のことだから何かわからなかったが兎に角交渉して家にかえってから見ると松の杭木だったそうである。ほんとにあの時ほどおかしかったことはないと妻君もからからと笑う。新村さんの場合は丸太であったが、魚と交換にからいものの大きなのを持ってかえった人もあると云う話であった。

ついでながらヤマワロは人間の家の中には決して入らない。外から家をゆすぶることはあるがただそれだけである。家の中ではヤマワロの悪口を云ってもよいが、他では決して云ってはいけないと云うことも座談会で誰かが云っていた。

〔狐狸とは違う〕　ヤマワロと狐や狸とは別である。新村さんの話によると狐や狸は馬鹿だから木の葉を頭の上に載せて人間に化けてみせたりするがすぐに解る。自分も二度ばかりそれを見破って狸を捕えて食ったことがある。ヤマワロは決して化けることはない。山の中を引きまわすのは狐や狸であってヤマワロではない。人にたたると云うことも決してない。人がそれに悪いことをしない限り害をすることはない。むしろ人が困っている時にたのめば色々と助けてくれることは前に挙げたところの例でもあきらかである。

ヤマワロが人の助けとなる話はこば焼きについても云われる。こば（山畑）に火を入れるのは大変あぶない仕事でどうかすると山火事になることがあるのだが川沿老人の話によれば、山に火を入れる時はかけぐち（竹筒を曲げてその両端に酒を入れたもの）を持って行って枝にかけて「山ん神さんあっち行け、山んおじさん頼みます」と云ってから火をつけたら大丈夫である。

〔山の神との関係〕　この川沿さんが談ってくれた祈りの言葉はヤマワロと山の神との関係を解くための重要な鍵となるようである。しかしこれは手軽に断定を下してはならぬ。もっと伝承そのものの中から実証を得なければならぬ。ヤマワロが春の彼岸に山から川に入り、秋の彼岸に川から山にかえると云う伝承は前にも記した通りであるが、これはこの三つの村のどこの老人の話にも出て来る一致点である。冬には山の猟があり、夏には田畑のものが採れるのはそんな訳だと云う。つまりヤマワロがおるところに収穫があるのである。こうなるとヤマワロは単なる怪物でなくして人間の生産の保護者と云うことになる。

平国できいたところではヤマワロは神の使であって冬の間も毎月朔日と十五日にはおさき（尾崎）を伝って汐を掬みに海に入るのだと云う。（平国は漁村で川がない）だから新に家を建てる時には余程用心しないと、このおさきにでも当っていたら壁に穴があいたり、家の者がさすらったり（病気したり）する。おさきは処々に岩が出ているので注意してみるとよく解る。そのもとは山の神の宮になっている、と云う。この平国の話と、前に述べた佐敷の城山の伝説とは関係がある。平国では赤い着物を着ているとは云わなかったが、山の神様は女で髪をおさげにしているという。これはどうやら山女との連想らしい。

一般にこの地方は山の神の信仰は非常に鮮明であって、祭はいずれも十一月十五日である。神体は石であるが、簡単な祠があり外に杉垣をめぐらし、これは大かわり毎に新しく作りかえる（湯浦）。祭には角力をやるが、供物はシトギを芝の葉の上に載せてあげる。このシトギは男が作らねばならぬ。城山の山の神様は別に三月十五日にも祭があり、この日には部落の若者が大きな松の木に登ってシトギを投げる（以上佐敷）。オコゼをあげることはこのあたりでは行われない。アマガユをおみきとしてもって行くのが普通である。

ヤマワロを祭るところはどこにもない。ただ佐敷の町だけでも数ヶ所にヤマワロの手が保存されていて大切に神棚にまつられている。座談会の席にこの中の二つを持って来て見せてもらった。

〔ヤマワロの手〕　ヤマワロの手と称するものの現物を見せてもらったのは佐敷町の田畑三郎氏と堂崎亥之吉氏の二人であって、一つは大正十三年六月にこの町に大水が出て町中が浸水した時に水がひいた朝、前の通路に流れて来ていたのを自分が拾ったのでいつも神棚にまつっていると云うことである。もう一つは祖父の代からのもので、これには興味ある話がある。この祖父と云う人が馬に魚を積んで下松の峠を通る時にヤマワロが沢山出て来てその魚をくれろと云う。角力をとってお前たちが勝ったら呉れてやろう、と云うことになり、両方が正式に四股を踏み、名乗りをあげてとった。（この地方は草角力の非常に盛なところで、この祖父さんと云うのも相当の田舎力士であったらしい。）ヤマワロの方でもいずれもしかるべき力士名を持っていた。一匹ずつ投げとばしたのだが次々にやってくるのでこちらが弱ってしまい、相手が水を飲みに行った隙に逃げ帰ってしまった。帰り着いた時にはへとへとに疲れていたが、一休みするとまた元気を出してどうしても勝負をつけるのだと云って皆が留めるのもきかずに家をとび出し、間もなく相手が降参したのだと意気揚々として帰って来て、俺が負けたら一升買うところだが、こちらが買ったのだから五合でよい、と云って五合の酒を買って来さして、それを家の前の溝に滴らしたが、その酒は一滴も水の中には落ちなかった。それから一週間ばかり後に神棚に上げておいた酒徳利の中にヤマワロの二つの手が入っていた。そんな訳で二つの腕があったのだがその一つはあとで村内の元山さんと云う家に分けてあげた。腕の長さももとは根本のところからあったのだが、これを削っておこり（マラリヤ）の人に飲ませるとコロリとよく治るので段々削ってやって今では手首から先だけになった。

さて、その二つのヤマワロの手の実物であるが何れも赤ん坊の手位の大きさで毛が生え、皮膚は褐色であって、色も黒褐色に変っているが、骨や爪は立派にのこって、乾燥している。

他にも二三この村にはヤマワロの手が保存されている模様である。川沿さんの話の中にも三十年ばかり前に馬小屋の中に片手が落ちているのを子供が拾って来たことがあるが、そんなものを持っているとさすらう（病気する）と云う話であったので外に捨てさせたと云うことであった。

〔**河童との関係**〕　以上記載したところによって明白なようにこの地方ではガラッパは完全にヤマワロと同じものとして伝えられている。ガラッパの神様は久留米の水天宮であり、それが沢山おるので有名なのは鹿児島県の川内川である。佐敷川でも昔は随分水難があったが鉄橋がかかってからめっきりそれが減った。それはガラッパが鉄類を嫌うからであろうと思う。

魚が獲れぬ時はガラッパにたのめば魚をあつめてくれる。これは座談会にひと話（げな話と同じ、他人にきいた話）として報告されたところによると、或る漁師が海の中に煙草入れを落したが彼は平素ガラッパと仲よしであったので持って来てくれとたのんでおいたところが、夜になってガラッパがその煙草入れを竹にさして二匹で仲ずって（かついで）持って来てくれたと云う。

八代の近くにカタン川と云う川があってそこには有名な骨接ぎ膏薬が家伝として今も売られているが、佐敷の座談会に出た或る老人がその伝説を語ってくれたが、それは全国各地にあると同じ様にガラッパが手を取上げられて、それを取戻しに来て膏薬の作り方を教えたと云う、型の通りのものであった。左甚五郎が作った人形が動き出してそれで仕事が捗どり、仕事が済んでから「人にわざどんするな」と云って海に千匹、山に千匹はなったと云う「人形河童」の変形を談ってくれた老人もあった。

赤ん坊の時に上の方から歯が生えた人は成長してから水死をすると云う伝説は湯浦と佐敷できいた。これを免れるためには人形を作って流せばよい。これをしないでいるとどんな機会でか水の中に引き込まれる。大水の流木を拾っていて引き込まれた人もあるし、子供の時に突然「ヒューヒューが流れて来た」と云って仲間を振切って水の中にとび込んで死んだ子もある。

〔結語〕　以上が今日まで私が採集したヤマワロに関聯する伝承のすべてである。まだ今後採集をつづけるつもりであるが、もう大体誰にきいても同じような話ばかりになったからこの地方からは新事実は出ないのではないかと思う。今後調べたいと思うことはヤマワロの伝承の広がりである。今日まで私が知っている限りではヤマワロと云う言葉は肥後では葦北郡が中心で北の方は八代郡の山間地帯まででであって平地にはもう見出されない。東隣の球磨郡には有名な「山太郎」があるが、それとの境界がどこであるか、が今後究明したい点の一つである。更に根本的な問題は河童と山童とを本来同一のものとする伝承が古いか、それともこれは両者別個のものがここで融合したものであるか、と云う点である。前書に記したようにここではただ忠実な伝承の採録にとどめて考察は他日に譲ることとした。

河童考

楳垣実

近畿民俗学会の例会で（一九五九・三・二九）若尾五雄さんの「方言より見たる童考」という発表を聞いていてたいへん興味をそそられた。その結論は、ワッパは一般に信じられている「童」の意味ではなくて、「輪」であり、「渦」を指すものだとのことで、その結論を私が支持するわけではないから、詳しくは若尾さん自身の発表に待つことにするが、民俗学の知識を総動員したとでも云いたい、多岐多端にわたる話で、なかなか面白かった。

河童方言については私も少し調べたことがあるので、こういう新説の今後の発展のために、一往は従来の説を述べておくことも無駄ではあるまい。新説は旧説に対し反証をあげて、その誤りを指摘しなければ、学界を説得することができないからである。

『綜合日本民俗語彙』の「川殿」の項に述べられている河童方言に関しての根本原則は〈河童の異名は元来忌み言葉だった〉という仮説である。その根拠は〈河童の地方名はだいたい「川」という語に「童子」「小僧」の語をつけて作ったものが多い〉という点にある。普通忌み言葉と考えられているのは、九州あたりで使う河童の異名「川の殿」「川の人」「川の者」などのような形式の語で、河童そのものを指す語を口にすることを忌んで、間接的な表現を用いる場合の例だが、考えてみれば、「川童(わっぱ)」「川太郎」も河童そのものの名ではなく、間接表現であることに変りがないから、それらも昔は忌み言葉だったと考えるのである。そして、それらを第一次忌み言葉とすれば、「川の殿」などの第二次忌み言葉は、「河童」などが忌み言葉であることが忘れられた結果生れたものだと考えるのである。

それでは第一次忌み言葉以前の、河童の本名というものはなかったのだろうか。詳しくは分らぬが、次の二種の語群がどうやらそれに近いものかも知れない。

メドチ　青森県南部(なんぶ)地方。
メットゥチ　岩手県九戸郡。
ミズシ　加賀・能登・近江。
ミズシン　鹿児島県。

これらは古語ミヅチから生れたと言われ、アイヌ語 mintuchi と同原だと言う。古語辞典には「蛟」「虬」の字を当て、「水に住み、蛇に似て人を害するという想像上の動物」だと説いてある。アイヌ語辞典には、それに尻を抜かれることを恐れて、親が子供の川遊びをとめると書いてあるから、河童に似たものだと思われる。北陸では河童に似た水に住む妖怪にガメとミズシの二種があると考えられているとも言い、石川県石川郡ではミズシは亀の形だとも言うから、両者に混同が生じているらしく、かなり古くからある伝承らしい。

九州にはまた次の語がある。

ミッツドン　鹿児島県。
サンボン　宮崎県東臼杵郡北方村。

土地の人達は河童の指が三本だからだと説くけれど、同じ鹿児島にミズシンがあるところから考えて、ミズシがミズドンとなり、語原が分らないため指三本と混合して、ミッツドンと語形の合理化が行われ、更にサンボンという別の表現が生れたものかと考えられる。つまり語原俗解による語形変化だ。

ただし、ミヅチは或は「水・チ」だったかも知れないから、そのチの意味は分らないが、これまた忌み言葉だったのかもしれない。ただ、これらの語が日本の東北と西南とに分布している点から、どうやら最も古い語だと考えてよさそうだ。方言周圏論の好例の一つである。

これらと似た分布を示すもう一つの語群がある。

シーッコサマ　津軽地方。
セッコーサマ　青森県西津軽郡大戸瀬村関。
シージン　佐渡。
セーシン　長野県下水内郡。
スジンコ　新潟県頸城地方。
スジンドン　鹿児島県肝属郡百引村。
スイテンボーズ　宮崎県児湯郡西米良村。

最後の例だけは同類かどうか疑問だが、これらは土地の人達が「水神」だと考えており、『綜合日本民俗語彙』にもそう説いてある。しかし、少くとも鹿児島ではミズシンとスジンとを比べてみると、ミが落ちてスジンに変ったと考えることも可能だから、同系統かも知れない。そうだとすれば東北のシーッコ・セッコーはメドチと全然結びつく可能性がないから、異系の語と考えねばならなくなる。河童が水神として祀られることから考えて「水神」だと解くのは簡便だが、漢語渡来以前からの用語らしい分布から考えて、何か他の固有日本語の転訛と考えたい。そして転訛の激しさは「水神」への語原俗解の作用した結果だと見たい。どうも「水神」だと断定しかねる気持が残るのだ。何分にも古い言葉らしく、音も変っているようで、確かなことは証明の方法がない。

第一次忌み言葉の最も古い形かと思われるのは「川童(わらわ)」だろう。その根拠は「童」はワラワ→ワラワべ→ワラべと転じたものと考えられ、またワラワが音便でワッパと転じたと考えられるからである。ただしワラワは方言では例外なくワロー・ワロという形である。

ガワロー　岐阜県郡上郡保川筋。
ガウロ　岐阜県吉城郡袖川。
ガオロ　飛驒。
コーラワロー　福岡県久留米（はまおぎ）。
ワロドン　鹿児島県肝属郡百引村。
ガーロ　鹿児島県・喜界島。
ガワロ　喜界島。
ガワル　沖永良部島。

久留米（はまおぎ）の例は「河原童」かもしれないが「甲良童」ではあるまい。

テガワラ　越中（物類称呼）。
マロ　京都市上北山。
カーラヌカマロー　南島島尻。

などもおそらくカワロやワロと関係があろう。テガワラを若尾さんは「手代り」だと考えられたが、「テ・

ガワロ」と考えて、飛騨のガオロ・ガウロと結びつけた方が、「手代り」として孤立させるより確実性が多くはあるまいか。上北山のマロは、川の童がカワンワロ・カワンマロを経て、上略でマロとなったとも考えられる。高尾の山奥らしい古い語で、琉球と共通していても不思議ではあるまい。

ガワイロ　岐阜県武義郡。
ガワエロ　岐阜県郡上郡八幡。

なども、分布から見てガウロ・ガオロの兄弟とみてもよさそうだ。

この語を古いと考えるのは、語形からばかりでなく、琉球にまで広く分布しているからだが、岐阜以北に見当らないのは、カッパに駆逐された結果だろうか。

念を押しておきたい点は、カワワロの場合に限らず以下の諸例でも、語頭が濁音化される点である。日本語には元来語頭には濁音は現われないから納得のいく説明が必要だ。方言にはガメ（亀）ガニ（蟹）グモ（蜘蛛）など語頭の濁音化が多く、その場合清音に比べて暗い感じ、憎しみ怖れの感じがあるようで、トントン・カラカラ・トロトロとドンドン・ガラガラ・ドロドロを比べても、鈍重・重厚な暗い感じがあることは明らかだ。だからカワワロがガワロとなり、カワタロがガタロとなるのも〈気味悪く怖ろしくする心理効果〉をめざした言語技巧と考えたい。

次はカッパ系の語群だが、少くとも関東から東北の大部分では河童方言はカッパしかないらしい。けれどもカッパは共通語となっているため方言辞典には全く出てこない。ところが近畿以西では多少音が古めかしい関係もあって、かなりたくさん出ている。そのアンバランスを承知の上で次の語群を見ていただきたい。

カーパ　仙台（伊呂波寄）。
ワッパ　愛知県北設楽郡。

カワッパ　福井県坂井郡・大分。
ガワッパ　長崎・熊本・宝島・奄美大島。
ガッパ　福岡県久留米市（はまおぎ）。
ガーッパ　九州・対馬。
ガーッポ　大分。
ガラッパ　熊本・宮崎・鹿児島・種子島。

これだけの資料でもカワワッパ↓カワーッパ↓カワッパ↓カーッパ↓カッパと転じたことは十分証明できる。ア韻に続くワ音の長音化とその長音の短音化とで極めて簡単に説明できるからだ。そして愛知・福井以西に古い形が割合よく保存されていることも分る。

カワ・タロウ系の語は多い。

カワタロー　大阪（摂陽群談）。
ガワタロー　福井・滋賀・兵庫・九州。
ゴータロー　京都（片言）。
ガワタロ　西州・京・大分。
カワタラ　奈良県吉野郡野迫川村。
ガータロ　大阪・和歌山・兵庫・大分・長崎。
ゴータラ　奈良県吉野郡。
ガタロ　三重・京都・奈良・大阪・和歌山・淡路。
ゴタラ　徳島県美馬郡。

カダロー　土佐（物類称呼）。
ガータラ　大分県速見郡。
ガワンタロー　長崎。
ガータロー　長崎県五島。
ガンチョロ　大分。

おそらくガタロ・ガータロはもっと広く分布しているものと思う。語原意識が薄れると、その下に「法師」「坊主」などがついた形も現われる。

ガッタラボーシ　和歌山県串本。
ガタラボシ　和歌山県東牟婁郡。
ガイダルボーズ　兵庫県赤穂郡。

「法師」を使うのは南大和と紀伊で、「坊主」「小僧」より古い。

ガラボシ　和歌山県東牟婁郡。
ゴーラボーシ　奈良十津川・紀伊日高。
ゴーラ　同右。
ガーラ　但馬。
インガラボシ　和歌山県東牟婁郡。
イガラボシ　同右。

これらは「川原法師」かとも考えられる。最後の二列のインが何であるかは分らない。

カワランベ　尾張・長野・岐阜。

カーランベ　静岡・愛知・長野・岐阜。

これが「川童（わらんべ）」であることは明らかだ。この形が中部地方だけに見られる理由はよく分らないが、注意すべきだ。

「川○○」という語形のうち、用例の少いのをまとめて示そう。

カーカンパ　長野県東筑摩郡。

カースッパ　静岡県富士郡。

カワコゾ　尾張・愛知・三重県一志郡。

カワンゴロ　三重県飯南郡。

カワボーズ　静岡県引差（ママ）郡。

カワババ　愛知県北設楽郡。

カンパは長野・静岡で「いたずら者」。スッパは戦国時代のスパイをつとめた「野盗」の意から、「ならず者」の意。カワンゴロのゴロは、この地方に多いザ行→ラ行訛音だとすれば、コゾ→コロ（小僧）かもしれない。この種の語形が中部地方で特に多いのも、注意すべきであろう。また、

カワコボシ　三重県志摩郡越賀村。

ゴボシ　志摩（国誌）。

カワコー　岡山県後月郡西江原村。

カワコ　出雲・鳥取・大分。

ガッコ　福岡県京都郡伊良原村。

のように「川子」が中国地方に多いのも注目すべきだ。三重のは「川小法師」だろう。「川原○○」には次

の二語もある。

カワラコゾー　伊勢白子（物類称呼）。

カワラボーズ　富山。

以上述べた第一次忌み言葉の類をまとめると次のようである。

1みづち　2すじん　3川わろ

4川わっぱ　5川太郎　6川太郎法師

7川原法師　8川わらべ　9川かんぱ

10川すっぽ　11川小僧　12川坊主

13川婆　14川小法師　15川子

16川原小僧　17川原坊主

これだけ整然と「川・童子」という語形が揃っているのだから、カッパだけを「川輪」だと証明するのはだいぶん骨が折れよう。

第二次忌み言葉と考えられるのは次の語群であるが、ほとんど九州に限られる。

カワノトノ　畿内・九州（物類称呼）。

カワントン　大分市近傍。

カワトノ　筑後久留米（はまおぎ）。

カントン　大分市近傍。

ガントロー　同右。

カワノヒト　同右・宮崎・九州全般。
カワノヌシ　大分市近傍。
カワノモノ　大分県玖珠郡。

この種の忌み言葉が九州に多いのは、河童の本場といわれる土地柄だけあって、常民の生活中に生きていることを証明するものだろう。九州はまさに「かっぱ天国」なのだ。だから九州には〈河童は春の彼岸に川へ下り、秋の彼岸に山へ上る〉という伝承もある。そこで秋の彼岸以後の呼び名もある。

ヤマワロ　大分・宮崎・長崎・熊本。
ヤマンタロー　同右。

「川わろ」「川太郎」と対語になっていて、いかにも合理的である。この伝承は紀州にもあって、山に入ってからの河童の呼び名もある。(川の河童はゴーライボシ)

カシラ　和歌山県西牟婁郡川添村。
カシャンボ　同右。

おそらく「山のおやじ」とでもいった気持で「頭」と呼ぶのだろうから、これも第二次忌み言葉に入れてよかろう。そこでこの類をまとめると次のようだ。

1川の殿　2川の人　3川の主
4川の者　5山わろ　6山の太郎
7頭

忌み言葉以外に、比喩的・形容的に妖怪や動物名で呼ぶ地方名もかなりある。その代表的なものは「お化け」の意の方言で呼ぶ場合だろう。

ゴーゴ　岡山市附近。
ゴンゴ　同右・岡山県御津郡豊岡村。
ゴンゴージ　同右。

この語を『綜合日本民俗語彙』では「川子」と釈してある。「川子」系の語は中国地方だけに広く分布しているからいかにもその通りだが、私はそれに「お化け」のガゴジが作用して生れた折衷形ではないかと思う。そうしないとゴンゴージは説明がつかないだろう。

ガグレ　宮崎県都城市附近。

などもガゴジ系かもしれない。

動物名で呼ぶ例の種類は多いが、語例はいずれも極めて少い。

エンコー　石見・広島・高知・大分。
エンコ　奈良・広島・山口・南予・高知。
テナガ　島根県鹿足郡。
カワッソ　佐賀県藤津郡。
カワソ　島根県能義郡・広島県安芸郡。
ガメ　富山県大田・石川県。
ドチ　岐阜県郡上郡下川。
ドチロベ　岐阜県武儀郡洲原村下河和。

「猿猴」（手長猿）は「さる」「ましら」より新らしい言葉だと思われるが、「さる」の忌み言葉として使われる例もあるし、河童の姿が似ているという伝承もあるから、これも忌み言葉かもしれない。「川獺」「亀」

「どち」（すっぽん）は共に水に住むところからの仮託表現ではなかろうか。直接表現でないところに多少忌み言葉らしい臭いもする。

形容語の中には、姿や形だけでなく、習性や鳴き声などのものもある。

イドヌキ　徳島県美馬郡。

シリヌキ　和歌山県東牟婁郡。

シリヒキマンジュ　兵庫県多紀郡大芋村。

イド（尻）は山陽・四国と九州（一部）で使われている。水死人の場合その肛門が開いていることが目立つところから〈河童に尻ごだまを抜かれた〉と信じたためであることは言うまでもあるまい。河童の駒引きとしてはよく知られている、馬などを水中に引き込む習性からの、

コマヒキ　北海道松前地方。

の語例もある。

ヒョースベ　佐賀県。

ヒョースボ　宮崎県。

ヒョスンボ　宮崎県児湯郡都農。

ヒヨスボ　宮崎県。

の例は「兵主部（ヒョウスベ）」という人名から生れたとか、「兵揃（ヒョウスベ）」だとか説かれてもいるが、また河童が山から川へ、川から山へ、群をなして渡る時、ヒョーヒョーと鳴くからだと信じている人も各地にあるという。語原伝説がたいてい信じられぬことから考えて、鳴き声説を採るのが最も自然だと私は考えている。そして次のセコ系の語例も併せ考えるべきだろう。

セコ　　大分・宮崎・長崎・熊本。
セココ　同右。
セコボー　宮崎県児湯郡都農。
カリコボ　宮崎県児湯郡西米良村。

これは山へ上ってからの河童が、ホーイホーイと、狩の時の勢子のような声を出すからだと土地の人達は云っているそうだ。だから「狩子」とも云うのだ。

以上の仮託語・形容語をまとめてみよう。

1がごじ　2猿猴　3川獺
4亀　5どち　6尻抜き
7駒引き　8ひょうすべ
9勢子　10狩子

説明のつかない不明語もある。

インカモーラ　南島新城島。
ガーガリモー　南島首里。
ガシタロ　長崎県北松浦郡宇久島。
ドーツン　静岡県引差郡(ママ)。
ドンガス　和歌山。
フンゴロボシ　和歌山・串本。

ヘチゴロ　　鹿児島県。

ホグラ　　熊本県天草郡（劫へたもの）

琉球のは別として、タロ（太郎）ドン（憎しみをこめて云う接頭辞）ゴロ（奴・者）ボシ（法師）などの接辞は分っていて、河童方言の公式には当てはまっているらしいが、半分が分らなくなってしまっている。

主要な語の全国分布は次のようである。（これはまだまだ修正の必要があろう。）

東北	ミヅチ	スジン	カッパ	
関東			カッパ	
中部		スジン	ガワロ	カッパ
北陸	ミヅチ		ガワロ	カッパ
近畿			ガタロ	
中国			エンコ	カワコ
四国		ガタロ	エンコ	
九州	ミヅチ	スジン	ガワロ	カッパ
		ガタロ		
琉球		ガワロ		

中国にガタロは全くないのだろうか。九州に比べてどうも淋しすぎるようだ。

日向の河童伝承

——伝承存在と意識——

矢口裕康

一

本論考の発想は、昭和三六年六月二〇日発行『日本文学論究』第十九冊、特集〝民俗文学〟における、坪井洋文氏の「河童伝承と農神信仰について[1]」の次の一節からである。

坪井氏は、河童が神としての田の神・山の神の二面性をもっていると指摘し、次のようにしめくくっている。「河童伝承のように昔話にも妖怪にも民間信仰にも、いろいろの形で語りつがれているところを広く比較検討して、採取された河童の伝承がなぜその村落では昔話となっているのか、または民間信仰として存在しているのかという資料の位置づけを他の民俗資料との関連においてとらえてみてはじめて、昔話なり民間信仰なりの独自の研究領域内で分析することができるのではなかろうか」。

いうまでもなく、宮崎県は河童の伝承が濃厚な地である。この地で、そのことの一端が描きだせればと思うしだいである。その濃厚の地である証は左のようなことからいえる。

その第一としては次の話からうかがわれる。

資料Ⅰ

日向の国でもカッパは各地に住んでいまして、カワタロ・ガワタロ・ヒョスボ・ヒョスンボ・セコ・カリコサマなど、いろいろの名で呼ばれています。中でも高千穂付近にはカッパの住みかが多く、五ケ瀬川の上流には五つの支流がありますが、その流れの一つ一つにカッパの頭目がいた、と伝えています。七折川には綱の瀬の弥十郎、山裏川には川の詰の勘太郎、岩戸川には戸無の八郎右衛門、押方の二上川には神橋の久太郎、三ケ所川には廻渕の雑賀小路安長、この五匹のカッパがその頭目である、といわれています。(2)

このように、五ケ瀬川上流の五つの支流に、それぞれ河童の頭目が住んでいる話も、その一端をあらわすものといえそうである。

第二に、原田章之進編『宮崎県方言辞典』(3)における本県の河童の方言が二〇例あるということを指摘したい。「ガオロ・ガクレサァ・ガツラ・ガマジロドン・ガマッパ・ガラッパ・ガラッポ・ガランボ・ガワタロ・ガワタロオ・ガワッパ・カワッパ・カワノトノ・ガワロ・スイテンボオズ・セコボオ・ヒョオスボ・ヒョオスンボ・ヒョスボ・ヒョスンボ」と、河童の呼び名だけみても、このようにさまざまである。他にも「ガグレ・ガグレン・カリコボウ・ヤマンヒト・カワンヒト」なども指摘することができる。また「ワロ」という、人に対してさげすんでいう「やつ」のような意味をもつものを、語尾につけ「カッパワロ」「ヒョウスンボワロ」というような言い方もある。

このような河童の呼び名だけみても、宮崎県人の河童に対する意識の強さの一端がうかがわれよう。

それでは、このことを次の三点からもっと具体的に検討してみたい。第一としては、今まで宮崎県資料と

表1　宮崎県資料集の河童伝承

（資料）①日向の伝説（昭8）②日向民話集（昭27）③日向の民話・第一集（昭33）④半ぴのげな話（昭34）⑤日向の民話・第二集（昭42）⑥日向ものしり帳（昭45）⑦日向の国諸県の伝説（昭50）

資料	話名	呼び名	粗筋（○報恩の話　●たたり障りの話）	男女別	伝承地	語り始め
①	河童と闘う	河童（有馬ひょすぼ）	1　延岡藩士八左衛門に切られた有馬の蓮池の河童は三年後に決闘にやってきた。何日も勝負が続いたが、そばでみている人は、八左衛門一人が刀をふっているようにみえた。殿様が見物にくることになり、河童は有馬に帰る。	男	豊後の永田其孝氏から聞く。	（寛永の昔）
	徳泉寺の和尚と河童（→河童塚）	河童	2　都農町の徳泉寺洞光和尚の馬が河童をくわえてもどってきた。柱に縛りつけたが、しきりに哀願するので水をかけてやる。河童は大挙して来て悪さをするので七日七夜の祈禱を続け、一千個の石に経文を記し石が水に溶けるまで害をしないようにと川中に投げ込む。あやまりに来た河童に炒豆の芽がでるまでは害をしないよう約束させ経文石を除いた。これより害はなくなった。		（児湯郡都農町）	（都農町の東南に分子村がある）
③	河童(ひょすぼ)岩	ひょすぼ	3　ひょすぼと子どもたちが小石を川に投げこんで取りあいをしているうち、一人の子どもが川からあがってこなかった。悔いたひょすぼは川の岩がくさるまでわるさをしないと約束する。ひょすぼは時々まだくさらぬかと岩をなでまわしている。	男	東臼杵郡東郷町越表	昔昔
	河童の魔よけ	河太郎(かわたろう)　河童	4　泉福寺の和尚が天の浮橋にさしかかった時、川にいた河童に石を投げると河童の好物の豆腐がわれてしまった。再び和尚がそこを通ると岩戸の水が増えていて通れない。それで庖丁を豆腐にさしたものをもって通ると川の水はひいた。以後、泉福寺に参る人は針をさした豆腐を魔よけとした。	男	岩戸村泉福寺	昔

	河童のお礼参り	河童 河太郎	⑤昔、生んで川に捨てた片輪の子どもが河童となって、嫁いだ母の家へ訪れた。年の暮には川魚をもっていったが、ある年女が庖丁をおき忘れていると、刃物をおそれた河太郎はこなくなった。	男	岩戸村泉福寺	昔
	河童と金丸どん	ひょうすぼ	⑥門川町中山神社の神主金丸氏の一党の武士が河童の頼みをきいて河童の子をのむ大蛇を退治する。河童はお礼に金丸氏の子孫にはわるさをしないと約束する。今も門川の子は「金丸一党じゃわるさをしやんな」といって川にはいる。		（東臼杵郡門川町）	昔昔
④	尻子（けつご）をあぐる	ひょすぼ（どん）	7 作次郎どんは尻子をあげる約束で豊漁をえる。約束の日にはひょすぼの嫌いな柿の渋を網につけてやる。ひょすぼは怒って作次郎どんは気絶する。	男	宮崎県青葉町	あんげな話ならあるが。ひょすぼの話じゃ。
	河童と雑水	河童わろ	❽ 河童駒引。その家に障りがある。	男	宮崎郡佐土原町春田	昔
	ひょすぼの妙薬	ひょすぼ	⑨馬の手綱にひょすぼの腕がまきつく。腕を返してやった礼に魚とひょすぼ謹奏をくれる。かける所を木から鹿の角にかえると礼の魚がかからなくなる。	男	宮崎市青葉町	昔
	五月節句の角巻き	ひょうすぼ	10 ひょうすぼに尻をぬかれるといわれている子が角巻きをもって川に行く。ひょうすぼが角巻きの角にみとれているうちに村の人が子の尻をおさえる。以来五月五日には角巻きを作る。	女	宮崎市恒久	昔
	かりこ坊	かりこ坊 ひょすぼ	⓫ 武士があやまってかりこ坊をうつ。山神塚を作って埋める。大きくなった奥さんの腹はかりこ坊のようなものがくい切っていた。山伏に山神のたたりだといわれて死んだ子供とかりこ坊を山神塚にまつった。	男	児湯郡西米良村村所	（ほすぼのこつをこん米良へんじゃかりこ坊というが）

番号	名称	呼称	内容	性別	地域	時代
⑤	ひょうすんぼ	ひょうすんぼ（わろ）	12 河童駒引。	男	宮崎郡佐土原町広瀬	昔昔
	河童(ひょうすんぼ)のくすり	ひょうすんぼ	⑬便所で河童の手をぬく。手を返したお礼に骨つぎぐすりをもらう。	男	西都市妻町	昔昔
⑥		（河童）	14 御殿女中だったお雪さんが便所で尻をなでる河童の手を切りとる。手を返してくれとやってきた河童が書いた河童の手形が柳川藩士の家に残る。柳川藩士の家財道具を預かった人の話。子どもが舟にのっている絵にお雪さんと書いた証文が桐の箱に入っていた。	男	延岡市	
		（河童）	⑮日向肥後豊後の境、川上神社の神主安藤氏をかっぱが訪ねてきて「住みかの入口にある八つ目のものを除いてくれ」と頼む。「人のじごをとらないならとり除いてやろう」と約束する。八つ目のものは歯が八本ある馬鍬であった。お礼に魚を毎朝もってくるが、ある時庖丁をおき忘れていたためこなくなった。野尻川で子どもが水死したため河童をしかりつけて腕を切りおとし、その腕は安藤家に伝わる。			
		（川太郎）かっぱ	16 高千穂の川太郎湯は川床のくぼみに川水をいれ、焼石をなげこむとしらぬ間にかっぱがはいって湯はぬめぬめとなる。万病にこの湯は効く。			
		（かっぱ）	17（資料①）			
⑦	河童(がぐれ)の掌	がぐれ	⑱文政年中鹿児島藩士上村休助が梶山の湯屋ケ渕で銃で河童を射止めた。高熱を発し修験者に祈禱してもらった。河童には神通力があるので戦闘中に河童の掌をみせると戦没者も生きかえって戦を有利に導くという。			（昔殿様屋敷で家宝の虫干しをされたころ）

がぐれんつぼ	がぐれ	⑲ 河童駒引。勝田城田中家にたたりがあり供養したところ災難がなくなった。		北諸県郡三股町	（勝田城が廃城になった直後）
御崎猿とがらっぱ	がらっぱ	20 仮屋部落にあった御崎神社境内の老猿御崎猿と長田の仮屋川牧野川のがらっぱは犬猿の仲であった。村人が一本橋をわたる時にはついてきた猿をせおって手ぬぐいを被せ、がらっぱとけんかしないようにした。		北諸県郡三股町	（三股の長田にある御崎神社は）
河童の片手	河童	21 志布志町権現島の波上権現は河童をあつめて、祈願所大性院の鐘がきこえる所では人をとってはならぬと戒めた。その証として河童は片手をおとして権現様にさし出し、以後水死する者はいない。		鹿児島県曽於郡志布志町	（志布志町の前の権現島あたりでは昔から水死するものがいない）
②					
河童の遠征	河童（有馬の河童）	22 ①の1と同じ。			
ひょうすぼどん	ひょうすぼ	23 ③の6と同じ。		東臼杵郡門川町	

して出された昔話・伝説資料集を基に、河童の話を分析してみたい。第二に、最近刊行された資料[4]および自己の調査資料を基に、諸塚村における河童の話・意識の検討。第三に西都市三財字岩崎の丸山良雄氏という一人の語り手をとおして、河童の話の位置づけをしてみたい。そして、これらから宮崎県における河童伝承に対する展望をも提起してみたい。

まず第一の点について。宮崎県において、手近に入手できる昔話・伝説の資料集は七点ある。[5] そのうち、比江島重孝編『塩吹き臼』には河童の話はなかった。

表1をみてもらえばわかるが、資料集相互間の重複を省くと、二一点の河童資料をみいだすことができた。

表2　諸塚村の河童伝承

	題名	河童の呼び名	話型	河童の住む場	男女別	伝承地	語り始め	語り収め
①	いたずらひょうすんぼう	ひょうすぼう	河童駒引(悪戯)	恵後の崎の川	男	諸塚	昔昔	ともすかっちり、かっちり山に火がついた。
②	法事渕のひょうすぼう	ひょうすぼう	河童婿入り(鉄がきらい)	法事渕(平田組)	女	塚原	昔昔	娘さんの鉄の髪さしと、草履が上の山の中にそろえておいてあったげな。
③	かっぱの恩返し	かっぱ	魚をとるための馬の尻毛を河童に三本やったための恩返し。	大きな渕	女	南川	大きな淵に河童の一族が住みついていたげな。	ともすかっちり
④	亀渕のひょうすぼう	ひょうすぼう ひょうすぼう	尻子をぬかれようとする(仏様の茶をきらう)	亀渕(中の又)	女	南川	遠い昔のことである	今でも中の又の下の方に亀渕という渕がある。
⑤	小払とどろの由来	かっぱ	椀かし伝説(小払とどろの主・年をへた河童)	小払とどろ(小払)	女	南川	昔昔	ともうすかっちり
⑥	佐礼のひょうすんぼう	ひょうすぼう	河童が火難のしらせをする。(明治四〇年頃、小学校入学前の体験談)	(佐礼)	女	南川	明治四〇年頃のこと	でもこのことはじつです。
⑦	ひょすぼうを見た	ひょすぼう	河童をみて水神のたたりがある。(三ツ子位・赤茶色)	亀渕(中の又)	女	南川	今から七〇年程前の話である。	亀渕にはひょすぼうがいるから水あびはするなと昔からの伝え話がある。

⑧	ひょうすぼうの手	ひょうすぼう	蕨の平の一軒家、一道家の先祖話（悪戯）		女	南川	時代はいつの頃かわかっていないが	その手は今も開けずの箱に入ってミイラ化し分家の平田家が預かっている。
⑨	ひょすぼうの話	ひょすぼう ひょうすぼう	すもうの時は頭をさげてからとれ。（四歳位の子・水かき・頭に水）	（川の口）	男	黒葛原（うずらばる）	私はひょうすぼうの正体を見たことはない。	ともうすかっちり
⑩	がわっぱの話	がわっぱ	実際見た話。	（尾橋元）	男	飯干	今から六四、五年前、大正四年四月頃小学校二年生の時。	
⑪	団治郎渕	ひょうすぼう	団治郎渕と命名された由来。	団治郎渕（下内）	男	南川	下内の口の下に広くて長い渕があった。	それからここを団治郎渕という。

唯、最後の話「河童の片手」は、鹿児島県曾於郡志布志町の話なので検討対象から省くと二〇点であるが、内容もさまざまである。しかし、報恩・たたり・障りの話が多い。報恩の話としては「河童のお礼参り」「河童と金丸どん」「ひょすぼの妙薬」「ひょうすんぼのくすり」と『日向ものしり帳』の二話目のものを含めて五点ある。報恩の礼としては川魚や〝ひょうすぼ謹奏〟という妙薬や骨つぎ薬の作り方をおしえてくれる。また、たたり・障りの話をみると、これも五点ある。「尻子をあぐる」「河童と雑水」「かりこ坊」「がぐれの掌」「がぐれんつぼ」である。河童を見たり、鉄砲で打ったり、つかまえたりしてたたるのである。

話の内容は、表中粗筋のところに書いておいたので参照されたい。前にものべたように、河童の呼び名についても、これらの話の中に、「カッパ・ガラッパ・ガワタロウ・ガクレ・ヒョウスボ・ヒョウスンボ・ヒョウスンボワロ・ヒョスボ・カッパワロ・カリコボウ」の一〇例をみいだすことができた。これらの資料からも、宮崎県における河童伝承の濃度のこさの一端をくみとることができる。

二

東臼杵郡諸塚村は、宮崎県北西部に位置する山間地である。すぐ隣村に椎葉村があり、熊本県・大分県に程近い所でもある。

この諸塚村の老人クラブ寿会は、今春『ことぶき・民話号』として、年寄りの記憶にある民話を書きあつめたものを出版した。その中における河童の話と調査結果を基に、この伝承地から河童の伝承について考えてみたい。

諸塚村は、宮崎県内でもめずらしく語り始め・語り収めを鮮明に語る地である。表2をみてもらえばわかるように、語り始め「昔昔」、語り収め「ともすかっちり」「ともうすかっちり」「ともすかっちりかっちり山に火がついた」とし、このこと一つをとってみても、語りの意識の残っている地といえよう。河童の話以外においても、「昔あったげな」「なにが昔あったげな」「なあに昔あったげなわい」「なあにが昔あったげな」「むかしむかしのはなし」という語り始めや、「とんぼしかっちり」「とんぼしかっちりばいばい」という語り収めも確認することができた。また相槌は「ハーラ」である。

河童の話を位置づけるにあたって、この語り始めも重要なポイントをもってくるように思えてならない。昔昔で語り始める資料は①②⑤の三話で、話の内容自体も、あるととのえをみせている。①は河童駒引、⑤は椀かし伝説という形である。この⑤は語る本人も、

資料Ⅱ

野ごう川は、南川の北にそびゆるぼんでん岳に源を発し、南に流れて鳥の巣ダムに注いでいるが、ぼんでん岳の麓、小払に近いところで断崖になりとどろになっている。ここを村人は小払とどろといっている。この物語は小払とどろに残る伝説である。

と、他の話と認識を異にして語っているようである。この椀をかしてくれるとどろは、他にも「鳥之巣とどろ」があるといわれている。②の話は、

資料III

むかしむかし、平田組にそれはそれはすき通るような美しい娘がおったげな。ところがその娘さんにこれもまた、この村では見かけない、いきな若い男が毎晩のように遊びに来たげな。そしてその男が「よい所につれて行くから行こうでないか」といったげな。その話を聞いて、家の者が不審に思うて、法者どんに聞くと、「それはひょうすぼうにつかれている」といったげな。それから村の人々が騒ぎだして、寝ずの番をすることになったげな。村の人たちは、ひょうすぼうは鉄がきらいだということを聞いて、娘さんには鉄の髪さしをささせて、自分たちは寝ずの番をしたげな。ところがある晩のこと、昼の疲れのせいか、村の人たちがうとうとと眠ったらしい。そのすきに連れさられたのだろう、みんなが目をさますと、娘の姿が見えなくなったげな。村の人々は大騒動となって、所々方々を捜してまわったげな。ところが娘さんは、ひょうたん田の下の柳原川に、腰から下は川の中につかったまま死んでいたげな。娘さんの鉄の髪さしと、草履が上の山の中にそろえておいてあったげな。

河童婿入りの話である。この類のものとして、③の「かっぱの恩返し」も含まれよう。この話にも、「ともすかっちり」という語り収めがともなっている。

それでは、これら四話以外の話での語り始めはどのような形になっているか検討してみると、

④遠い昔のことである。
⑥明治四〇年頃のこと、私、小学校に入学しない時、
⑦今から七〇年程前の話である。
⑧時代はいつの頃かわかっていないが、
⑨私はひょうすぼうの正体は見たことはない。
⑩今から六四、五年前、大正四年四月頃小学校二年生の時、学校から帰る途中、只石道路に尾橋元という

ところがあります。

⑪下内の口の下に広くて長い渕があった。

という形で話し始め、前の四話と少し違う。いわゆる世間話という形態を思わせ、自己の体験を話す形のものが多い。

この七話を、もう少し細かく検討してみると、④⑥⑦⑩は、自己体験か他者の体験を伝えるものである。⑧はある家の先祖のかかわった話として話し、その手が現在も公民館に残っているという遺物をともなう話である。⑪は団治郎という人名が、渕の名についた由来譚である。また⑥の話では、「でもこのことは事実です」と、事実であることを強調して話すのである。

この⑥で、もう一点注目したいのは次のようなことである。

資料Ⅳ

ひょーすぼーがひょいひょい毎晩日暮れの頃から一〇時頃まで、一〇ぴきぐらいの声で五日間高い声でおらぶので、村の人も心配し、私の祖父松村茂作、長い刀をさして晩に行くのです。少しも分からんといって帰るのです。占い師に聞くと、「これは村に火難がかかっているおしらせ」というので、その

法をしてもらい、宇納間の地蔵尊に毎月二四日、村から二人ずつお参りすると、難をのがしてやるといってお参りするようにした。

と話す。河童の鳴き声が火難のしらせとなり、難をのがれたとするのである。この話の中にでてくる宇納間とは「宇納間地蔵尊」のことで、諸塚村からさほど遠くない東臼杵郡北郷村宇納間の全長寺境内にある地蔵で、「火切り地蔵」とも呼ばれる火防の地蔵である。この話の中で問題としたいのは、河童がこのようなしらせ、予知をする存在であると認識する意識である。

また、⑦の話では話者の母親が、

資料V

中の又に田の草とりに行き、田小屋で昼食をしている時にみるともなしに川下をみた。亀渕の岩の上に三つ子程の物がはいまわっている。そして岩の上にねた。何じゃろかと考えつつ田の畦に行ってみると、赤茶色の物がねている。気味が悪いなあと思ってみていると、こちらに気づいたらしく、おれの方をみたなあと思ったら、瀬にじゃぶじゃぶととびこんで見失った。その時、急に頭から水をかけられたように、ぞーとなってしもた。仕事をやめ坂道を急いで家に帰って、寒さでねこんでしもた。一晩中心静まらず朝もまだ悪寒がする。家の者に昨日のことを話すと、父も心配して物知りに聞くと、水神のたたりではということになり、法者に祈禱してもらうと、すうっと身が軽うなって、何事もなかったようになったと話していた。

とする意識である。つまり、河童を神と思い、神は直接みてはならぬという意識が働いたゆえの話であろう。これと同じような意識が、前出の資料『半ぴのげな話』の「河童と雑水」(8)「かりこ坊」(11)の中にもみられる。8の話では、河童をつかまえただけで、「それから、その家にさわりがあって、ぎょうさんしんどしやったげな」という形になり、11の話では、狩の好きな武士が、たまたま鉄砲で射あてたのが、三つ子ばかりの子どもの形をしたかりこ坊であったことが、自分の子どもにまで影響するという話である。この話の中での「こりゃ、山の神のかりこ坊わろじゃった、もぞなぎことをしてしもた」「こりゃ、山神のたたりじゃ、かりこ坊のたたりじゃ」という表現からも、神としての河童を認識している一端をつかむことができる。

このようにみてくると、この諸塚村の一一の河童伝承を次のようにわけられないだろうか。①②③をA・⑤⑧⑪をB・、いわゆる伝説、そして⑥⑨⑩をC・、世間話というようにである。また⑦は世間話以前の話として位置づけることができ、④はA・に包括できないかと思う。諸塚村の河童伝承は、さまざまな形のものが併存している状態といえよう。そして、もし、河童に対する意識が零落していくという点にポイントをおいて、話の変遷を考えてみると、B・から⑦A・C・という流れが考えられぬかと思うしだいである。

このことは、一伝承地総体の結果であるが、それを一人の語り手にしぼってみても、考えさせられる結果がでてきた。諸塚村在住、明治二二年二月八日延岡市生まれの、今年九一歳の藤井長治郎氏によれば、河童を「カワノヒト・カッパ・ガッパ・ヒョウスンボ」と呼ぶとし、春、山から降り、秋、山へ上るものとする。秋にあがるさいも山の尾根をつたってあがるとされ、河童の道筋に家などを建てると、その家は七代たたるなどとされ、河童が神的存在であった一端も話してくれた。この語り手は①のみならず②⑤⑧の話も共有している。つまり、河童駒引の話や河童婿入り・椀かし伝説、河童の手を伝える一道家の話と、昔話・伝説の類を伝承している。他にも「片足脚絆」や「鴨取り権兵衛」の変形、「飛込蚊屋」等かなりの昔話に精通している。そして基本的には、語り収め「とぼすかっちり」として語る正統派の語り手といえよう。

このように伝承地総体、語り手をみてくると伝承は渾然としている。これら渾然とした伝承結果を伝承存在と名づけると、この伝承存在は、意識にうらうちされているといえよう。どんな種類の伝承を保持しているかは、その語り手の伝承地の意識の濃淡であり、これらさまざまの伝承を同時に伝えている諸塚村の伝承存在は、個々の語り手の伝承に対する意識の違いゆえの結果としてとらえられないだろうか。つまり、伝承存在は、この意識なくしては存在しえないといえる。

このことを、もう一人の語り手のもつ意識から検討してみたい。

三

その語り手は、西都市三財字岩崎の明治四三年九月二五日生まれ丸山良雄氏である。丸山氏の中における河童の意識についてふれてみたい。

この三財を調査地として選択したのは、地元紙『宮崎日日新聞』の記事によるものである。(6) 丸山氏も藤井氏同様、秋の彼岸から河童は山へ行き〝ヤマンヒト〟となり、春の彼岸に山から川へおりてきて〝カワンヒト〟と改名するとしている。

資料Ⅵ

河童、ガワロちいいますわね、ま俗名ガワロですね。ま、ヒョウスンボとんいいますわね、ま、カワンヒトともいいよりましたな。

こん、秋の彼岸がきますわね、それから春のお彼岸ですね。ほじゃかい、春の彼岸にはですね、山からカッパが川におりやるちいいよったですね。そして、こんだ秋の彼岸になっとですね、カッパがこんだ山にあがりやるそうです。

山は、冬山はですね、こっちこの寒川ていうとこがありますが、あすこへんの山は冬山になっとですね、やっぱ山に仕事にいきやる人が、野宿といいますか、山宿といいますか、ま、しし狩りもでしょうが。そん頃になっと、なんか山はにぎやかくてですね、眠られんという話きいちょってですね。山はにぎやかくて、秋の彼岸から冬にかけて山はにぎやかいということを聞いちょりましたね。

　春の彼岸になっとですね。この新聞にでちょる大溝が、そこにできたんですよ。私のこまい頃は溝しげってですね、今は側溝三面張して、きれいな排水路ができましたけど、昔はもう溝という溝けしかぶちょってですね。春の彼岸には、私もそん、声は聞いたことがありますとですが、小学校ん頃「ああ、今、ヤマンヒトが川におりやる、カッパが川におりやる」ということを、親爺が夜中頃に聞かしたですね。その鳴き声を聞いちょっとですね。これは鳥の鳴き声じゃねえごつあっとですね。そして、連れを呼んで行きやるごたっとですね。〽ヒョウイヒョイ、ヒョオウイヒョイてですね。そん声がまたですね。どうかこう、さびしいような、気味がわりいような声でですね。ほじゃから、川とか溝に行く時はですね。必ず遠い所から、からぜきですね、へエーンていうでしょうが、からぜきか鼻唄どん歌って行けていうですね。でないと、カッパがですね。水神様でしょう、やっぱり。なかなか、たまがりやっと、非常に、そこに熱病を患うとかですね、いろんなことを聞いちょりますかりよ。遠い所から、鼻唄でも、せきでもして行けということを、親爺が言いよりましたですね。（傍点筆者）

河童の呼び名一つとっても、ガワロ・ヒョウスンボ・カワンヒト・カッパ・ヤマンヒトと多彩である。この話の中から、意識をくみとると、鳴き声を聞いて「どうかこう、さびしいような、気味がわりいような声でですね」と感じたり、「水神様でしょう、やっぱり」と話す。つまり、丸山氏の意識は、水神様であるから障り・水難もおき、たたりもあるとし、河童をおそろしい存在として話す。河童の住んでいたらしい上の溝で漬け物だるを洗ったら、その家の高校生に河童がつき、水の神の障りがあったとする話（資料Ⅶ）や、明治の頃河童をつかまえ牛小屋の柱にしばりつけておき、結局は河童に誤って水をかけ逃げられてしまい、その家に生まれた子の頭の毛が赤くなったとする。このように河童をつかまえるとたたる存在であるとも話す（資料Ⅶ）。

資料Ⅶ

たまたま、そういうことがあっとじゃないですか。水神の障りというがあって、おはらいしてくりていうこつがあっとですがね。そこは一人娘さんで、高校に行きやる人で、そう高校に行きやる姉ちゃんがですね、医者にいってもお医者さんは病名がないというようなことで、時々、熱、発するらしいです。そして、拝み屋さんにいって拝んだらですね。「水神の障り」じゃということでですね。

奥さんの言やるにはですね。「水神の障りじゃが。私が上の溝で漬けもんだる洗うたと、それが障っちょっとでしょかいな」て、私に言やったですかいよ。「いや、漬けもんだるはあんまり汚いもんじゃねえですかい、漬けもんだる洗うたぐらいじゃ障らんわなあ」と。「しかし、お宅ん上ん方の溝で、行きやっ時黙あって行て、ガブーッとつけやったっちゃねえですか、ほじゃかい、水神か河童か、ひったまがってですね、それが障っちょとじゃねえどかい」ということを言ったっですが。ま、そういう伝説、いわれもあって。おはらいしたら、そん姉ちゃんが非常に良くなってですね、また通学したという結果もあるわけです。

資料Ⅷ

河童をとってですね、こりゃあもう明治時代でしょう。ある爺さんが河童をとって、そして、きびって馬屋につれ帰りやったらしいですね。馬屋には、こっち田舎ではですね、一番中心に、大きな牛柱つうとが立っとってです、大きな柱が。それにきびっつけちょりやったつう話ですな。

すと、河童は、ここん上に水をかけちくるれば、なんぼきびっちゃってん、すぐ逃げらるっとですね。頭のちょっぺんにですね、水かなんかかくればですね。だいぶ、それあ柱にきびっつけて、一晩か二晩か捕縛しちょりやったっでしょうな、河童はだいぶん苦しみいじめられたということですね。そこに、そのお母さんかなんかいて「こらわりいこっすっといかんど」っていうてですね。河童の上にひしゃくで水をかけやったです。ところが河童はゆうゆうと逃げたらしいです。

じゃから、そこにはですね、子どもさんがですね、頭ん毛がですよ、まっかい子がでけちょっていう。現在ですね。やっぱ、やっぱ、河童のたたりがしちょっとじゃということですね。そういうこと、河童というもんが、やっぱりおるもんじゃなあということですね。頭ん毛がですね、今、アメリカ式に染めますわ、まあっこ。あれよりか、ちった黒みがかっちょですけどね。そういう話も、こまかい時から聞いちょりました。

資料Ⅶは、今からそれほど遠くない時の話、資料Ⅷは明治時代の話である。明治から昭和までの流れの中でも、河童に対する意識はおそろしいもの・水神である。それゆえにたたり・障りがあるとされる。資料Ⅷの話などは、表1の4・11と類似している。またこの新聞記事をみてもわかるが、西都市三財またはその周辺は、この記事の存在を許容できる土地柄ということにもなる。ということは、三財ではまだ河童に対する意識は健在だといえる。

このようにみてくると、伝承存在は意識にささえられたものである一端がみられるように思う。

以上のようなことをふまえ、それを深化する視点として、宮崎県南に数多く存在する田の神像と河童伝承の関連をも考えていきたい。いわゆる、田の神としての神像の存在する所での河童伝承の意識段階はどうかということである。田の神像があるから、河童を田の神として意識するということではないかもしれぬが、日向の河童伝承を考える、これからの課題の一つとしたい。

本論考は、日向での河童伝承を考える出発点であるので、お気付きの点があれば、ご教示ねがいたい。

注

（1）國學院大学国語国文学会編集。

（2）『日向ものしり帳』四二二頁、河童の伝説。

（3）昭和五四年二月一五日発行、風間書房。

（4）東臼杵郡諸塚村、老人クラブ寿会連合会会誌『ことぶき・民話号』。

（5）鈴木健一郎『日向の伝説』、中村地平『日向民話集』、比江島重孝『日向の民話』第一集・第二集、『半ぴのげな話』『塩吹き臼』、瀬戸山計佐儀『日向の国諸県の伝説』。

（6）昭和五四年二月「こら何の足跡――三財の排水路工事現場――」、同年五月「カッパ談義に花――足跡？　あなた信じる――」という記事が、両者とも河童の足跡写真入りで報道されたもの。前者は西都市三財牟田の三財原地区排水路工事現場、後者は児湯郡都農町宮野尻の田んぼである。

収録論文解題

丸山泰明

柳田國男「河童の話」『日本民俗学』第二巻第二号　一九五四年

『山島民譚集』で河童研究に先鞭をつけた柳田國男には、河童を主題にして書いた文章として「川童の話」「川童の渡り」「川童祭懐古」「盆過ぎメドチ談」（以上、『妖怪談義』所収）があり、本論文は最も後期のものになる。初出誌である『日本民俗学』第二巻第二号の「学会記事」の欄によれば、本論文は一九五四年八月一五日に開かれた第六一回女性民俗学会研究会での柳田による「河童と古代の童神信仰についてのお話」を録音し、その要旨を筆記したものである。

柳田は妖怪の発生を、かつて神とされていた存在が人々の信仰の衰退により零落したものだと考えていた。河童についても例にもれず、河童の諸特性に着目しながらも、水の神が零落したものが河童であると主張している。現在では、妖怪は信仰の衰退により零落した神であるとする仮説はすでに多くの人々によって批判されているが、柳田の説いた「河童＝水神零落説」はその後の民俗学における河童研究を方向づけていくことになった。

折口信夫「河童の話」『中央公論』第四四巻第九号　一九二九年

折口自身によれば、「河童が、海の彼岸から来る尊い水の神の信仰に、土地々々の水の精霊の要素を交えて来たこと」を論じたものである。しかし、本文を見てみるとその内容はそれだけにとどまらず、河童のさまざまな属性に言及している。さらに折口特有の論証抜きの解釈と想像が繰り広げられており、安易な要約を許さない論考である。おそらく、折口の文章を直線的にまとめてしまえば、その魅力は半減してしまうだろう。根拠がないからこそ豊かな想像力が発揮されるのであり、それにより生み出される発想から学ぶことも多いのではないだろうか。本論文はのちに『古代研究　民俗学篇二』に収録されている。

千葉徳爾「座敷童子」『民俗学研究』第三巻第一号　一九五二年

本論文では、家に住みついて富をもたらし悪戯をする、いわゆるザシキワラシにとどまらず、河童をはじめとしてウントクやヒョウトク・ヨゲナイ・ハナタレ小僧などの童形の神もしくは妖怪、さらにはイヅナ狐やモゲンなどの、家を富み栄えさせるさまざまな存在について論じられている。

千葉はザシキワラシを「海神小童信仰の残留」と推定し、社会の生産段階・経済段階から河童から小童への変化を説明している。すなわち、自給中心の経済社会では、人の労働力が最も重要な資本であり、よく働くことが家を繁昌させる要因であり、交換価値のみで使用価値の乏しい黄金は遠い空想に過ぎなかった。このような社会の農業段階では水利を得ることが重要であり、水の神の恩賜が家の歴史に結びつけられ、富貴の原因として河童が語られる。しかし、交通路が開かれると商品作物や手工業が流入し、ザシキワラシも河童に近い姿から色白く愛らしい小童の姿に美化され、水の神との関係が忘れられていったとしている。

実際に河童からザシキワラシへと変わったかは検討を要するが、富貴譚のモチーフを生産段階・経済段階の変化と関連づけているのは興味深い。なお、千葉には本論文の他に、河童が農作業を手伝う話を分析した「田仕事と河童」（『信濃』第十巻第一号、一九五八年）がある。

野村純一「河童が火を乞う昔話」『説話文学研究』第一号　一九六八年

河童が火を乞う昔話を入口にして、水の精霊である河童と火のかかわりを考察した論考である。なぜ水の精霊である河童が人間に火種を貰いに来るのかという問いを野村は立てる。そして対照的に見える水と火の関係を、柳田國男の『山島民譚集』や他の伝説集の記述をひきながら考察し、「水をよく管掌するものにして、はじめて火をも管理する資格がある」とする論理が流れているのではないかと推測する。

ところで、野村が河童が火を乞う昔話として引用しているふたつの話は、両方とも尻を求めてきた河童に火を与えて追い払った話であり、野村がいうように河童が火種を求めて人間に近寄ってきた話ではない。また、河童が火を嫌うことも不知火や出火の原因であることも一緒にして河童と火のかかわりについて論じようとしており、これらの点で野村の議論は錯綜しているといわざるを得ない。しかし、だからといって河童と火のモチーフのかかわり自体を考察する意味がなくなったわけではないだろう。本論文はのちに『昔話伝承の研究』(同朋舎、一九八四年)に収録されている。

神野善治「建築儀礼と人形——河童起源譚と大工の女人犠牲譚をめぐって——」『日本民俗学』第一四六号　一九八三年

本論文は「大工と人形」にかかわる河童の人形起源譚と大工の女人犠牲譚の二種類の説話を比較することにより、建築儀礼における人形の役割を考察したものである。寺社の建築に際して大工が人形を作り仕事を手伝わせ、仕事が終わったあと川や海に捨てられた人形が河童になったという説話の発生を、かつて大工が人形を作り祀った建築儀礼のなごりではないかと推測し、さらに棟上げのときに祀る人形と、その由来譚としての建築に際して女性が犠牲になった説話の構造を比較し、大工の助力をする人形と女人が説話の構造の中で同等の位置をしめていることから、両方の説話の背景に大工が建築儀礼として人形を作ったことがあるのではないかと想像している。

本論文は、河童を主題にして考察した論考というわけではなく、建築儀礼における人形についての論文である。しかし、それまでの「河童=水神零落説」とは異なる河童の人形起源譚に注目したという点で画期的な論文であり、その後の河童研究に大きな影響を与えることになる。

なお、琉球文化圏の妖怪ケンムンと建築儀礼の関わりを論じたものとして、赤嶺政信の「キジムナーをめぐる若干の問題」(『史料編集室紀要』第一九号　一九九四年)がある。

川田牧人「妖怪の交響楽(シンフォニー)——奄美・加計呂麻島における妖怪譚の構造分析試論——」『日本民俗学』第一六九号　一九八七年

河童と似たような外見的・能力的特徴をもつ奄美地方の妖怪「ケンムン」を分析したものである。それまでになされた先行研究が、ケンムンと河童の相同性を見出しケンムンを山の神の系譜だとしているのに対し、川田はケンムン譚を奄美の民俗社会・文化の中に位置づけることにより、その論理構造をとらえることをこころみている。奄美の加計呂麻島において、生業や年中行事のサイクルなどの人間の生活・神観念・動物観の三者はそれぞれ、海―山・畏憚―招迎・恩益―害悪という対の構造があり、これらが組み合うことによって三次元の二項対立構造を形成している。そして個々のケンムン譚を集積することにより得られるケンムンの全体像は、この三次元の二項対立構造を一身に体現しているとされる。

若尾五雄「河童の荒魂」（抄）　『近畿民俗』第五六号、第五九号、第六二号〜第六四号　一九七二〜一九七五年

若尾五雄は『近畿民俗』に「河童の荒魂」と題した論考を五回にわたって掲載している。本書では紙幅の都合により五六号と五九号に掲載された論考を収録した。一連の論考はのちにまとめられ、『河童の荒魂――河童は渦巻である』（堺屋図書、一九八九年）として出版されている。

河童の属性のひとつである「尻子玉を抜かれる」ことを水死した状態であるとし、水死するような川の淵は渦を巻いていることから、渦巻きは河童の荒魂であり、河童は渦巻きの和魂であるとしている。そして渦巻きは水流が交叉して回転することから「河童は〈交〉である」というテーゼを引き出し、河童のあらゆる属性をこのテーゼにしたがって読み解く。のちの河童研究において議論されることになる河童と建築・土木事業との関係や、「河原者」との関係についてふれている部分もあり、この点では先駆的だったといえる。しかし、あまりに強引に「河童は〈交〉である」ことによってすべてを説明してしまうその考察には、首を傾げざるを得ないところがないわけでもない。

なお、若尾には本論文の他にも『物質民俗学の視点②』（現代創造社、一九八九年）に「カッパ考」と題した論考がある。

小松和彦「河童――イメージの形成――」　『週刊朝日百科　日本の歴史』第七二号　一九八七年

現在のような河童のイメージが近世に形成された歴史的過程について考察している論文である。後の研究にとって重要なのは、農民とは異なる生業を営み、賤視・差別されていた「川の民」「非人」「河原者」の役割に着目したことであろう。大工が仕事を手伝わせるために作った人形を川に捨てたところ河童になったという河童の人形起源譚と、近世の資料である「小林新助芝居公事扣」の記述にある「非人」の起源譚が非常に似ていること、「川の民」「河原者」に対する当時のゆがんだイメージに

関連する諸属性が河童にも見られる。これらのことから、賤視された人々のイメージが核となり、カワウソやスッポン・猿などの動物のイメージが付与されて、河童のイメージが形成されたのではないかと推測している。

本論文に先行するものとして、同様の論旨をより広い妖怪論の枠組みの中で述べた「新しい妖怪論のために」(『創造の世界』第五三号、一九八五年)がある。この論考は後に「妖怪と異人」として『異人論』(青土社、一九八五年、および、ちくま学芸文庫、一九九五年)に収録されている。

神野善治「木子としての傀儡子」 網野善彦ほか編『大系・日本歴史と芸能第十一巻　形代・傀儡・人形』平凡社　一九九一年

神野による先の「建築儀礼と人形」と同様、河童を主題として考察した論文ではなく、木の人形である「傀儡」について論じたものである。全体の構成としては全国各地の人形芸能を紹介しながら傀儡について考察し、その一部として河童の人形起源譚についてふれている。

奈良時代末には、人形は「ひとがた」と呼ばれ一般的に信仰儀礼に用いられて、それには木製の人形も含まれていた。それにもかかわらず「木の人形」が「クグツ」と呼ばれて区別されていることに注目し、「クグツ」とは生きた人間のように動く「木の人形」のことであり、やがて人形遣いも「クグツ」と呼ばれるようになったのではないかとしている。さらに「木の人形」を操る人形遣いは特殊な能力をもっており、息を吹き込んで魂を与えることができると考えられていたのではないかと推定している。

その上で河童について論じられており、河童起源譚と河原者起源譚が同型であることが認められ、これらの説話が源を同じくするものである可能性を認めるにしても、だからといって小松が主張するような「河原者」の実像が河童のイメージの根源になったとする三段論法は誤りではないかと批判している。

中村禎里「河童の誕生その他」『図書』第五一〇号、第五一八号　一九九一〜九二年

岩波書店の雑誌『図書』に掲載された中村禎里の「鰐の系譜」(第五〇六号)、「河童の誕生」(第五一〇号)、「河童の成長」(第五一八号)、「河童写真図の由来」(第五二八号)から、「河童の誕生」と「河童の成長」をま

とめ、「河童の誕生その他」と題して本書に収録した。

古代において信仰され、また畏怖の対象にもなった「わに」の系譜に河童を位置づけて、歴史的な資料にもとづき、その変遷を考察している。論述は多岐にわたるが、大筋において「零落」もしくは「衰退」のあとをたどっている論文だといえるだろう。

本論文の他に、中村には河童について多角的に論じた「河童伝承における人的要素」(『国立歴史民俗博物館研究報告』第六一号、一九九五年)がある。さらに同論文をもとにした『河童の日本史』(日本エディタースクール出版部、一九九六年)が単行本として出版されている。

小馬徹「河童相撲考――『歴史民俗資料学』のエチュード――」『歴史と民俗』一三　一九九六年

神奈川大学にある日本常民文化研究所を母体として一九九三年に創設された歴史民俗資料学研究科に所属する小馬が、副題にもあるように歴史民俗資料学のエチュードとして書いたものである。本論文にはふたつの目的があり、ひとつは河童のイメージが形成された歴史をたどることであり、もうひとつはそのような歴史をたどるための方法論、すなわち歴史民俗資料学を模索することである。この論文で小馬が構想する「歴史民俗資料学」とは、民俗慣行や口碑を資料とする「歴史民俗学」と文字資料による文献史学、さらには他分野も組み入れた新たな歴史学の名称である。

それまでの河童人形起源譚に批判的検討を加えた上で、小馬は河童が相撲を好む属性を考察する。古代において陵墓を造築し埴輪を製作した土師氏が始祖神とするノミノスクネは日本神話において初めて相撲をとった神でもあること、そして渋江氏が祖先とする橘島田麻呂(島田丸)が春日神社を造営した際に内匠頭某に人形を使役させ、造営ののちに人形を川に捨てたところ河童になったことから、渋江氏がノミノスクネ神話をもとにして島田麻呂神話をつくり、そのために河童が相撲を好むとされたのではないかと論じている。

毛利龍一「河童をヒヤウスべと謂うこと」『郷土研究』第二巻第七号　一九一四年

著者は、河童の主である渋江氏を祀る佐賀県の潮見神社の神職であり、神社にまつわる河童の話が報告されている。ここで述べられている『北肥戦誌』の河童起源譚は、多くの河童研究において言及されており、本書所収のいくつかの論文にも引かれている。

小池直太郎「河童資料断片」『民族』第二巻第五号　一九二七年

雑誌『民族』の「資料・報告・交詢」欄に報告されている河童の資料である。その内容は小池が長野県を中心として集めた河童に関する話の聞き書きである。この時代の民俗学・民族学の雑誌の資料報告欄には、この種の河童に関する断片的な報告が実に多く（おそらく柳田國男の『山島民譚集』の影響だろう）、本書では比較的まとまっているものを収録した。

中田千畝「河童の妙薬」『旅と伝説』第一巻第二号　一九二八年

河童に膏薬や傷薬などの病気の薬・骨接ぎの方法を教えてもらったという話は実に多い。本報告において、中田が埼玉県の熊谷で実際に聞いた河童から傷薬を教えてもらった話を記述し、さらに筑前博多の接骨医の話三篇を紹介している。また、文末には河童に関する江戸時代からの文献があげられている。

金久正「ケンモン（奄美大島）」『旅と伝説』第一六巻第九号　一九四三年

河童に似た妖怪である奄美大島のケンモンの属性と体験談の報告である。本報告はのちに、『奄美に生きる日本古代文化』（刀江書院、一九六三年、増補版、至言社〈発売元はぺりかん社〉、一九七八年）に収められている。

丸山学「肥後葦北のヤマワロ」『民間伝承』第一四巻第八号　一九五〇年

丸山には河童を考察している論文がいくつかあり、単行本として『山童伝承の展開——山岳伝承への一つの接近』（自刊、一九五二年）もある。本報告は、丸山が昭和二四年一二月から翌二五年一月にかけて、当時の熊本県葦北郡の佐敷町・湯浦町・津奈木町での調査で得たものである。「一切私見を加えず、聞いたままを整理して記載」したものであり、ヤマワロのさまざまな属性が紹介されている。

楳垣実「河童考」『近畿民俗』第二五号　一九五九年

『総合日本民俗語彙』（民俗学研究所編、平凡社、一九五五年）の「川殿」の項にある〈河童の異名は元来忌み言葉だった〉という仮説にしたがい、忌み言葉以前の河童の本名を全国各地の「河童」に該当する妖怪の呼び名から探ろうとしている。諸地域の名称を比較総合することによって名称の起源や変遷を再構築しようとしているが、現代ではもはや全面的には受け入れがたい方言周圏論や重出立証法を方法として用いており、時の経過によって論旨に無理が出ている部分があることは否めない。本書では民俗学において「河童」と名づけられていた妖怪が、実際にはさまざまな名称をもっていたことを示す資料として収録した。

矢口裕康「日向の河童伝承――伝承存在と意識――」
『日本民俗学』第一三三号　一九八一年

宮崎県域の昔話集・伝説集、および宮崎県諸塚村における河童の話を整理し、さらに矢口自身が調査で得た河童の話を報告している。そして収集・整理した資料を分析することによって、河童に対する意識は零落したと述べている。

すでに河童研究の論文を集めた論文集として、大島健彦によって編まれた『河童』（岩崎美術社、一九八八年）がある。この論文集には、先にあげた千葉徳爾の「田仕事と河童」や、竹田旦「水神信仰と河童」（『民間伝承』第一三巻第八号、一九四九年）、坪井洋文「河童信仰と農神信仰について」（『日本文学論究』第一九号、一九六一年）、小野重郎「河童の系譜と山の神」（『日本民俗学』第九三号、一九七四年）、奥野広隆「山にのぼる河童」（『季刊人類学』第一六巻第一号、一九八五年）など、戦後の河童研究を参照するにあたって欠かすことのできない論文が収められている。

また、重要な河童研究として、河童を多方面から考察した石川純一郎の『河童の世界』（時事通信社、一九七四年、のちに新版が一九八五年に出版）や、河童を広くユーラシア大陸の信仰のなかに位置づけた石田英一郎の『河童駒引考』（筑摩書房、一九四八年、のちに新版が岩波文庫で一九九四年に出版）、両義的な意味をおびるトリックスターとして河童を考察した論文を収めるC・アウエハントの『鯰絵』（せりか書房、一九七九年）などがあるが、紙幅その他の都合により本書では割愛した。

河童　解説

小松和彦

Ⅰ　「河童」とはなにか——近世に発見された「河童」

「河童」は、数ある妖怪のなかでももっともよく知られた妖怪である。最初は恐怖を抱いていた人びとも、それが架空の生き物であったことがわかると、グロテスクでありながらひょうきんさを帯びた顔かたちに親しみを覚え、自分たちのさまざまな思いを託す手段にさえしてしまった、あの「河童」である。しかし、「河童」とは何者だったのか。改めて問い直すと、わたしたちはほとんど何も知らないことに気づくのではなかろうか。

「河童」は、川の淵や沼などの水辺に出没し、人間や家畜にさまざまな怪異をもたらすと信じられてきた「生き物」である。その基本的特徴は、小童の姿かっこうをし、背中に甲羅があり、頭の頂に水を入れる皿状のくぼみがあることに求められる。すでに『怪異の民俗学』第二巻の『妖怪』の解説で述べたように、「妖怪」は認識体系における既知と未知の境界領域に立ち現れる存在や現象であるので、その名称（妖怪種目・妖怪名彙）の多くは、遭遇したときに、それを五感で認識したときの様子に従ってとりあえず名づけられたものが多い。たとえば、「天井嘗め」という妖怪は天井を嘗めている妖怪、「一つ目小僧」は小僧姿の目が顔に一つしかない妖怪、「小豆洗い」は小豆を洗っているような怪音を出す妖怪、といったように、その「怪異」の特徴によって名づけられている。「河童」もまたその例に漏れず、遭遇の場所とその姿かたちによって、つまり川辺に出没する童ということで「河童」と名づけられたらしい。

したがって、もしこうした特徴を有する「怪しい生き物」に水辺で出会ったら、昔の人の多くはそれを「河童」と語るはずである。そして、そのような基本的特徴を備えた「異形な存在」が絵に描き込まれているのを発見したら、これもまた「河童」とみなすだろう。逆にいえば、こうした特徴を備えていない水辺の「怪しい存在」は、「河童」とはみなされない可能性が高いわけである。つまり、「河童」かそれともその他の「生き物」かの区別しにくい境界領域はあるにせよ、「河童」という妖怪の輪郭はこうした基本的特徴を中心に浮かび上がってくるわけである。

「河童」という語は現在では全国に広く知られる語である。だが、以前は地方によって呼称が異なっており、カッパは関東から東北にかけての地方の人びとの間に流布していた語であった。それがやがて共通語になり、さらに民俗学でもそれに従って学術用語として用いるようになったのである。

民俗学者の報告に従って「河童」伝承を整理した石川純一郎（『河童の世界』）によれば、河童の地域語（方言）は、おおざっぱにいえば、青森地方がミズチ系、関東から東北にかけての広い地域がカッパ系、長野・愛知地方がカワランベ系、佐渡や能登半島がカワウソ系、奈良・和歌山地方がガタロー系、四国から広島・山口地方がエンコー系、九州の大分地方ではドチ系、宮崎地方ではヒョウスベ系、熊本から鹿児島にかけての地方ではカワワラワ（ガワッパ）系、奄美地方ではケンモン系である。

日本列島には、地域によって呼称の異なる「水辺に出没する怪しい生き物」が並存していた。カッパもその一つであった。ところが、そのなかから関東地方を中心に流布していた呼称が選び出されて、それらの総称になったのだ。つまり、カッパとは異なる呼称をもつ「水辺に出没する怪しい生き物」にも、カッパの仲間、カッパの同種異名だと判断されて「河童」というラベルが貼られたのであった。その結果、地域的な呼称の上位の用語としての「河童」が誕生したというわけである。

では、そのような作業を、誰が、どのような理由からおこなったのだろうか。読者の多くは、きっと次のように想像するのではなかろうか。東京や関東地方で生まれ育った民俗学者たちが、幼い頃に周囲の人たちから聞かされたカッパ伝承に興味を抱き、カッパ伝承を採集するとともに、呼称は異なるが全国各地にみられる同様の特徴を持った「水辺に出没する怪しい生き物」に関する伝承の存在に気づいた。そこで、それらを採集する過程で、自分の研究の出発点となったカッパという呼称を「総称」に格上げして用いるようになった、と。つまり、「河童」という総称を創り出したのは民俗学者なのだ、というわけである。

たしかに民俗学者たちは「河童」という総称の普及には貢献した。しかし、「河童」を発見し「河童」という総称を創り上げ、その研究に本格的に取り組んだのは、近世の江戸を中心とする知識人たちであった。とくに本草学者（博物学者）がとりわけ熱心に「河童」研究をおこなっていた。自分たちが作る事典に入れるべきかどうかが大問題だったからである。

現在の「河童」に連なる「怪しい生き物」に関する記述は、『下学集』（一四四四年）という中世の辞書にみえる「獺（かはうそ）老いて河童（かわらふ）になる」という記述である。しかし、中世の記述はこれだけで、当時すでに民間伝承として広く流布していたかは定かでない。中世後期といえば、「百鬼夜行絵巻」をはじめとして、たくさんの妖怪絵巻や妖怪小説・絵本が作られた時代であったが、それらには河童らしき「生き物」はまったく登場しないのである。すなわち、「河童」の記述が文献のなかに頻繁にでてくるようになるのは、近世になってからであった。最初の記述は、『日葡辞典』（一六〇三年）の「カワロゥ」の項で、そこには「猿に似た一種の獣で、川の中に棲み、人間と同じような手足をもっているもの」と説明されている。その後、『梅村載筆』（一七世紀中頃）や『百物語評判』（一六八六年）、『本朝食鑑』（一六九七年）などに、水辺に出没して牛馬や人を水のなかに引き込む「河童」の類の記述や「物語」が書かれるようになる。

たとえば、江戸前期の元禄十年（一六九七年）に刊行された、最初の本格的本草書といわれる『本朝食鑑』（東洋文庫、平凡社、一九七六―八年）に、次のように記述されている。「鱗介部之四・亀鼈類六種」のうちの一つ「鼈(すっぽん)」の解説のなかで、「この大きな物は水中にすんで魚を食べるが、人間と同じような体をしているとか、老いると能く魅(もののけ)に変化すると言う。これについてはまだ証明することはできない」と述べたのち、問題の「河童」の記述に移り、「近時(ちかごろ)、水辺に河童(かわろう)というものがおり、人間を能く惑わす。これは大鼈の化したものであるともいい、面は醜く、童(わらんべ)のような形で、肌膚(はだ)には膃肭(こぶ)が多くあって、青黄色であり、頭上に凹んだ処があって、常に水を貯えている。ここに水があれば大変な力が出て制禦できないが、そこに水がないと捕(つかま)えることができる。それで、もし河童に遇った場合には、必ず機先を制し、腕を振り挙げ拳(こぶし)を掉(ふる)ってその頭を拊(う)てば、斃(たお)せるのである。海西諸国(さいこく)では、河童が盛んに魅(もののけ)となって邪魔をし、人を害するそうである。土地の人は、大鼈ではなく、老いた獺(かわうそ)が化したものであるとしている。どんなものが変化したのかは推測し難いが、海国にはこの族がたいへん多いのである」とかなり詳しく説明されている。

これによれば、大きなつまり年老いた狐や狸が妖怪化するのと同じように、老いた大鼈も変化して人間と同じような姿かたちになる。それが河童なのだ、と理解しているようである。しかも、「近時(ちかごろ)」という限定がついているので、この時代にはまだ目新しいことであったらしい。

ところが、どのような特別な背景があってこのような怪異動物が生み出されたのかはわからないが、書物のなかに「河童」が記述されることが多くなってくる。噂が噂を呼び、そうした話に接する機会が多くなるにつれて、日本に存在する動物や植物などの分類・記述をする研究に従っていた本草学者たちは、「河童」が実在の動物か、それとも他の動物を見間違えたりしたのか、を明らかにする必要に迫られた。実在の動物ならば、自分たちが編纂している日本の本草項目に加えなければならないからである。そこで、文献調査と聞き書き調査などをおこなって「河童」に関する情報を収集することになった。そして分析・考察を重ねた結果、たしかなことはまだわからないが、と断わりつつ、本草学者たちは、とりあえず「河童」が実在する動物らしいと考えたようである。そして、それは、中国の「水虎」と呼ばれる動物にほぼ相当するとした。つまり、簡単にいうと、中国名「水虎」、和名「河童」、地方による異名多し、というように分類・記述されたわけである。

これから百年ほど後の江戸後期、日本の本草集成として記述された、小野蘭山の『本草綱目啓蒙』（一八〇二年）には、その後情報がたくさん収集されたことを反映して、きわめて詳細な記述がなされている。原文で紹介しておこう。

水虎　カツパ（古歌江戸奥州）　ガハタラウ（畿内九州）　カハノトノ　カハツパ（共同上越後佐州）　ガハタロ（京）　ガハラ（越前播州讃州）　カハコ（雲州）
カハコボシ（勢州山田）　カハラコゾウ（白子）　カハロ（桑名）　カハタ（共同上桑名）　カダラウ（土州）　グハタラウ　ヱンコウ（共同上予州大洲防州石州備後）　ヱンコ（予州松山）　メドチ（南部）　ガウゴ（備前）　カウラハラウ（筑前）　テガハラ（越中）　ミヅシ（加州能州）　〔一名〕水唐（通雅）　水盧（同上）

諸州皆アリ。濃州及ビ筑後柳川辺尤多シト云。凡ソ旧流大江辺、時ニ出テ児童ヲ魅（バカ）シテ水ニ沈マシメ、或ハ人ヲ誘ヒ角力シテ深淵ニ引入。其体甚粘滑ニシテ捕ヘ難シ。女青藤（ヘクソカヅラ）ヲ以、手ニ纒ヘバ、角力勝ヤスク捕ヘ易シト云。角力シテ悩サル、者ハ、莽草（シャミ）ヲ用テ治スルコト大和本草ニ見エタリ。性好テ胡瓜（キウリ）及白柹（ツルシガキ）ヲ食フ。白柹三箇許ヲ食フトキハ能酔。麻楷（アサガラ）及ビ其炭ヲ忌、蜀黍糕（トウキビダンゴ）ヲ悪ム。若人（もしひと）口ニ鉄物ヲクワヘ居バ、水ニ引入ルコト能ハズト云。其形状ハ人ノ如ク、両目円黄、鼻ハ突出シ、獼猴（さる）ノ如シ。口ハ大ニシテ狗ノ如ク、歯ハ亀歯ノ如ク、上下四牙尖レリ。頭ニ短髪アリ、色赤シ。額上ニ一孔アリ、深サ一寸。上ニ蓋アリテ、蛤ノ如シ。面ハ青黒色、背色ハ亀甲ノ如ク、其堅キコトモ同ジ。腹モ亀版（ハライタ）ノ如ニシテ黄色ナリ。左右脇下ニ一道ノ竪条アリ、柔軟ニシテ白色ナリ。コノ処ヲ執ルトキハ動クコト能ハズト云。手足ノ形ハ人ノ如ク、青黒色ニシテ微黄ヲ帯。四指短クシテ爪長ク、指間ニ蹼（ミヅカキ）アリ。手足ヲ縮ルトキハ皆甲版ノ間ニ蔵ル、コト、亀ニ異ナラズ。手足ノ節前後ニ屈スルコト人ニ異ナリ。

こうした本草学的な関心から集められた情報とは別に、中村禎里（『河童の日本史』）が明らかにしたように、九州の河童目撃者たちを調査して、昌平校の儒者・古賀侗庵の『水虎略考』のような、河童の画像的な探求つまり写生図の作成の仕事も進められた。江戸の知識人のあいだでは、「河童」は口頭伝承から文字表象と絵画表象になっていった。このような作業を通じて、わたしたちが思い浮かべることができる河童の性格とその姿かたちが、幕末までにほぼ江戸で完成をみたのであった。

ところが、近代に入ると、「河童」は徐々に民俗社会から消えてゆく。これは「河童」に限ったことではないのが、実在するらしい珍獣・怪獣との認識から架空の生き物・幻獣へと、人びとの認識が変わったことも関係しているのかもしれない。以後、「河童」は、画家や小説家などが描く想像世界のなかに活動の舞台を移していくことになるわけである。

Ⅱ 「河童」の民俗学的研究

ところで、近代になって、この「河童」を再び学問の対象として見出した人がいた。柳田國男である。柳田國男は『山島民譚集』(一九一四年)のなかで「河童駒引」と題する一章を設けて「河童」について論じた。もちろん、実在の動物かどうかを吟味するのではなく、伝説上の生き物、つまり幻想動物としてである。柳田は近世の文献を博捜しながらその諸特徴を分析し、その河童伝承の本質を明らかにしようとした。すなわち、柳田がおこなったのは、本草学者が集大成した河童の性格を、逆に「河童家伝の妙薬」「馬を水中に引く河童」「河童の詫び証文」「河童の異名」等々に腑分けしながら、柳田なりの解釈をおこなったことにある。いったい、いかなる理由で、近世に全国各地に、「河童」のような幻想動物が発生したのか。その謎を解こうとしたのだ。柳田は、それを次のように説明した。

「水神と河童とは仮に一歩を引きて別物なりとするも、少なくとも牛馬の災を避くる為に水神に祈禱するの風習の広く行はれし事のみは事実なり。毎年春の初又は夏の終などに、牛馬を引きて川に入れ又は川原に於て一日遊ばしむることは、その一年中の災を攘ふ為なりと信ぜられ、農家は厳重に此行事を勤めたり……(中略)……否定すべからざる一事は、毎年夏月に入るに及び、小児婦女牛馬の類往々にして淵に入り死し、恰も物ありて其獲物を求むるが如くなりしより、『みづち』の恐怖は久しきを経て愈々深く、神として之に仕へ其意を迎ふるに非ざれば其災を免るる能はずるに至りしなり。其時一人の英雄あり、乃至は道力優れたる行者の村を訪ふ者あり。法の如く出現し来り法の如く兇神を退治し去る……(中略)……従前の信仰は少なくも其形式を上に於ては此が為に一朝の変革を受くること無く、永く其痕跡を故土に留むるなり。天然の神々が人間の便宜に抵抗する能はずして徐ろに其威力を収め、終には腑甲斐無き魑魅魍魎の分際に退却する

ことは何れの民族に於ても常に然り。」（原文はカタカナ表記）

すなわち、柳田國男は「河童」伝承の多様な特徴のうち、「馬を手中に引く」つまり「駒引」にその本質的な部分があると考えた。上古の人びとは水の被害を水神によってもたらされたものであり、これを防ぐには水神を祭祀することだと考え、毎年、馬を水の神に捧げるという祭祀をおこなっていた。ところが、一人の英雄によってその水神が退治されるという伝説が物語るように、文化の発展（外来文化の受容）によって、そうした動物供犠の祭祀は廃されることになった。だが、そうした「従前の信仰」の記憶の痕跡が残った。それが「魑魅魍魎の分際に退却した水神」としての「河童」をめぐるさまざまな伝承であった。そして、そのもっとも典型的な伝承が「河童の駒引き」である。こう解釈したのである。つまり、「河童の駒引」はかつての「水神への馬の供犠祭祀」の痕跡・残映とみたわけである。

こうして、近代の河童研究が民俗学によって開始された。だが、柳田の弟子たちは、主に河童に関するデータを民俗社会から収集することに力を注いだ。本巻にもそうした調査報告のいくつかを収録してみた。かれらは柳田が提出した「河童駒引」の解釈を妥当なものと受け止め、それを疑うことをせずに、むしろそれを補強するようなデータを集めようとした。報告者が解釈を加えることがあった場合でも、河童＝水神零落説にそった解釈がほとんどであった。

各地からたくさんの報告が集まった。そうした民俗誌的レベルの「河童」データを整理したのが、石川純一郎の『河童の世界』（時事通信社、一九七四年）である。もっとも、石川は本書のあとがきで、「河童駒引の問題は柳翁によってあらかた解決され、その特徴についても細かく検証されている」と述べるとともに、「本書は民俗学固有の方法によってその考察を試みたものである。ただし、この種のものには、格別結論というものはないのが特色である」と、読みようによっては新しい解釈を提示できないことに対する開き直りとも思えるようなまとめの言葉を述べている。したがって、この本は柳田の「河童」研究に示唆されて、その後集積されたデータを主として柳田國男が指摘した諸特徴に従って俯瞰した、「河童」民俗のガイドブックと理解すべきものである。

ところが、民俗学者が民俗社会から「河童」伝承を採集していたとき、隣接の民族学の側から、柳田國男の「河童駒引」の研究に刺激され、いわば柳田の仮説すなわち水神零落説をユーラシア大陸の文化史に視野を拡げて探るという研究が現れた。石田英一郎の『河童駒引考』（筑摩書房、一九四八年）である。石田英一郎は、河童駒引の伝説と水辺に雌馬を牧して竜または水神の胤を得るという思想や、天下の駿馬が水中から出現したという俗信は、もともとは一つの源に発する一群の民間信仰なのだ、という柳田の仮説に導かれて、日本の材料をユーラシア大陸の東西にわたる類似資料と対比しつつ、それが人類文化史の上からいかなる根源に帰着するかを考察しようと試みた。その結果、かれは次のように説いている。「ユーラシア大陸にあまねく分布する、水神と牛馬との密接な結合なるものが、もと農耕社会の豊饒儀礼に占めた牛の中心的役割のはじまり、後に馬がこれらの農耕地域に進出してくるようになって、あるいは牛に替わり、あるいは牛と並んで、河海湖沼の霊獣ともなれば、また水神への供犠獣ともなった」。すなわち、「河童駒引伝説もまた、その本質においてユーラシア大陸全般にわたる、水精と馬との結合を物語る伝承の一類型にすぎぬ」という結論に至ったのである。

こうして、石田の研究は、ユーラシア大陸の牛馬と水の関係を説く壮大な文化史のなかに河童駒引伝説を組み入れることで、柳田の仮説を側面から支えることになったのであった。しかし、「日本の特有の水怪河童の誕生や、その駒引伝説の形成にいたるまでの過程には、河童の前身としての水神童子をはじめ、民族学からもほとんど無限に展開できる多くの問題がふくめられている」と述べつつも、「河童そのものの全般的究明はひとまず別の機会にゆずり」と脇に置いたまま、ほとんど論じることはしていない。その後もかれは「河童」それ自体を真正面から論じることはしなかった。

この石田英一郎の研究の登場によって、柳田の河童論は民族学的に支持され、確固たるものになった。したがって、民俗学者たちの仕事は、「河童」の民俗誌的データが集積して、その仮説をさらに強固なものにすることであった。ところが、集積される資料のなかに、柳田國男の解釈の枠組みでは直ちに説明できないようなデータがあった。それをいかに巧みに柳田民俗学的枠組みのなかで説明するか。それがその後の民俗学者たちの研究課題になったのである。

そのような問題の一つが、九州地方の「河童」伝承に見られた、里と山を季節に応じて去来するという特徴であった。この特徴はすでに柳田も気づいていて、「河童駒引」のなかで、「河童は夏になると海辺より山手に向ふが如く語る者あり。初夏の雨の夜に数百群を為し、ヒヨウヒヨウと鳴きて空を行く者は河童の山に入るなりと言ひ、秋の央になりて同じ声をして海の方に鳴き過ぐるを、河童山を出で来ると云ふ」(原文カタカナ)とその特徴を指摘していた。しかし、なぜ河童は夏になると山に入り秋になると山を下りるのかということに関しては解釈をおこなわなかった。そこで、民俗学者たちは、神の零落説にそって、田の神の山からの去来伝承と河童の山と里の去来伝承を関係づけることが試みられた(たとえば、臼田甚五郎「隠岐の口承文芸の宗教的社会的位置に関する調査の一節」『國學院雑誌』第六十一巻二・三号、一九六〇年)。あるいはまず山の神を原型として生まれた「山ん太郎・山ワロ」は、山の生活者が平地での農耕生活になることによって山を下り、川やその辺の水辺に住むようになり「川ワロ」なった。しかし、原郷の山が恋しいので、あたかも里帰りするかのように山に戻るのだという解釈も生まれた(小野重朗「河童の系譜と山の神」『日本民俗学』九十三号、一九七四年)。さらには「山童」と「河童」のどちらのイメージが先かといったことはもはや復元不可能であり、むしろ山の文化が里の文化を吸収し、また里の文化が山の文化を吸収するという相互交渉のなかから生み出されたものと考えるべきだという解釈もある（奥野広隆「山にのぼる河童」『季刊人類学』第十六巻一号、一九八五年）。『鯰絵』（せりか書房、一九七九年）の著者として知られるC・アウエハントも、その著のなかで、この季節に応じて移動する山童―河童の関係を構造論的に考察している。もっとも、こうした議論が個別・散発的におこなわれているものの、定説というべきものはまだない。

ところで、「河童」信仰（民俗学では「俗信」）の原型としての「水神」信仰を想定し、「水神」信仰から、「河童」伝承を説明しようという、いささか迫力を欠いた民俗学的研究が多いなかでも、いくつか注目すべき研究が存在している。その一つは千葉徳爾の研究である。千葉は地理学出身の民俗学者ということもあって、環境の開発・変化や地域経済などの関係から民俗の形成を把握しようとする傾向の強い研究者であるが、そのような視点から、河童伝承や座敷ワラシ伝承も考察している。すなわち、河童と座敷ワラシはその生息地が異なるにせよ、ともに家の盛衰と深くかかわっていること、つまりその地域の経済変動と深くかかわる伝承であること（「座敷童子」本巻所収）、あるいは河童伝承は人口灌漑が発達した地域に濃厚に分布することから両者のあいだには深い関係があること（「田仕事と河童」『信濃』第十巻第一号、一九五八年）を明らかにしている。おそらく、この方面の探究をさらに深めることで、「河童」や「座敷ワラシ」の本質がよりいっそう明らかになるのではなかろうか。

もう一つの研究は、若尾五雄のそれである。若尾は『近畿民俗』誌に、後に『河童の荒魂――河童は渦巻である』（堺屋図書、一九八九年、本巻に抄録を所収）としてまとめられた河童論を連載して注目を集めた。若尾は「渦巻きは河童の荒魂であり、河童は渦巻きの和魂である」という。つまり、河童とは渦の象徴的表現として幻想されたものだというのだ。渦は二つの流れが遭遇することで生じる。それは「交」という字で示される。たとえば、カッパの語源も交のカワ・カタに由来し、カッパの頭頂の皿も渦の象徴であるという。にわかには信じがたい説である。しかし、示唆に富んだ部分もまたたくさんある、ユニークな河童論といえよう。

民俗学者に河童論はきわめて少なく、その質はかんばしくない。そのいくつかは本書にも収めたが、大島建彦編『河童』(「双書フォークロアの視点1」、岩崎美術社、一九八八年)にも収められている。

Ⅲ 「河童」研究の新しい展開

一九七四年に「河童」の民俗誌的データのダイジェスト版集成ともいえる、石川純一郎の『河童の世界』が刊行されて以降、民俗学では、ときおり調査報告はあるものの、研究という言葉に値するような論文はほとんど現れなかった。そのことは、上述の大島建彦の参考文献からも推測できるであろう。

ところが、十年ほど前から、「河童」に関する本がたくさん刊行されるようになる。ほとんどが、民俗学以外の方々によるものである。いまとりあえず思いつくままにそのいくつかを列挙してみよう。

沢史生『闇の日本史――河童鎮魂』(彩流社、一九八七年)――敗者の文化史を「妖怪」によって復元しようとする著者は、河童を大和朝廷に滅ぼされた古代産鉄族の子孫を妖怪視したものとみなすことで、河童伝承を読み解いている。原美穂子『遠野の河童たち』(風琳堂、一九九二年)――遠野生まれの著者が、柳田國男の『遠野物語』などに記された遠野伝承に触れ、そのなかでも河童とザシキワラシに魅せられて、河童を理解する手がかりを与えてくれると思われる書物を読みながら、河童伝承のなかに、闇に捨てられた人たちの記憶を読み取っている。飯田道夫『河童考――その歪められた正体を探る』(人文書院、一九九三年)――アマチュアながら、庚申信仰や三猿信仰の民俗文化史的な研究で興味深い研究成果を挙げてきた著者が、河童の正体を猿とする説があることから、猿伝承の立場から河童の研究にも取り組んだものである。柳田國男の「河童駒引」や石川純一郎の『河童の世界』などの先行研究をもとに、その後の研究を吸収しながら、河童の総合的な理解をめざしたものであったが、河童と猿は類縁関係にあるのではなく、むしろ対立関係にあるという結論に達した。この本は石川純一郎の『河童の世界』と似た構成になっており、増補改訂版の『河童の世界』といえるかもしれない。斎藤次男『河童アジア考』（彩流社、一九九四年）——テレビのプロデューサーである著者が、河童を題材にした番組を作ることになり、河童とは何か、を調べていくうちに、これまでの研究では飽きたらず、遠くアジアの水上生活民に河童の原像を見出す、という斎藤流河童幻想考。

こうした、いわば広い意味での河童ファンによる河童論の流行は、昨今の妖怪ブームや「闇」の文化史への関心の高まりと無縁ではない。もっとも、こうした河童論は示唆に富んだ大胆な仮説も随所に見られ、興味をそそるものがあるが、従来の河童研究を実証的な手続きをふんで更新するといったものではない。

ところが、こうした河童論に混じって、注目すべき河童研究が著された。中村禎里『河童の日本史』（日本エディタースクール出版部、一九九六年）である。この研究は、主として近世の知識人が書き残した河童資料と民俗誌的河童伝承資料を丹念に分析することを通じて、河童のイメージ形成を検討したもので、随所に従来の河童論を書き換える見解が述べられている。この本は現在の河童研究の最新の水準を示すもので、じっくり読むならば、河童の基本イメージは近世の日本において創り出された幻想動物である、ということに頷かざるをえないだろう。

大きな本であるが、紙面の許す限り詳しくその内容を紹介しよう。まず中村は第一章で、近世に登場する河童の前史ともいえるワニやヘビ、竜などの「水辺の霊獣」や「水神信仰」に軽く触れる。「軽く」という意味は、「河童」は結局のところ「河童」という名の幻想動物なのである、という基本的な認識に立っているからである。

次の第二章で、「河童の行動」のパターンが検討される。すなわち、近世初期(十七世紀)の第一段階の「河童」の特徴を、文献資料によりながら析出する。

(1)人を手中に引き入れるという特徴をもつが、これは中世のヘビや近世同時代のスッポンなどの行為を反復しているにすぎないが、河童に生息地が川の淵・用水・堀などに特定される傾向があるという特徴をもつ。

(2)河童は人だけでなく馬にも執着する。

(3)人に捕らえられると謝罪するどころか祟るという性格をもつ。

(4)河童が人に相撲を挑む現象、および人に憑く現象は、この時期に始まったらしい。

(5)この時期の河童の行動には、人への攻撃と人の反撃、河童の敗北と帰順といった民間伝承にみられる定型パターンはまだ現れていない。

次いで、十八世紀前半の第二段階での、以下の特徴が現れる。

(6)人に捕らえられると謝罪と赦免、その返礼としての魚類の贈与、という特徴が現れる。

(7)この時期に、女性とセックスするという特徴も現れる。

十八世紀後半の第三段階では次の特徴が加わることになる。

(8)河童が手を切られる。

(9)手を返して貰う見返りに、手継ぎの秘伝を人に伝授する。

そして第三章では、十八世紀末からの第四段階の、中村が「先祖がえり」と評した新しい特徴が加わることになる。

(10) いくつかの地域で、これまではどちらかといえば忌避すべき水の精霊＝妖怪であった河童が祭祀の対象になる。
(11) 九州地方では、山童との季節的変換つまり山と里の去来伝承が生まれる。
(12) さらにまた、この時期に、河童が海に出没するという伝承が現れるようになる。
(13) この結果、水神関連の伝承たとえば、「竜宮童子」系の昔話とも連絡するようになる。

このような分析に従うならば、河童伝承は、近世に生まれ、その特徴を次第に増やし、その活動領域を拡張していったということになるだろう。

もちろん異論もあるだろう。しかしながら、こうした「河童」のイメージ形成史はこれまで誰も試みなかったことである。この考察結果に従うならば、「河童」は、これまで民俗学で定説になっていた、「先祖がえり」以前の「河童」には、柳田國男以来の古代の海神小童の零落説をそのまま持ち込んで解釈することがもはやできないことになる。小野蘭山の説明にあるような「河童」イメージは、江戸時代初期からのものでもなければ、一朝一夕でできたわけでもないのである。

さらに、中村はその著の第四章で、すでに指摘したように、「河童」伝承に興味を抱いた近世の知識人たちが「河童」を研究し、「河童」のイメージを固定化してきたということを明らかにした。すなわち、古賀侗庵の『水虎考略』とその影響で生まれた河童図を丹念にたどるという考察をおこなうとともに、その出発点になった九州の河童伝承を調査した「河童聞書」の考察に基づいて、九州の土着の「河童」イメージを抽出するという作業までしている（第五章）。

もっとも重要なのは第六章である。ここで「河童」という「水辺に出没する怪しい生き物」を幻想する手助けをした実在の動物や人間についての考察がなされる。「河童」伝承の形成に貢献した動物的要素はカワウソ、カメ類とくにスッポンで、九州地方などでは猿も貢献している。人的要素としては、水辺に頻繁に現れる山人、たとえば山窩、被差別民＝河原者、キリシタン、などが検討されている。

ところで、この中村の総合的な河童分析が著される以前に、河童研究を活性化するきっかけの一つとなった史料が「発見」された。その史料に気づいたのはわたしであった。中村の研究もその史料の「発見」によってなにがしかの影響を受けたことは、その史料の分析にかなりのスペースを費やしていることからもわかる。この「発見」は、これを指摘したわたしの予想をはるかに超える波紋を投じたようである。というのは、この史料の「発見」後、ほとんどの河童論はこの史料に言及することになったからである。それは、『壒囊抄』（一四四六年）に記載された「木子の大工の事」の紫宸殿大工＝人形起源譚と、近世の操り人形師が自らの出自を語った「小林新助芝居公事扣」に含まれていた非人・河原者の人形起源譚などである。

いずれもまったくの偶然でその史料の存在に気づいた。その史料には、民間の流布する「河童人形起源譚」とほとんど同じ内容の話が載っていたのである。河童人形起源伝説とは、高名な大工が引き受けた仕事を工期内に仕上げるために、人形の呪術で生命を吹き込み、仕事を手伝わせ、仕事が終了したら邪魔になったので、その人形を川に捨てたところ河童になって、人や牛馬を引くようになったというもので、この「河童」の位置に、「木子の大工」や「非人」を入れれば、すぐにでも上述の史料のなかの伝説になるような、とても強い類似構造をもっていた。これらの伝承のあいだには、隠された関係があるのではないか。そう思っていたところ、すでにその可能性を、右の史料の存在には気づいていなかったが、若尾五雄が『河童の荒魂』のなかで仮説として説いていた。そこで、内藤正敏との対談本『鬼がつくった国・日本』（光文社、一九八五年）や、『異人論』所収の論文、あるいは本巻に収めた拙稿「河童――イメージの形成」などで、このことを披露したのであった。

河童人形起源譚に関連して、興味深い研究を発表していたのは神野善治である。彼は「建築儀礼と人形」（本巻所収）において、家屋などの建築の棟上げ式に人形を飾るという習俗とその由来譚（大工の妻または娘の犠牲譚）と、大工が魂魄を込めた藁人形（生き人形）に仕事の手伝いをさせた伝承のあいだには特別な関係があるのではないか、と仮説した。これに対して、わたしは伝承の構造的類似からいえば、むしろ上述の木子の大工＝人形起源伝承や非人＝人形起源伝承の方が近い関係にあるのではないか、と示唆したわけであった。神野説は、遠い昔には建築に際して女性を犠牲にする習俗があって（あるいはその身代わりの人形を奉納する儀礼があって）、河童起源伝承もその名残をとどめているのではないか。そのように読めたので、その反論の意味でこの史料の存在を指摘したのである。この史料の存在から、河童人形起源伝承の成立の背景には、「河原者」や「川の民」の存在が隠されているのではないと推測することもできた。これに対して、神野は私の「河原者の実像が河童のイメージの根源になった」という指摘は「誤った三段論法」によるものだと批判しつつも、この「木子の大工」伝承を受けて「木子としての傀儡子」という論文を書いている。

また、これらの史料については、『河童の日本史』で中村禎里も検討を加え、次のような判断を下した。大工・非人などの建築使役人形説話と、河童の建築使役人形起源説話は、類似の構造をもつので、河童イメージと非人とのあいだの関係が、ある時期、ある人びと、ある範囲において意識されたことは否定できない。しかし、河童伝承では、人形との通婚にもとづく始祖誕生モチーフは存在しない。河童は、高貴な先祖を必要としない。にもかかわらず、大工・非人の始祖起源説話から、なんらかの条件のもとで、なんらかの経路をとおして、河童の人形起源説話が派生した可能性は、排除できない。もっとも、建築儀礼に使われる人形と河童のあいだには大きな距離がある。つまり、河童の人形起源説話の広がりは、近世においてはきわめて限定されていた。

この中村の指摘は妥当なものだろうと思う。しかし、「河童」と「川の民」や「非人・河原者」の関係は、その他の間接データからも類推することができる。売薬、つまり「河童の妙薬」などとも関係させながら、さらに新たな史料を求めつつ、研究しなければならないテーマであると思われる。

さて、本巻では、いささか毛色の異なる二つの人類学的視点からの論文を収録した。一つは、奄美の「河童」すなわちケンモンを構造論（共時的視点）から調査・分析した川田牧人の「妖怪の交響楽」である。河童についての近世の文献や民俗調査データがたくさん集められることによって、そのイメージは肥大化しまた多様化の道を歩んできた。近代以降の河童ファンや研究者たちの河童論自体もその一翼を担ってきたといってよいだろう。しかし、特定の地域に伝承されている「河童」は住民たちのコスモロジーを住みかにして生きているのである。したがって、そのイメージや性格は「河童」に関する膨大なデータのなかから現れる「河童」のイメージとは異なり、住民のコスモロジーによって規制されたものとなっている。「河童」はその地域のなかでは、たとえ貧相に思えるようなイメージであっても、孤立した現象として存在しているわけではなく、その地域のさまざまな文化・社会現象や存在と直接的あるいは間接的に結びついて信じられているのである。そこで、住民の内面に入り込んでとらえられた、民俗社会のなかで生きている「河童」の生態学の集積こそが、従来の河童研究を大きく更新するものと期待されてきた。にもかかわらず、その集積が思うようには進んでいないのである。その理由は、地域のなかに生きてきた「河童」が絶滅寸前であり、また生きていたとしても忍耐強い調査が求められるからである。川田論文は、このような視点からの貴重な研究成果である。

もう一つは、河童が相撲を好むという特性を構造論的かつ文化史的に考察した小馬徹の「河童相撲考」である。小馬は、近世に知識人たちの「河童」研究熱の発端となった「河童聞書」の調査地、すなわち九州の田主丸町の町史作成に参加した一人である。『田主丸町史　川の記憶』（田主丸町、一九九六年）で、この地域に生きる人びとの心のなかでなおしっかりと生き続けている「河童」伝承の調査記録の記述や「河童聞書」の詳細な検討もおこなっている。それをふまえて、さらに調査地域を超えた、九州から日本列島にまで及ぶ「河童の文化史」を描くことを試みた。それが右の論文である。そして、その材料になったのが、河童が相撲を好むという特徴であり、河童を操る家筋として有名な「渋江家」の歴史であった。小馬の視線ははるか古代神話にまで及んでいる。

じつは、この論文でも「河童人形起源説話」の問題が議論されている。こうしてみると、この十年間の「河童」研究の新たな展開の原動力のひとつに、わたしの「河童人形起源説話」についての研究があったのはどうやら確かなようである。

近代の「河童」研究は、柳田國男によって先鞭をつけられた。「河童」に関するデータは豊富になり、それなりに研究も蓄積されてきた。しかし、柳田が指摘した諸特徴のうちの、まだほんのわずかしか研究は深化していないようである。

日本でもっとも愛される妖怪のひとつで、いまや環境運動のシンボルにもなりつつある「河童」であるが、まだまだ未知の部分の多い存在である。だからこそ、人びとを魅了する「妖怪」であり続けているのかもしれない。しかしながら、わたしたちは、それに惑わされることなく、「河童」の正体を明らかにする努力をもっと着実に試みる必要がある。「未知」は解き明かされねばならないのである。

著者一覧（収録順）

折口信夫（おりくち・しのぶ）1887～1953
柳田國男（やなぎた・くにお）1875～1962
千葉徳爾（ちば・とくじ）1916～2001
野村純一（のむら・じゅんいち）1935～2007
神野善治（かみの・よしはる）1949～　武蔵野美術大学名誉教授
川田牧人（かわだ・まきと）1963～　成城大学文芸学部教授
若尾五雄（わかお・いつお）1907～1994
中村禎里（なかむら・ていり）1932～2014
小馬徹（こんま・とおる）1948～　神奈川大学名誉教授
毛利龍一（もうり・りゅういち）1879～1944
小池直太郎（こいけ・なおたろう）1894～1943
中田千畝（なかだ・せんぽ）1895～1947
金久正（かねひさ・ただし）1906～1997
丸山学（まるやま・まなぶ）1904～1970
楳垣実（うめがき・みのる）1901～1976
矢口裕康（やぐち・ひろやす）1950～　元南九州大学教授
丸山泰明（まるやま・やすあき）1975～　神奈川大学国際日本学部准教授

小松和彦（こまつ・かずひこ）

1947年、東京都生まれ。国際日本文化研究センター名誉教授。専門は文化人類学、民俗学。長年、日本の怪異・妖怪文化研究を牽引してきた。『憑霊信仰論』『妖怪学新考』『異人論』『妖怪文化入門』『異界と日本人』『鬼と日本人』など著書多数。

・本書は、『怪異の民俗学　3　河童』（2000年8月、小社刊）を、内容はそのままに、ソフトカバーにして新装したものです。
・収録作品は、原則として、新字・新仮名を採用しています。
・本書中、現在の観点からは不適切と思われる表現が使用されていることがありますが、発表時期や題材、歴史的背景に鑑み、原文どおりとしました。
・収録作品中、著作権継承者の方の連絡先が不明のものがございます。ご本人や関係者の方がお気づきになられましたら、編集部までご一報ください。

怪異の民俗学 3
河童（かっぱ）

二〇〇〇年 八 月二一日 初版発行
二〇二二年 九 月二〇日 新装復刻版初版印刷
二〇二二年 九 月三〇日 新装復刻版初版発行

責任編集 小松和彦
装幀 松田行正＋杉本聖士
発行者 小野寺優
発行所 株式会社河出書房新社
〒一五一-〇〇五一
東京都渋谷区千駄ヶ谷二-三二-二
電話〇三-三四〇四-一二〇一（営業）
〇三-三四〇四-八六一一（編集）
https://www.kawade.co.jp/

印刷 株式会社亨有堂印刷所
製本 大口製本印刷株式会社

Printed in Japan
ISBN978-4-309-61813-5

小松和彦［責任編集］

怪異の民俗学 全8巻

来るべき怪異・妖怪研究は、ここから始まる——

古典というべき基本文献のみならず、民俗学を中心に、
文化人類学・国文学・社会学・精神病理学など幅広い分野から
重要論考を精選·集成した画期的シリーズ、待望の【新装復刻版】
日本文化の多様さ・奥深さが凝縮された、テーマ別アンソロジー

●全巻構成●

1 憑きもの
2 妖怪
3 河童
4 鬼
5 天狗と山姥
6 幽霊
7 異人・生贄
8 境界